The BALL is ROUND

A
Global
History
of
Football

**David
Goldblatt**

【總目錄】

【下卷】

第四部　分崩離析：長期榮景後的足球發展，1974-1990

第四部

分崩離析

長期榮景後的足球發展，1974—1990

第十三章

天翻地覆：
哈維蘭吉、國際足總和全球足球的轉變

我一點也不想要和教宗做比較，他偶爾會遭致批判，而他總是沉默以對。我有時也會遭致批評，所以對此多做解釋是多餘的。

——前國際足總主席，若昂·哈維蘭吉（João Havelange, 1916-2016）[1]

I. 帝國瓦解、足總擴張

　　絕對不要被哈維蘭吉虛假的謙遜給蒙騙，將他比擬為羅馬教宗絕不僅只是幻想，而必須先認同足球的運作模式一如世俗宗教，才得以一窺國際足總與宗座地位權力的相似之處，也絕對不是虛妄之言。從一九七四年到九八年，哈維蘭吉以國際足總主席的身分，掌理一個無論就地理幅員或信眾人數而言——以九八年世界盃決賽的收視人數估算——都遠遠超越羅馬天主教的國際機構。米歇爾·杜格（Michel D'Hooghe），前國際足總執行委員會的其中一員，在描述哈維蘭吉無所不在的影響力時，明確做出此一比擬：「他無所不在……天堂和地獄，就和教宗一樣。」[2] 關於無可辯駁的權威，還有教義上的正確性等議題，哈維蘭吉對於自己所詮釋的教宗無謬誤論（papal infallibility）深信不疑。在一封內部流傳、令人難忘的信函中，哈維蘭吉指出，在他的指揮下：「國際足總的經營管理可能被視為完美。」[3] 想要正式拜見這個男人的難度，堪比在梵諦岡晉見教宗，甚至更難。當媒體大亨魯柏·梅鐸（Rupert Murdoch）在九四年的世界盃不請自來，直闖貴賓包廂試圖會見哈維蘭吉，得到的是寒冰般的蔑視，還有無情甚至無禮的逐客令。誠然，與天主教會名下無可估量的資產相較，哈維蘭吉在國際足總的銀行戶頭中遺留給繼任者的四十億美金，也不過是滄海一粟。然而，那部分也是因為他們在這場資產積累的競賽當中，擁有接近兩千年提前起跑的優勢。當哈維蘭吉在一九七四年「登基」時，對於國際足總與剩餘的足球世界而言，將其吹捧比擬為教宗，即便只是開玩笑，都是不可思議的事。而有兩件事足以證明這樣的比擬不再顯得純然可笑。其一，二戰後的半個世紀間，全球的足球地理發生巨大變遷，權力的平衡移轉到南方，使得像哈維蘭吉這樣的非歐裔，得以贏得國際足協的掌控權。其次，是哈維蘭吉領導下的國際足總，與全球電視產業與跨國企業贊助商結盟，聯手將世界盃點石成金為全球首屈一指的運動盛會。

　　當國際足總在二戰尾聲進行重組時，僅有五十四個會員國，其中過半數

位處於歐洲，約莫五分之一來自南美。到了一九七四年，會員數成長到一百四十，而歐洲和南美的會員加總不到全體的三分之一。歐洲的疆域由於受到冷戰影響，幾乎沒有更動，僅只增加三個會員：東德、還有不列顛的前小小殖民地塞普勒斯和馬爾他。南美洲的狀況：哥倫比亞先被除名，再返回。隨後，南美大陸上足球最為落後的國家委內瑞拉終於加入。其餘大約為數九十的新會員，來自三個區域：非洲、亞洲和加勒比海。這乃是歐洲尚存的帝國幾乎全面崩解後，前殖民地形成大量新興國家所導致的結果。唯一的例外是葡萄牙，令其顏面大失的帝國崩解發生於一九七五年。[*]

　　進程起始於亞洲。不列顛在一九四七年撤離印度次大陸，當地分裂後的三個新國家——印度、斯里蘭卡和巴基斯坦——都成為國際足總的會員。往後十數年，不列顛持續放棄蘇伊士運河以東的所有領土，緬甸、馬來西亞和新加坡便報名加入。一九四九年，一待荷蘭由印度尼西亞撤出，新政府立即申請入會，順利加入國際足總。朝鮮半島的分裂，帶來兩個新成員。同時，持續進行的印中邊境戰爭，不僅催生了新國家，也為國際足總帶來了新成員：寮國、柬埔寨和南北越南。同時，也引進了有組織的足球運動。在西亞，歐洲帝國的勢力相對單薄，土崩瓦解的進程也比東亞更快。伊朗在一九四五年加入國際足總，四八年阿富汗，五○年則是伊拉克。在波斯灣地區，由於神職人員與政治精英對於足球反感，因此在當地，獨立建國與獲取國際足總會籍之間的時間差，比其他地區都長。即便如此，沙烏地阿拉伯仍在一九五九年加入，科威特在六二年跟進，六六年是巴林，卡達、阿拉伯聯合大公國和阿曼則在七○年代加入。在非洲，去殖民化的進程較晚展開，完成的步調卻比較快速。一九五五年以前，只有衣索匹亞、埃及，南非和蘇丹是獨立的國家，設有國家級的足協。始於迦納（1958）和摩洛哥（1960），終於馬拉威（1967），十年之內，一共有三十一個非洲國家加入國際足總的大家庭。中美洲極其緩慢而艱困的社會和經濟發展，導致尼加拉瓜和宏都拉斯在獨立超

---

[*]　譯註：二戰過後，當多數歐洲帝國紛紛放棄其殖民地，葡萄牙政權卻堅持其殖民政權，直到一九七四年軍方發起政變，推翻國內的獨裁政權。隔年，葡萄牙宣布放棄所有的海外殖民地，帝國宣告瓦解。

過百年後，才分別於一九五〇和五一年加入國際足總。當然，美國在當地經濟與文化上的影響力，加上棒球運動廣受歡迎，多少也是釀成延遲的成因之一。相形之下，加勒比海島嶼的去殖民化和獨立建國，總是伴隨著正式加入足球國家的世界。從五八年僅有兩席——古巴和海地——加勒比海周邊增加額外七席：波多黎各、牙買加、千里達、巴哈馬、巴貝多、蓋亞那，和安地瓜。即便是在遙遠的太平洋島鏈，足球和民族主義同樣風起雲湧：巴布亞紐幾內亞和斐濟雙雙於六三年加入國際足總。

　　然而，儘管經歷了不可思議的全球擴張，國際足總本身依舊維持老樣子：一個微不足道、財政困難，人手不足的微型官僚機構，內部由歐洲人主導，慣常遭受南美洲的挑戰。戰後在儒勒斯·雷米與亞瑟·德魯里（Arthur Drewry）主持會務期間，國際足總大致都在處理申請入會的紙上作業，還有重建世界盃為一項可以運作的賽事。機構事實上是在繼任者斯坦利·勞斯的手中，成長最為快速。在一九六一年獲選為國際足總主席之前，勞斯以英格蘭足總祕書的身分和面貌為世人所知。他從一九三〇年代中期起就一直擔任這個職位。勞斯在十九世紀末降生於英格蘭的中產階級家庭，父親是來自薩弗克（Suffolk）的雜貨商。他幼時就讀於文法學校，青年時期是牛津和劍橋大學的候選人，還是一位充滿熱情但天分尚可的業餘守門員。一戰期間，他在非洲服役，返國後受訓成為教師，也因此找到他的天職和使命：成為教育者和仲裁者。為了實踐前者，他在沃特福德文法學校擔任校長；為了實踐後者，他成為當代頂尖的足球裁判，曾經在三十六場國際比賽以及三四年的足總盃決賽中執法。他致力於球賽的技術改進和精進，引進了邊裁對角線站位的系統，日後成為全球效法的標準。一九三八年，他重新編輯，並且發行球賽規則。至此以後，無論是其內容，或者是其散文文體，幾乎都沒有經過大幅度的刪改。隨後，他支持引進紅黃卡。該制度在六八年奧運的足球賽事中首次使用。

　　事後看來，身為國際足總主席，勞斯顯得老派而不合時宜：他不屈不撓地為了公眾服務的理念獻身；一生傾慕奧運所堅持的業餘精神；反對甚至是憎惡足球的商業化和政治化；並且以使徒般的熱情推廣足球。甚至，他同時

也複製了其神職同儕的種族偏見。然而，作為英格蘭足總的祕書，與前任性格乖戾、思想狹隘，且極端保守的費德烈克·沃爾爵士相比，勞斯是將官僚體制現代化、講究技術創新，並且主張以開放心態與世界交流的領袖人物。他強調簡單明白的進步方法，例如對教練、球員和裁判施以定期且標準化的訓練。此一態度和觀念足足領先不列顛足壇的同僚二十年。在不列顛自外於國際足總的一九三〇年代，勞斯與歐洲足球依舊維持友好的關係，並且定期聯繫。二戰期間，他開始為母國回歸國際足總鋪路，利用不列顛足球此一強大的工具，維繫不列顛的影響力，並且將不列顛價值傳遞到整個世界，那個大英帝國即將大舉撤離的世界。他以自己的方式，發揮其人情練達，人脈雄厚，與機敏精明的特質。

當勞斯在一九六一年走馬上任國際足總主席時，已年屆六十五。此時，他已晉升、並且穩居不列顛的統治階級長達十年。只是，塑造他的世界如今正在崩解。一九六〇年代不列顛的社會轉型，最終衍生出的騷亂如野火燎原，足球票房跌落谷底，使得勞斯在英格蘭足總的後繼者驚慌失措。勞斯本人逃過此劫，卻一頭栽在後殖民時期世界足球的爭權奪勢：一個他尤其沒有勝算的競技場。沒有酬勞依舊堅持不歇，勞斯在預算捉襟見肘，員工嚴重不足的狀態下，尋求技術官僚的現代化。爭取世界盃的主辦權如今陷入日益政治化且惡意的鬥爭，墨西哥與阿根廷為了一九七〇年賽事的齟齬，為勞斯具體呈現了此一走向。勞斯引進他所謂的「長期展望」，作為對治之道：世界盃的主辦權將提前許多年分配，賽事的技術規格變得更加苛刻、精確和媒體導向。勞斯的熱情主要在於裁判與教練的訓練計畫。在此計畫下，歐洲人將輔導他以高高在上的姿態，稱之為「資淺協會」的其他會員國。然而，在擴充國際足總的財源方面，勞斯並沒有積極的作為。也沒有試圖控制世界盃本身的商業廣告，儘管賽事的收視規模急速成長。

南非是轉變勞斯主席地位的關鍵議題，也是國際足球政治業已浮現的新隱憂。一九四八年，隸屬國民黨（NP）的丹尼爾·弗朗索瓦·馬蘭（D. F. Malan）政權開始在南非強制執行種族隔離。運動無情地依據官方的種族分類做出區隔。[4] 早在一九五七年舉辦的第一屆非洲盃，非洲大陸上的其餘政

權即明確表達立場，無法容許足球運動中的種族歧視。南非先是遭到賽事除名，接著被拒於非洲足協之外。其國際足總的會員資格，隨即不斷蒙受挑戰和攻擊，最終在六一年暫時中止，直到針對全白人的官方主管機構南非足協的代表性調查告一段落。勞斯和美國足球聯會（USSF）的主席吉米・馬奎爾（Jim McGuire）於六三年出訪南非，提出一份驚人且自鳴得意的報告。勞斯主張，唯有南非足協才得以在國際足總中代表南非。

在面談過後，我們認為異議聯盟中的成員並不適合代表南非的協會足球。他們的態度傾向於解構和破壞，而不具備任何建設性。我們發現他們試圖阻礙，並且違背政府的政策。[5]

在非關政治的普世主義虛掩下，潛伏著一股毫無反省的種族主義。它藏得如此之深，使得與種族隔離合作——而不是與它對抗——竟被視為是足球發展更為堅實的道德與行動基礎。

世界盃開放給非洲極其有限的參賽額度，讓整塊大陸的不滿火上添油。以一九六六年的賽事為例，非洲和亞洲的冠軍球隊必須透過加賽，才得以爭取唯一一個會內賽名額。在迦納主導下——恩克魯瑪為當時的迦納總統——非洲杯葛了該屆的資格賽和其後的整個賽事。一九六八年，非洲盃前夕，勞斯前往衣索匹亞首都阿迪斯阿貝巴參加非洲足協的會議。早前，非洲足協的代表們已經收到一封來自南非無種族歧視奧委會（SANROC）的公開信，懇請他們略盡棉薄之力，以將南非逐出國際足總，並且施以全球體育交流的禁令。這是與會代表亟欲討論的議題。而勞斯的回應混合了令人厭煩的自負，還有自以為是的高道德標準：

我注意到你們過度重視南非無種族歧視奧委會了。事實上你們應該忽略那封信……我知道這些人。我曾經在南非與他們會面……事實上這個團體對於實踐共產主義政治的興趣，遠高於足球。[6]

一九七〇年代初期，當勞斯在中北美洲及加勒比海足協（CONCACAF）的會議上致詞時，中美洲也收到類似的責備。勞斯表達了他對於該地區明目張膽且手段多元的瀆職和管理不善感到憂心，其中包括貪腐、賄賂、裁判素質貧乏，以及控制群眾的能力低落。這些指控句句屬實。但他的演說沒有造成任何改變，只是讓自己少了更多盟友。一九七三年，當勞斯試圖為國際足總的會員安排一次郵政投票，以支持南非政府所倡議的新措施——舉辦一個虛有其表的多種族運動慶典——他遭到削弱的政治地位顯露無遺。來自整個蘇聯陣營和絕大多數開發中國家的抗議聲浪，朝著國際足總傾瀉而下。當勞斯堅持蘇聯與智利的世界盃資格賽將在後者的國家球場舉行——該場所彼時正由皮諾契特將軍（Pinochet）[7]所領導的新興獨裁政權當作集中營和刑訊室——此一令他不解的憤怒聯盟又重新集結。蘇聯終究被判罰比賽沒收，同時也失去他們在西德世界盃的會內賽席次。

　　然而，從不滿勞斯的治理到具體明確的反對，檯面上需要一個能夠取代他的對象。哈維蘭吉扮演的便是此一角色。哈維蘭吉出生於巴西，家庭背景是比利時裔的中產階級移民。年少時曾經為里約的菁英隊伍富明尼斯踢球，直到他下定決心專攻游泳。他曾經代表巴西參加一九三六年奧運。一九五二年，他另以水球隊其中一員的身分，再度披掛國家隊球衣，出征奧運。作為一個成就輝煌的運動員，哈維蘭吉真正的強項是網絡串聯者，巧手串聯起自己在運動界、銀行界、政治界和產業界的來往對象，讓他得以打入一個小團體，並且成立道路彗星（Viação Cometa）——巴西第一間重要的私人巴士公司。哈維蘭吉將時間點拿捏得恰恰好，正好搭上巴西城際高速公路迅速擴張的時期。公司大發利市。到了六〇年代晚期，哈維蘭吉已經累積了令人刮目相看的商業成就、官位、閒職，還有身分地位：在巴士生意之外，又增添了化學和保險公司；五五年，他成為巴西奧委會（BOC）的一員；隨後在一九六三年前進國際奧會。然而，競選巴西足協的主席，以及積極涉入支持巴西國家隊的技術委員會，轉變了他在足球世界的未來前景。自一九五八年到七〇年，該委員會長期支持巴西國家隊出征世界盃，並且在其中三屆奪冠。[8]

　　哈維蘭吉之所以競逐國際足總主席大位，混合了個人的野心，還有拉丁

美洲長期醞釀的、對於世界足球管理的不滿。特別是世界足球長久以來掌握在歐洲人的手中。這種不滿的情緒，由於一九六六年世界盃一連串對拉丁美洲不利的判決，再加上洲際盃中歐洲與南美洲球會日益刻薄與暴力的對決，變得更加根深柢固，積重難返。[9] 一九七一年，當哈維蘭吉公開接受南美足協的支持，看來已經表態要正式投入競選。他隨即動員中美洲與非英屬加勒比海島嶼的支持，自發而偶然地在中北美洲及加勒比海足協和各國足協的會議中現身，收割了整個區域的支持。這個區域直到此刻，仍對於校長勞斯的訓斥耿耿於懷。哈維蘭吉從巴西足協的結構中學到政治地理學重要的一課，也就是說，巴西各州儘管在面積、人口數還有發展程度上有極大的差異，不過，投票時它們都享有同等的票數。因此，選舉成功取決於構思出巧妙的計畫，能將資源導入較小而貧困的各州，以換取選票。說到佈局全球，則他戰略上的高招在於專注於非洲和亞洲，因為後殖民時期絕大多數的會員國都來自這兩個區域。

哈維蘭吉開始競選活動和巡迴。單單一九七四年，他就造訪了八十六個國家。所累積的機票重達一公斤。[10] 因為擁有近距離觀察的機會，當代足球政治的觀察者和參與者派翠克・納里（Patrick Nally）如此形容：

這是運動主席選舉史上前所未見的競選造勢。斯坦利・勞斯爵士從未拜訪亞洲和非洲的所有國家，更別說是所有小島。這是極為劇烈的轉變，突然間有一位活力充沛且富有魅力的南美人物，萬分友好，帶著夫人全世界跑，與人會見，到處握手，跨海帶來巴西國家隊，並且與巨星比利一塊巡迴。[11]

為了爭取非洲的選票，從開羅喜來登酒店的雞尾酒吧檯，到阿克拉的總統府哈，維蘭吉無論到哪都就種族隔離的議題明確表態：在他任內，南非將永遠無法重返國際足總。透過剛果體育官員，以及命運多舛的非洲體育最高評議會的首席祕書讓・克勞德・岡賈（Jean-Claude Ganga），哈維蘭吉在薩伊陰暗複雜的政治圈中有了黨羽。相較之下，斯坦利爵士在非洲的人——奈及利亞足協的祕書歐拉克・歐尤（Oroc Oyo）——證實就和他的上司一樣，在政

治領域過於天真，且缺乏效率。在承諾奈及利亞與其餘大英國協的非洲成員支持後，歐尤在選舉前的先導階段被自己的足協執行委員會免職，由哈維蘭吉的心腹取而代之。然而，為了換取非洲的選票，哈維蘭吉的報價絕對不僅止於復仇。哈維蘭吉提案一系列的改革，全都不成比例地偏袒發展中國家，尤其是非洲：世界盃會內賽的名額擴充為二十四席，其中非洲的席次增加；創立 U20 世界盃，主辦國未必要有能力舉辦或投標完整的世界盃賽事；南向導入更多資金，以給予技術支援、訓練和球館發展。另外，他還建議一個嶄新的國際足總總部，預期組織和行政體系的擴張，重申讓組織以新面貌示人的必要：將國際足總從一個綜理體育事務的冷衙門，轉變為一個文化影響力正在上升的國際組織。

競選國際足總主席需要花費，而這一次的代價高昂。一九七二年，哈維蘭吉在巴西安排一場國際賽事迷你盃（Mini-Copa），打著運動競技的幌子，實際上是一場龐大的社交聯誼會。十九支外籍隊伍的交通和住宿全都由巴西足協和政府埋單，總金額高達兩千一百萬美金。來自世界各地的重要代表受到殷勤款待。而在哈維蘭吉巡迴全球的競選行程中，巴西的駐外使館經常為其安排符合其排場、氣宇不凡的歇宿地點。

選舉在法蘭克福的國際足總議會舉行，時間就在一九七四年六月的世界盃前夕。直到競選的最終階段，勞斯的團隊始終壟罩在一股宿命論與自鳴得意的氛圍。面對競爭，勞斯選擇以自我標榜的道德高度來取代一般的競選策略。他在其蹩腳的競選宣言中聲明：「我無法提供任何誘因換取支持……除了透過這一份公開聲明，我也沒有特別四處向誰拉票。我傾向讓過往的政績說明一切。」[12] 不幸的是，對勞斯來說，他在旁人印象當中的政績，正是他在處理南非和其他問題時所引發的爭議。即便情勢明朗，他和他的盟友仍舊不可置信屬於他們的世界即將倒轉。哈維蘭吉在議會中最為人所知的斡旋，是他提案並且支持中國回歸國際足總，而此一立場廣受發展中的國家認同。哈維蘭吉以六八對五十二票勝出。若干年後，勞斯依舊處於震驚和否定的狀態。回憶起這一場人生中的地震，他仍舊無法明白，全球文化和政治的板塊移動，是如何奠定了他全面的潰敗。「是的，我想有一個印度人反對我，而

我對此非常驚訝。像印度尼西亞一類的人對我投下反對票，但我不認為他們……你知道的，在這些國家，官員更替的速度頻繁，幅度也大。當時，有不少人根本不太認識我，而他們都被說服要將票投給哈維蘭吉。」[13] 勞斯帶著無損的尊嚴去職，私底下卻極其難受。國際足總議會立即聘他為國際足總的榮譽主席。他接受了。但他回絕了撫恤金，有鑑於該職位一直都是無給職。他也否絕了新的世界盃獎盃以他為名。他認為，對一介公僕而言，那是自負而不被允許的大忌。

II. 世界盃是筆好生意

地殼下的權力板塊移動，曾經為哈維蘭吉的競選鋪路，如今，在第一次由他主持的國際足總執行委員會中，這個現象更加清晰可見。會議地點選在塞內加爾的首都達卡，這也是此類會議首次在非洲舉行。這無疑是一次高效率的會議，傳遞出的信號是巴西人未來的治理風格。執委會的成員吉斗‧圖格努尼（Guido Tognoni），形容哈維蘭吉為「主持會議的泰斗。精通於讓人深感被重視，但卻從未出讓實質的權力。他就是個操弄權力的大師。」[14] 倘若對手敬酒不吃，他也能夠來硬的。一九八二年世界盃，巴西對俄羅斯之戰，當他發現事前預劃給他的四百張票是安排在球門後方，而不是貴賓區時，他御駕親征，親自走訪負責票務的雷蒙多‧薩波塔（Raimondo Saporta）的辦公室。當薩波塔告知他貴賓區域已經沒有多餘席位時，據說哈維蘭吉將窗戶關上，降下百葉窗，將門落鎖，對著腰圍甚大且患有心臟疾患的薩波塔直說：

我可以不吃不睡不不溺不拉地在這待上七十二小時。但你有可能會死，因為我絕對不會在拿到我的票之前讓你離開。[15]

當主席揚長而去時，他拿到他要的票。美國國務卿亨利‧季辛吉（Henry Kissinger）曾經在爭取一九八六年世界盃的主辦權時，領教到哈維蘭吉的操作模式。季辛吉下了如此註腳：「那甚至讓我懷念起中東。」[16] 不過，他可

能根本不記得自己曾經冷落輕慢了這位巴西人，傷害了他的尊嚴。就在七四年的世界盃，為了挪出空間給季辛吉和大約四十位保全，哈維蘭吉主辦的派對被迫移出貴賓包廂。哈維蘭吉對於人名、日期、臉孔，地方，當然還有恩怨的驚人記憶，就和他選擇性竄改過去，以及陷入暫時性失憶的能力一樣名震江湖。尤其是當遇到財務問題的時候。

　　相較之下，他從勞斯那兒繼承的德裔祕書長黑穆・凱撒（Helmut Käser），則是錙銖必較地監管國際足總的財務。兩人對於許多事務意見相左，但他們最常在這個議題上爆發衝突。勞斯時代的簡樸作風如今大幅改變。一九七九年，哈維蘭吉在蘇黎世舉辦宴會，慶祝國際足總七十五週年。在座的一百位賓客全都獲贈一只瑞士的浪琴表（Longines）。這筆超過十萬瑞士法郎的賬單送到凱撒的辦公桌前。後續還有更多類似的賬單。這還算是相對小兒科的轉變。八二年世界盃，據說他曾指示主要的保險公司與他自己的巴西公司大西洋麗景（Atlantic Boavista）簽訂大約。凱撒可能知曉諸多不為人知的細節和祕辛，但他顯然沒有挑起戰爭的膽量和意志。混合了不懷好意的譏諷，官方的託辭，還有制度上的羞辱，哈維蘭吉令凱撒在祕書長的位置上坐立難安。他同時提出令人難以拒絕的豐厚退休金。凱撒於一九八一年離職。遺缺由塞普・布拉特接任。布拉特是瑞士籍的律師，曾經為浪琴工作；在培訓為祕書長前也曾在 Adidas 和國際足總的技術部門待過。

　　哈維蘭吉原先還意欲續任巴西足協的主席，但最終仍被迫以此職位交換他亟需的赦免。當他離開巴西前往蘇黎世時，巴西軍政府的核心成員都很明白，他留下一個巨大的財務黑洞。根據巴西財政部的調查，自一九五八年以來，超過六百萬美金蒸發。有一部分人──像是海軍將領阿道貝托・努涅斯（Adalberto Nunes）──支持將他送上法庭，然而追究此案令人尷尬的國際後果，使得哈維蘭吉無懈可擊，最後全身而退。隔年，巴西政府宣布結案。政府將提供給巴西足協金額高達五百美金的技術支援。錢將從巴西的社會救助基金提出，直接存入巴西足協的帳戶。

　　哈維蘭吉以國際足總主席身分出席的第一次晚宴，就迎來其政權決定性的一刻。座上賓客中包含赫斯特・達斯勒，運動用品集團 Adidas 創辦人達

斯勒的兒子，還有 Adidas 的法國執行長。達斯勒此前就曾和哈維蘭吉打過照面，說服他將巴西的國家運動全都交由 Adidas 出資贊助並提供產品，不過交易始終沒有下文。一九七四年，達斯勒還是勞斯爵士的支持者之一。哈維蘭吉無疑對達斯勒態度一百八十度大轉變的直率和迅捷印象深刻。晚宴結束前，達斯勒另邀哈維蘭吉共進晚餐，而後者答應了。隨後，三巨頭的第三位成員納里加入。一九六〇年代，納里曾經在不列顛跨入運動行銷和運動贊助的領域，至此開始累積全球的客戶群，以及潛在的贊助商。

　　參與者關於晚餐和後續對話的說詞，在細節上有諸多出入，但討論的核心關懷相當明確：他們要如何撮合世界盃、持續成長的全球電視市場，還有企業贊助，好為他們創造最大的利潤流。他們所得出的結論，提出來的全球運動商業化模型，還有以此為原點在接下來十年不斷進化的系統，都將為所有全球的大型運動贊助提供模板。它有四個要素：首先：唯有規模最大的跨國公司，其廣告預算夠深，其全球觸及與電視觀眾相符，才有機會交涉成為贊助商。其次，贊助和廣告要依照產品類型進行區隔：世界盃的官方產品或供應商只能有一種軟性飲料、一個品牌的啤酒、一間微電子公司或金融服務公司。贊助內容小至贊助商以現金換取大型廣告看板的露出，大至贊助商直接提供賽事所需的服務，以換取大約三分之一的比賽門票，堪稱是有史以來全球獲利最豐厚的酬賓方案。第三，國際足總將全面控制各種形式的電視轉播權、廣告、球場空間等等。所有主辦國家的現行合約都不作數。第四，國際足總將不親自處理贊助或電視合約等細節。行銷和電視轉播權將在收到保證金後，交付給中間人，再由中間人轉售。起先，此處所指的中間人就是達斯勒和納里。之後，達斯勒特別創立一個運動行銷公司 ISL，接掌此一權利，直到二〇〇一年該公司聲名狼藉地破產。

　　一九七四年末，哈維蘭吉搭乘私人飛機抵達亞特蘭大國際機場。他最近才剛去紐約拜訪百事可樂的老闆華納兄弟，向他們遊說推銷。華納兄弟答應他會好好考慮。有人懷疑他們至今仍在懊惱這件事。哈維蘭吉轉而去與可口可樂公司的總裁艾爾·齊林（Al Killane）會面。納里不僅安排了這次會面，還完成了該公司絕大多數的政治基礎工作。在經歷激烈的董事會議後，可口

可樂決議將其寶貴的全球品牌與足球結合。一九七五年，合約最終在倫敦簽訂，資金開始流動。合約的金額究竟是多少幾乎無法確知。哈維蘭吉自己聲稱無法提供一個明確的數字。國際足總此一部分的帳戶密不透風，無以看清。贊助合約當中的保密條款，禁止公司揭露任何確切的細節。而讓追溯金流加倍困難的原因在於：錢幾乎都先經過達斯勒，才轉手給國際足總；或者直接從可口可樂匯入發展中國家的新設施或者是賽會。此一財務融資系統使得哈維蘭吉得以兌現他的某些宣言。或者更精確地說，是由達斯勒來兌現。他和 Adidas 是為足球發展中國家提供技術輔助的核心。達斯勒也是 U20 世界盃的幕後推手。從一九七七年首次在突尼西亞舉辦開始，之後皆每兩年舉辦一次，後續的三屆賽事分別在日本、澳洲和墨西哥舉行。至於 Adidas 公司的收益，就接觸、交易、贊助，和最終的銷售和利益而言，極為可觀。

　　然而，世界盃才是關鍵的議題。一九七八年阿根廷世界盃並不是哈維蘭吉的主秀，而是屬於軍政府。國際足總沒有顯露出分毫挑釁東道主的意願。確實。就在賽會前夕，國際足總明確地拒絕接收國際特赦組織有關阿根廷迫害人權的報告。同時，對於賽會當中黑暗骯髒的部分，他們也沒有表露出有要調查的意象。[17] 不過，八二年西班牙世界盃，就是哈維蘭吉的個人秀。如今他必須兌現競選時的諾言，將世界盃會內賽的名額，由十六隊擴充為二十四隊。而這麼做需要大把銀子。他唐突地通知達斯勒和納里，針對此前預計要籌措的經費，國際足總和西班牙人要求加碼，而且加碼很多很多。達斯勒和納里認真找錢。達斯勒握有賽事的行銷大權，也有販售北美電視轉播的權利。納里四處尋找贊助商。許多人的口袋夠深，為了前往蘇黎世，願意支付超過四千兩百萬瑞士法郎。兩個小規模的交易不僅體現了當今世界足球皇帝長袖善舞的政治實力，和不達目的決不罷休的商人特質，更一舉將事情搞定。當哈維蘭吉同意運用其在拉丁美洲、非洲和亞洲的重大影響力，支持西班牙人胡安·安東尼奧·薩馬蘭奇（Juan Antonio Samaranch）參選國際奧會的主席，西班牙人點頭同意雙方在世界盃合作。薩馬蘭奇一如預期，順利當選。此外，可口可樂的利益亦得到看照。當皇馬簽署了一份看似鐵一般的合約，讓伯納烏球場內貼滿百事可樂，所有的看板都被移除得一乾二淨。

　　一九八二年西班牙世界盃，又以淪為國際足總大發橫財的捷徑著稱。根據大衛・葉力普（David Yallop）的說法：「哈維蘭吉的個人開支每年超過一百萬美元……而國際足總官員前去西班牙的賬單……與全數二十四支參賽隊伍的交通和食宿總額相比，足足多出至少三百萬美元。」[18] 這種慷慨，是由空前飛漲的電視收視戶，以及接下來透過國際運動與休閒公司以天價售出的八六和九〇年世界盃的贊助包裹來支撐。八六年墨西哥的世界盃，全球收視超過一百億。九〇年義大利世界盃，這個數字還要再翻倍。據此，國際運動與休閒公司和九個頂級贊助商簽署合約──包括三間日本、四間美國和兩間歐洲的跨國企業──總金額超過一億瑞士法郎。外加七個義大利當地的官方供應商──包含飛雅特、打字機與個人電態製造商奧利維蒂（Olivetti）、義大利航空（Alitalia）。更別提還有所謂的官方授權產品，迅速由百味來義大利麵（Barilla pasta）和 Sagit 冰淇淋等企業標走。

　　哈維蘭吉確保國際足總將南非除名，並且巧妙地操作槓桿原理，當臺灣在國際中被邊緣化時，重新將中國迎回國際足總。以色列在亞洲足球聯盟（Asian Football Confederation）中持續不斷的位置爭議，也在資格賽階段將其納入大洋洲足聯（Oceania Football Confederation）後暫時解決。國際足總一舉吸納了葡萄牙帝國崩解後新生的數個國家，使得會員數量持續上揚，如今輕易超越聯合國的會員國。與哈維蘭吉偏好袖珍協會的政治傾向相符──它們的選票與大國等值，但它們貧窮的狀態使得它們極易哄騙──國際足總亦將迷你小國與蕞爾小島納入。在一九六六到九〇年間，國際足總接受的會員申請包含加勒比海的格瑞那達、貝里斯、聖露西亞和聖文森；歐洲的聖馬利諾和法羅群島；太平洋的索羅門群島、萬那杜、薩摩亞、大溪地；另外還增添了澳門、盧安達、阿曼，塞席爾群島和馬爾地夫。

　　一個在全球具有如斯規模的帝國，需要一個嶄新的首都。而哈維蘭吉以一棟光潔閃亮、有稜有角，線條分明的白色混凝土與玻璃帷幕大廈，取代勞斯時期寂靜冷清的瑞士花園建築，作為國際足總的新總部，以容納如今堂堂超過一百位的全職員工。皇帝本人手中握有的權力和重要性，如今也達到前所未有的新高度。當瑞士和法國為了一九九八年世界盃的主辦權激烈拚搏

時，瑞士足協提名哈維蘭吉為諾貝爾和平獎的候選人。消息正式公布後，全場起立鼓掌喝采，連曾經自頒獎項的赫魯雪夫都相形見絀。

III. 扶不起的北美足球

　　如斯權力究竟從何而來？在國際足總內部，哈維蘭吉透過動員位處全球邊陲的足球菁英來創造與維繫其權力。在更廣闊一點的世界中，由於全球電視收視的爆炸性增長，該權力還要加乘上千倍。一九七〇年代早期，非洲大陸上僅有約莫約一百萬臺電視。到了九〇年，此一數字擴張超過二十倍。在亞洲，同期的電視成長率為十倍。拉丁美洲是四倍。一九五四年，世界盃第一次透過電視轉播，當時全球的電視數量不超過五千萬，其中絕大多數在北美。然而，當時北美並未轉播足球。到了九〇年，全球大約有接近十億臺電視，而且全都能夠收視足球。[19] 每四年的七月初，電視提供了人類最偉大的同步單一集體經驗的管道：世界盃決賽。即便是天體的蝕象也必須在地球表面緩慢移動。電視的訊號發射事實上卻是即時的。

　　世界盃會內賽的席次如今已經擴充為二十四席，稍後更將增加為三十二席。世界盃開始為邊陲的足球國家提供一個全球認可的曝光機會，而許多國家確實也將把握住此一良機。此前已經略為提起世界盃對於非洲政治的影響，而自一九七〇年以降，世界盃也首次為中美洲的宏都拉斯，薩爾瓦多和哥斯大黎加；還有加勒比海的海地、牙買加，千里達及托巴哥，提供登場亮相的平臺。在西亞，以色列，伊朗，伊拉克和三個海灣國家：沙烏地阿拉伯、科威特和阿拉伯聯合大公國，都曾經在世界盃露臉。在東亞，南韓、日本和中國曾經參與。然而，在地理上，全球經濟依賴與足球實力並不一定相襯。有兩個區域，傳統上無論在任何有關財富和權力的論述當中，都位居絕對的中心位置；唯有在足球的語彙裡，它們充其量只是新興的工業化國家，甚至，若往最壞處說，則它們根本不在足球的世界地圖上。這兩個地區，就是北美洲和大洋洲，兩地又分別以美國和澳洲最具代表性。

　　同樣地，亞洲在人口統計所佔有的比重，還有其先進的都市化程度——

至少六倍於非洲——也沒能轉化為更強大的足球文化。

　　自從一九三〇年代美國足球聯賽垮臺，美國的足球就在美國足聯令人難以忍受的保守以及外行的支持下，侷限於由相同種族結盟的俱樂部，在當地的小型聯賽踢球。五〇年的巴西世界盃，美國國家隊曾經擊敗英格蘭，只不過該項輝煌的戰果，並未在國內引起任何關注。就算當時的美國社會曾經為此掀起波瀾，在該場比賽貢獻致勝分、出身海地的前鋒喬伊・蓋珍斯（Joe Gaetjens）只會再次確認足球運動與盎格魯美國人之間深刻的不相容和不被接受。然而，到了一九六〇年代早期，在一小群顯赫的投資人與主流運動隊伍的老闆之間——包含拉瑪・杭特（Lamar Hunt）、傑克・肯特・庫克（Jack Kent Cooke）和法官羅伊・霍夫海因茨（Judge Roy Hofheinz）——職業足球可能大受歡迎且有利可圖的觀念逐漸萌芽。五〇年代末期和六〇年代早期。美國的菁英運動經歷了劇烈擴張的時期。嬰兒潮世代經歷了非凡的經濟榮景，他們的可支配收入上升，休閒時間增加，就連電視尺寸都較以往升級，所汲取的運動賽事和廣告之多，也是前所未見。美式足球徹底地商業化，成功地讓超級盃（Superbowl）登上美國運動行事曆上首要的電視盛事。已經職業化超過一個世紀的棒球。經歷了又一輪的擴張。直到五〇年代後期，籃球絕大多數仍是大學與地方上的運動項目。隨著新創立的國家籃球協會（NBA）和美國職業籃球聯賽，籃球無論是在地位或者是財富方面，都啟動了令人頭暈目眩的急速攀升。在如此急速擴張的市場形勢當中，看似也有足球的一席之地。這個推測在美國廣播公司（ABC）轉播六六年英格蘭世界盃決賽後似乎得到確認。其收視數字和後續一派熱鬧的迴響和討論，以過往的標準來看，都極其引人注目。[20]

　　第一次歷史重演可說是悲劇，第二次便是鬧劇。一九三〇年代美國職業足球土崩瓦解的成因當中，主管機構內部的暗鬥，以及各組織之間的過度競爭，其實與美國公眾的興趣和品味問題一樣重要。[21] 然而，一九六七年複製了一模一樣的錯誤：兩個新的職業聯盟先後啟動，卻造成直接的經濟與法律衝突。國家職業足球聯盟（NPSL）搶先一步，而且簽下合理的電視合約。然而，國家職業足球聯盟是一個孤狼聯盟，自外於國際足總和美國足聯之外，

與兩者都沒有聯繫。換句話說，官方的聯賽是聯合足球協會（USA），聯盟名稱毫不修飾地與國家名稱諧音。由於聯合足協沒有取得電視轉播合約，聯盟不得以只好大批引進適逢休賽的非洲和拉丁美洲較為次要的俱樂部，並且不合情理地為其重新命名。如是，來自愛爾蘭的沙姆洛克流浪者隊（Shamrock Rovers），成為波士頓流浪者（Boston Rovers）；義大利的卡利亞里隊成為芝加哥野馬（Chicago Mustangs）；斯托克城搖身一變為克利夫蘭斯托克人（Cleveland Stokers）；來自烏拉圭蒙特維多的塞羅競技俱樂部（Club Atlético Cerro），升級為紐約天際線者（New York Skyliners）；從英格蘭中西部多雨的黑鄉（Black Country）遷徙到陽光燦爛的加州，狼隊變身為洛杉磯狼隊（Los Angeles Wolves）。結局是徹底的災難。觀眾數低落，電視收視率甚至更糟。國家職業足球聯盟靠著天分有限的美國球員，還有幾個不受控制的外援支撐。聯合足協則意識到其球賽充其量不過是外籍球團的二線球員，在休賽季期間以悠閒的步調在應付比賽。一九六八年，面對經濟崩潰，兩聯盟同意合併，成立美國足球聯賽，共有來自全國的十七支隊伍參賽。六〇年代末期和七〇年代早期，美其名是聯賽的鞏固期；用最糟的說法來說，則是輾轉求生。真正讓聯賽產生質變的，是球王比利的駕臨。那是一段短暫卻閃閃發光的時刻。

直到一九七五年，紐約宇宙就像聯盟的其他球隊一樣，是由來自次級聯盟的外援與本土球員融合而成的大雜燴，在年久失修的球場，對著稀疏的觀眾，踢著最基礎的足球。儘管球隊的幕後金主是富可敵國的華納兄弟，宇宙的主場卻是在位於長島的破敗不勘的唐寧球場（Downing Stadium）。無論就地理位置或者是文化分布而言，都位居紐約大都會低劣的邊陲。他們的球賽僅能登上由資淺記者報導的在地媒體，而且據說，這種通常是對菜鳥記者的懲罰性。相較之下，比利的地位要崇高得多。他在全球的聲望之高，即便是視界狹隘的美國也認知到他的高知名度。一九六〇年代，他與桑托斯來美國巡迴時所展現的球技和風采，廣泛受到美國人的喜愛，並且記憶猶新。當華納兄弟的金援到位，比利接受說帖，答應從退休狀態中重出江湖，與紐約宇宙簽下一張為期三年、金額超過四百萬美金的合約。一瞬間，紐約宇宙，聯

盟,甚至是足球運動本身,都獲得前所未有的少量魔幻和名望。紐約宇宙原本已經淪落到要在現場發放漢堡王(Burger King)的優惠券,期待能藉此吸引至少坐滿半場的觀眾。然而,在比利初登場的那天,球團被迫要將大門上鎖。兩萬五千名幸運兒得以入場一睹巨星丰采,另外五萬名球迷只能在球場外望門興嘆。

　　往後五年,紐約宇宙是聯盟當中的亮點和吸票機。跟隨比利腳步而來的國際球員,包括巴西後衛阿貝多,德國隊長貝肯鮑爾,義大利前鋒喬吉歐‧吉納亞(Giorgio Chinaglia),和荷蘭中場內斯肯斯。儘管他們都已經步入生涯的黃昏,水準和能力卻都無可挑剔。其他球隊紛紛跟進仿效,簽下愛爾蘭翼鋒貝斯特,荷蘭中場克魯伊夫,德國前鋒穆勒,葡萄牙前鋒尤西比奧,還有英格蘭門將戈登‧班克斯(Gordon Banks)。由於紐約宇宙太受美國群眾歡迎,他們在一九七七年將主場搬到紐澤西的巨人球場(Giants Stadium)。該年的季後賽,他們透過凌厲的攻勢以八比三踢走羅德岱堡前鋒(Fort Lauderdale Strikers),並且創下美國足球史上現場觀眾人數最多的紀錄,共計七萬七千人。宇宙繼續挺進,順利取得冠軍,並且在接下來的五季當中,複製了三次冠軍。足球和足球員在紐約享有崇高的文化地位。他們經常在曼哈頓社交圈最時髦高檔的節點五四俱樂部(Studio 54)現身。座落在西五十四街,五四俱樂部是由紙醉金迷和酒色生香粧點的避難所。當時,紐約市深陷看似永無止盡的破產和金融危機;整個國家也正試圖逃離越戰和水門案所帶來的破壞和傷害。五四俱樂部內夜夜笙歌,縱情放蕩,彷彿過去不曾存在,明天也不會到來。俱樂部內供應了迪斯可,各式各樣逸出常軌的性和性實驗,古柯鹼,還有名聲。季辛吉,滾石樂團(Rolling Stones)的主唱米克‧傑格(Mick Jagger),還有英格蘭歌手艾爾頓‧強(Elton John),經常在這裡和和宇宙隊球員廝混,一如他們經常去球場看球。在這個脈絡下,足球在美國的另類地位,反倒是異國風情的來源,而不是具有威脅性的異域文化。然而,這種說法或許符合全美國最開放也最國際化的大蘋果,卻不一定在其他地方適用。

　　一九七七年年終,比利在一場與桑托斯的友誼賽中,最後一次披上宇宙

戰袍。在大雨滂沱中，他為兩支老東家分別效力半場。巴西媒體戲劇性地形容「連老天都在哭泣」。哭泣的還有銀行。儘管球賽品質因為比利與其他巨星的降臨而顯著提升，不過聯盟的經濟依舊失調，未見起色。華納兄弟從未自紐約宇宙這項投資中得到半分獲利，不過由此獲致的聲譽和光環則不同凡響。其他球隊的老闆，付出大把鈔票充實陣容，卻填不滿球場的觀眾席，只能坐看赤字開始不斷累積。更糟的是，就美國足球的中程前景看來，幾乎沒有自家培養的本土球星竄起，國家隊在全球足壇的表現也絲毫沒有可看之處。到了一九八〇年代早期，美國廣播公司不堪貧脊的收視數字，決定退出轉播。當局面大勢底定，確定由墨西哥而非美國取得八六年世界盃的會內賽資格，華納兄弟也決定收手，拒絕再玩。八一和八二年，聯盟中有半數球隊宣告破產。到了八四年美國足球聯賽的最後一個賽季，僅賸下五支隊伍參賽。到了八五年春天，紐約宇宙淪落到只能參加有一搭沒一搭的友誼賽和表演賽。

　　北美職業足球的欲振乏力，在該區域的其他地方造成了連鎖效應。這裡，除了墨西哥，全都是中美洲和加勒比海島嶼的赤貧國家。在國際足球的世界裡，美國的邊陲位置，和這些國家在全球經濟裡的處境一樣侷促困窘。因此，墨西哥人罕見地反轉地理學上的先後順序，不間斷地向南尋求足球和觀念的交流，徒留此區域和其名字笨拙的北美洲及加勒比海足協，淪為全世界足球最弱的一區。除了大洋洲以外。與足球相比，美式足球在這個區域的影響力稍微大些。不過，仍不足以與加勒比海英語國家的板球，以及整個區域對於棒球的熱情相提並論。在古巴、瓜地馬拉、宏都拉斯、巴拿馬和尼加拉瓜，棒球是最受歡迎的運動，在哥斯大黎加和薩爾瓦多也僅次於足球。在一九八〇和九〇年代，美國職籃獲致的成就非凡，再加上美國境內湧現日益增加的中美洲和加勒比海移民社區，使得籃球在移民原鄉的貧民窟和市中心大受歡迎。

　　如果說棒球在巴拿馬地峽上的地位高於足球，並且將其排除在外，則板球在加勒比海英語國家所扮演的角色大致相同。十九世紀末期，不列顛的殖民菁英和中選的克里奧人（creoles）——歐裔與非歐裔結合誕生的後裔——

最先在牙買加、千里達及托巴哥、巴貝多和安地列斯成立排外的板球俱樂部。
[22] 儘管板球賽事依舊依循種族和階級分級,足夠的社會空間允許種族混合的
隊伍代表西印度群島參加國際賽事。當代頂尖的非裔球員亦足以在英格蘭的
職業聯盟爭取一席之地,掙得一小口飯吃。在牙買加首都金斯頓(Kingston)
和千里達及托巴哥首都西班牙港(Port of Spain)的街道和空地上,群眾熱情
而投入地參與板球運動。板球在精英和庶民之間同樣受到歡迎。同時,對於
不列顛殖民地上的非裔和印地安人口,它也提供了狹小的社會晉升管道,就
像棒球和足球在其他地方所做的一樣。因此,足球在一九八〇年代甚至更晚
以後,幾乎都還是業餘,最好不過是半職業的運動。牙買加和千里達,分別
晉級一九九八年和二〇〇六年的世界盃會內賽,確實是了不起的成就,但不
全然是因為他們國內的足球實力堅強。事實上,兩支國家隊都是由散居世界
各地的加勒比海裔球員組成。他們之中許多人誕生於不列顛,混跡於當地較
為低階的職業足球聯賽,但卻是加勒比海的足球公民。在整個北美洲及加勒
比海足協涵蓋的區域中,俱樂部或國家隊之間的區域競賽層級都不高,賽程
不固定,參與程度低,經常遭到墨西哥人的直接忽視。這個弱點直接反映在
該區域於全球舞臺上的貧乏表現。除了美國與墨西哥,從七〇年至今,在晉
級世界盃會內賽的六個國家中,僅有哥斯大黎加曾經闖進第二輪,而牙買加
在九八年法國世界盃踢走日本一役,則是僅有的第二場勝利。

　　也就是說,在世界盃亮相出賽,確實是國族主義政治最強效的潤滑劑。
對於當地的寡頭政客和獨裁者而言,極具吸引力,就像在世界上的其他地方
一樣。一九七四年,海地首度闖進會內賽,令人刮目相看。其背後的金主,
正是他們的狂人總統讓·克勞德·杜瓦利埃(Jean Claude Duvalier)。確定
進入會內賽的那一刻,其中一位隊員如此形容:「舉國歡騰。就像是要把整
個海地翻過來一樣。真的是瘋了。」[23] 然而,球隊接著卻犯了天大的錯誤,
獅子大開口地索取五千美金的獎金,結果換來總統府索命的威脅。該屆世界
盃,海地在首場比賽面對的是義大利。而沉穩自若的海地國家隊,直到半場
仍能與義大利以零比零僵持。下半場,靠著前鋒馬努·撒農(Manno
Sanon)帶球闖過拚命舞動雙手阻擋的對方門將迪諾·佐夫(Dino Zoff),

海地事實上還曾取得領先。不過義大利奮力奪回比賽主控權，最終以三比一帶走勝利。更糟的是，其中一位海地球員賽後的藥檢呈現陽性。回到下榻酒店後，球員與總統杜瓦利埃的支持者爆發肢體衝突。這些熱中於濫用公帑旅遊的人，以隨行人員的身分跟著球隊。心灰意冷的海地國家隊像是洩了氣的皮球，在接連敗給阿根廷和波蘭後打道回府。

　　薩爾瓦多和宏都拉斯都曾經踢進世界盃的會內賽（薩爾瓦多七〇和八二年；宏都拉斯八二年），一九六九年也曾經雙雙陷入如今被稱之為「足球之戰」的衝突。超過三十年來，兩國沿著邊境爆發一連串複雜的經濟與環境糾紛。薩爾瓦多是當地人口密度最高的國家，境內的土地分配更是古怪地不均。是以，薩爾瓦多擁有為數龐大，無地且赤貧的農民。宏都拉斯的國土相對遼闊，人口也比較少。到了一九六九年，大約有三十萬薩爾瓦多人越過兩國的國境，滲入宏都拉斯尋求土地和工作。兩國的國家隊首次在連比三場的賽制中碰頭，出線者將可以取得七〇年世界盃的會內賽席次。第一場比賽在宏都拉斯的首都德古西加巴（Tegucigalpa）舉行。現場群眾和主辦高層處處讓薩爾瓦多感到制肘，極不舒服。在這種情況下，無心戀棧的薩爾瓦多以零比一輸球。而在回到薩爾瓦多首府聖薩爾瓦多的第二場賽事前夕：

　　輪到宏都拉斯國家隊徹夜難眠。高聲叫囂的群眾將旅館的所有窗戶敲破，朝室內丟擲腐爛的雞蛋，死掉的老鼠，還有惡臭的抹布。球員在裝甲車的戒護下前往球場……暴民們沿街高舉民族女英雄波拉紐斯（Amelia Bolaños）的相片。*

　　軍隊將球場團團圍住。球場邊拉起警戒線，由手持衝鋒槍、來自國家衛隊的菁英成員重重戒護。播放宏都拉斯國歌時，群眾鼓譟與口哨聲齊發。接著，旗桿上冉冉升起的，不是宏都拉斯的國旗──該面旗幟早在觀眾前付之一炬，激起狂喜的情緒──而是一塊髒汙破爛的抹布。[24]

---

* 譯註：波拉紐斯（Amelia Bolaños）是薩爾瓦多的年輕球迷，據說因為受不了第一場賽事薩爾瓦多敗北的結果，憤而取槍自戕。

薩爾瓦多以三比零留下勝利。宏都拉斯的球迷在街道上和大使館遭受攻擊。宏都拉斯亦針對境內的薩爾瓦多人展開報復性的攻擊，迫使規模龐大的人口穿越邊境，重返家園。在重重壓力與政治斯歇斯底里的氛圍下，兩國的外交關係極度緊繃。兩週後的七月中，隨著薩爾瓦多入侵宏都拉斯，真實意義下的戰爭爆發。六天後，在美洲國家組織（Organization of American States）的介入調停下停火。一翻兩瞪眼的最終戰在墨西哥城開踢，由薩爾瓦多勝出。隔年，他們將舊地重遊，參加在此舉辦的世界盃會內賽，帶著全敗的戰績打道回府。在這一波衝突中，造成約莫六千人傷亡。兩國搖搖欲墜的經濟和政權因此暴露無遺。

IV. 被遺忘的大洋洲

大洋洲是被足球之神徹底遺忘之境。儘管十九世紀時引入澳洲和紐西蘭，足球與板球、橄欖球和澳式足球的關係依舊不睦。[25] 一九七四年以前，紐澳兩國都曾經透過參加亞洲區的資格賽，向世界盃叩門，但都沒有成功。直到一九六六年，隨著大洋洲足聯創立，並且將澳洲歸入像是巴布亞紐幾內亞和斐濟一般的太平洋島嶼，世界盃的會內賽才因此為這個區域保留一個席次。一九七四年，澳洲掌握住此一機會晉級。紐西蘭則在八二年複製成功經驗。值得注目的是，這一支全數由白人組成的國家隊，恰恰是在紐西蘭橄欖球落入谷底的時間點，成就了在國際舞臺亮相的輝煌時刻；同時卻也捲入國際足壇長達十年，各方角力劇烈，有時甚至引發暴力的南非禁賽爭議。將紐澳納入大洋洲足聯的安排，確實給予這兩個英語國家很好的機會能在世界盃出線。然而，說到底，它亦有其副作用。由於同區僅有索羅門群島和大溪地等這一類對手，澳洲特別意識到自己的足球實力遙遙落後南美洲和亞洲，那些之前曾經一起競逐世界盃席次的老對手。在二十一世紀初期，隨著當地的外交政策、經濟連結，以及政治與地理位置的意識改變，澳洲遂同步申請，並且獲准加入亞洲足協。

足球在澳洲相對落後的原因，地理上的孤立並不是單一元素。戰後時期，

足球在當地依舊是小眾、業餘的運動。在舉國民眾心目中的運動排行榜上，足球遠遠落在奧式足球、英式橄欖球、聯盟式橄欖球和板球之後，排在第四或第五位。而且，就像當時澳洲的所有其他事物一樣，它依然保有濃厚的不列顛氣息。一九四八年，在當時全國最強而有力的聯盟維多利亞州立聯賽（The Victoria State League）中，有多支來自附近鄰里的球隊，其隊名總能令人追憶起久遠的帝國：帶有英格蘭遺風的布萊頓（Brighton）和巴克斯希爾（Box Hill）；具有蘇格蘭色彩的莫蘭隊（Moreland），還有對某些人來說，能夠召喚出郊區幻想的陽光聯隊（Sunshine United）。唯有來自墨爾本的猶太球隊墨爾本力量（Melbourne Hakoah），暗示了更國際化的族群和人口。不過，隨著一大波來自南歐的移民、背景多元的政治避難者、難民還有求職者，全都湧進澳洲蓬勃發展的工業化郊區以及礦業城鎮，此一現象將在不到十年內發生改變。整體而言，澳洲接收了為數接近三十萬的義大利移民；從南斯拉夫和希臘移入的又有各十五萬；再加上其他來自東歐各國的人。連鎖遷徙（chain migration），互助住房支持網絡，以及對於主要就業中心的偏好，使得這些族群全都集中在特定的都會鄰里。

澳洲社會在接納南歐和東歐移民的過程並不順利。儘管受到勞工短缺的雇主歡迎，移民們由於不諳英語，膚色明顯較深，引發了令人厭倦卻依舊能夠預見的種族歧視，排除，以及差別待遇。與前幾代遷往美國的義大利和希臘裔移民先祖不同，他們是透過接納棒球而得以融入當地社會。這一代的移民在前來澳洲以前，已經固定了他們對於運動的喜好，那就足球。對他們當中的多數人來說，澳式足球愚蠢可笑；而橄欖球和板球因為太鮮明且沾沾自喜的不列顛色彩，更讓他們退避三舍。足球則是另外一回事。到了一九五〇年，族裔社區已經建立起各自的社交與足球俱樂部。而澳洲的運動大報《寰宇運動》（The Sporting Globe）對此感到憂心忡忡。

關於新澳洲人獲准成立其族裔俱樂部這個問題，應該受到特別的觀照和調查。這並不是要主張抵制這些新成員，將他們拒於球場或遊樂場外。但倘若他們能加入以不列顛血統為主的球隊，成為更善於交際的群體，在某些狀

態下致力於解決足球場上的政治分歧，而不是選擇自我封閉，那絕對會比現
狀更好。[26]

南轅北轍的球風和對於比賽的期待分歧，為雙方的衝突火上添油。盎格魯澳
洲人在更寬廣的運動文化薰陶下，對於場上的肢體碰撞，甚至是較為激烈的
動作容忍度較高。他們踢的足球版本特別粗野，肢體動作頻繁，將這項已經
以肌肉對抗著稱於世的英式運動推向另一個層次。相較之下，歐裔移民受教
於截然不同的競技文化，球風相對理智甚多。在第一代足球員和他們所屬的
俱樂部當中，幾乎沒有同化的現象發生。也沒有任何族裔的俱樂部系統性地
排斥外人。問題或許在於：他們到底為什麼會想要加入以盎格魯族群為主的
俱樂部呢？這些新澳洲人已經證明他們是嫻熟內行的足球員了。到了一九五
〇年代末期，維多利亞州立聯盟僅保留巴克斯希爾和莫蘭兩支早期盎格魯時
代的球隊。如今，與它們共同競賽的包含：波蘭人的波蘭人隊，義大利人的
尤文圖斯，塞爾維亞人的富茨克雷 JUST（Footscray JUST），荷蘭人的威廉
敏娜（Wilhelmina），希臘人的南墨爾本希臘（South Melbourne Hellas），捷
克人的斯拉維亞，以及馬爾他人的喬治十字（George Cross）。相同的狀態
也發生在新南威爾斯（New South Wales）。當地的頂尖球隊包含布拉格、布
達佩斯、東郊力量（Hakoah Eastern Suburbs）、北波蘭人隊（Polonia
North）、雪梨聯隊（Sydney Croatia）和泛希臘（Pan-Hellenic）。由於移民
在澳洲足壇的存在已經如此全面，以至於出現了帶有貶意的盎格魯俚語，稱
呼足球為「外國佬在踢的球」（wogball）。* 然而，此一足球實力並未反映
在由盎格魯主導的澳洲足協（Australian Football Association），無論是就管
理事務或者是人事安排而言。到了一九六一年，盎格魯足球和族裔足球之間
的分歧；還有繼續嚴守業餘規範和在地發展，以及朝向半職業與全國性發展
之間的分歧；終於見證了澳洲足球聯盟（Australian Soccer Federation）的出
走和成形。而澳足盟最終亦成為主管澳洲足球的官方組織。[27]

---

* 譯註：wogball 由 wog 和 ball 兩個英文單字組成。其中 wog 是指膚色較深的人，故 wogball
一辭帶有濃厚的種族歧視色彩。

澳大利亞白人對於足球的反感，因為足球場上對於政治差異的表述，以及伴隨而來的零星暴力衝突，而捲入輕微的道德焦慮。特別是當來自塞爾維亞和克羅埃西亞社群的球隊彼此交戰的時候。二十世紀初期，即有少數克羅埃西亞人移民澳洲。不過二戰以後，移入的人口數以萬計。阿德雷德克羅埃西亞（Croatia Adelaide）成立於一九五二年，隨後在墨爾本和雪梨亦有球隊設立。他們的會員和支持者往往來自克羅埃西亞的政治文化中最保守，且民族意識最強的成員，許多人自狄托統治下的新共產主義南斯拉夫逃脫。他們當中，還包括了殘暴的烏斯塔沙（Ustashi）政權的支持者和官員。該政權在二戰期間以德國的傀儡國形式統治克羅埃西亞。[*] 儘管他們只佔克裔澳洲人的一小部分，其俱樂部卻是激進的民族主義平臺，從不吝於展示代表克羅埃西亞的紅白藍三色與其徽飾。塞爾維亞人也向澳洲移民，其中包含南斯拉夫祖國軍（Chetnik）的支持者——南斯拉夫祖國軍是二戰期間支持保皇的抗德武裝部隊，原本與狄托聯手作戰，最終因政治理念不合兵戎相向，結果落敗。這個群體受到富茨克雷 JUST 和尤高（S.S.C. Yugal）兩支球隊的吸引。兩支球隊與南斯拉夫祖國軍的聯繫都不強，都能與南斯拉夫駐澳使館保持良好關係。返回家鄉南斯拉夫時，也受到南斯拉夫航空（Yugoslav Airlines）的招待。二戰期間，塞爾維亞人和克羅埃西亞人之間的激烈衝突顯然並沒有被留在歐洲。一九六〇年代早期，一場墨爾本克羅埃西亞（Croatia Melbourne）對尤高隊的比賽，急轉直下為全面的動亂。七二年，墨爾本克羅埃西亞與墨爾本力量的比賽爆發一件特別嚴重的事件，導致前者被維多利亞州立聯盟除名，稍後解散。不過五年後它們將再次重出江湖。

一九六〇至七〇年代早期。澳式足球為南歐裔的移民提供了團結一致與部分融入主流社會的手段。而他們則以提高澳洲的足球水準和表現作為回報，直到一九七四年澳洲終於闖入世界盃的會內賽。當時的國家隊陣容兼容了盎格魯與斯拉夫裔的澳洲人。一如預期，澳洲在當屆德國會內賽的表現貧乏，總計三場比賽未進一球。儘管因世界盃而激起的興奮與熱潮足以說服澳

---

[*] 譯註：烏斯塔沙政權對於境內其他族裔像是塞爾維亞人、猶太人和吉普賽人十分慘忍，是導致南斯拉夫族群問題的歷史原因之一。

洲足聯，當是時候成立全國的聯賽，但是足球在澳洲仍舊是位處邊陲的運動。它未能贏得主流社會青睞的部分原因，在於其最初的去種族化政策失敗。一九七七年，國家聯盟正式啟動，球隊預期要撕下族裔的標籤，並且禁止群眾公開展示具有攻擊性或者是可能冒犯的民族主義。然而，俱樂部並沒有準備好要承擔主流的支持，而主管機關也缺乏力量去強制執行。事實上，事情在某些狀態下變得更糟。新成立的俱樂部像是坎培拉城（Canberra City），刻意被塑造成有益健康、不帶種族色彩的家庭娛樂，卻意外成為明確的盎格魯澳洲認同的掩體。更糟的是，當族裔政治在南斯拉夫的緊張情勢飆高時，具有巴爾幹血統的球隊之間關係迅速惡化。而這種狀況持續了一整個九〇年代。族裔認同和團結一致，不僅讓足球在澳洲復甦，並且為其注入生氣。然而，它們也證實是足球成功商業化的限制性因素。

V. 在亞洲觸礁

　　一九七〇年以前，僅有三支亞洲隊伍曾經闖入世界盃的會內賽。儘管擁有全世界一半的人口，亞洲在世界盃會內賽分配到的席次卻不到總數的百分之三。即便當時曾經取得一九三八年會內賽資格的荷屬東印度群島，陣容中也以歐裔球員佔壓倒性的多數。五四年和六六年分別踢進會內賽的南、北韓，才是唯二兩支亮相過，真正意義上的亞洲球隊。一九五八、六二和七四年的世界盃，沒有任何一支亞洲球隊符合參賽資格。直到二〇〇二年南韓直闖當屆世界盃的四強賽以前，一九六八年日本在墨西哥城奧運的足球項目中驚喜奪銅，一直都是亞洲大陸在國際賽場上的最佳成績。[28] 亞洲足聯儘管早在一九五四年就已經成立，但是與非洲足協相較，它在創立並且維持國際賽事方面卻落後甚多。非洲盃長久以來都是具備高度政治、文化與運動影響力的賽事。反觀亞洲盃（AFC Asian Cup），直到九〇年代，都還在為賽事規模和地位苦苦掙扎。同樣地，即便非冠聯賽和非洲盃賽冠軍盃（African Cup Winners' Cup）經常計畫潦草、籌備鬆散，甚至毫無章法，依舊樹立起賽事的聲望。而歷經六年籌畫的亞洲冠軍盃（Asian Champions Cup），卻在比賽

僅僅舉辦四屆後無疾而終，在一九七一年停賽。直到一九八六年才復賽。

　　為何足球在亞洲呈現如此停滯的狀態？或許最直接的解釋是在整個二十世紀，這塊大陸依舊充斥著農民、自耕自給農業，以及廣袤的鄉野地帶。即便這塊大陸確實擁有城市飛地（enclaves）、工業區、港市，以及壯麗威嚴的首府，但無論是過去或現在，亞洲依舊是以農業為主的社會。然則，足球卻是一項屬於城市的運動。當然，非洲也絕對不缺農戶。兩地的地形差異，還有對於族裔的觀感分歧，某個程度為兩塊大陸不同的發展速度提供了部分解答。雖然非洲內部的交通運輸極端不發達，但是內部的緊密度和連結感還是比亞洲堅實太多。亞洲單是由東到西的巨大幅員，就橫跨多個時區，使得籌辦國際賽事不僅程序複雜，成本亦高，即便是對最富裕的足協或球會來說，都未必吃得消。除此之外，非洲足協在創立之初，便順利取得實質上和道德上的權威，儘管相當脆弱，但仍舊是貨真價實的泛非機構。而後殖民時代的亞洲，並沒有足以相提並論的號召口號，亦或是共享的認同概念。座落在馬來西亞吉隆坡的亞洲足協，是個微型的官僚機構，沒有地位，沒有錢，更沒有權勢和影響力。即便前述三項條件通通俱足，以足球的語彙來說，亞洲仍然是片貧瘠的區域，無以滋養和支持職業和國際足球。三項與非洲的進一步對比，或許能提供一些解釋的線索。

　　首先，亞洲與歐洲殖民主義的會遇，和非洲的經驗大相逕庭。儘管歐洲列強的勢力在非洲時有衰頹、也經常遭受顛覆和逃避，但是沒有一個非洲社會能夠有效地抵抗歐洲的軍事力量。軍事疲弱的代價，便是非洲大陸長達百年的奴役狀態。相較之下，亞洲過去曾經打造出帝國霸權，以及具備足夠恢復力、機動性和軍事力量的國家機器，使得他們具有回擊的能力。中國儘管飽受列強瓜分和分治，從未真正俯首稱臣。日本人雖因發展停滯與地理上的孤立位置遭受西方世界的衝擊，但他們未被征服。泰國更是始終保持獨立。即便是在不列顛的統治之下，印度也甚少背離自身內部的統治理想和信念。在此脈絡下，在非洲被視為現代生活中無可避免的現實存在與進步的現代運動，在許多亞洲菁英眼中，卻是危險又令人反感的外族活動。

　　其次，亞洲與非洲的另一項差異在於美國的介入。除了插手賴比瑞亞，

美國基本上被排除在非洲大獵之外。不過，在東亞，美國從十九世紀開始就一直以傳教、經濟投資者，以及武裝的軍事力量存在（其是在日本、中國、菲律賓和韓國），並且與當地有著極深的利害關係。有鑑於此，在前述這些社會中，棒球非但成為足球有力的競爭對手，在幾乎整個二十世紀，還是此間最受歡迎的運動，除了中國這個例外。同樣地，板球在南亞的重要性，也可以為足球在當地的有限發展做出解釋。[29]

第三項，也是最後一項差異在於戰爭經驗。在非洲，戰爭一直是抑制、甚至是終結足球發展的主要因素。連年的戰事嚴重削弱了像是衣索匹亞、安哥拉和莫三比克的足球潛能。亞洲過去對於戰爭絕不陌生。不過在亞洲，關鍵戰事與社會變遷的歷程與非洲相比，更加動盪不安和無所不包，更具顛覆性且強度也更高。而且，它們往往是國家間跨越國界的戰事，而不是困擾非洲的內戰和分離戰爭。亞洲在二戰期間所承受的死傷和破壞，規模遠較非洲為大，而接續此一災難而來的，還包括了印度分裂，以及後續三次的印巴戰爭；印尼獨立戰爭以及隨後的內戰；韓戰與後續的軍事對立；馬來亞叛亂、曠日費時且錯縱複雜的印度支那戰爭；國共內戰與革命；蘇聯入侵阿富汗；以及兩伊戰爭。這些事件使得非洲同一時期的鬥爭和衝突顯得小巫見大巫。而中國的經驗特別能夠體現社會動盪對於亞洲整體有組織的運動所造成的破壞性影響。

一九四九年十月一日，中華人民共和國建國。作為慶典的一部分，瀋陽足球俱樂部受邀前往北京，在共產黨資深領導人和官員面前，踢了一場表演賽。然則，熱情並未立即兌現為組織。中國當時正嘗試從將近四十年持續不斷的動亂和戰爭中恢復。一九五六年，第一屆全國足球錦標賽開踢，僅有八支隊伍參賽，各自代表不同的產業、區域，以及一支軍方隊伍。往後幾年，賽事規模大致與中國第一個五年計畫同步擴張：將國家經濟與市民團體中央化、官僚組織化，以及政治化。足球俱樂部也不例外，開始與產業工會、發電廠、海軍要塞與鐵路產業銜接。從一九五〇到六〇年代早期，此一教條式馬克思主義的足球發展模式，因為中國與東歐的足協，以及信奉馬克思主義的非洲國家保持密切關係，而得到某個程度的補足。儘管為了抗議臺灣的會

員資格始終持續，中國在一九五九年宣布退出國際足總，不過，中國國家隊仍舊持續與友好的盟邦保持頻繁的賽事交流。

一九五八年，毛澤東發起大躍進，企圖透過修辭、政治魅力與威嚇的力量，催化一場去中心化、以農村為基底的產業革命。結果是一片狼藉，最終更釀成災難：農業生產力崩跌，飢荒在全國蔓延，早先建立起來、但體質脆弱的交通和運動基礎建設崩塌瓦解。六〇年代早期，中央政治局內部較為明智與謹慎的一群人，說服毛澤東放棄此一計畫。國家經濟與足球組織開始恢復。然後，足球與所有其他組織性的休閒與運動形式一樣，再一次被騷動打斷。

一九六六年，毛澤東為了剷除黨內更為保守的異己，發起文化大革命。他刻意積極鼓動青年起義，宣稱要從左派的立場來挑戰革命本身。最終，那不過是一場受到《毛語錄》的空洞內容誤導，進而發產成對於毛澤東極其荒謬的個人崇拜。最初的清黨行動已經失控，陷入一種不斷自我延續的恐怖和恐懼統治，蔓延到全國任何形式的組織機構。中國陷入一片失序和實質的內戰長達六年。這段期間內，中國似乎沒有踢過競技足球。就算有，也沒有留下絲毫紀錄。運動機構全都中紅衛兵接管、拆解、或者是關閉。頂尖的運動主管、教練、球員和運動員被控具備資本主義意識形態中的競爭與菁英意識，因此遭受批鬥和公開侮辱，許多人遭受長期的再教育，下放至偏鄉接受勞改。一九七二年，毛澤東與軍隊終於中止瘋狂的行徑。隔年，停滯六年的全國性足球競賽終於再一次呈現在國人面前。毛澤東在七六年過世。接續掌權的中國領導階層，開始重新與外交和運動世界接軌。早期與國際足總的接觸，透露出中國著手重回國際足球賽場的端倪。七四年，中國加入亞洲足協和國際足總。隔年，外國球會開始前往中國巡迴，由比利的紐約宇宙還有朗・亞特金森（Ron Atkinson）的西布朗維奇隊打頭陣。一九八〇年，即便是在足球實力貧弱的狀態下，中國正式回歸國際賽場。毛澤東的接班人鄧小平為今後的國家發展定調：走上一黨專政與市場友善的工業化道路。自此，無論是經濟或是足球的起飛，在經過三十年戰爭與革命的拖磨後，將永遠不回頭。

第十四章

如果這就是足球，不如讓它就此消亡：
歐洲危機（1974-1990）

可鄙的人，在可鄙的球場，觀賞可鄙的球賽。

——《週日泰晤士報》（*Sunday Times*），1985.05.19

I. 災難頻傳的歐洲足壇

一九八五年五月二十九日，歐洲足球在布魯塞爾的海賽爾球場（Heysel Stadium）觸及道德的底線。這場悲劇釀成三十九人死亡、三百人負傷，血淋淋地呈現在超過一億位電視觀眾眼前，而當時人人都正期待著利物浦與尤文在歐冠盃決賽的對決。在歐洲足總和比利時主管機關的堅持下，屍骸陸續被送往城市的停屍間，球賽持續進行。最後比賽以一比零作收，尤文帶走勝利。身為歐冠盃的推手之一，法國運動媒體《團隊》在隔天的報導中難掩失望的情緒，直指：「如果這就是足球，不如讓它就此消亡。」[1]

海賽爾並不是歐洲在一九八〇年代唯一一座淪為停屍間的球場。就在海賽爾慘案的前兩週，布拉德福德（Bradford）大火才剛奪走六十五條生命。一九八九年，希爾斯堡慘劇，九十六人就此告別人世。一九八二年，莫斯科的盧日尼基球場（Luzhniki Stadium），群眾在結冰的階梯上奔逃踩踏，造成三百多人命喪黃泉，事發之後，蘇聯當局可恥地試圖加以掩蓋和淡化。三年後，索科爾尼基室內球場（Sokolniki Arena）亦發生大規模的推擠，二十多人罹難。布拉德福德和希爾斯堡，說到底，是英格蘭的悲劇；盧日尼基和索科爾尼基，是蘇聯的悲劇；唯有海賽爾，是整個歐洲的悲劇。因為與其他四齣慘劇不同，它們追根究柢都能歸咎於陳舊的基礎建設，以及不當的群眾管理和執法；唯有海賽爾，可以將支持群眾不負責任的不當行為，視為是釀成災害的原因之一。

海賽爾是從一場小規模的鬥毆開始的。

那是那種你在球場上，在全國各地，在過去十五年間已經看過不下百次的小衝突。於是你默默地想：「好吧，那不過就是打打架。不用幾分鐘警察就會來，然後他們會強迫雙方的球迷撤退……」那沒有發生……沒有任何人掌控全場。[2]

海賽爾事件中，利物浦球迷責無旁貸這個事實毋庸置疑。他們的行徑百分之百不能接受。然而，他們行為的起源背後有更寬廣的背景和脈絡可循。何況，唯有在其他人災難般的決策和難以寬宥的輕忽助燃下，他們的行動才能突變為一個荒謬的殺戮戰場。

海賽爾球場本身的狀態只比慘不忍睹好上一些。鋼筋混凝土的看臺上剝裂處處，雜草竄出頭來。巨大厚重的防擠欄杆因為腐蝕，聊具裝飾性的功能。歐洲足總和比利時當局允許比賽辦在此處的決定，應當受到譴責。而這還是比利時所犯的最輕微的錯誤。當晚，他們竟然責成一位缺乏處理足球比賽人潮經驗，遑論是歐冠盃決賽的警官坐鎮指揮。當天，球場內沒有任何正式的行動策略以及現場人員、設施的配置系統。對警方來說，更不幸的是場中關鍵員警的對講機內竟然沒有電池。

票務和區隔的安排馬虎得令人心驚。儘管大多數利物浦和尤文的球迷都安置在球場中的不同區域，但由於驗票非常鬆散，導致為數眾多的利物浦支持者進佔了原先安排是中立的區域，進而與一群買黃牛票入場的中年尤文迷混坐，尤文頑強的極端球迷則在另外一處。據第一手報導指出，利物浦的球迷重複使用這一區的球票，不斷從牆外搬進一箱又一箱啤酒，而且此處配置的警力極為單薄。慘案爆發的速度極為快速。一小群利物浦球迷開始朝著緊鄰他們區塊的中立區丟擲東西，並且辱罵叫囂。接著，他們推倒脆弱的鐵絲網，發動一連串酒醉後的衝撞，因此引發了尤文球迷間的一陣恐慌，群眾紛紛撤退，在看臺盡頭一堵年久失修的獨立牆前，爆發了大規模的推擠踩踏，牆面瞬間坍塌，在衝撞和輾壓當中，共計有三十九人喪生。

事件的善後毫無尊嚴或風度可言。歐洲足總、比利時當局，或許還有兩邊俱樂部的管理階層，決定讓比賽繼續。遲來的警力團團圍住球場，卻仍任由鬥毆和衝突在球場內不斷爆發。球員們各各表情怪異、委靡，無精打采。獎盃最後是在尤文的休息室內頒發，安置在一個適合喪禮使用的木盒當中。令人費解的是，尤文事後又繞場一週以示慶賀，主席邦尼佩爾堤（Boniperti）甚至還提出辯解，指出：「我們踩著自己球迷的血才贏得這座獎盃」。[3] 在整個義大利，出於厭惡和鄙視的集體情緒，當尤文球迷大肆慶祝時，其他俱

樂部的支持者在牆上噴上「謝謝利物浦」（Grazi Liverpool）的塗鴉。

海賽爾事件後，英格蘭俱樂部在五年內不得參加歐洲賽事，對利物浦的處分則是永久禁賽。因此，從後見之明的角度來看，海賽爾恰巧區分了歐洲足球的兩個時代。一九五〇和六〇年代創立的高度工業化足球，在一九七〇年代末期到八〇年代初期告一段落。創新的下滑可以視為這個年代氣數將盡的指標。因為自從一九七〇年代初期，荷蘭發展出全攻全守足球後，歐洲足壇再也不見重大或深刻的戰術發展，直到八〇年代晚期阿里戈·薩奇（Arrigo Sacchi）執教的米蘭興起。球場外，北歐和南歐為數不多但日益難以管理的球迷文化——其中又以利物浦的平民幫（Casuals）和尤文的極端球迷最具代表性——將足球賽事的組織管理能力和其商業上的可行性推向引爆點。最終，拜市場力量之賜，再加上採用八〇年代萌芽的純粹商業主義，足球終究從困境當中脫身。海賽爾慘事後，科技、社會和經濟變遷的旋風，將為消毒與銷售足球提供新工具。這可鄙的賽事，在剔除其最好戰也最失序的支持者，排除掉監視和成本之後，即將徹底改頭換面，從社會中人人喊打的棄兒，搖身一變為新千禧年核心的集體文化經驗。足球接下來將用其靈魂換取怎樣的價碼，尚在未定之天。

歐洲足總對於英格蘭俱樂部的禁賽懲戒，宣告了歐洲足壇長達十年由北歐（主要是英格蘭和德國）主宰的時代告一段落。它們的缺席，為其他球隊和區域騰出了成功發跡的空間。歐洲大陸上各小國的頂尖球隊，一時之間成為關注的焦點。一九八〇年代的中後半，蘇格蘭亞伯丁隊（Aberdeen）和比利時梅赫倫隊（Mechelen）分別奪得一九八三年和八八年的歐洲盃賽冠軍盃。瑞典哥特堡隊在一九八二和八七年兩度拿下歐洲足總盃。葡萄牙波圖和荷蘭的 PSV 恩荷芬隊（PSV Eindhoven）分別拿下一九八七和八八年的歐冠盃。在國家隊層級，荷蘭終於在一九八八年贏得一項重要賽事：歐洲盃。在義大利和法國，在新錢和新媒體的交會處，像是波爾多，馬賽和米蘭，誕生了新的足球王朝。儘管在海賽爾慘案後，維安和安全措施在整個歐洲得到倉促地檢驗，實際上的改變卻極其稀微。歐洲多數的足球主管機關，自欺欺人地認為問題僅只是英格蘭的暴行加上比利時的失職，因此對於境內的足球流氓和

球場問題著墨甚少。特別是義大利，稍後即將因為自己的近視嘗到苦果。以羅馬尼亞的布加勒斯特星隊和貝爾格勒紅星為代表的東歐，享受他們在運動領域中最後的榮光。柏林圍牆倒塌後，這裡的足球文化將被掃到歐洲最赤貧無毛的邊陲。

這十年的淡季之後，歐洲足壇大抵走向了兩條路：一九八九年的希爾斯堡慘案，確認了英格蘭足球的衰頹，標示了聯賽的最低點，直到透過「英格蘭足球超級聯賽」（Premier League）重新包裝了形象，才如浴火鳳凰般重生。一九九〇年義大利的世界盃，聚集了重新塑造歐洲足球的新社會力量：飽和的媒體覆蓋，高風險的商業賭注，與重新包裝過的視覺奇觀。這或許是世界盃史上最艱辛、最重視防守，卻也最不友善的賽事。

II. 足球流氓大行其道

口袋裡的冠軍數、開出的薪資、兌換的獲利，坊間有諸多方法可以量測一個足球文化的成功與優勢。然而，其中一個判準凌駕其他同儕，那就是親臨現場的觀眾人數。因為若沒有觀眾，足球就什麼也不是。倘若觀眾缺席，則足球既非視覺觀賞的場面，在經濟上亦無可維繫。即便到了這個年代，觀眾幾乎都是透過電視鏡頭看球，且球賽多由鉅額轉播權利金所支持，禁止售票的「閉門比賽」（Behind closed doors）仍舊是場財務災難，是場虛幻的擬象（simulacrum）。一九七〇年代末期到八〇年代歐洲的足球文化，正是透過「觀眾」此一量測的基準，進而得到最佳的闡釋。

北歐的票房普遍下滑。某些俱樂部崩跌的情勢險峻。短短十年間，英格蘭職業足球賽事的總進場人數由一九七五年的兩千五百萬，跌落到八六年的一千七百萬，是二戰後的最低點。在西德，一九七〇年代晚期，觀眾數曾經攀到兩千六百萬的頂峰，卻在一九九〇年萎縮至一千八百萬。同一時間，荷蘭的票房面臨腰斬，從一年一千兩百萬縮水到僅僅七百萬。在瑞典，由於足球的觀眾數下跌太過劇烈，到了一九八〇年代，無論是就票房、情感或者是收入來看，冰球幾乎就要取而代之，成為新的國民運動。最令人暈眩的跌幅

發生在社會最動盪的區域。一九八七到九〇年間，在蘇聯氣數已盡的日子裡，境內第一級聯賽的平均觀賽人數在短短三年內面臨腰斬的命運。相反的，在南歐，從葡萄牙到羅馬尼亞，觀賽人數始終維持在高檔，甚至還有所增加。法國的觀眾數曾經在一九六八年觸底，如今展翅起飛。在義大利，一九六〇和七〇年代累積的群眾沒有流失，還因為八二年世界盃冠軍所引爆的足球狂熱而有所擴張。

無論票房萎縮或成長，他們都不再是五〇和六〇年代蜂擁前去支持歐洲足球的同一群人。崛起於歐陸世代斷裂與世代衝突的遠端，年輕人，特別是年輕男性，從工作、收入與對年齡和社會階級的尊重式微中解放，開始在歐洲足球的看臺上，與年長者區隔開來。憑藉著投入情感的強度與孤立的特質，他們開始與其他俱樂部的支持者區隔，甚至也與同一個俱樂部傳統的、較為被動的支持者區隔。新球迷文化崛起的時間點，幾乎與每個國家的青年反抗運動同步。不列顛比歐陸提前十年，早在一九六〇年代中期就發展出「摩德族」（mods）和「看臺暴動」（ends）的文化。義大利、法國、西德和荷蘭在大約十年後跟上。在西班牙，直到八〇年代，佛朗哥政權的悠遠遺緒凍結了社會常態的鬆綁，阻撓任何公開形式的強出風頭。東德和蘇聯，兩個舊文化和保守派勢力歷久不衰的國家，也是最後坦承在年輕人和老人之間、在掌權者和無權者之間存在著巨大的鴻溝。兩地自主的球迷文化，儘管在八〇年代早期即已萌生，卻直到兩個政權逐漸凋零之際，才在足球的現場爆發開來。然而，當所有的球迷文化都是從各國世代衝突和大眾文化革命的碎片中存活下來，它們卻沒有制式的形貌。大致可以辨識出的三種原型包括：英格蘭的「幫派」（gangs）和「行幫」（firms）文化；義大利的「極端球迷」；還有蘇格蘭和丹麥的狂歡大軍。

或許並非完全的正相關，但大抵來說，觀眾人數下降最多的區域，通常英式足球流氓轉化為新球迷文化的現象也最顯著。此兩者陷入衰退的惡性循環：升高的暴力與失序，讓許多支持者退避三舍，遠離球場；如此又為騷動與衝突的文化創造出更多向下扎根的空間。例如東西德的「光頭黨」（skinhead gangs）、荷蘭的「邊」（sides），還有蘇聯的「狂熱球迷」（fanaty），

也都遵循此一相近的模式：暴力升高，觀眾減少，隨後新納粹（neo-Nazi）
和極端右翼的民族主義者趁隙而入，大肆招募新成員，並且組織各項活動。
北歐的球迷文化從來沒有均質過。所謂的行幫和足球流氓，甚至是在英格蘭
和蘇格蘭大量聚集的平民幫，都僅僅是足球觀眾中少數中的少數。歇斯底里
的媒體將行幫的重要性放大了好幾倍。有鑑於此，一部分是針對行幫的反動
和回應，英格蘭和蘇格蘭興起了兩股另類的球迷文化，而且通通與暴力無涉。
第一個是在當時專屬於不列顛，以欣欣向榮的「同好誌」（fanzine）為核心
的，以文字與知識為主的回應。這些球迷自寫自編自印的 同好誌，代言的是
一大群醉心於足球和俱樂部，也懂得反省和思考的支持者。可惜的是，在那
個非常時期，這些人並不顯眼，而且幾乎沒有聲音。而同好誌適足以傳達他
們的愉悅、著迷和興趣。其次是崛起於蘇格蘭，一個以蘇格蘭國家隊為對象
的嶄新支持形式。「花呢軍團」（Tartan Army）從原先以青少年和平民幫為
主體的活動，轉變為年長者主導的形式，後者的現身將蘇格蘭人從入侵的暴
徒，轉為歡慶國家認同的狂歡節式遊行。類似的球迷文化發展在八〇年代也
可見於丹麥、荷蘭、愛爾蘭和挪威國家隊。

　　在南歐，可以見到截然不同的球迷文化向下扎根：那就是極端球迷。北
歐的足球流氓和行幫一般都缺乏組織，主要著眼點在球場外的衝突，還有因
為暴力、虛張聲勢和衝突所引發的快感。而極端球迷最原初的狀態時是高度
組織的，主要關注於球場內的支持，對於被發明的團結一心、形式化的情緒
劇場，高強度的視覺展現和煙火秀感到無比興奮。最早發跡於一九七〇年代
的義大利，地中海沿岸的法國、南斯拉夫和伊比利半島都開始出現極端球迷
的組織。有組織的、投入的，以及高能見度的，引進極端球迷模式的國家，
在這一波由組織嚴密、高度投入，以及高能見度的狂熱分子主導的浪潮席捲
下，觀眾規模顯著擴大。不過，到了一九八〇年代晚期，極端球迷活動取得
了一個不祥的動能，由侍從主義、宗教狂熱、享樂主義和歇斯底里的邏輯，
結合起來衍生出暴力衝突和政治的極端主義。

　　一九七〇年代中期，英格蘭足球場看臺上失序的看臺暴動，主要是由入
侵的青少年光頭黨所支配和控制。如今，在史上強度最強的警方監視和嚴峻

隔離等措施下，逐漸受到控制。接下來十年，那些致力於挑釁與製造麻煩的人，試圖破壞和顛覆這些執法的戰術。在特定的俱樂部中，衍生出一個突出的階級「大傢伙」（top boys）。他們相較於同儕高人一等的權威，建立在暴力行為和面對敵人時所展現的膽識。這群人不僅只是推搡架拐子，或是言語上的嘲諷和挑釁。當衝突引爆時，他們會在現場，在最激烈的時刻，他們能夠應對、想方設法，做出反應，還有取勝。所有足球暴力的相關論述，尤其是在英格蘭，若想了解這個現象，就必須接受下列事實：對此一小眾的次文化而言，這些不尋常的行為不只是聲望和權力的來源，更是興奮和愉悅的快感經驗。

　　當你經營一個行幫，你的腎上腺素狂飆。你懂我的意思嗎？然後你，你開始了。我的意思是，那是最好的。我的意思是，六十英鎊就可以惹怒你，不會高過這個價碼。實話，不，我說的都是實話。我的意思是，小子，古柯鹼和海洛因。你知道的。因為感覺太好。那種做這種事情的感覺。4

「幫派」、「行幫」和足球流氓在全國蔓延，包括西漢姆的「城際社」（Inter-City Firm）、切爾西的「獵頭組」（Headhunters）、里茲聯的「服務幫」（Service Crew）還有其他在謝菲爾德、米爾沃、紐卡索和阿森納惡名昭彰的組織。基於維安和時尚的理由，他們不再招搖地展示俱樂部的顏色和標示。穿戴著圍巾的球迷，很容易成為警方和敵對陣營鎖定的目標。而且，即便光頭黨的美學依舊存在，也仍可見到六〇年代較不突顯個人特色的「硬摩德族」（hard-mod）扮相。基於類似的原因，這些群體避免搭乘公共運輸或者是專為足球比賽安排的運輸工具，早先一步以避免警方的牧羊戰術。當暴力的層級和武器的形式開始升高——在一九八三年切爾西於布萊頓使用汽油彈時達到頂峰——他們呈現出一種精算的理性與精神錯亂的詭異混合。自七〇年代末期以降，這些組織與極右翼政治團體的領導人建立起連繫，像是國民陣線（NF）和英國國家黨（BNP）。

　　儘管利物浦球迷在一九七〇年代的國內賽事目睹、同時也製造了比預期

更多的麻煩，不過，與球隊隨行一起征戰歐洲盃賽事的球迷，一般來說都極為和平。相較於暴力衝突，順手牽羊更讓他們感到興奮。尤其是歐陸的男裝和限量版的運動用品，是他們下手的主要對象。到了七〇年代末，看臺上最潮的打扮是舶來品短風衣，運動上衣、單車服飾，還有最最重要的：一雙上好的運動鞋。此一次文化取得一個整體的概稱：「平民幫」。在整個八〇年代早期，他們佔了在足球場上鬧事找麻煩的年輕男性的主要部分。

如果說，一九六七年凱爾特人在里斯本狂歡節式的歡慶是不列顛足球海外版的《夏日假期》，他們的後輩仿效的對象則是犯罪喜劇《偷天換日》（ *The Italian Job* ）。電影由米高・肯恩主演；背景是都靈的一場足球賽，由義大利對抗英格蘭；內容是討喜而頑皮的不列顛罪犯在黑手黨和義大利政府的眼皮下竊取中國的黃金。因此，武裝搶劫戲劇性地轉換為不列顛的勝利。格拉斯哥流浪者的球迷在巴賽隆納實現了此一幻象。流浪者就各方面來說，都是歷久彌新的開創者，它們在主場見證了全國第一起大規模的足球慘案；同時也參與了第一次主要的足球暴動；如今他們更透過發起不列顛海外第一起全面的足球暴動，來慶祝俱樂部首次在歐洲拿下的重要勝利：一九七二年的歐洲盃賽冠軍盃。雙方爆發激烈衝突的原因，某個部分也可以視為流浪者帶有濃厚新教色彩的奧蘭治主義（Orangeism），與佛朗哥警方所代表的天主教保守勢力的碰撞。隔年，不列顛的保守黨首相希斯簽署了條約，加入歐洲經濟共同體。歐洲有很好的理由感覺野心勃勃。一九七四年，曼聯球迷在奧斯坦德（Ostend）鬧事。熱刺球迷在歐洲足總盃與飛燕諾踢平的賽事前，沿著鹿特丹的街道胡作非為、恣意鬧事。隨後亦在球場內興風作浪。一九七五年，在歐冠盃決賽兵敗拜仁慕尼黑後，里茲聯的支持者在巴黎的街道上鬥毆。由於暴亂的規模和程度過於劇烈，一向無為而治的歐洲足總對里茲聯祭出重罰，禁止該隊參與歐洲賽事長達四季。一九七七年，在球迷於聖德田胡作非為後，曼聯被逐出歐洲盃賽冠軍盃。

截至目前為止，麻煩都還限制在俱樂部的層級。如今第二條戰線開啟。暴力開始在英格蘭的海外賽事中如影隨形。一九八〇年，當英格蘭與比利時在都靈踢歐洲盃的小組賽時，就發生了球迷暴動。隔年，當英格蘭國家隊在

一場世界盃資格賽中兵敗瑞士，其球迷在瑞士的第三大城巴塞爾（Basel）造成了六萬英鎊的損失。一九八二年西班牙的世界盃，在廉價啤酒與高溫加持下，見證了數不清的小規模酒吧亂鬥和酒醉鬥毆。一九八三年，盧森堡經歷了幾乎已經是例行公事的沿街破壞與騷動。熱刺迷回到鹿特丹，舊地重遊，則故技重施。一九八四年，歐洲足總盃冠軍賽在布魯塞爾展開，由熱刺對抗安德來赫。賽前，一位熱刺球迷在參與集體搶劫時，在比利時的一間雜貨店遭到射殺。

美國記者比爾・布福德（Bill Buford）在一九八〇年代跟著英格蘭球迷海外出訪，寫出有關此一現象最令人信服的扛鼎之作《在暴徒同行》（*Among the Thugs*）。

他精準地掌握到集體動力在此間所起到的作用：簡單來說，不列顛球迷在海外的素行不端早已獲得認證，則倘若有一大群人同時犯法和行為失序，似乎就沒有人可以挑戰或制止他們。根據布福德的記述，他們如蝗蟲過境一般掃光義大利的雜貨店；他們能夠使出各種匪夷所思的伎倆，例如躺在專機的座椅之下，以躲過國際機場的一般安檢，搭乘免費的飛機返鄉。這些，全都證實了集體失序所能帶來的極度快感。慣常伴隨著這些失序行為的酒精，尤其是刻意自我傷害的酗酒程度，也讓布福德感到驚奇。最後，他正確地辨識出這些群眾對於外國人的憎惡與恐懼，一種極端保守的國族主義，只比二戰後最恐歐和仇歐的不列顛政府與其外交政策更激進一些些。整個八〇年代早期，難以計數的案件在難以計數的城市中蔓延，孕育災難的條件已經俱足，明擺在那：不受控制的群眾、沒有頭緒的警方、陳舊而傾頹中的球場。海賽爾不過是時間早晚的問題。

海賽爾事件後，文學是其中一個回應。接下來兩年，十數本足球 同好誌問世。一如一九七〇年代晚期有關龐克與新浪潮音樂的同好誌，它們倚靠的是非常低端的科技，並且由球迷撰寫、印製、裝訂，而後在球場外叫賣。它們多數是以俱樂部為基礎，作為開路先鋒的當數約克城隊（York City）的《看

臺漫談》（*Terrace Talk*）、諾士郡隊的《派》（*The Pie*）＊和布拉德福德城隊的《都會紳士》（*City Gent*）。儘管良莠不齊，但多半風趣、犀利且一針見血。與這些俱樂部刊物並行的，另有三本同好雜誌的內容涵蓋整體足球，分別是倫敦的《當星期六降臨》（*When Saturday Comes*）、伯明罕的《無球狀態》（*Off the Ball*），以及蘇格蘭的《絕對比賽》（*The Absolute Game*）。三者都成長快速。到了一九九〇年代初期，全國的報攤都能夠買到。到了那個時候，它們將提供全國大約兩百五十本小型 同好誌的清單和細節。

在拉丁美洲、義大利和中歐，歷來都有值得認真看待的足球寫作傳統，只不過那是專屬於知識分子、小說家和資深記者的工作範疇。唯有不列顛是全球足球的特例，滋養出對於位居統治地位的足球秩序的草根性回應。早在十年前，此一文化的種籽就已經埋下，始作俑者正是諷刺挖苦的足球小報《犯規》（*Foul*），發行時間為一九七二到七六年。《犯規》的編輯和撰稿人是一個來來去去的浮動組合，包含牛津、劍橋的畢業生，資淺的運動記者和鐵桿球迷。在地下出版刊物的外表下，它混合了足球世界的八卦、戲仿、和仿作；慣常透過挖苦和嘲諷的口氣，與知名的新聞雙週刊《私家偵探》（*Private Eye*）極為相似。然而，這份刊物從來不曾在足球圈中累積足夠的閱覽數，以至於知名度和聲望都無法和《私家偵探》相提並論。事實上，少數的足球領導階層曾經閱讀，而且憎惡這份刊物，證實了《犯規》確實有幾分好料。這本雜誌對英格蘭足球的無能，自私，愚蠢和雙面性釋放了明確有力的憤怒和富有幽默感的挖苦洪流。

兩本發行於七〇年代的先導書籍有助於我們發起不列顛足壇的十字軍東征，揭開職業足球透過陳腔濫調、託辭逃避，和公式化應答所築起的面紗，即作家杭特・戴維斯（Hunter Davies）的《光榮之戰》（*The Glory Game*）；和埃蒙・鄧菲（Eamon Dunphy）的《不只是球賽：職業足球員日記》（*Only a Game? Diary of a Professional Footballer*）。戴維斯在熱刺的臥底紀實在當時

＊　譯註：諾士郡足球俱樂部的暱稱為喜鵲（The Magpies），隊徽上就有兩隻喜鵲。因此，其同好刊物《派》（*The Pie*）的名稱，或許指涉的不（僅）是不列顛足球場常見的食物派，還和球隊本身關係密切的喜鵲有關。

飽受抨擊，被認為是私自將家醜外揚、真切透露熱刺球員在情感上和財務上的不安全感，以及揭露俱樂部外行且應受譴責的組織運作。後頭再看，它就像是透過暗中的人類學式的研究，來探索職業足球俱樂部此前完全封閉的世界。能踢中場位置的鄧菲，其袖珍日記記述了他球員生涯尾聲在米爾沃半季，並且自此掛靴的日子。他的作品是集簡潔而緊湊的傑作，以不加修飾的白話文為媒介，展現他刀刀見骨的坦誠，描述球隊中不友善的、苦澀的微政治。

十年之後，時間點正好。同好誌終於觸及到一群特定的足球迷，他們的興趣並不偏狹；總是在球門後方的角落閒晃以避免捲入麻煩和鬥毆；事實上足足看了十年的球，卻很少是大眾刊物服務的對象，無論是它們軟弱的或者是歇斯底里的模式。這一群觀眾正是組織獨立支持者協會的主要推手，還有其綜合團體足球支持者協會（Football Supporters' Association）。該協會在八〇年代末期有關身分證與改革的炙熱政治論戰中，擔任傳達草根聲音的喉舌。

海賽爾之後，在這段動盪不安的十年之尾聲，麻煩與負面事件終於逐漸沉寂下來。柴契爾愛的夏天尾聲，迎來了迷幻派對，倉庫派對，還有迷幻藥品快樂丸，見證了行幫和平民幫變異為飛鼠褲男（baggy-trousered）和戀愛蠢蛋（loved-up fools）——與太平洋舞曲文化的跨界混搭。並且由新秩序樂團（New Order）鞏固和加強此一風潮。新秩序樂團是引人思索、叫人放鬆的電音大師，受邀在一九九〇年義大利世界盃演奏英格蘭官方應援歌曲，並且由英格蘭中場約翰・巴恩斯（John Barnes）跨刀負責其中饒舌的部分。大概只有警方和英格蘭的客場支持者對於時代的潮流免疫，他們將分別在希爾斯堡展現此一特點。

英格蘭和蘇格蘭球迷在七〇和八〇年代大規模的歐洲旅行，賦予整個歐洲機會來檢視他們的風格和操作模式。多數的反應都是拒絕。但是在法國、德國和荷蘭仍然保留了很多的形貌。在法國北方，安菲爾德看臺上高強度的支持和評述，啟發了工業城鎮中的新世代支持者，包含：里耳、阿弗赫和朗斯。在巴黎，聖日耳曼（Paris Saint-Germain）的「布洛涅看臺」（Boulogne Kop），在一九七九年俱樂部引進廉價球票給青年人後開始發展。聚集在王子公園球場這一側的群眾，在八〇年代早期吸收的是龐克風格，隨後轉向光

頭黨和足球流氓的連結。由於成員主要是勞工階級白人青年，招募自暴力事件頻繁的街區，同時也是醞釀法國族裔衝突的溫床。因此，布洛涅看臺成為法國足球種族歧視與暴力的中心。看臺上的光頭黨，也是讓馬里・勒朋（Jean-Marie Le Pen）領導的民族陣線（Front National）的活躍分子，一九八四年組織攻擊來訪的英格蘭球迷。在西德，近似的混合：都會青年、光頭幫派，新納粹，橫行於八〇年代的聯邦聯盟。

荷蘭球迷比其他人有更多機會從熱刺和曼聯造訪當地所引起的極端暴力中檢視和吸取經驗。七〇年代末期，「邊」——意指這些極端球迷在球場上習慣佔領的那個區塊——的發展仿效並且尋求超越英格蘭經驗。其中規模最大的包括：海牙的「中北部」（Midden-Noord）；阿賈克斯的 F-Side；飛燕諾的 Vak-S 和烏德勒支隊（Utrecht）的邦尼克邊（Bunnikzijde）。他們的根源來自舊的勞工階級幫派和單車文化，反映在熱愛豪飲，重金屬搖滾和重武器。他們駭人的武器庫包含刀械、指節套環，腳踏車鍊條、皮帶和螺絲起子。球場內和球場外的鬥毆，彼此之間或者是與警方較量，大量爆發於八〇年代並且蔓延到國境之外。

與不列顛的經驗相反，荷蘭對於球場暴力的反應不只是區隔和鎮壓，雖然他們的確也曾經嘗試過，而且也沒有成功。國內的部分，連續好幾任政府在強制執行公共秩序之外，也同樣強調公共安全的議題，還有第一個以球迷為導向的新措施，由國家的社會工作部門負責主導。國際上，從一九八八年德國舉辦的歐冠盃開始，備受期待、甚至特別成為兜售理由的流氓元素被首次盛大出巡的「橘子軍團」（Oranje）一掃而空——高達三萬球迷穿著國家隊的顏色。

無論是英格蘭的「行幫」，荷蘭的「邊」，還是蘇格蘭的平民幫，皆透過使用與接受暴力，將自身與主流文化做出區格。儘管義大利足壇的暴力事件日益增加，區分新舊球迷文化的分隔線，是沿著情緒強度的線劃定出來的。「極端球迷」原先是借用自政治上的戰鬥性和激進主義的詞彙，如今用來定義狂熱的球迷群體。其中，刻意誇大團結和癡迷的高低起伏，是整個生活模式的核心。官方建立的支持者俱樂部則因為其消極和被動的狀態遭受訕笑。

　　這些球迷的主要參照對象，是在一九六九年熱秋運動中冒出來的諸多小規模政治組織。起初的成員多半是年輕的勞工階級以及大學學生。在意識形態的光譜上佔據每一分利基，義大利的學校和工廠冒出各種斯巴達克斯黨員（Spartacists）、毛澤東主義者（Maoists）、列寧主義者（Leninists）、境遇主義者（situationists）、無政府主義者、共同體、合作社、細胞組織、和分裂出來的小派別。除了罷工和示威，還有慣例地佔用公共空間、公園、廣場和街角。在這些地方，旗幟和布條宣稱了團結。而骨幹成員可以炫耀新街道形式的軍事都會革命。只要修剪掉幾乎所有的政治內容，這些獨立且自我組織的團體，為新極端球迷提供了結構模板、服裝規則和公眾姿態。如今，這些新極端球迷正在對全國看臺的弧形區域，或者是足球看臺發起殖民。此際流行的外觀是：「軍綠色連帽大衣，迷彩戰鬥夾克上別著俱樂部隊徽，藍色丹寧褲，臉上罩著頭套或是領巾，全都讓新的極端球迷看起來像是都會叢林中的游擊隊員。」[5] 一九六八年，「雄獅之巢」在 AC 米蘭成立，採用了政客般的口號和歌曲。波隆納的極端球迷組織「紅藍突擊隊」（Red and Blue Commandos），來自義大利市政共產主義的心臟地帶，從組織的一開始，就展示了清晰的左翼學識。桑普多利亞的「敢死隊」（Tupamaros Fedayan），是一九七一年成立的極端球迷組織，以烏拉圭城市游擊運動的名稱來命名。

　　從七〇年代晚期到八〇年代早期，極端球迷的核心工作就是控制看臺的弧形區域，無論是實際上或者是道德上。地域由先到者標示出來。他們在賽前三到四小時就要到場。橫幅、旗幟、標語披覆在臨時的圍欄和柵欄上。一旦聚集到足夠人數的極端球迷，則兩到三位弧形看臺領袖就會面對群眾，背向草皮，透過擴音器指揮、引領並且敦促球迷唱歌、呼口號，並且侮辱對手。內容基本上在事先都經過領袖的同意。除此之外，他們還加上視覺上的編舞（coreografia）。巨型的橫幅和旗幟，橫跨整個弧形看臺，成為賽事的前奏曲。一九七六年拉齊奧隊的極端球迷組織「不可教化派」（Irriducibili）設定了標準，製作了一幅五十六公尺寬的老鷹橫幅。

　　這些展示的規模和複雜度，都需要金錢和組織的投入。在極端球迷存在的頭十年，內部演化出一個非正規的晉升體系和位階，由年齡稍長且經驗較

豐富的球迷集體領導。他們被稱為「董事」（direttori）。不過，領導階層的誕生比較是脫穎而出，而不是經由任命。起先，他們負責維護場地、組織物資、安排或委託美術品的製作、募款，還有安排客場比賽的交通。當他們對於弧形看臺區的掌控度越牢固，則他們對於球場整體氛圍的影響力就明確。他們甚至和俱樂部的管理階層建立起非正規的，甚至是私下的關係。到了八〇年代早期，極端球迷團體和俱樂部間維繫著一種不穩定的，但心照不宣的和平。原先的財務支援，如今以廉價的球票和馬虎的維安做為交換。同一時間，球團對於看臺上日益蔓延的各式偷渡或侵權交易行為睜一隻眼閉一隻眼，好讓多數的極端球迷團體能夠在經濟上自主。

　　暴力和衝突的浪潮亦有升高。極端球迷團體試圖竊取對手的橫幅，然後藉著展示戰利品來羞辱對方。相互結盟與對立的系統，創造出衝突、攻擊以及反擊的網絡。早在一九七七年的米蘭德比中，亂入的波隆納極端球迷就藉著和「國際男孩」的械鬥來搏取版面，展現自我。隔年，在維辰札隊（Vicenza Calcio S.p.A.）和維洛納隊（Hellas Verona）的賽事中，伴隨著雙方陣營以煙火相互攻擊，還有場外的鬥毆。而這在阿斯柯利（Ascoli）、米蘭，和布雷西亞（Brescia）等地，如今已是家常便飯。在這個虛無主義和暴力攻擊的漩渦中，新法西斯政黨「義大利社會運動」看到了招募新血的溫床，尤其是國米，拉齊奧和維洛納的極端球迷團體。在這種情況下，總有某一個人，會在某一個時刻受到嚴重的傷害。而在一九七九年的羅馬德比，拉齊奧的球迷帕帕雷利（Vincenzo Paparelli）很不幸地成為受害的那一個「某人」。他被一枚信號彈擊中。這枚信號彈足足飛了一百五十公尺，穿越了整個球場，從他的左眼射進他的腦袋。他是自一九六三年一位沙勒諾球迷，在參與入侵球場的行動中因心臟病發過世後，第一個在義大利球場上喪命的人。這場意外一如往常地引起主管機關短暫的恐慌，導致若干球場引進了金屬探測器。然而，俱樂部董事與極端球迷「董事」之間逐漸崩毀的關係，還有警方和俱樂部從未真正負起責任來管控什麼被帶進球場，這些問題，都完全沒有被解決。主管機關對於海賽爾慘案的詮釋，恰恰描繪了同時也鞏固了他們自我感覺良好的態度：那都是別人的問題。

到了八〇年代中期，義大利全國的每一個職業足球俱樂部，還有幾乎每一個半職業的俱樂部，都成立了極端球迷團體。七〇年代階級從屬關係和激進政治姿態的最終殘餘，就像是領導義大利的社會主義政黨一樣被放棄，轉向極右派民族主義、強烈的地區與地方區域主義，或者是享樂主義的實驗。北方球隊和南方球隊之間的敵意——就像維洛納和拿坡里——特別具有火藥味。然而，最混亂的場面和看臺鬥毆，起因於舊的極端球迷團體的內部摩擦，以及它們和弧形看臺上的新團體之間的鬥爭。有些極端球迷團體逐漸揚棄了軍事與法西斯的意象，轉向重金屬和青少年麻醉不醒人事的語彙——瘋狂混亂（Wild Chaos）和維洛納酒精（Verona Alcohol）的崛起，是對於首批極端球迷團體如今已經僵化了的階序之反動，原先的不拘小節和興之所致已經全都消失。這些年輕球迷聽的音樂，嗑的藥，還有抱持的價值觀，通通都不一樣了。

就像他們的英格蘭同儕，極端球迷的風格四處流竄。在馬賽，不過就是從都靈和米蘭翻越阿爾卑斯山，帶有義大利血統的支持者是最早將極端球迷組織和編舞設計帶到韋洛德羅姆球場的先驅之一。在七〇年代晚期，貝爾格勒新世代的球迷，無論是紅星或者是游擊隊，他們開始融入獨立的團體或幫派。到了八〇年代初，他們引進了義大利人的煙火表演、揮旗和覆蓋橫幅。克羅埃西亞和塞爾維亞的政治人物都認知到這是民族主義極具潛力的水塘，紅星的「硬漢」（Delije）和札格瑞布迪納摩的「藍色壞男孩」（Bad Blue Boys），都在他們的祕密資助下，規模擴大，並且掌握更多權力。

法國同時受到英格蘭（布魯涅看臺）和義大利（馬賽極端球迷）的影響，在地理上出現分歧。在西班牙，它們合併得較為緊密，卻也導致了西班牙球場內特別惡毒也最令人不快的暴力和種族歧視微型文化，此一遺緒至今都還沒有解決。佛朗哥在一九七五年去世。儘管民主大選順利引進，還要將近十年的時間，佛朗哥的政權才真正凋零。一九八二年選舉，西班牙社會主義政黨（POSE）在斐利佩·岡薩雷斯（Felipe González）的領導下，確立了國家民主化的進程。青年群眾瘋狂慶賀。國家總算有一絲擺脫舊秩序和極權統治限制的感覺。

和多數的西班牙青年一樣，聚集在西班牙足球場的年輕男性，對於傳統機構與其狹隘的眼界、陳舊的社會階序日益感到不滿與疏離。在此案例中，指的是球迷支持俱樂部「頑石」（peña）。如今對於外國的影響力敞開雙手，西班牙球迷希望義大利和英格蘭提供球迷文化和支持的另一個選項。一九八一年，在皇家馬德里，一場歐冠盃對決國米的賽事，讓西班牙感受到極端球迷文化的震撼教育，雙方球迷你來我往的結果，是讓西班牙決定也要走上這條路。一九八二年世界盃，義大利和巴西在皇家西班牙人主場薩里亞球場（Sarriá stadium）的賽事，更讓西班牙人痛下決心創立第一支極端球迷團體。

數千名義大利人，用咆哮和旗幟——紅色、白色和綠色——回應數千名巴西人……他們身穿黃衫，揮舞著正中央有顆地球的綠色旗幟，跳著森巴舞……這是如夢似幻的奇景。許多到場的皇家西班牙人會員，看著他們心愛的薩里亞蛻變為全球慶典的中心，忍不住掉下欣慰的眼淚。[6]

一九八二年西班牙的世界盃見識了領一種形式的球迷文化：英格蘭人，在賽會期間散佈了小規模的鬥毆和失序。一個皇家馬德里的極端球迷回憶，英格蘭的風格傳來甚早。經由一場一九八〇年歐洲盃賽冠軍盃對抗西漢姆的比賽。

我們有機會觀察全世界最暴力的球迷團體之一。你能想像未來的極端球迷在觀察到如此眾多的群眾進入我們的球場時，心裡在想些什麼嗎？兩隊的球迷團體都沒有發生衝突，真相卻是我們不能給他們一絲機會。一旦進到球場後，足球流氓將所有東西都破壞。年輕的皇馬球迷決定要停止在自己的球場被毆的恥辱。絕對沒有下一次。[7]

接下來的三、四年，最激進的青年支持者紛紛從俱樂部的舊「頑石」中脫離，建立自己的極端球迷組織。皇馬的「旗幟」（Las Banderas）衍生出「南看臺幫」（Ultras Sur）。「馬德里競技頑石」（Atlético Madrid's Peña Fondo）

產出「極端球迷運動陣線」（Frente Atlético Ultras）。巴薩養成「瘋狂男孩」
（Boixios Nois）；而西班牙人培植出「藍白軍團」（Brigadas Blanquiazules）。
早期，重點放置在義大利模型，以至於西班牙的球場由煙火和旗幟的表演形
成絢爛的彩繪。然而，早在一九八四年，英格蘭光頭黨文化的元素，像是衣
著、種族歧視和典型的行為開始出現。當光頭黨文化與原有的城市對抗，或
者是區域衝突相結合，球場內外的鬥毆便遍地開花。比較特別的是，鬥毆竟
還擴散到其他種類的運動。一九八七年的一場籃球賽，由皇馬和拉普拉塔學
生隊較勁，有人因此喪生。西班牙人和巴薩的德比戰中，同樣釀成不幸。不
過，就像是義大利經驗的重演，短暫的道德焦慮並不足以迎來重要的改革，
俱樂部與極端球迷之間檯面下的關係，也使得類似的努力受限。

花呢軍團是愛爾蘭國家隊的客場支持者，就像是荷蘭的橘子軍團、挪威
的 Drillo 和丹麥的 Roligans，或許顏色和語言不同，但共同分享了同一個現
象：成千上萬的群眾，當中絕大多數是年輕和中年的男性，聚集成一股荒謬
可笑的大軍，穿著國家隊的顏色和具備象徵意義的俗氣飾品、假髮、臉上塗
上油彩，還有各式各樣的頭飾。他們處在你能想得到的各種醉酒酩酊階
段——微醺、咆哮和爛醉如泥。他們笑啊唱著、反覆唸誦和狂歡痛飲、摔倒、
嘔吐。當他們記起自己在哪，為又什麼在？他們正在觀賞自己的國家隊踢球，
在某一個離家有段距離的地方。

這是北歐的狂歡節球迷，只追求他們自己的集體興奮和醉酒。這些從八
〇年代開始的活動和儀式，既不根源於青少年次的文化，像是不列顛；也與
政治的激進思想無涉，例如義大利。取而代之的，他們是從凱爾特人和北歐
普遍的飲酒文化中尋找靈感：熱鬧放縱的波西米亞風；組織舞蹈和集體歌唱。
最早保留在私領域內——家庭、親屬、延伸的家庭——這種集體的縱酒狂歡，
如今已經以一種公開的模式崛起。在特別冷峻陰沉、不苟言笑、一本正經的
社會裡——無論是嚴肅清醒的丹麥路德派信仰或偽善反動的愛爾蘭天主教信
仰——好幾個世紀裡，保守主義都提供了道德的羅盤。解放後的政黨，則更
傾向情感濃烈和享樂主義。狂歡節式球迷的興起，也有物質文化的根源：勞
動者的收入上漲，對於出國旅遊感到熟悉和從容，使得集體的運動觀光成為

可能。

　　丹麥的 Roligans 是丹麥文中對英文「流氓」（hooligan）的轉化，大概是「熱情又和平的足球迷」的意思，他們頭一次的亮相是一九八四年法國的歐洲盃。當時，丹麥派出三個世代以來實力最強、成就也最高的陣容。當年，丹麥球迷上演的出埃及記基本上自發性的聚集，不過一旦入境法國，丹麥球迷立刻就透過彼此，再加上媒體推波助瀾，取得高度的集體認同。在一場由黃白臉孔與烈啤酒的狂歡中，Roligans 不僅帶來盛大的歌唱表演曲目，還有超現實的國家漫畫──金色編織假髮、維京人頭盔，還有上頭有手掌拍手的帽子。丹麥的 Roligans 在所有相似群體當中獲得的研究最多，因此它們的社會側寫可作為其他團體的代言人。其中絕大都數為男人，但女性的比例比國內的足球賽場上稍高一些。當中許多人在丹麥時不會去現場看球。與國內的觀眾相較，他們混和了社會中的各種屬性，經濟較為寬裕、技術水準較高，教育程度也好一些。

　　然而，狂歡節式球迷的興起不僅只是足球仕紳化的結果，也和變動的國族主義息息相關。當一個社會裡國家認同和意義屬於動盪、衝突的政治範疇，則支持國家隊的動力要不就是因為無感而枯萎（義大利）；要不就是因為衝突或麻煩而陷入困境（英格蘭和德國）。再義大利九〇年世界盃崛起的愛爾蘭支持團體，很難與愛爾蘭晚近但驚人的經濟發展，以及在面對世界時新近建立起的自信做出區隔。荷蘭人最終接受了自己的戰爭罪行，發現展現民族主義比過去獲得的憎惡少得多。

　　對蘇格蘭人而言，花呢軍團的轉變一部分與人口統計數據的改變有關，也和國族主義的散播有關。七〇年代晚期拒絕權力下放後，蘇格蘭如今發現自己是國家中支持社會民主的少數，被立基在英格蘭南部的新自由主義列車拉著狂飆。承受去工業化的過程，還要接受倫敦的拋棄，蘇格蘭平民幫因此依舊是當英格蘭和蘇格蘭比賽時，顯著的騷動元素。這樣的現象直到八〇年底才慢慢告終。但是只要離開故土，蘇格蘭人就會發現到「不是英格蘭人」的總總愉悅和驕傲──意思是沒有攻擊性、不粗野，也不濫用暴力。此一轉變的端倪發生在八〇年代早期，一場與以色列的友誼賽。在一個罕見的良性

循環中，正面的媒體報導擴大了支持者的規模，也鼓動他們樂於以更高的頻率，重複其良好的表現：所謂友善的醉意。

協助戳破自我感覺良好的民族主義泡泡，增加國際足球賽事的群眾，或許是花呢軍團對於歐洲足球最重要也最持久的貢獻。

III. 上沖下洗的八〇年代

這個時代大抵可切分成兩段時期：從一九七七到八五年間，在每一屆的歐冠盃中，都有一支英格蘭球隊踢進決賽，而且抱走了七座冠軍；利物浦贏下四座，分別在七七、七八、八一和八四年；布萊恩・克拉夫（Brian Clough）領軍的諾丁罕森林，則蟬聯七八到八〇間的兩個賽季，八二年則是阿斯頓維拉拔得頭籌。其中利物浦、伊普斯威治城和熱刺還拿下了歐洲足總盃，艾弗頓隊則拿下歐洲盃賽冠軍盃。而這十年的後半期，英格蘭的俱樂部卻因為禁賽，不得涉足歐洲賽事，因此可說是一片空白。相較於俱樂部在禁賽之前的風生水起，國家隊的表現卻是慘不忍睹：英格蘭在七四和七八年連續兩屆拿不到世界盃的入場券，八二年就算踢進了也於事無補，在第二輪小組賽拿到兩個平局後就打道回府（雖然也算是維持不敗）；七六年和八四年歐洲盃都沒有踢進決賽圈，八〇年就算進入決賽圈，卻也早早出局。要等到八〇年代的後半段，國家隊才開始重振旗鼓，在八六年的墨西哥世界盃踢進八強，九〇年的義大利世界盃闖進四強，但英格蘭客場比賽時，球迷所表現出的暴力和仇外，卻讓他們的勝利毫無價值可言。英格蘭小報對國家隊主教練格林伍德和博比・羅布森（Bobby Robson）極盡挖苦之能事，所傳達出的正是對八〇年代末期，橫掃全國部分區域的消費熱潮，感到不耐和失望。

這個時期的政治年表同樣截然二分。一九七四到七九年間，不列顛終於上演了社會民主不列顛漫長的死亡劇碼的最後一幕。知識分子的假設，組織的結構方式還有二戰後的階級聯盟土崩瓦解。透過傳統的方法——包括與勞團和資本協商薪資與物價政策，以及透過通貨再膨脹刺激公眾消費——威爾森和後續由卡拉漢（James Callaghan）領導的工黨政府，嘗試帶領不列顛經

濟駛出後石油危機帶來的不景氣，並且重返充分就業。第一個方法之所以失敗，是因為產業工會運動的戰鬥意識與組織加劇。而第二個措施則是碰觸到國際金融市場的緩衝儲備，導致幣值跌落谷底。此外，國際貨幣基金組織（IMF）亦為了自我管理的貨幣緊縮提出警告和託辭。在經濟衰退和社會擾嚷的時空背景下，儘管身處頂尖球會成就最為輝煌的年代，英格蘭足壇依舊難以阻擋群眾的大量流失。

　　一九七九年，柴契爾夫人（Margaret Thatcher）領導的保守黨推翻了工黨的政權。有別於戰後的保守主義，柴契爾與其盟友執行激進的改變策略。經濟開放，資本市場解禁，國營產業私有，並且剝奪產業工會的權力。貨幣學派的經濟學，長期的經濟衰退，前所未見的失業潮，還有專制的勞工立法……這些經濟重組的社會成本重重落在舊的製造業城市，密德蘭區，北英格蘭，威爾斯和蘇格蘭。伴隨著自由市場而來的，是大政府國家。抵抗、反對，抱怨，無論是來自國內或海外，都將面臨正面的打擊。尤其是歐洲共同體日益令人惱火的影響。

　　英格蘭足球在舊時工業重地的復甦，並不限於單一俱樂部或單一城市。但利物浦絕對是所有相關研究不容忽視的起源。他們的輝煌成就在英格蘭足壇無人能出其右，恐怕唯有戰績同樣顯赫的皇馬和 AC 米蘭能夠相提並論。一九七五到九〇年間，利物浦奪下十次英格蘭聯賽冠軍，五度屈居第二。他們在這段期間蒐集到的冠軍頭銜包括：兩座足總盃、四座聯賽盃、一座歐洲足總盃，還有四座歐冠盃。然而，這一次，足球的成功總是伴隨著經濟成長的慣例打破了。當香克利打造的第一支球隊嶄露頭角時，正是勞工階級信心爆棚，充分就業、社會流動順暢的時代。當他離開，將這支成功綻放的球隊遺留給利物浦城時，城市正面臨衰敗、去工業化，大量失業，以及如野火蔓延的騷亂，其中最著名的，就是一九八一年托克斯泰斯（Toxteth）騷亂。*利物浦也是鷹派的大本營，臥底的托洛斯基信徒致力於滲透，並且激化笨重

---

* 譯註：意指一九八一年七月三日，警方在逮捕一位二十歲青年的過程中，與憤怒的群眾爆發衝突。後續的一個星期，不滿的群眾持續湧入街頭。暴動持續九天，共有超過四百五十位警察受傷，五百位群眾被捕。

而受創的工黨。他們控制了利物浦的市政府，長期與西敏寺的政府正面對抗，因此被右派政府妖魔化為無產階級流氓最後的堡壘，透過詐騙社會保險而爽快度日，並且經由選舉來把持地方政府，以實現瘋子一般的社會主義。身處在一個在自己國家被視為外人的城市，在八〇年代初期接連遭受刻意操作的經濟衰頹，還有政治清算的打擊，長久以來，利物浦足球俱樂部都是自尊與自豪的源頭，對於極度渴望成功的公眾而言，也是一個吸引能量和情感的磁鐵。

當香克利將兵符交給「球靴室」的同事佩斯里，一個公眾形象看來慈祥和善的男人，掩蓋了他敏銳的戰術大腦，廣泛的醫療訓練和鋼鐵般的意志。「利物浦方程式」持續運作，也就是簡明足球的傳統，強調傳導和移動、集體防守和集體進攻、球員和員工的連續性和低流動率、尊重球員的自主性，但堅持團結一致的士氣。在這些基礎上，佩斯里添加了他們在整個六〇年代和七〇年代早期在歐洲學到的教訓，日後將其融鑄為俱樂部的基礎意識和文化：球權是第一優先，耐心是值得讚揚的美德。

佩斯里的麾下擁有恰如其分的球員。而且，每當折損其中一位戰將，他立刻就能找到一位更好的補上。除了領銜英格蘭國家隊的球員，像是門將雷·克萊門斯（Ray Clemence），後衛菲爾·尼爾（Phil Neal）和菲爾·湯普森（Phil Thompson）、中場約翰·巴恩斯和前鋒凱文·基岡（Kevin Keegan），利物浦也從周邊的凱爾特區域挖掘將才，從威爾斯前鋒伊恩·羅許（Ian Rush）到愛爾蘭後衛馬克·勞倫森（Mark Lawrenson），當然還有最重要的蘇格蘭人：曾擔任隊長的中場格蘭姆·蘇納斯（Graeme Souness）、後衛艾倫·漢森（Alan Hansen），和前鋒肯尼·達格里徐（Kenny Dalglish）。

在這個脈絡下，英格蘭在歐洲賽事的其他成就，就以諾丁罕森林和阿斯頓維拉最叫人刮目相看。阿斯頓維拉在一九八一年贏得聯賽冠軍，隔年在歐冠盃爭霸。他們先後在朗·桑德斯（Ron Saunders）和東尼·巴頓（Tony Barton）兩位教頭的循循善誘下，從星光黯淡、平凡無奇的十四人迷你陣容中，激發出不屈不撓的努力和頑強意志。不過，維拉起碼擁有一些歷史遺產，奠基於十九世紀維多利亞時代那一段戰無不催的歲月。他們可以自稱是第二

大城中的第一勁旅。*當克拉夫一九七五年初掌諾丁罕森林的兵符時，球隊從未成就過什麼大業。克拉夫將他們拽出次級聯賽；帶領他們在一九七八年奪得聯賽冠軍；最後殺進歐冠盃，連下兩屆冠軍。接下來的二十五年，沒有一支類似的地方球隊能夠贏得歐冠，也沒有一支球隊看來可以複製此一成功經驗。荷蘭的 PSV 恩荷芬一九八八年曾經奪冠，但他們背後有飛利浦公司科技與經濟上的有力支持。波圖的手上也有兩次歐冠冠軍，不過他們是葡萄牙工業領航城市的球隊，而不是來自衰頹中的維多利亞時代礦業與製造業中心，連不列顛的八大城市都排不上。克拉夫因為其媒體曝光和非傳統的方式，使得他成為當代的傳奇。在足球的練習場上，他選擇將事情簡單化。他麾下的球員將球在彼此腳下輪轉。他們從不與裁判爭執，也從不和他論辯。那些膽敢這麼做的球員，不是被告知門在哪裡，就是被賞一耳光。同樣被揍過的還包括一個小丑扮相的人，還有一位諾丁罕球迷。後者因為侵入球場且直朝克拉夫而去，嘗到教頭老拳伺候的滋味。就這一點而言，克拉夫更像是工頭而不是老闆。他是帶有勞工階級氣息的男性家族長，其治理奠基於領導魅力和強制威脅。

　　倘若一國頂級俱樂部的文化和其支持者，仍舊帶有濃厚的不列顛勞工階級色彩，它的球員組成應該也具備同樣的特色——在這段期間，不列顛的職業足球員依舊來自勞工階級的家庭。利物浦的中場史提夫・海威（Steve Heighway）和曼聯的中場史提夫・卡波（Steve Coppell）都是大學畢業生，而他們在英格蘭足壇挑釁的反智文化中，仍然是驚奇和懷疑的對象。不過，不列顛足球面臨的更大考驗，在於如何納入新興的非裔勞工階級。不過是一個世代以前，不列顛的白人還是佔有壓倒性的多數，如今已逐漸邁向混合。戰後，來自加勒比海的移民前往不列顛，在各大城市中安頓下來，建立起新的社群。這些非裔不列顛人成為國家勞動階級的一小部分，並且在職業足球的領域，扮演戲份重大許多的角色。

---

* 　譯註：第二大城意指伯明罕，該城還有伯明罕城隊，維拉和伯明罕城隊的同城交手因此被稱為第二大城德比。

　　英格蘭的職業足球從草創時期開始，就有非裔球員。一八八七年，來自西非的亞瑟·沃頓（Arthur Wharton）就曾經為普雷斯頓足球俱樂部把守球門，隨後轉往羅賽罕城（Rotherham Town）發展。後繼的先驅包括戰前的熱刺前鋒瓦爾特·塔爾（Walter Tull）；一九三〇年代普利茅斯阿蓋爾隊（Plymouth Argyle）的前鋒傑克·萊斯里（Jack Leslie）；戰後的羅伊·布朗（Roy Brown）、查理·威廉斯（Charlie Williams）和林迪·德拉帕哈（Lindy Delapenha）。由於媒體將他們視為來自帝國異邦的新奇事物，總是用歡快的口吻和缺乏反省的種族刻板印象來描繪他們。在米德爾斯堡隊的隊史中，德拉帕哈是矮壯結實、粗暴嚴肅的後防大將；但在報紙筆下，卻被形容為「一尾柔韌輕巧的蛇……咖啡色的邊線王者」，跟隨著血液中流淌的「卡利普索民歌（calypso）精神」[8]律動。* 然而，階梯看臺上流竄著惡意的低語。戰間期效力於崔米爾流浪者隊（Tranmere Rovers）和艾弗頓的明星前鋒威廉·「迪克西」·狄恩（William 'Dixie' Dean），他的綽號「迪克西」（意旨美國的南方佬）便是極為具體的指標。據聞，觀眾只因為狄恩較為黝黑的膚色，以及濃厚的黑髮，就認為那是混血兒貶抑的象徵。而一九六〇年代頂尖的非裔球員——來自南非，效力於里茲聯的中場約翰納森，還有西漢姆的百慕達前鋒克萊德·貝斯特（Clyde Best）——都要忍受來自媒體與群眾毫無根據的假設，認為他們起伏不定，品行不端且缺乏鬥志。

　　一九七〇年代早期，第一代不列顛出生的非裔球員開始進入職業球界。他們幾乎全數來自非裔的加勒比海社群。一路上，他們絕非平步青雲，但取得的成功卻是爆炸性的。遲至一九七七年，英格蘭國家隊仍是全歐裔的白人球隊。隔年，後衛費佛·安德森（Viv Anderson）成為第一位代表英格蘭出賽的非裔球員。到了一九九〇年世界盃，後衛保羅·帕克（Paul Parker）和戴·沃克（Des Walker），還有中場巴恩斯，已是國家隊的核心成員。到了一九九〇年代，約莫百分之十五的英格蘭職業足球員是非裔，四倍於非裔族群佔

---

* 譯註：卡利普索民歌（calypso）源自於加勒比海的非裔音樂形式。由於德拉帕哈是牙買加裔，因此當代媒體硬將兩者嫁接起來。

全國整體人口的比例。如果將當時社會的開放程度，還有制度性種族主義的根深柢固考慮進去，非裔球員的晉升更顯得意義非凡。許多群眾——且不提光頭黨和國民陣線成員所代表的極端部分——展現出英格蘭社會深層的種族歧視的態度。辱罵和毀謗的聲浪在全國的體育館都清晰可聞，其內容有些來自現成的侮辱性詞彙，有些來自歷史上由成見和無知所構築的蓄水池。

即便俱樂部和總教頭刻意擺上他們的非裔球員，球員的認同仍舊受到主流陳腔濫調的箝制。西布朗維奇的教頭亞特金森，於是將球隊的明日之星——前鋒希羅‧雷吉斯（Cyrille Regis）、中場羅瑞‧康寧罕（Laurie Cunningham）和後衛布蘭登‧貝特森（Brendon Batson）——比作足壇的女子靈魂歌唱團體，來自費城的三人組：第三度空間（the Three Degrees）。進入職業足球員的世界同樣問題重重。在其他以白人熟工為主的職場中慣常出現的排除或封閉伎倆，分毫不差地複製到足壇。利物浦的中場巴恩斯，冷靜、沉著，但才華出眾。唯有當他透過自嘲，才破解了密碼，打破了規則。一開始，他在俱樂部飽受怠慢和無視，直到他開玩笑道：「就因為我是黑人嗎？」更多的不友善來自球迷。早期，巴恩斯有時會遇到香蕉如雨點般落下的景況——種族霸凌的火藥庫內其中一種更無禮，也更窩囊的武器。[9] 同時，英格蘭足總若非視若無睹，就是眼不見為淨。而電視轉播與評論團隊全都驚奇地讓這些場景消失無蹤。

一九七〇和八〇年代英格蘭的足球進程暗示了一個事實，即英格蘭無論是在文化上或政治上，對於自己身為一個國家或民族，仍舊感到焦慮和不安。它被迫重新評估自己在世界上逐漸下降的影響力，其族裔的組成，以及與浴火重生的歐洲的關係。與此同時，蘇格蘭足球的進程提供了一個有關國族建立截然不同的敘事。當英格蘭國家隊的表現持續不符預期，蘇格蘭國家隊反而時常超乎期待。蘇格蘭國家隊順利取得一九七四年世界盃的會內賽資格，並且一路連莊直到一九九八年，過程中只錯失一次機會（一九九四年）。每一屆賽事，蘇格蘭都會掀起一波樂觀的浪潮，以及過度的期待。一九七八年，當總教頭阿萊‧麥可勞德（Ally McLeod）在出征阿根廷前保證要將獎盃捧回，志在必得的氣氛到達頂峰。然而，故事的結局一如既往，球隊總是在第

一輪小組賽後打包回府。蘇格蘭國家隊尤其在面對弱隊時表現得一塌糊塗，例如一九七八年與伊朗踢平，還有一九九〇年見負於哥斯大黎加。在面對強隊時，他們反而經常能拿出背水一戰的魄力和精彩表現，讓晉級的大門近在眼前，卻只差臨門一腳，眼巴巴地看著機會失之交臂，就像是一九八二年和蘇聯踢平，以及一九八六年逼和烏拉圭，最終都是由對手晉級。同樣歇斯底里的情緒擺盪，勇氣和信心的喪失，即將失去卻又奇蹟般地再次尋回，全都是蘇格蘭國族認同的典型特點：公開對立和內部懷疑的混合，正是對此一最不見天日的國族之詛咒。

蘇格蘭對英格蘭的敵意持續為其國際足球文化的指路明燈，一九七七年在溫布利，蘇格蘭以二比一踢走英格蘭後，年輕球迷群起入侵球場的行為，即是鮮明的例證。諷刺的是，蘇格蘭足球的強弱盛衰，卻繫於英格蘭的經濟榮枯。畢竟接下來的十五年，該國大多數的核心球員都在英格蘭的頂級俱樂部踢球──達格里徐、漢森、蘇納斯和中場約翰·沃爾克（John Wark）效力利物浦；中場戈登·史特拉欽（Gordon Strachan）在曼聯；前鋒史提夫·阿奇博德（Steve Archibald）在熱刺；前鋒裘·喬丹（Joe Jordan）在里茲；中場阿爾奇·傑莫（Archie Gemmill）在諾丁罕森林。正是這條連結蘇格蘭和英格蘭的經濟臍帶，儘管從未言明，卻往往讓許多蘇格蘭人在思考進一步的分權或獨立時，按下暫停鍵。因此，當一九七八年，在蘇格蘭民族主義者的施壓下，針對是否建立蘇格蘭國會辦理公投，蘇格蘭人的投票並不熱中。然而，此一審慎的地方分權主義，隨著一九七九年工黨政府下臺而覆滅。取而代之的是新保守黨政府，還有他們立足於倫敦，明確而充滿敵意的聯邦主義。

一九八〇年代蘇格蘭足球最引人注目的特色，便是老字號短暫但急遽地墜跌。在教頭史坦離開後，凱爾特人似乎只能靠著過往積存的運動資本過活。若干聯賽冠軍的頭銜並無法掩蓋觀眾萎縮和財務極端下滑的事實。不稱職的管理為俱樂部造成傷害，卻也意外成為助長新世代最有趣也最犀利的獨立同好誌《非關觀點》（Not the View）的推手。流浪者的情況更加危殆。一九七八年獲得聯賽冠軍後，緊接著是連續九年的冠軍荒。除了足球場上的戰績教人失望，流浪者在更廣義的名聲上受損更鉅。流浪者球迷在一九七〇年代初

期建立起來的暴力惡名，與至今仍驅動著俱樂部的強烈宗教色彩纏繞交織，招致日益沸騰的、來自公開與私下的批評。特別是流浪者至今從未簽下天主教信仰的球員；以及其管理階層的資深成員、大多數的支持者，還有新教組織奧蘭治聯盟（Scots Orange Order）之間廣闊的私人聯繫。隨著八〇年代持續進行，批評的聲浪日益喧譁，維持的長度也愈來愈久。

在流浪者和凱爾特人留下的間隙中，曾經短暫出現由亞伯丁、丹地和哈茨隊所組成的「小字號」（Small Firm）。他們全都在八〇年代競逐過蘇格蘭的聯賽頭銜。亞伯丁是蘇格蘭人均財富最為寬裕的城市。是蓬勃發展的北海石油產業的經營管理中心。在教頭佛格森爵士（Alex Ferguson）的運籌帷幄下，成為蘇格蘭最好的球隊，分別在八〇、八四和八五年賽季奪得聯賽冠軍；在蘇格蘭足總盃達成三連霸（八二到八四年）；在一九八三年的顛峰時期一舉捧回歐洲盃賽冠軍盃的獎盃。丹地聯獲得一九八三年賽季的聯賽冠軍，在一九八七年的歐洲足總盃中屈居第二。就連格拉斯哥西郊的工業城鎮佩斯力（Paisley），其球隊聖米倫隊（St Mirren），也曾在一九八七年拿下蘇格蘭足協盃冠軍。

這一段百家爭鳴的時代在一九八六年大衛・莫瑞（David Murray）入主流浪者之後告一段落。莫瑞是一位自鋼鐵業白手起家的百萬富翁。他買下流浪者俱樂部，徹底重建主場埃布羅克斯，並且敦聘蘇納斯為總教頭。莫瑞以犀利的商業眼光來看待流浪者。此前沒有一位俱樂部董事曾經這樣做過。意識到（足球的潮流）朝向商業化、集中和最終的歐洲化，莫瑞認為舊的流浪者若非同時在組織上和意識型態上歷經大刀闊斧的改變，將無法在新世界裡生存甚至是昌盛。對於蘇納斯而言，充足的銀彈使得他能夠引進英格蘭和斯堪地那維亞半島的球員。一九八九年，宗派主義的阻礙終於移除，流浪者簽下信奉天主教的前凱爾特人前鋒莫・強斯頓（Mo Johnston）。流浪者球迷的盛怒可以預期，但終究令人感到不快。莫瑞和蘇納斯終究安度難關。流浪者球迷持續湧進埃布羅克斯。而且無論場上的球員是何來頭，他們都將抱持著發自肺腑的反天主教情節進入九〇年代。

一九八五年，柴契爾主義達到如日中天的頂峰。六年來，貨幣主義的經

濟政策有效地為國有產業瘦身，削減勞工階級的影響力，以及縮減內城的規模。境外的敵人，從阿根廷軍政府到北愛爾蘭共和軍；和境內的對手，從內城暴民和幽靈般的左翼煽動者，再到全國礦業從業人員總工會——勞動階級抗爭力量最後的堡壘——全都被武力驅除。在中英格蘭如今因貸款容易和房價上漲而如繁花綻放的花園裡，唯一徘徊不去的惡魔就是足球。那是不列顛鏽帶（rust-belt）人民與其騷亂失序所緊抓不放的少數文化區域之一。一九八五年春，一連串的暴力與災難事件，證實了這些信念。三月，盧頓足球俱樂部與大量集結的警方和米爾沃球迷大打出手，畫面直接放送到螢光幕前。五月，一截點燃的雪茄屁股，掉落在布拉德福德城球場的木造看臺下方，引燃一堆易燃的垃圾。不出一分鐘的時間，整個結構陷入火海。球場屋頂的設計助長火勢迅猛地向上蔓延。五十六人因此送命。在英格蘭球季的最後一天，一位球迷在伯明罕的比賽中被刺身亡。然後，海賽爾慘案叩門而來。

針對該年種種事件的即刻回應，發生在盧頓。俱樂部當時的主席是大衛·伊凡斯（David Evans）。他是當地的生意人，亦是保守黨的國會議員。盧頓的解決之道簡單明瞭，乾脆直接拒絕所有客場球迷入場，承受票房損失，但也因此在一九八六到八七年球季享受了全年零逮捕的一季。足球聯賽並不樂見此一發展，將盧頓自聯賽盃除名。不過柴契爾夫人喜歡這個決策，並且利用它重啟高等法院法官奧利佛·帕帕勒威爾（Oliver Popplewell）在一九八五年布拉德福德事件事後檢討報告中的一項建議，即所有球迷在進場前都要持有身分證件。到了一九八九年初，《足球支持者法案》（Football Supporters Bill）送到上議院，最後正式頒佈為法案。然而，希爾斯堡慘案顯示了不列顛破敗不堪的足球基礎建設連持有球票的球迷都應付不了，更別說是同時持有球票和身分證件的球迷了。

柴契爾夫人領導下的大政府固然祭出諸多雷聲大雨點小的手段，真正轉變英格蘭足球的卻是市場的邏輯。到了七〇年代晚期，事態開始逐漸明朗，足球俱樂部危殆的經濟狀況，將使它們無以為繼。入場球迷和收入的急遽降幅並未趨緩；十年來，薪資膨脹，呈螺旋狀上漲，迫使成本上揚。企業贊助首次出現在經濟危機最為嚴重的一端：半職業足球。凱特靈隊（Kettering

Town）頭一次將商標張貼在球衣之上。西倫敦的俱樂部女王公園巡遊者迅速
地有樣學樣，唯有在登上電視轉播時，他們不准身披任何商標。一九八一年，
阿森納與消費電器的跨國公司日本勝利株式會社（JVC）簽下五十萬英鎊的
合約，餵飽荷包。大量的企業設計與意象進入足球地景的時代業已開展。不
只球衣可供販售，球賽本身也可以。聯賽盃成為牛奶盃（Milk Cup），而足
球聯賽則由佳能（Canon）掛名贊助。

　　俱樂部本身在管理系統和財務操作的層面上幾乎文風不動。唯一嘗試引
進私營部門作法的俱樂部是熱刺。熱刺的主席厄文·史高勒（Irvin Scholar）
實驗性地將俱樂部的股票上市。儘管起初的銷售頗為成功，但成為公開的有
限公司並沒有為熱刺帶來獲利，或者是冠軍。至於比自己的時代足足領先十
年的史高勒，在一九九〇年代早期將球隊轉手走人。剩餘的足球世界，市場
的影響來自於外在。海賽爾事件後，儘管抨擊和責難仍舊如影隨行地，足球
聯賽仍舊在一九八七年誘使巴克萊（Barclays）——一個徹頭徹尾的保守主
義的品牌——贊助聯賽。足球或許不是以高雅歌劇著稱於世的格林德本
（Glyndebourne），不過它所吸引的客群規模仍舊大到足以吸引企業的興趣。

　　相似的論證同樣驅動電視業的主管尋求廣告主的青睞。一九七八年，當
英國獨立電視臺所屬的倫敦週末電視（London Weekend Television）試圖以高
價逼退英國國家廣播公司，以標得足球精彩集錦的獨家電視播放權，足球賽
事的轉播權就此陷入兩雄相爭的局面。儘管兩家電視臺共組的同業聯盟在價
格控制和權利分享上頗見成效，後續十年，足球的價值仍舊因為競爭的動力
而逐步上揚。英格蘭排名前段的豪門球隊在察覺到自身的吸引力與電視收入
分配之間的差距後，日益不滿，並且透過退出門票收益共享的慣例，以宣告
一種新的足球經濟學。這無疑會造成收入集中的現象——豪門球隊既擁有較
大的主場又獨享主場的票房收益——而且會愈來愈明顯。一九八八年，新財
團成立了不列顛第一個衛星頻道：英國衛星放送（BSB），英格蘭足總與足
球聯賽毅然著手掌控電視覆蓋的範圍，卻只差臨門一腳，敗給孤注一擲的獨
立電視所。後者開出為期四年、五千兩百萬的標價——如今看來微不足道的
小錢，在當時可是天文數字。獨立電視臺相信要提高收視，並且銷售足球節

目的關鍵,在於集中轉播少數核心俱樂部的比賽。到了一九九〇年,五大豪門利物浦、艾弗頓、阿森納、熱刺和曼聯,就佔了賽事轉播的超過三分之一。一九九〇年代,英超已經處在胚胎的階段。然而,最後一塊拼圖仍未到位。產品必須淨化,階梯看臺必須移走,並且置換為全座席。事實上,全國的球場都需要翻新,而這正是一九九〇年的「泰勒報告」(Taylor Report)所堅持的部分。只可惜,這些都需要希爾斯堡慘案的催化,才得以實現。

IV. 法國足壇的美麗與哀愁

　　北歐和南歐足球命運的分歧,明顯地與兩地的政治發展併行。一九七〇年代,為了回應經濟和社會疲軟不振的情形,北歐選擇用選票將其社會主義和社會民主黨派逐出政權——即便是世界上執政最長的瑞典社會民主黨政府也被迫下臺,將政權移交給一個中間偏右的執政聯盟——同一時間,南歐卻劇烈地向左靠攏。進程起始於一九八一年,法國選出法蘭索瓦·密特朗(François Mitterrand)為法國總統,以及一個左派佔多數的法國國會。希臘隨後跟進,國家歷史上第一次選出由安德烈亞斯·帕潘德里歐(Andreas Papandreou)領導的泛希臘社會主義運動(PASOK)執政。隔年,斐利佩·岡薩雷斯領導的西班牙社會主義政黨取得政權。一九八三年,整個南歐左傾的歷程由葡萄牙和義大利收尾。葡萄牙的社會主義者重返執政;而義大利社會黨(PSI)的貝蒂諾·克拉克西(Bettino Craxi)成為義大利總理。

　　曾經有短暫的時刻,地中海沿岸的社會民主看似有機會能夠將該區域的經濟現代化,並且擴大各國社會福利關照的範圍,因為社會主義黨派的技術官僚為了公眾利益,而與活力充沛的國營產業以及新興資訊科技的企業家展開合作。此一時期剛好由兩屆世界盃賽會作為框架:一九八二年的西班牙和一九九〇年的義大利。兩者都炫耀當時嶄新而原始的商業主義。同時,在這段接近十年的期間,足球賽事的觀眾維持在高檔,並且持續成長;足球與新興電視科技——有線電視與付費觀賞——的關係出現重大改變;投入賽事的資金,也呈現倍數成長。從後見之明的角度來看,兩屆地中海區域的世界盃

都暴露了主辦國家公部門的效率不彰和腐敗墮落，以及公私資本和新政治階層之間暗藏的贊助與干涉的網絡。國內足球的權力結構也大致雷同，沒有多大的差異。

　　法國足球的命運在一九六〇年代後期到達谷底：一九六八年，創下最低的票房紀錄。隨著反抗文化和工人階級的戰鬥性格退潮，法國足球看似復甦。七〇年代的觀眾人數持續上揚，足球開始收穫六〇年代開始的一些改變所帶來的利益。驚駭於法國代表隊在羅馬奧運稀缺的獎牌數量，戴高樂將他和整個國家的注意力轉往國際運動賽事。最早，金錢和能量全都投注在奧運。接著，法國創立了一個由國家支持補助且技術指導的國家體系，同時兼顧菁英與平民大眾的運動。它為七〇和八〇年代法國傑出的青年足球訓練計畫提供了基礎建設和意識形態的核心架構。五〇年代末和六〇年代初亦是打造關執教人才的朝代，所培訓出來的成員，將進入前述的體系效力，並且培育下一個世代的球員。曾經執教漢斯與一九五八年世界盃法國國家隊的名宿巴圖，直接與未來的國家隊教練共事，包含九八年世界盃冠軍教頭艾梅・賈凱（Aimé Jacquet）和九四年歐洲盃冠軍教練米歇爾・伊達爾戈（Michel Hidalgo）。何塞・阿里巴斯（José Arribas）是南特學派（Nantes academy）的創始人。在那裡，布列塔尼的尊嚴和深入基層的球探體系產出了不停球傳球（one-touch football）的豐厚傳統，以及全面而完整的青訓模型。還有獨特而無人能出其右的居伊・胡（Guy Roux），幾乎隻手將歐塞爾青年俱樂部（Auxerre）轉變為法國的中流砥柱。最為關鍵的或許是才華洋溢的馬利前鋒蓋塔，前來為聖德田效力。此前才因為歐洲和阿拉伯移民而足球實力大增的法國，終於開始收割非洲殖民地洋溢的天分。

　　這些相互交織的潮流，在七〇年代末期的聖德田第一次得到彰顯。在一九六七到七六年間，聖德田七擒法國聯賽冠軍，四度拿下法國盃。從一九六七到八三年，除了區區三年，他們年年打入歐洲賽事。他們更是全法國第一支在電視機前達到這些成就的俱樂部。他們的歐洲冒險，是法國足球這十年的經驗核心，並且在一九七六年達到頂峰。那一年，他們在歐冠盃八強賽驚奇地逆轉賽前廣被看好的基輔迪納摩；勉力闖過荷蘭 PSV 恩荷芬的防線；

最終小輸給拜仁慕尼黑。他們提升了整個國家的足球級別，並且賦予其前所未有的魅力和集體強烈的情感。俱樂部由老派的法國贊助人侯傑‧侯榭（Roger Roche）經營。他聚集了當代的優秀球員：鋒線上的埃爾韋‧赫維立（Hervé Revelli）和帕特里克‧赫維立（Patrick Revelli）兄弟、中場讓米歇爾‧拉凱（Jean-Michel Larque）和綽號綠天使（L'ange vert）的多米尼克‧霍許圖（Dominique Rocheteau），還有年輕的米歇爾‧普拉蒂尼（Michel Platini）。對法國足壇最不尋常的是，聖德田營造出凶猛而驚人的主場奧援。他們仿效利物浦的安菲爾德，聖德田的主場若弗魯瓦吉夏爾球場（Stade Geoffroy-Guichard）成為綠色大鍋（Le chaudron vert），而群眾成為球場上的第十二人（Le 12e homme）。然而，由於一連串的事件，法國足壇又將陷入極為熟悉的令人沮喪的狀態。一九七七年，聖德田未能參與有利可圖的歐洲賽事，加速了俱樂部的財務危機。這個轉變揭露了一連串貪贓枉法的財務操作，行賄基金和非法報償。一九八二年，侯榭不得不辭職下臺。俱樂部迎來接近二十年的降級，債務纏身和衰頹。

到了一九八〇年代早期，法國足球擴充了球迷的根基；新招募的球員遍布全國各族裔的光譜；發展出歐洲最先進的國家訓練計畫之一；並且由一整個世代才華洋溢的教練執教。他們全都出身於嚴肅又團結的教練文化。剩餘的問題就是錢和榮譽。錢指涉的是贊助和電視；光榮意味著贏得些什麼。在一九六〇和七〇年代，法國頂級俱樂部對於贊助的反彈聲浪相當大，反映出對於商業化的普遍懷疑，還有對於直接經濟利益的維護。到了六〇年代晚期，合約簽訂，由礦泉水公司維泰勒（Vittel）贊助頂級聯賽。然而，由於波爾多的董事當中包含許多酒商，對於要在賽事中展示競爭者的品牌感到惱火。於是，在波爾多的反對下，該贊助案因此破局。

類似的疏遠關係存在於俱樂部與國家電視臺的轉播壟斷。後者實際上沒有為其轉播的極少數比賽支付任何費用。一九八〇年，俱樂部的收入中來自電視的不到百分之一。波爾多的主席克魯德‧貝澤（Claude Bez）設法從法國國家電視臺的口袋中挖出額外特定數量的銀子。但直到競爭者降臨，還有公共的法國電視一臺（Channel TFI）最終的私有化，才真正轉變了法國足球

的經濟。Canal Plus 是歐洲第一個訂閱頻道，在一九八四年開臺，最初是電影與娛樂頻道，隨後迅速認知到足球是唯一最有效獲得訂閱的工具。到了這十年的尾聲，一切都截然不同。聯賽的總收入從一九七〇年的三千七百萬法郎，增加到一九九〇年的十二億法郎。同一時期，電視和贊助的收入從零飆升到五點五億。最真實的是，排名前二十的俱樂部集體舉債超過八億法郎。

　　榮譽和勝利最終來自暱稱藍衫軍（*Les Bleus*）的法國國家足球隊。在八〇年代早期，教頭伊達爾戈得以部屬歐洲足壇天分最高的中場。

　　阿倫‧吉雷斯（Alain Giresse）結實又平衡，是聰明且突破分球的大師……尚‧提耶納（Jean Tigana）柔韌而快速，供給面廣……路易‧費南迪斯（Luis Fernandez）是施行者的首選……多才多藝的伯納德‧金吉尼（Bernard Genghini）隨時由後補上。而在前線領導的是普拉蒂尼。他想做什麼就做什麼。而那通常代表所有的事。[10]

他們多樣化的專長恰恰反映了其多元族裔的起源（法國、西班牙、義大利和非洲）。他們的比賽風格一如調教出他們的法國共和中央集權的訓練結構一般紀律嚴明。法國也曾經擁有技術純熟的球隊，但這一支隊伍有骨幹。一九八二年世界盃會內賽的第一場賽事，他們以一比三敗給英格蘭。回神後一路取勝，在塞維爾舉辦的四強賽面對西德。這是法國史上電視收視觀眾最多的一場賽事，至少三千萬人齊聚電視機前觀賞這場扣人心弦的比賽，以及後續故事發展的轉變。這是一場由時尚雋永而冒險進取的法國人，與強硬難纏的條頓人的激烈對決，將因為德國門將哈拉爾德‧舒馬赫（Harald Schumacher）針對法國後衛帕特里克‧巴蒂斯通（Patrick Battiston）一記惡意且惡劣的衝撞後而名垂千古。正規賽時，德法以一比一踢平。進入延長賽後短短十分鐘，法國就以三比一領先，可惜未能守成，被踢進兩球追平，最後在點球大戰中惜敗。不過，球隊或許輸掉球賽，但整個國家如癡如醉。

　　一九八四年，輪到法國主辦歐洲盃。賽事證明極受歡迎，球迷蜂擁支持國家隊的比賽。從南特的主場拿比祖瓦球場（Stade de la Beaujoire）可以一

窺新社會主義的地方自治主義。這座球場得到國家與地方財政的可觀支援，
透過平緩起伏的混凝土屋頂和令人眼花撩亂的看臺來彰顯出大膽創新的現代
主義風格。它坐落在城外的位址，以及廣大的停車空間，標示了法國的社會
主義從內城吹往城郊的風向。不過，主要的焦點仍是藍衫軍。他們在五場取
勝的賽事中，踢進十四球，而且只讓對手破門四次。他們在以五比零擊潰比
利時的比賽中，展現出專橫的宰制力。隨後在驚滔駭浪與幸運加持的狀態下，
以三比二力退南斯拉夫和葡萄牙。決賽中，他們以二比零擊沉西班牙，擁抱
法國第一個重要的足球榮譽。這一世代最終的壯麗出征是一九八六年的墨西
哥世界盃。八強賽中，他們踢出該屆賽會最精彩的比賽，展現出名符其實的
洗鍊風格與完美卓越。一位觀察者形容，這是一場無比流暢的比賽，幾乎沒
有犯下過錯。那是一曲「由絕妙傳導譜出的交響曲；透過出色的好球來呈
現。」[11] 法國在點球大戰中擊敗巴西，洗刷上一屆賽會兵敗塞維爾的恥辱。
四強賽再度與西德碰頭。上一回，在馬斯垂克簽訂歐盟條約時，密特朗的法
國從海爾穆・柯爾（Helmut Kohl）的德國手中得利較多。但這一次，在墨西
哥的瓜達拉哈拉，法國人拱手讓出勝利。

　　七〇年代早期成立的巴黎聖日耳曼，宣告了商業與足球在法國的新結
合。聖日耳曼背後的金主是巴黎在地公司所組成的聯營企業，由浮誇高調的
時裝名店負責人丹尼爾・伊許戴賀（Daniel Hechter）主導球隊運作。一九七
七年，伊許戴賀因為票務醜聞而辭職下臺，由首都另外一批商業菁英取而代
之，由法蘭切斯柯・博雷利（Francisco Borelli）出任主席。搭乘著湧入足球
的新錢潮，博雷利著手打造球隊與觀眾，建造法國第一個行政商務包廂，並
且提供廉價球票給年輕人，後者間接催生了布洛涅看臺上惡名昭彰的光頭黨
暴民。博雷利為聖日耳曼捧回兩座法國盃冠軍和一九八六年的聯賽冠軍，但
同時他也讓球隊債臺高築。債務問題迫使他在一九一一年下臺，後續更因嚴
重的財務違規被法庭宣告有罪。同樣的循環——過度樂觀的商業擴張和重重
債務導致的衰退——在曾經擁有輝煌過去的巴黎競賽俱樂部身上亦可得見。
八〇年代早期，營運內容橫跨軍火與新聞產業的馬特拉─阿許德（Matra-
Hachett）集團收購競技，旋即將其更名為馬特拉競技（Racing Matra），以

作為企業本身的宣傳工具。競技好不容易才從較低階的聯賽中翻身，重回頂級聯賽，卻在燒掉好幾百萬法郎的銀子後再度降級。

　　當然，並非所有法國的俱樂部都屈服於新的商業菁英。南特依舊維持過去的傳統，主席由當地公司有支薪的中階經理人出任，像是讓·克萊佛伊（Jean Clerfeuille）和路易·馮德努（Louis Fonteneau）。這些人仍將俱樂部的主席職務視為市民義務的一種形式，並且將俱樂部視為集體的資產。不過，他們本身以及他們的價值觀正在衰亡。曾經，法國的俱樂部是由醫生、地方的低階公務員、林場工人和不起眼的村鎮實業家來領導；如今它們是由來自新銀行、媒體和高科技產業的頂尖專業經理人來運籌帷幄。聖日耳曼的博雷利是重要出版社的執行總裁；奧林匹克里昂（Olympique Lyonnais）的讓米歇爾·奧拉斯（Jean-Michel Aulas）經營電腦公司；雷恩隊（Stade Rennais）的讓哈斐爾·蘇卡斐（Jean-Raphaël Soucaret）是製藥巨人輝瑞（Pfizer-France）在法國的負責人。然而，電視時代足球最具代表性的兩位主席，非波爾多的貝澤和馬賽的拜納德·塔皮（Bernard Tapie）莫屬。

　　透過經營亞奎丹地區最大的會計公司，貝澤或許賺了不少錢，但是他並沒有一般人心目中外省會計師的樣子。一嘴驚世駭俗的海象鬍子，以龐大且豪華的賓利代步，貝澤在賺錢和花錢上顯得目空一切、漫不經心。不過，金錢並不是他主要關切的對象。「我個人哲學的基礎是權力。金錢對我來說只是權力的工具。」[12] 足球也是。一九七七年，他出任波爾多的主席。波爾多地區原本較受歡迎的運動是橄欖球，然而，貝澤卻妙手將一支小市場球隊，搖身一變成為法國的頂級俱樂部，贏下三次法國聯賽冠軍；兩次法國盃（包括一九八七年囊括兩項賽事的冠軍頭銜）；而且從一九八一年到八八年，年年競逐歐洲的頂尖賽事。他的方法是結合密特朗的新菁英支柱，即地方政要與新興的電視和廣告產業。貝澤的第一個創新是去接觸波爾多市長，戴高樂主義者雅克·沙邦戴爾馬（Jacques Chaban-Delmas），向其推銷以波爾多俱樂部作為亞奎丹認同的旗手。俱樂部的成功和魅力，即可成為經濟發展的推手，吸引資本流向城市。貝澤說服了沙邦。由是低利貸款，有利的建築許可和各式各樣的補助都流向萊斯庫爾公園球場。成功。有鑒於波爾多在八〇年

代支配法國足壇的強勢表現，避稅天堂摩洛哥的王室格里馬迪（Grimaldi）家族，挹注大量金援於波爾多。

貝澤堅持打明星牌的策略。在長達十年當中的每一年，來自整個歐洲與非洲的球員絡繹不絕，有如過江之鯽。簽下提耶納時，甚至創下當時的轉會費紀錄。由於貝澤的個性樂於透過炫耀性消費來取樂，他為此打破當時足壇對於費用與合約保密的共識，將簽約數字大肆且招搖地公諸於媒體。跟隨提耶納腳步而來的外籍球員，包括德國人、南斯拉夫人、阿根廷人和葡萄牙人。貝澤引入職業球員市場，革新贊助合約，與車商歐寶（Opel）簽署開創性的合約，並且設置商務行政包廂。最重要的是，他認知到足球電視轉播權的真正價值，尤其是面對歐洲強權的賽事，藉以迫使新近競爭激烈的轉播公司做出讓步。他在法國足壇的權力無遠弗屆，甚至能夠影響法國國家隊的教頭人選。一九八八年，在他的運作下，昂西·米歇爾（Henri Michel）被拔除兵符，由他的人普拉蒂尼取而代之。更有甚者，貝澤自己表示：「俱樂部總會設法打破成規。而我個人的錦囊中擁有三百萬種妙計。」[13]

當俱樂部持續贏球，收入有利可圖，錦囊中的妙計就暫時毋須動用，不用見光，除了貝澤與馬賽主席塔皮之間不僅浮上檯面甚至登上螢光幕的競爭，雖然增加了收視率，但仍不足以開啟後續的司法調查。然而，當俱樂部開始在歐洲戰場吃鱉，甚至被擋在門外——部分原因即是長期沒完沒了的、分裂而具有破壞性的，並且成本高昂的球員更替——波爾多終於承認其未付稅款高達千萬法郎。那是不可思議的保守說法。當貝澤不得不在一九九一年下臺一鞠躬時，俱樂部帳冊的完整圖景才終於浮現，高達二點四億法郎的債務因此揭露。一九九五年，貝澤因為詐欺罪名而遭判刑三年，鋃鐺入獄。

同樣的道德劇——政治與運動的野心，終在貪腐與盜竊曝光後衰亡——即將在馬賽上演。一九八六年，奉行社會主義，影響力無遠弗屆的馬賽市長蓋斯頓·迪費赫（Gaston Defferre）邀請知名的企業主塔皮入主馬賽俱樂部七〇年代。在七〇年代的政治圈和流行音樂界小試身手後，塔皮成為八〇年代知名的企業掠奪者和轉虧為盈的專家，旗下公司曾經收購、重組，再拋售的名單中，包含了赫赫有名的消費電子製造商東芝（Toshiba）、藍哥牛仔褲

的法國分公司（Wrangler France），鞋商奇克斯（Kickers）和車商馬自達
（Mazda）。對迪費赫而言，他獲得一位具備商業頭腦的主席，塔皮本人承
諾要投注的大量資金，還有對於大西洋岸波爾多戴高樂主義者口才辨給的社
會主義回應。而漂泊無根的塔皮，則得到一個可以落腳的根據地，人造的區
域認同，還有打入社會主義政黨高階政權的門票。至於馬賽的極端球迷組織，
總算盼到一支看似能夠有些作為的球隊。

　　塔皮是一股改變和來勢洶洶的旋風。馬賽隊的金庫滿滿都是錢，它們來
自塔皮的商業帝國、市政府、新的電視轉播合約、過度的商業贊助和廣告業
務，以及各式各樣日益孤注一擲且錯綜複雜的會計操作。儘管塔皮宣稱會將
俱樂部視為其事業體一樣嚴肅以待，馬賽卻很快地淪為他壯大個人身家與名
望的工具。同樣地，大批外籍球星蜂擁而至韋洛德羅姆球場。外籍教練亦同。
他們一個個魚貫飛越此一由轉籍、租借、費用和薪資搭起的、速度更快的旋
轉門，荒謬地哄抬了法國足壇的整體薪資和轉會市場。馬賽的運勢亦在上揚。
一九八九年，他們首次奪得法國聯賽冠軍，接著一不做二不休，自八九年到
九二年創下四連霸的輝煌紀錄。一九九一年，他們在歐冠盃的決賽亮相，是
一九五〇年代的漢斯之後，首次達成此一成就的法國俱樂部。兩年後，一九
九三年，他們終於擊敗西爾維奧·貝魯斯柯尼（Silvio Berlusconi）所擁有的
米蘭，捧起歐冠金盃。塔皮的政治生涯循著類似的軌道攀升。他與民族陣線
的領導人、左派眼中的肉中刺勒朋之間熱鬧的對抗，讓他第一次在電視上擄
獲公眾的目光。一九八九年，他以社會黨代表的身分當選國會議員。在一九
九二和九三年出任城市事務部長（Minister for Cities）。當尤文的主席阿涅利
提出三個 S 作為俱樂部的核心信念——樸實、認真和嚴肅——塔皮刻意比
照，提出三個 R 作為新馬賽的發展方向：夢想、微笑和冒險（*Le Rêve, Le
Rire, Le Risque*）。

　　歐冠盃勝利後，遽變與衰頹隨之而來。一位來自小市場球隊瓦朗榭訥隊
（Valenciennes-Anzin）的後衛雅克·格萊斯曼（Jacques Glassman），公開針
對塔皮提出一連串的指控。其中最具殺傷力的是他曾經收買格萊斯曼與其隊
友，在一九九三年歐冠盃決賽前的法國聯賽中放水，好讓馬賽輕鬆取勝，避

免兵疲馬困，甚至受傷。由於手段過於明顯粗糙，加上證據確鑿，塔皮因而禁止再與足球有任何接觸，最終也因詐欺而身陷囹圄。在密特朗總統任期的最後幾天，隨著社會主義政府多次被貪腐醜聞的巨浪拽進泥潭，馬賽宣告破產，並且降級。因為操控比賽與其他不當行為，他們一九九三年的聯賽冠軍被收回，也不得參與隔年的歐冠盃。然而，到了九〇年代末期，塔皮將捲土重來，不但重新回到公眾生活，甚至重返馬賽。然而，法國的政壇和足壇早已今非昔比，人事已非。「他和他的球隊都道德敗壞。不過他的腐敗和墮落卻被視為對於當權派的蔑視和挑戰……塔皮本身就是一齣政治的肥皂劇，上上下下，浮浮沉沉，但總是奮戰到底，總是站在鎂光燈下。」[14]

V. 義大利的黃金時代

趁著北歐沒落，義大利足球與法國齊頭並進。義大利國家隊高舉一九八二年世界盃冠軍；觀賽人數龐大且持續上升；尤文分別在七〇年代末和八〇年代中贏下歐洲三大賽會的冠軍（歐冠盃、歐洲足總盃和歐洲盃賽冠軍盃）；而當他們步履開始蹣跚，貝魯斯柯尼的 AC 米蘭旋即接過衣缽，不但捧回兩屆歐冠，其快節奏的傳導和壓迫球風，更成引領未來二十年足球風潮的模板。義大利足球的成功軌跡，看似與其經濟發展的歷程大致相符。權威的認證在一九八七年到來。根據經濟合作暨發展組織的公告，義大利正式超過不列顛，成為全世界第五大經濟體。這對義大利沾沾自喜的政治菁英而言，是對其自我形象的肯定和錦上添花。七〇年代末期的政治和社會危機逐漸消失，僅賸偶發零星的暴力，來自極左和極右的殘兵；綁票和槍擊仍有耳聞，但對於統治階級和既有秩序的挑戰已經告終。義大利共產黨已經本土化為忠實的反對黨。一九八一年，五個政黨組成的政治同盟「五黨聯盟」（pentapartito）成立，由天主教民主黨的奇里亞科・德密塔（Ciriaco De Mita）和義大利社會黨的克拉克西主導。無論是採取怎樣的形式，這個政府將持續執政，直到一九九二年爆發「傭金城市」（Tagentopoli）的弊案。該案幾乎可以說是所有貪腐醜聞和調查之母，完全摧毀所有捲入的成員。在這十年的尾聲，義大利共和

腐敗的政黨系統掌管了一段高經濟成長和高公眾消費的時期，期間高科技和炫耀性的消費，成為義大利私人生活最明確的特徵。

義大利近來在世界經濟排行榜中一路飆升的狀態，從未奠基於最嚴謹的統計證據。透過九〇年代義大利經濟落入長期停滯的時期，已經證實不過是海市蜃樓。根據揭露的訊息，五黨聯盟堪比一個討價還價的系統，為的是挪用和瓜分政府和公眾的錢。它有若觸手的權力和贊助系統繞過了民主政治的機制，將義大利政府與組織犯罪，煽惑挑釁和貪腐的網絡連接起來。類似的病理學也將感染義大利足球文化的素質。與政治系統相若，有諸多理由可以質疑它們在八〇年代的崛起和成長。眾所皆知，從若干極端球迷團體這段期間的發展，已可見到朝向組織暴力和新法西斯主義吹起的風向。許多董事與極端球迷團體之間未曾言明的關係，還有許多國家的執法警察放棄重新定義公共秩序與公共空間的責任。這個年代是由一九八〇年的 *totocalcio* 博弈醜聞揭開序幕。

Totocalcio 是義大利全國獨佔的足球博弈事業，擁有該國公家機構罕有的品質。它是貨真價實的國營的單位，雖然可以提供頭彩大獎，但也和不列顛的博弈制度一樣，分發小額的股分。它很受歡迎、尊敬，更難以遭控。一方面是因為無法針對個別賽事的結果下注。想要做到的話，需要龐大的非法足球賭博網絡。而地下博弈（totonero）應運而生。這甚至可以一路追溯至黑手黨的祕密社團：克莫拉（Camorra of Naples）。到了七〇年代晚期，與其他部門的黑經濟一樣無恥且囂張，地下博弈的員工會在 totocalcio 票亭或店舖公開接受下注。一九七九年歲末和八〇年年初，兩位在羅馬活動的生意人阿爾瓦羅・特林卡（Alvaro Trinca）和馬西莫・庫魯洽尼（Massimo Cruciani），試圖干預十二場賽事的結果，手段是賄賂。他們透過經常造訪特林卡經營的餐廳的拉齊奧球員牽線，組成球員網絡。這兩人都是高階演算的大外行。他們未能達成預期中的操控，在準備工作與保密方面難以置信地馬虎。當計畫失控，他們的談話頻率愈來愈頻繁，也愈來愈公開。報章雜誌開始刊出流言蜚語。而當拉齊奧中場馬西莫・蒙特西（Massimo Montesi）接受媒體訪問後，正式揭發了陰謀。

　　當損失持續上升，兩人透過來路不明的借貸讓問題更加嚴重。當媒體上的流言不絕於耳，來自借貸者的威脅上升，他們先去拜訪律師，再來是警方，然後是《羅馬運動報》。兩週後，一九八〇年三月二日星期日，半場時警方突襲全國的足球場和更衣室，逮捕十一位球員。所有人都從實招來，知無不言，言無不盡。運動層面的正義來得明快果決：拉齊奧和米蘭降級；許多俱樂部扣除積分；若干球員和俱樂部主席處以五十年不得接觸足球的禁令，其中不乏國際球星，像是效力於佩魯加隊的前鋒保羅‧羅西（Paulo Rossi），還有拉齊奧前鋒布魯諾‧喬達多（Bruno Giordano）。國家層級的正義呈現出截然不同的風景。公訴案件根據的是一部尚無運動詐欺概念的法典。沒有人被宣判有罪，即便是特林卡和庫魯洽尼都沒有。畢竟，這與處理祕密會社美生會 P2 分會（Masonic lodge, P2）案的是同一套司法體系。在該案件中，儘管揭露了明確的文書證據，能夠證實義大利國家安全機構的每一個層面，都與組織犯罪、政黨與商業行為環環相扣，最終卻沒有成功起訴任何人。

　　倘若地下博弈的醜聞暴露了義大利足球經濟中的弱點和軟肋，尤文依舊八方吹不動，自顧自地維繫著俱樂部冷靜自持、腳踏實地的公眾成功，就像是該國足壇的飛雅特。持續手握尤文的所有權和經營權，喬凡尼‧阿涅利對外依舊是俱樂部魅力十足、最具代表性和識別度的臉孔。他的弟弟翁貝托和前明星前鋒邦尼佩爾堤，在一九八〇年代順利接棒，成為常勝的俱樂部主席。阿涅利家族拉拔暱稱為「陷阱」（Il Trap）的喬凡尼‧特拉帕托尼（Giovanni Trapattoni）為俱樂部的教頭。特拉帕托尼是意志頑強，嚴肅正經的防守戰略大師，麾下恰好有當代滴水不漏的頂尖門將迪諾‧佐夫，以及由克勞迪奧‧詹蒂萊（Claudio Gentile）、加埃塔諾‧西萊阿（Gaetano Scirea）和安東尼奧‧卡布里尼（Antonio Cabrini）所組成的銅牆鐵壁襄助。一九八三年，外籍球員的禁令解除，尤文引進愛爾蘭裔的中場利安‧布拉迪（Liam Brady）、波蘭裔的中場吉比‧波涅克（Zibi Boniek）和舉世無雙的法國中場普拉蒂尼。一九七七年到八六年間，他們六度贏得聯賽冠軍，以及歐洲三大聯賽的大滿貫——七七年的歐洲足總盃；八四年的歐洲盃賽冠軍盃，還有八五年的歐冠盃。

　　儘管尤文在海賽爾之役中取勝，但圍繞著他們的爭議、素行不端和觀感不佳久久揮之不去。而類似的爭議也曾經讓他們一九八一和八二年的聯賽冠軍純度受人質疑。一九八一年，整季窮追不捨的羅馬前往都靈，與尤文展開關鍵對決。由於羅馬後衛毛利齊奧‧杜魯尼（Maurizio Turone）的進球被判越位，尤文費盡九年二虎之力取得平手。儘管對全國的人來說，杜魯尼壓根兒沒有越位。一九八二年的挑戰者是好不容易在倒數第二個週末追上尤文的費倫提那。費倫提那遠征客場進行該季的最終戰，對手是仍在爭取積分以避免降級的卡利亞里。相反地，尤文前往卡坦扎羅（Catanzaro）與已經確定保級的對手卡坦扎羅隊（Catanzaro 1929）一戰。當天，兩場比賽全由十二碼罰踢來決定勝負。卡坦扎羅上半場沒有取得應得的罰球機會；比賽終了前十五分鐘，尤文獲得罰球機會，順利拿下分數。費倫提那看似能夠靠著倒數階段的得分擺脫僵局，裁判卻判決進球無效。經過賽後反覆地檢視，證實唯有卡坦扎羅的那球是誤判，然而費倫提那支持者與義大利其他地區的盛怒和不解有如野火燎原，愈燒愈烈。一九八二年不光彩的冠軍成為義大利足壇和整體社會的最佳寫照：一個由心理奴役與結構性劣勢構成的體系，獨厚既有權又有錢的既得利益群體。

　　如今，尤文更甚以往，已不單只是都靈在地的球隊。它不僅在全國享有盛名，支持者也遍布整個義大利。尤文的球員同時也是國家隊的骨幹。一九八二年世界盃決賽面對西德，義大利陣中共有七位球員是尤文出身。超過三千兩百萬名電視觀眾——相當於義大利全部的成年人口——見證了義大利射進三球，奪下它們第三座世界盃冠軍。

　　八〇年代後半，義大利國家隊陣容逐漸老化，表現也相對黯淡，在一九八六年世界盃僅以第四名作收。尤文同時也進入一段短暫的衰退期，為其他三支俱樂部清出戰場，在義大利本地足壇烙下各自的印記。這三支球隊，各自代表一股義大利生活中的社會力量，即將從「傭金城市」的殘骸中存活並且起飛。來自提倡分離主義的政黨「北方聯盟」（Lega Nord）的大本營，維洛納在一九八五年贏得聯賽冠軍。拿坡里，深陷於西歐最大的貧民窟和義大利本土組織犯罪的坩堝等社會紋理，則是南方的領袖，先是和維洛納比肩，

然後超越，分別在一九八七和九〇年兩度奪得冠軍。最後是浴火重生的 AC
米蘭。它是義大利、歐洲還有世界冠軍；也是掌握了新錢與新電視政治學的
貝魯斯柯尼掌心中的球隊。

　　一九六〇年代以前，政治立場極端的義大利東北一直處在赤貧的狀態。
此一經濟現實亦忠實反映在該區域領導城市貧弱的足球表現，例如維洛納和
威尼斯。稍後，經濟奇蹟催生了一個由規模不大、內部聯繫緊密、高度專業
化的公司所組成的密集網絡，特別是打入利基市場的時尚品牌：迪賽
（Diesel）、班尼頓（Benetton）和警察（Police）。到了一九八〇年代，此
處一舉躍升為全義大利最為富庶的區域。正是在這個區域重生和自我肯定的
氛圍下，維洛納成功創造了一九八五年的奇蹟——最近一支獲得冠軍，而且
並非來自米蘭、羅馬和都靈小圈圈的球隊。他們在老派教頭奧斯瓦多‧巴尼
奧利（Osvaldo Bagnoli）的執教下取得此一非凡大業。巴尼奧利的喜怒無常，
意識形態上充滿米蘭勞工階級共產主義者的觀點，喜歡進行哲學思考和冥
想。《米蘭體育報》的編輯本雷拉暱稱他為哲學家叔本華（Schopenhauer）。
他的球隊裡沒有明星，最具知名度的是始終被低估了的丹麥前鋒普賓‧艾基
亞（Preben Elkjaer）。他們是一支堅不可破、絕不輕易動搖的隊伍，由熱情
洋溢且逐漸擴充的「黃藍軍團」（Brigate Gialloblu）在主客場予以支持應援。
除了琳瑯滿目的歌曲和編舞，他們還以毫不保留地公開表達其「仇南」和「反
南」情感而著稱於世。在八〇年代後期，拿坡里成為這一股怒氣主要的宣洩
對象。每當拿波里揮軍北伐，維洛納的極端球迷就展示其惡名昭彰的橫幅「歡
迎來到義大利」，或者是「讓我們作夢吧，維蘇威火山！」（Vesuvio facci
sognare!）同一時間，維內托（Veneto）與其周邊的區域開始支持昂貝托‧博
西（Umberto Bossi）——分離主義社團「倫巴底聯盟」（Lombard League）
的創立者——終於在一九八七年將他送入國會殿堂。一九八九年，博西將他
的組織與「維內托聯盟」（Liga Veneta）合併，創立北方聯盟，為北方的規
模不大的商業活動和小布爾喬亞，提供了政治上一吐為快的發洩機會。他們
主要的對象有二，一是羅馬所代表的大企業和國家稅收；二是南方與他們所
獲得的津貼和補助。到了九〇年代初期，維洛納的弧形看臺區已經成為新北

方分離主義招募的溫床。

拿坡里的存在，不僅經常為維洛納和整個北方的怒火火上添油，更是這一股情緒直指的對象。直到八〇年代中期以前，拿坡里儘管獲得龐大的支援，擁有容量巨大的場館，以及源源不絕、關係良好，且富可敵國的贊助人，他們繳出的成績單依舊一片空白。在俱樂部主席科羅拉多・費雷諾（Corrado Ferlaino）的運籌帷幄下，拿坡里終於逆勢而上，決意將金錢和信念全都押注在一個球員身上：馬拉度納（Diego Maradona）。一九八五年，費雷諾帶著馬拉度納，搭乘直昇機直達拿坡里的聖保羅球場（Stadio San Paolo）。現場超過八萬名那不勒斯人大排長龍，自掏腰包，為的就是能有機會和特權能親眼目睹馬拉度納步上球場，甚至隨興踢個幾球。如今萬事足矣。他們深信救世主已經降臨。當馬拉度納效力納波里時，俱樂部一年可以售出六萬張季票。教練奧塔維奧・比安奇（Ottavio Bianchi）和阿貝多・比岡（Alberto Bigon）在接下來五年將難以控制的拿坡里諸將按捺在軌道之上，圍繞著後衛奇羅・費拉拉（Ciro Ferrara）集結了一條頑強的義大利防線；在鋒線上加入巴西前鋒卡雷卡（Careca），與馬拉度納雙劍合璧。

一九八七年五月，經過一季由馬拉度納的射門、助攻以及所帶來的能量。拿坡里在主場踢平費倫提那，奪下城市的第一座聯賽冠軍。慶祝活動熱鬧喧譁。即興的街頭派對和慶典在城市蔓延。夜以繼日的狂歡足足持續超過一個星期。世界顛倒過來。那不勒斯人為尤文和米蘭舉辦嘲弄而仿效的喪禮，焚燒其靈柩，訃告上寫著「一九八七年五月，另一個義大利被擊潰。一個新帝國誕生。」北方人曾經嘲笑那不勒斯人是驢子，如今後者乾脆自己打扮成一頭驢，拽著著倫巴底和托斯卡尼的魔鬼尾巴，穿過城市的排水溝。都市神話以上升螺旋的方式繁榮和流通，並且以更為荒謬可笑的連結呈現：在勝利之前，馬拉度納的背號四十三，就顯現在城市的樂透開獎號碼；而顯現在下一週的是數字六十一，正是拿波里等待義甲冠軍的年分。在這段期間出生或受孕的孩子以他的名字命名。

拿坡里與其北方仇敵的相互敵意在往後三季更加激烈。一九八八年，拿坡里在最後階段的激烈競爭中敗下陣來，由米蘭奪冠。一九八九年，他們與

國米一路纏鬥到最後。一九九○年，他們重回榜首。在整個北方，尤其是米蘭，宣稱被竊，而主要的偷兒就是馬拉度納。他們即將在一九九○年夏天的世界盃展開最終也最苦澀的對抗。

AC 米蘭，在 *totocalcio* 醜聞當中沾惹了一身腥，並在一九八二年降級到義乙，在八○年代早期，彷彿過去自我的影子。儘管他們重回義甲，但似乎已經氣力放盡。然後，在一九八六年，他們被米蘭的電視與房產巨頭貝魯斯柯尼收購。義大利足球即將改頭換面。季前，貝魯斯柯尼重組的球隊展示在球迷眼前。他們搭乘直升機抵達聖西羅球場，搭配震耳欲聾的華格納歌劇《女武神的騎行》（Ride of the Valkyries）樂曲。他們的一言一行在貝魯斯柯尼的有線電視網路 Mediaset 上不斷重複放送。他自己都坦承人們將會對此訕笑，不過米蘭賣出六萬五千份季票。

貝魯斯柯尼一九三六年生於米蘭，是銀行行員的兒子。青少年時他的眼界就已經超越他所出身的、狹隘的米蘭白領和傳統的天主教寄宿學校。他的英雄是法國人和美國人，像是能言善道、男歌擅舞的情歌王子和藝人法蘭克·辛納屈（Frank Sinatra）、納京高（Nat King Cole）和尤·蒙頓（Yves Montand。他離開校園後的第一份工作是在地中海的郵輪上擔任歌手。在米蘭大學修習法律後，貝魯斯柯尼把握住機會，靠著三寸不爛之舌和家庭關係向父親的老闆借到一筆豐厚的貸款。貝魯斯柯尼一個物業接著一個物業成交，最後在建案「米蘭 -2」（Milano Duo）時達到事業頂峰。「米蘭 -2」是該市第一個位於郊區的門禁社區，有意識地引進美國南加州郊區特有的建築語彙和風格，當然還有其社會隔離。「米蘭 -2」證實是一項巨大的商業成功。在沒有朋友的協助下，沒有一個義大利的地產開發商──無論成就多麼不凡──可以完成此一計畫。而貝魯斯柯尼看起來關係靈通，背景雄厚。舉例來說，他的名字就出現在美生會 P2 的名單之列。

「米蘭 -2」和接續的「米蘭 -3」最大的一個特點，就是安裝了早期的有線電視服務。電纜線提供了六個頻道的空間，大多數是由國營的義大利廣播電視公司和若干國外電臺提供節目內容，但貝魯斯柯尼接手其中一個頻道。一旦他理解到有線電視的潛能，他即刻著手計劃一個遍布全國的網絡：「在

營建業，你今天的設計將在十年後實現。在電視業，你今早的發想會在今晚的螢幕上呈現。」[15]

　　貝魯斯柯尼的電視策略是由內容驅動的，是以電視來回放「米蘭 -2」的美學。他滿足「渴望垃圾內容」（trash-starved）的義大利公眾心之所欲。他播放所有他能夠弄到手的足球內容；走頭無路時，甚至為此安排錦標賽和巡迴賽。他大量進口低級的好萊塢電影，美國電視喜劇和電視劇，還有數量多到讓孩童目不暇給的卡通。當然，所有內容全都摻入大量的廣告時段，且廣告內容多數由貝魯斯柯尼的廣告公司 Publitalia 企劃和製作。他的頻道日益增加下列節目的比重，像是品質低劣的遊戲節目、無意義的名人秀，還有內容空洞的八卦節目，全都是古板而保守的國營頻道絕不願屈就的內容。他甚至在夜間十一點後繼續播放節目，這在當時的義大利簡直是不可思議的創舉。事實上，這個舉動被理解為大眾文化強烈的踰越和打破規則。三個義大利廣播電視公司的頻道，由天主教民主黨、社會主義政黨和共產黨瓜分，面對貝魯斯柯尼和其他新興有限頻道 Rete 4 和 Canale 1 時，已經落居下風。唯一剩餘的障礙，是一九七六年憲法法庭的裁決，宣稱新成立的商業電臺只能擁有地方播送的許可。

　　與他早期的有線電視競爭者相較，貝魯斯柯尼準備好要承擔更多風險，偷偷摸摸地打造出一個實質上的全國頻道。這一方面是因為個性使然，一方面是因為他確實有很多「很好」的朋友。在長達十年基於利害而結合的婚姻當中，貝魯斯柯尼和社會黨領袖、時任總理的克拉克西建立起親密的政治和私人交誼。兩家人經常一起在超級菁英的度假勝地 —— 濱海的菲諾港（Portofino）和瑞士的滑雪景點聖莫里茲（Saint Moritz）—— 共度假期。克拉克西不僅是貝魯斯柯尼孩子的教父，更是他第二段婚姻的見證人。一九八四年，貝魯斯柯尼收購競爭對手的有線頻道，建立全國獨佔的商業電視放送。米蘭法院援引一九七六的的判決，宣稱該頻道違憲並且下令停止播送。貝魯斯柯尼的宣傳機器進入超速運轉的狀態，它點出公眾真正的不滿，讓他們明瞭司法介入個人的收視習慣是一件過分的事。這是一場為了「電視遙控器自由」（Libertà di telecomando）而爆發的戰役，由貝魯斯柯尼取得勝利。克拉

克西確保其內閣立即頒佈一個期限六個月的政令，宣布此前的判決無效。而當義大利國會一開始拒絕展延此一政令，也不願修法改變現狀時，克拉克西乾脆再頒發另一個政令取而代之。當期限再度到期，所有人都已與時俱進，而貝魯斯柯尼的帝國毫髮無損。

下一步，貝魯斯柯尼藉由收購 AC 米蘭來拓展其勢力範圍，宣稱他不只將其視為一門生意，而是出自於「情感領域」的考量。他認識到在電視時代的義大利足球，不再只是單純的運動或公司，而是娛樂事業、盛大奇觀，以及眾所矚目的熱鬧場面。撇開一開頭的裝腔作勢不談，貝魯斯柯尼證實是一個明智而積極的俱樂部主席。他投資全國最頂尖的訓練設施，幾乎每場比賽都親臨現場，而且向所有的教練堅持米蘭要是一支進攻性與娛樂性兼具的球隊。

貝魯斯柯尼麾下的第一個教頭是當時還籍籍無名，在義乙執教帕爾馬隊（Parma Calcio 1913 Srl）的薩奇。薩奇總是身穿剪裁合身的西裝，頭戴大得不合理的眼鏡，夜晚時還要戴上甚至更大的太陽眼鏡。他擁有能力非凡的團隊：後防線上有青春洋溢的保羅・馬爾蒂尼（Paolo Maldini）和弗蘭科・巴雷西（Franco Baresi）；勤奮不懈的驅逐艦像是亞歷山德羅・科斯塔庫塔（Alessandro Costacurta）和中場卡洛・安切洛蒂（Carlo Ancelotti）。貝魯斯柯尼還得到荷蘭足壇的菁英：中場路德・古利特（Ruud Gullit）、法蘭・列卡特（Frank Rijkaard）還有前鋒馬可・范巴斯滕（Marco van Basten）。薩奇的 AC 米蘭打破若干義大利足球的核心原則。首先他們徹底放棄人盯人的防守策略，讓防守和攻擊一樣，成為空間的運用。這並不是更新版的十字聯防，反倒是對其最終的擯棄。米蘭的陣型中從未安排清道夫或者是後場自由人這樣的角色，但總是配置四名後衛，防守時向前壓迫球場空間，製造越位陷阱並且相互掩護。米蘭的防守總是一路押上，針對持球的對手施以系統性地壓迫和包圍。在薩奇的體系裡，每一位球員，從前鋒到門將賽巴斯提亞諾・羅西（Sebastiano Rossi），都背負著各自的壓迫任務。特別是在中場，米蘭的行動宛如狩獵的獸群，逐漸壓縮持球者周遭的空間，同時切斷他們與隊友的聯繫，迫使敵對犯錯，進而將球搶斷或攔截。當球賽按照此一設定進行，米

蘭隨時都準備好要發動攻擊：一旦重新獲得球權，快速傳導和閃電般地移動立刻接手。米蘭的才華洋溢，技術超群。特別是古利特，不僅閱讀比賽的才智犀利驚人，技術上也無懈可擊。一九八八年他們贏得義甲冠軍。而隔年的歐冠盃，是他們的經典之作。四強賽在主場以五比零羞辱皇馬，正式宣告他們回歸最高等級的足球世界。隨後大軍開拔到巴塞隆納，與決賽的對手布加勒斯特星展開對決。

1989 年 5 月 24 日
AC 米蘭 4—0 布加勒斯特星
地點：諾坎普球場（Nou Camp），巴塞隆納

　　球賽結束後，當米蘭正式在歐洲足壇封王，俱樂部的股票飛漲。一位記者詢問貝魯斯柯尼是否會出售球隊，得到如斯回應：「且讓我們開誠布公，我這輩子買來的所有東西，無論多小，我從未有過分毫想要再將它們求售的念頭。」誰會想要把有這般表現的球隊賣掉？

　　布加勒斯特開球。信號彈和煙霧彈仍舊在球場上奔竄。在開賽後的前十分鐘，他們只將球帶離自己的半場三次，其中兩次是對於反攻毫無幫助的高球，列卡特和安切洛蒂興致盎然地立刻再將球返回。布加勒斯特的前鋒馬呂斯‧拉卡度什（Marius Lăcătus）將球控在自己的腳下，位置就在中場稍微靠近米蘭的半場。不出一秒的時間，他的球已經無情地被奪走。

　　無論羅馬尼亞人試圖將球傳到何處，米蘭球員就在那裡。古利特和范巴斯滕趁隙反擊，將球壓迫深入布加勒斯特的禁區，騷擾和鬆動對手的後防。當對方的中場想要往前推進，米蘭退卻、下沉，圍繞著對手佈下一組咆哮的白色獸群。當他們猛然將球往前送，就被縝密的後防線輕鬆攔截。

　　一旦米蘭球員奪回球權，球場上的陣型瞬間轉變。防線向前滾動，白色球衣沿著兩翼和球場中線突破，開啟隨處可見的選擇性和可能性。四顆進球——古利特禁區內見縫插針的補射；范巴斯滕凌空一躍的頭球；古利特妙

不可言的球門的空中停球，再將球抽向球門邊角；還有范巴斯滕蜿蜒地奔跑和輕觸——看起來幾乎不過是錦上添花

　　足球就像是生意，所有權最為重要，無論指的是資本，亦或是球權。計畫、形式、球權，開賽後的前十分鐘我們就知道這球將會怎麼踢。直到現在，我們多數時候還是踢四四二的陣型，試圖緊跟著球、壓迫對手，快速突破。貝魯斯柯尼仍舊擁有米蘭。他什麼都捨不得。[16]

同年稍晚，米蘭前往東京，踢走哥倫比亞的國民競技隊（Atlético Nacional）——美德因毒梟的球隊——成為洲際盃的冠軍。來年，他們將整個流程重複一遍，在歐冠盃擊敗本菲卡；在日本逼退巴拉圭的奧林匹亞，Mediaset 持續不斷地播放意氣風發、凱旋歸來的米蘭與其主席的畫面。很少俱樂部，也很少經理人能像米蘭和貝魯斯柯尼一樣，準備如此周全地面對下一個十年的新足球和新政治，力求從中倖存，甚至蓬勃發展。

VI. 繁華落盡的東歐足球

　　一九八〇年代，東歐足球的進程出現了顯著的分歧。經歷過一九七〇年代早期和中期那段相對成功的時期——包含主要由斯洛伐克人組成球隊核心的捷克斯洛伐克在一九七六年歐洲盃的勝利——在經濟最發達的東歐地區，其足球卻趨於平凡。在危機四伏，政府聲名狼藉的捷克斯洛伐克，匈牙利和波蘭，社會對任何形式的運動冒險完全沒有胃口。當地的人民，對於由步履蹣跚的社會主義官僚機制代理的俱樂部，展現出微弱的興趣。足球看似繁榮的兩個地方，恰是外交上無論如何與蘇聯保持距離的國家。特別是在羅馬尼亞。日益獨立的希奧塞古政權，為羅馬尼亞嚴重落後的工業化社會和運動提供了發展的脈絡。國家機器不同部門之間的競賽，還有統治家庭的緊密連結，都讓羅馬尼亞的足球發展在短期間內開花結果，特別是陸軍的俱樂部：布加勒斯特星。南斯拉夫，老早就與共產主義的正統割袍斷義，繼續它獨特的道

路。由於經濟向西方開放，造成國內的頂級球星外流國際市場，連帶帶動國內的轉會費水漲船高，成為輸出球隊的獲利之道。有組織的青年球迷團體開始興起，採取的是義大利極端球迷的支持模式。到了這十年的尾聲，這些群體成為最凶殘的族裔民族主義的招募溫床，更成為內戰中最令人震懾的種族屠殺部隊。

在蘇聯，官方依舊偏好田徑和奧運會中的運動項目，儘管足球早已在死水一般的政體當中安靜地找到安身之所，仍舊繼續維持其邊緣的地位。直到戈巴契夫（Mikhail Gorbachev）一九八五年入主克里姆林宮，兩項新政策「重建改革」（perestroika）和「公開」（glasnost），改變才正式降臨。由於改變的速度和規模實在太過驚人，舊的足球秩序不是經歷了改革，而是直接被掃進歷史。在東德，最緊密黏附蘇聯的國家，在共產主義的最後幾年間目睹了國家和軍隊對於足球的全面殖民。球賽歷經了近乎瘋狂的操縱和失真，最終召喚出暴力的球迷團體，視自己的暴行為反抗權威的姿態。

七〇年代中期是蘇聯還能夠理直氣壯地宣稱自己在軍事、科技與足球等領域與西方分庭抗禮的最後一段時期。它本身高度中央化、垂直整併、國家補貼、高科技、軍事和基礎工程──所謂的經濟制高點──在運動領域也有相類的對象，即基輔迪納摩。在教頭瓦列里·洛巴諾夫斯基（Valeri Lobanovski）執教下，基輔迪納摩自七〇到八〇年代早期，統治蘇聯足壇。洛巴諾夫斯基是前職業球員，同時接受工程師與水電工的訓練，從第聶伯羅隊（Dnipro Dnipropetrovsk）開啟他的執教生涯。他與運動科學家阿納托里·吉連索夫（Anatoly Zelentsov）在當地的體育機構展開合作。兩人隨後雙雙轉到基輔迪納摩，由基輔體育學院（Kiev Institute of Physical Culture），烏克蘭共產黨和內政部支持其研究。如此等級的支持足以讓他們發展出一套足球哲學，是扎根於科學與統計的思考，還有舉國最先進的電腦設備、最精細的訓練和醫療監控儀器。

核心原則是精確地計算和測量球員的表現，特別聚焦於評估和降低球員的失誤率。洛巴諾夫斯基指出，一支在關鍵時刻時失誤率低於百分之十八的球隊，事實上無法擊敗。他知道這件事是因為吉連索夫一直都在計算。兩人

也提出推論，指出現代足球的速度過快，以至於球員根本沒有足夠的時間能做出反應。因此，如何將事前安排的戰術模式，深深電鍍進球員腦袋中的空間線路，就是球員日常訓練和戰術思考的核心。如此，要再加上傑出的跑動量與荷蘭全攻全守足球中的一小部分，特別是位置轉換。此一操作模式在球場上的基本展現就是：在中場掌握球權，再對角長傳給速度飛快的得分箭頭奧列格‧布洛欣（Oleg Blokhin）。後者會按照賽前制定的次序來跑，並且在對手的防線後方移動。征戰國內聯賽時，洛巴諾夫斯基也偏好一個整季的策略：客場時只求踢平；主場時再全力求勝。此間所有的模式都不很吸引人，但通常很有效果。基輔在十年間獲得六次蘇聯冠軍，並且分別在一九七五年和八六年歐洲盃賽冠軍盃奪得冠軍。

　　儘管基輔和烏克蘭與蘇聯的俄羅斯核心緊緊相繫，再加上史達林的飢荒和鎮壓早已壓垮烏克蘭的民族主義幾近兩個世代。迪納摩無可避免地悄悄成為烏克蘭民族認同的提示。一九七三年，亞美尼亞的艾拉華特葉里溫贏得蘇聯盃的冠軍，靠著球賽後段的追平分以及延長賽中的致勝球，擊敗莫斯科迪納摩。在盧日尼基體育館，一萬五千名亞美尼亞人齊聲大喊國家之名；而在葉里溫，空氣中迴盪著汽車的喇叭聲響以及遭禁的民族主義歌曲，久久不去。城市裡神聖的列寧紀念碑，被掛上一個數字八，以向踢進致勝分的球員致敬。喬治亞的提比里西迪納摩隊同樣也是早期民族主義的避雷針。在喬治亞當時的共產黨領袖、未來喬治亞共和國總統愛德華‧謝瓦納茲（Eduard Shevardnadze）的鼎力支持下，他們兩次在蘇聯盃奪冠；稱霸蘇聯聯賽；以及在歐洲盃賽冠軍盃中掄元。這一連串的成就，全都集中在一九七六到八一年的五年間完成。

　　當邊陲如繁花般綻放，核心卻開始凋零。一九七九年，蘇聯部隊入侵阿富汗，正式終結了與西方關係和緩的年代，也走上一條腹背受敵的艱困路途：在邊境有艱苦的山地游擊戰；還有與好鬥的美國展開花錢如流水的高科技軍武競賽。蘇聯在這兩場戰役中皆敗下陣來。此外，在整個八〇年代早期，高級幹部相繼過世，證實了蘇聯的衰退。蘇共中央總書記列昂尼德‧布里茲涅夫（Leonid Brezhnev）在一九八二年逝世。由主管國家安全委員會（KGB）

的情報頭子尤里・安德洛波夫（Yuri Andropov）取而代之。一九八四年，安
德洛波夫過世，康斯坦丁・契爾年科（Konstantin Chernenko）上臺。不到一
年，契爾年科也告別人世。莫斯科的足球也同樣令人沮喪。由於蘇聯足壇如
今由外地的球會主宰，再加上經濟困頓，俱樂部面臨觀眾人數下降，以及零
星的暴力事件。早在一九七三年，青年球迷就在球門後方的看臺上各佔其位，
各為其主，透過展示俱樂部的代表色——通常是自家針織的圍巾或毛帽——
來區隔彼此，並且自我歸屬為所謂的「狂熱球迷」。到了七〇年代晚期和八
〇年代早期，所有莫斯科的俱樂部都擁有類似的群體，而首都的牆壁則日益
被他們塗鴉的圖示和標誌攻佔。衝突、鬥毆和爭吵開始在莫斯科的都會區與
體育館附近的街巷中擴散。

　　這當然與蘇聯政府對其公民的臨時暴力和結構性失職毫無關係。蘇聯足
球的車諾比事件是一九八二年爆發於莫斯科的盧日尼基體育館慘案。在歐洲
足總盃賽事期間，冰封而濕滑的冬日看臺上發生嚴重的推擠踩踏事件，超過
三百人喪命。一如預期，主管機關緘默以對；否定問題；拒絕調查；拒絕釋
出任何訊息；也拒絕試圖為這件悲劇做些什麼，除了找了幾隻無甚重要的代
罪羔羊。三年後，索科爾尼基運動宮同樣因為推擠踩踏，取走二十條性命。
當時，室內正在進行一場國際足球賽事。事件同樣遭到掩蓋。戈巴契夫正是
在反對這種系統性地忽視、腐敗、投資不足和早期失序的背景下，在一九八
五年成為蘇聯共產黨的總書記。而這看似真正的改革。戈巴契夫施政的雙重
支柱是朝更開放而多元的政治移動，即「公開」；還有漸進地開放蘇聯的經
濟和國家，即「重建改革」。

　　在精英足球的世界，這造成了三個結果：首先，足球主管機關與俱樂部，
一如其他部分屬於政府的機構，預期要走向財務自主、真實的成本會計，並
且在經濟和政治上與國家機構脫鉤。其次，偽業餘主義與在此前已經發展了
四十年的球員轉會黑市，如今必須正式確立。最後，俱樂部要尋求新的收入
來源。然而，當下卻沒有魔法般能立即增加收入的來源。在一個消費者極少
消費，無論是品牌還是任何東西的經濟體，贊助其實沒有太大的意義。蘇聯
的電視，持續播放許多含有足球內容的節目，也持續抗拒支付轉播權利金。

八〇年代晚期，當經濟開始進入渾沌，現場觀賽人數下跌，在這十年的尾聲甚至腰斬，唯一的選擇是向西方出售球員。莫斯科斯巴達克和基輔迪納摩開啟了這一波一九八八年即將蔚為一股洪流的趨勢，分別將後衛瓦吉斯・凱迪亞都靈（Vagiz Khidiatulin）轉賣到土魯斯隊；中場亞歷山大・薩瓦洛夫（Oleksandr Zavarov）轉賣到尤文。

「重建改革」不僅沒有開啟一段滑順轉換為既現代又適度的商業化足球，反而加速了衰頹的局勢。儘管有些俱樂部就此打定主意，成為完全獨立和職業的組織──由第聶伯羅開啟的潮流──沒有一支球隊能夠打平，更別說是在財務上欣欣向榮。在一個經歷深刻政治轉型的年代，西方的搖滾樂。足球逐漸成為年長者的事物。暴力。一九八七年九月，莫斯科作客基輔迪納摩進行該季的關鍵賽事。跟隨客隊移動的莫斯科斯巴達克球迷在基輔的街道上、從球場離開的過程中，還有市中心的火車站遭受攻擊。結局演變為數百人在球場中的大混戰，這不是孤立的單一事件。斯巴達克日常規模超過五百人的客場球迷，在整個蘇聯境內都遭遇到類似或強度稍低的處境。

一九八八年，蘇聯在歐洲盃以第二名作收。此為終曲，而不是新的起點。足球並不是帝國晚期籲求團結向心的來源，而是衝突，民族主義。莫斯科的俱樂部在全國征戰時，面臨到接二連三的民族主義與分離主義激情，特別是他們在喬治亞首府提比里西、拉脫維亞首府里加，或者是烏克蘭首府基輔出賽的時候。英格蘭中場格倫・霍德（Glen Hoddle）記得提比里西球迷在一場英格蘭與蘇聯的賽事中為前者加油打氣。在亞美尼亞，葉里溫球迷在面對扎爾吉里斯隊（Klubas Žalgiris）或里加的史干圖足球（Skonto）時，會唱頌「立陶宛！」或「拉脫維亞！」以聲援對手渴望達成的民族大業。亞塞拜然和亞美尼亞之間的俱樂部較量，局勢特別不穩定。一九九〇年球季開賽前夕，新成立的喬治亞與立陶宛足協拒絕涉入，也不准各自境內的俱樂部參與新的蘇聯聯賽。一年後，蘇聯聯賽，甚至是蘇聯已經不復存在。一九九〇年世界盃後，也再也不見蘇聯足球國家隊。蘇聯解體開始進行，而當開始土崩瓦解，它將帶著所有的社會主義弟兄作陪。

即便到了一九六〇年代中期，羅馬尼亞依舊是鄉野和農業為主的社會。在共產主義者二十年的統治下，打造出一個專制的官僚體系國家和中央的計畫經濟。然而，基礎建設、工業化和經濟成長幾稀。一九六五年，羅馬尼亞共產黨迎來新的總書記尼可萊・喬歐西斯柯（Nicolae Ceauçescu）。他追求政治上要獨立於莫斯科（抨擊蘇聯入侵捷克斯洛伐克），接受西方的經濟援助和貿易協定，因此刺激了國家遲來的工業化和強制的都市化。足球，好幾年來都是全民運動，在人口變遷的支持下繁榮成長。更有甚者，因為票價低廉，再加上沒有其他娛樂選項，使得球場在七〇和八〇年代持續滿場。足球實在太受歡迎，以至於那是反對意見少數得以伸張的有限場域之一。一九八五年，由於發生雙重賽事取消，現場轉播目擊成千上萬不滿的球迷離開看臺，衝破警方的封鎖線，進入球場。在第二場比賽後，球場外爆發球迷與警方的群毆，釀成傷亡。

喬歐西斯柯，儘管對足球絲毫不感興趣，但足夠了解其重要性，因此確保他的家鄉斯科爾尼切什蒂（Scorniceçti）擁有一支配得上其出生地的球隊。一九七〇年代後期，奧爾特斯科爾尼切什蒂隊（FC Olt Scorniceçti）連續三年獲得晉級，成功取得在頂級聯賽出賽的席次。其中的霸凌和舞弊不僅昭然若揭，甚至明目張膽。其中一次升級，對手是斯拉蒂納能量（Energia Slatina）。而同樣爭奪升級席次的對手是莫雷尼火焰隊（Municipal Flacăra Moreni）。奧爾特必須奪下更多勝分才得以晉級。奧爾特在半場時僅以一比零領先。此刻消息傳出晉級對手火焰的比數是九比零（實際上是三比零）。比賽結果奧爾特以十八比零取勝。而諸如此類愚蠢粗糙的畫蛇添足，竟是羅馬尼亞在喬歐西斯柯領導下公共政策的主旋律。斯科爾尼切什蒂或許將自己提升到頂級聯賽，並且配有兩萬座席的體育館。不過，當地的農民被迫重新安置於混凝土建造的公寓。這些公寓完工時破敗不堪，使得一個小市場城市搖身一變為持續蔓延的貧民窟。

羅馬尼亞國家機器的其餘部門，更加執意涉入足球，特別是布加勒斯特的頂級俱樂部。陸軍經營的是布加勒斯特星；祕密警察經營的是布加勒斯特迪納摩足球俱樂部（Dinamo Bucureşti）。布加勒斯特迅速隊（Rapid

Bucureşti）則屬於交通部的勢力範圍。布加勒斯特進步隊（Progresul Bucureşti）則與產業工會聯盟維持著寬鬆的聯繫。它部分的自治性質吸引了那些對政府將手伸進足壇感到不滿和沮喪的人。就像是在史達林統治下的莫斯科斯巴達克，支持進步意味著含蓄地表達「小小的不」。然而，不像斯巴達克，他們沒有史達勒斯欽也缺乏有力的贊助者。當喬歐西斯柯決定要興建他那偉大愚蠢的「社會主義勝利大道」（Victory of Socialism Boulevard）──巨大的都會高速公路，側翼有密集排列的混凝土高塔，以當時世界上大三大的建築共和國宮（house of the Republic）告終──一萬棟房子，古色古香的教堂，還有進步的共和球場（Republic Stadium）都被夷平。就如其他房子遭到破壞的屋主，進步的生活淪落到臨時居所、流離失所，生活品質大幅衰退。

祕密警察在維繫喬歐西斯柯的恐怖統治中，扮演著舉足輕重的角色。其地位也反映在足球的位階上，祕密警察轄下的迪納摩是七〇和八〇年代早期最具統治力的球隊。他們是頂尖球員、球迷喜好和裁判判決的獲益者。軍方和其麾下的布加勒斯特星則緊追在後。一九八三年，情勢逆轉。陸軍部的部長康士坦丁‧歐大努將軍（Constantin Olteanu）指派瓦倫汀‧喬歐西斯柯（Valentin Ceauçescu）為星隊的總教頭。瓦倫汀是貨真價實的球迷，核子物理學家，也是總統的兒子。這證實是一樁神來一筆的安排。瓦倫汀為俱樂部傾注全副心力，既是稱職的、甚至工作狂的教練，更是擁有強大人脈的贊助人。它打造出東歐第一支商業經營的俱樂部，同意接受曾被他父親否決的車商福特（Ford）所提供的贊助。計劃將球星中場格奧爾基‧哈吉（Gheorghe Hagi）轉賣至尤文，交換飛雅特在布加勒斯特設廠。迪納摩和祕密警察沒有輕易讓出王座。整個八〇年代，他們持續竊聽星隊的辦公室，並且透過在地警方，在家鄉加拉奇（Galati）逮捕星隊隊長督鐸‧史陀乙卡（Tudor Stoica）的父親，一位惡名昭彰的酒鬼，試圖影響史陀乙卡的心情。足球的權力平衡，倘若還不到政治的層面，已經決定性地移動了。自一九八五年到八九年，星隊連續贏得五次聯賽冠軍，而且在本土聯賽曾經創下荒唐的連續一百零四場比賽不敗的紀錄。

一九八八年羅馬尼亞盃決賽，突顯了權力板塊的轉移，以及政治持續干

預的病理學結果。接近傷停補時階段，迪納摩一，星隊一。星隊前鋒加比‧巴林特（Gabi Balint）射進一球，比數二比一。不過他被判越位。多數目擊者指出看臺上的瓦倫汀打出手勢，要求球員離場。球員遵照指示，之後也不曾返回。裁判、迪納摩球員，以及現場群眾面面相覷，不知如何繼續。針對此事最有效，但也最粗魯的評論來自迪納摩的後衛伊旺‧安東尼（Ioan Andone）。他脫下短褲，對著貴賓包廂揮舞他的生殖器。裁判取消比賽，而在更衣室內，獎盃頒給了迪納摩。局勢在第二天逆轉，政府裁判星隊的進球有效，比數應該是二比一由星隊獲勝。星隊展現了並不尋常的風度，返還獎盃。紀錄上那一年的冠軍留白。

　　星隊大受裁判和政府機構歡迎並沒有引起討論。事實，一九八六年，他們成為第一支贏得歐冠盃的東歐球隊：他們總是享有的優勢都無用武之地。八強賽時，星隊在未引起注目的狀態下悄悄通過芬蘭拉提庫什西隊（FC Kuusysi Lahti）的考驗；四強賽擊敗比利時皇家安德來赫；在決賽面對巴薩。而且是在西班牙塞維爾出賽的巴薩。現場聚集了七萬巴薩球迷，羅馬尼亞人只有一千。而且不是所有人都是為了足球而去。除了兩百位星隊官員，還有八百位祕密部門審核過的共產黨員，當中有四十人叛逃。星隊踢平，堅持將比賽拖到點球大戰，然後看著巴薩的信心和射門崩解。如火山一般迸發的狂喜淹沒了布加勒斯特，這是二戰以來最大規模的自發性真情流露。軍方和祕密警察固然緊張，但無法介入，只能任由三萬人前去機場迎接球員凱旋而歸。

　　一九八六年的勝利並非僥倖。一九八八年，星隊踢進歐冠盃的四強；隔年更進一步闖入決賽，惜敗給薩奇執教的 AC 米蘭。之後，他們再也無法複製如此輝煌的成就，因為一九八九年決賽後不到半年，羅馬尼亞已是烽火綿延。喬歐西斯柯與夫人遭到處決，祕密警察四處奔逃求生。瓦倫汀由自己的球員拉卡度什搭救，後者將他窩藏在自己的公寓。星隊或許是喬歐西斯柯殘酷的經濟發展模式下唯一真實的成功案例。然而其政權完全沒有自星隊的勝利收穫任何獎賞或支持，因為這些成就在與燃料配給、糧食短缺與武裝鎮壓罷工相較，很難獲得公眾關注的眼光。當以恐懼統治的國家機器土崩瓦解，羅馬尼亞曾經一流的足球也連帶被拖下舞臺。

　　一九七四年，東德政權或許會對於其在歐洲政壇與歐洲足壇的新地位感到滿意。西德總理布蘭特與其社民黨的繼承者所抱持的新東向政策，在國際上正式承認德意志民主共和國（東德）。該國的主權和疆域也獲得進一步的確認和保障。同年五月，馬德堡隊（Magdeburg），一個外省的小俱樂部，陣容幾乎全由半職業球員組成，奪下歐洲盃賽冠軍盃的冠軍。那年夏天，東德國家隊頭一回闖入世界盃會內賽，就在第一輪小組賽以一比零踢走西德，跌破所有人的眼鏡。足球就某個程度而言是東德最受歡迎的觀賞運動，如今它似乎提供了一瞥東德作為正常國家的機會，還有國家自尊與慶典的微光。儘管祕密警察史塔西（Stasi）和武裝力量控制的球隊極不受歡迎，仍有空間留給那些與警察國家的觸手保持距離，並且被視為代表地方的俱樂部。例如，對於柏林人而言，柏林迪納摩（BFC Dynamo）並不是最佳的選項，而是柏林聯隊（Union Berlin）；萊比錫人偏好萊比錫化學更甚於萊比錫火車頭足球俱樂部（I. FC Lokomotive Leipzig）。一九七〇年代，隨著電視普及，以及西德訊號毫無限制的可及性，使得擁戴西德聯賽的球隊也不無可能。當然，這樣的行為就算不被視為叛國，至少絕對是值得憂心且令高層感到頹喪的。

　　然而，東德的共產主義者從未真正重視過足球。當馬德堡贏球，整座城市徹夜慶祝，隔天的報紙卻將捷報從頭版抽掉，並且以黨務人員慶祝蘇聯解放東德二十九週年慶的照片取代。當卡爾蔡斯耶拿隊（Carl Zeiss Jena）在一九八一年的歐洲盃賽冠軍盃決賽中，因大意敗給提比里西迪納摩，他們受到的對待有如染上痲瘋病的階級敵人。東德的國家隊，儘管與共產主義與不結盟國家的馬拉松式友誼賽從未稍停，卻從來不曾重返任何國際賽事。一部分原因是因為國家眼中只有奧運項目的運動。在日耳曼田徑與體操協會（DTSB）與其主管曼弗雷德‧埃瓦爾德（Manfred Ewald）的羽翼下，東德搖身一變成為全球運動的超級強權，在游泳、田徑與體操等領域表現尤為驚人。在他的回憶錄裡，埃瓦爾德指出東德的社會主義運動計畫與足球之間無可調和的差異：「足球有它獨特的價值：個人主義與狂熱通常要比紀律與理性主義更強烈。」那些超級強調嚴謹和紀律的運動計畫，或許能為個人項目或者是強調耐力的運動帶來卓越的好處，卻並不一定適合足球。團隊合作和

團結精神或許可以強求，但效果比較微弱。有鑑於足球比賽在幾何空間與形式上的變化太快，自主性和個人的創意成為比賽中關鍵且致命的資源，但這些屬性總會引起深刻的政治疑慮。當然也有人質疑，那是因為足球較難受到禁藥的操控。由於足球比賽要求球員擁有太多不同且均衡的能力和身體素質，針對單一機能或器官的作用的禁藥，反而會削弱整體的表現。

　　壓垮東德足球的最後一根稻草就是柏林迪納摩（Dynamo Berlin）的晉升。這支球隊從關係最好、資源最豐的俱樂部，蛻變為贏者全拿的唯一強權。同樣地，整個政府的殘餘的正當性也都粉碎於一個由監視、控制和操弄構成的網絡。它從史塔西開始延伸，滲透所有政府組織，進入約莫三分之一整體人口的私人生活、愛情與家庭。此一墮落而有害的獨佔始於一九七八年。當年，德勒斯登迪納摩取得聯賽冠軍並且在他們的更衣室內慶祝。此際，國家安全部長，史塔西的首領，同時也是柏林迪納摩的主席埃里希·梅爾克闖了進來。據說他當面告訴德勒斯登，如今冠軍的寶座輪到柏林。接下來連續十年，冠軍果然都是柏林的。由於舞弊和偏袒實在過於愚蠢和明顯，連平素超級軟弱的媒體都開始抱怨。其他插手足球事業的權貴階層也公然表達不滿和沮喪。這些對柏林來說根本沒差，他們繼續贏球。然而，倘若史塔西總是能夠對治由上而下的的攻擊，但它同時也證明了無法鎮壓那一股由下而上的，小規模的、暴力的，但是眾聲喧譁的抗議。

　　一九七〇年代晚期，西歐的青少年次文化在東德發展出各種不同的變異，進而嶄露頭角。這讓史塔西感到既徬徨又憂心。在柏林街頭，在萊比錫的公園，領導人埃里希·何內克（Erich Honecker）的孩子喜歡上高雅的訂製穿著、走私光頭黨、龐克、搖滾者和重金屬的音樂和姿態。光頭黨員，一如其西方的同儕，開始將觸手伸向足球的領域。在那裡，低程度的騷動已經發生一段時間。七〇年代中期，非官方的球迷團體開始發展，尤其是在前往客場比賽的旅途當中。在一個國外旅行非常困難且幾乎都被追蹤的社會，與自己支持的球隊和球迷一同前往埃弗特與奧得河畔的法蘭克福，簡直就像是一趟自由之旅。當然，這些團體全都受到監控，許多內部都有暗樁或線人。然而，只要史塔西成功中和了這些團體的獨立性，其他團體立刻應運而生。

這些群體在一九七〇年代頂多從事較小規模的破壞：偶爾侵佔草皮、在球場內鬥毆，高呼反政府讚頌。然而，八〇年代早期光頭黨的降臨升高了衝突的形式。暴力行為的數據攀升，團體的鬥性和組織能力提高，更有甚者，他們將先前藏得極深，但根深柢固，且令人憂慮的極右派政治學引介到足球場上，均衡地結合了新納粹主義、反猶太主義和種族主義。在柏林迪納摩的主場，*或「我的爸爸是黨衛隊」。在週間，這批狐群狗黨則在大城市中攻擊安哥拉人、莫三比克人和越南人的社群。

史塔西對此感到既困惑且憂心。這些亂黨沒有與外部的法西斯權力或西方的帝國主義陰謀聯繫。也無法如對治一般人般威逼恐嚇。他們當中的少數會轉為線人。而外行人要進入次文化也很困難。他們沒有實際或真實的組織可供抄毀。當他們在球場內外橫行霸道的時候，球場職員與警方沒有意願也沒有能力可以制止。八〇年代晚期，正式逮捕的案件一年超過一千件；登記有案的暴力事件還要高出好幾倍。足球流氓看似對公共秩序最立即的威脅。一九八八年，卡爾蔡司耶拿與柏林迪納摩之間的決賽交鋒，威脅升至頂峰。超過一百五十位光頭黨成員在城市中招搖過市，稍後則透過高喊法西斯口號為自己殺出一條路。這證實了東德政權的自我催眠、表裡不一還有矛盾。它從未釐清自己在破壞競技足球的合法性，以及疏遠其公民上所扮演的角色。

VII. 南歐與西歐的爭霸

在布拉德福德大火和海賽爾慘案爆發後的兩個月，不列顛的內政大臣利昂・布里頓（Leon Brittan）宣布保守黨政府有關公共秩序與警察執法的白皮書：

人們有權受到保護，免於被霸凌、傷害、恫嚇或阻撓。無論肇事者最初的動機為何；無論他們是以什麼樣的身分現身：暴力的示威者；暴民；恫嚇、

---

* 譯註：Zyklon B 原作為殺蟲劑，二戰期間被納粹用於集中營，作為大屠殺的工具。

阻止其他工人正常上班的糾察隊；亦或是足球流氓。[17]

柴契爾政府與其同盟在看待足球時，透過的是他們一貫看待反對者的同樣一塊鏡片，樂觀而獨裁的鏡片。對他們來說，小混混、礦工、工會、和平行動者或者是恐怖主義者，通通都是同一種人。面對足球的暴力危機，柴契爾獨裁政府的主要應對武器——足球身分證驗證方案——在不可能付諸行政執行的狀態下土崩瓦解，卻留下一個稍微沒那麼具體的遺產：一個普遍流傳於各級警方的文化和預期，即足球比賽主要不是公共安全管理的問題，而是針對無政府狀態強制執行秩序的行動。或許只有少數的俱樂部像切爾西主席肯·貝茨（Ken Bates）一樣極端，考慮在斯坦福橋球場周邊安裝通電的鐵絲網，但他們實際上全都參與也共謀了整體忽視、缺乏尊重和蔑視的文化。現場人員和設施的配置極為輕忽，甚至簡陋，急救和醫療服務稀缺，過度倚賴志工性質的聖約翰救傷隊（St John Ambulance Brigade），幾乎只能用荒謬可笑來形容。最重要的是年久失修的球場基礎設施——從危機四伏的狹窄引道，到骯髒黏膩的十字旋轉閘門；從生鏽粉碎的驗票窗口到龜裂剝離的看臺——全都沒有改變。唯一顯著的改變發生在區隔、控制和監視的建置。監視攝影機引進；鐵絲隔網加裝上尖刺；看臺逐漸被區隔為一個個範圍更小、鐵柵樹立的籠狀物，說明了群眾控制的方法，是以牲畜家禽市場與屠宰場作為模板。

　警方的執法語言更加直白不過。球迷必須圈禁和束縛，群眾要強制集中在一處。暴徒要先聚攏在關鍵地點——像是火車站、引道，高速公路服務區——並且在全程戒護下往返球場。而且就像面對任何畜群，落隊者和行為不端都必須處理。在現行的文化裡，在必要時適時適所地「來硬的」，是普遍可以接受的事。球迷被預設為有暴力傾向，偏好飲酒過量，直到證實並非如此。正是在此脈絡下，利物浦和諾丁罕森林將在一九八九年四月十五日，於希爾斯堡舉辦的足總盃四強賽碰頭。

　南約克郡警方指派警司大衛·達肯菲爾德（David Duckenfield）為當天的現場指揮官。然而，大衛缺乏任何坐鎮足球賽事的經驗，遑論是票房銷售一空的足總盃四強賽。希爾斯堡球場在此前兩年也承辦了足總盃的四強賽

事，南約克郡警方據此經驗提出行動方案，標示出問題，並且識別出警訊。然而，很明顯地，達肯菲爾德對此有些心不在焉，並未銘記在心。只要粗略地看一眼球場建物的平面圖，就可以一眼看出問題的核心：兩萬五千名球迷將會由賴平斯巷（Leppings Lane）那一端的入口進入球場。而且根據經驗，他們絕大多數都會在開踢前四十五分鐘湧入。他們會穿過一連串的小鐵門，然後分別進入一個有圍牆包圍的不規則天井（一共有兩個），這裡一共有二十三個十字旋轉閘門。而球場的其他區域，容留數約莫兩萬九千人，閘門數卻是此處的三倍。

球賽開踢前半小時，其中一個較大的天井已經極度壅塞，警方卻沒有任何積極的作為以控制或分流前端繼續湧進賴平斯巷和天井的人潮。當球迷和警方掙扎著尋求空間和呼吸時，瞬間改變了現場的氛圍。有些人已經開始攀爬跨越閘門，警方卻持續按暴動控制的行動準則在執行，在人潮之中部屬騎警。幾經躊躇，高層終於下令開啟幾扇邊門，使得群眾蜂擁進入球場。球場內部，在賴平斯巷那端的看臺上，尤其是球門後方，事前早已聚集了大量的球迷。事實上在天井爆發推擠踩踏之前，該區也已經相當擁擠。無論是警方或者是球場的工作人員都沒有採取任何行動，來分散從閘門湧入甬道的人群。這條甬道是通往看臺上較為空曠的圈欄的主要路徑。位在天井的群眾開始向甬道推擠堆疊，奮力朝著甬道盡頭的光亮處前進，直往已經超過負荷的中央欄圈。過度擁擠的人群傾壓、推擠、踩踏，就像是無情的老虎鉗，鎖緊並且輾壓位在最前方的那些人。

現場的許多員警陷入恐慌，或因恐懼震懾而動彈不得。其他人似乎堅信問題出在鬥毆或酗酒。少數意識到事態嚴重性並且做出反應者，由於缺乏上級的指令，無從開啟草皮周圍上鎖的邊門，好讓群眾離開圈欄，釋放在他們身後累積的壓力。現場球迷是第一批做出反應的人，拚命地試圖將受困群眾拉上上層看臺，或者是翻越柵欄。不可思議的是，球賽仍按時開踢，但在六分鐘後喊停。球員離開球場時，還受到諾丁罕森林那一端的球迷嘲弄，似乎仍舊認為看臺上的騷動不過是一場鬥毆。到了這個時候，草皮周邊的柵門總算開啟，然而，九十六位喪生者中的大多數人，此刻已經沒了呼吸。另有超

過四百人輕重傷。

當人們跌跌撞撞地離開圍欄，湧上草皮，針對死傷者的即刻回應不僅十足混亂，亦缺乏嚴肅正式的領導。在現場，臨時編組的警察和支持者，還有甫抵達的醫療專業團隊，拚了命地努力救援。廣告看板充當臨時擔架。倖存者哭泣、恍神、尖叫、臥倒，失去知覺。此時此刻，因為現場直播，全國觀眾在螢光幕前目睹屍體在移至停屍間前，並排放置在地上的畫面。臨時的停屍間就建立在主場球隊謝菲爾德星期三的健身房。經歷了漫長的政治與司法拚搏，好不容易才讓當天眾所皆知的事實得到承認，並且獲得各方接受：扼殺九十六條生命的，並非暴力和醉酒的工人階級敗類，而是肇生於早已深植在警方文化中的荒謬推論和信念，還有足球與政治菁英疏忽和輕蔑的態度。正是這些人，將足球迷視為役畜和患有狂犬病的狗。

倘若希爾斯堡慘案確立了英格蘭接下來十年的衰退和絕望，那麼在慘案後的十四個月裡，則見證了義大利俱樂部在歐洲賽事中攻城掠地，大殺四方，囊括六項賽事中的五項冠軍：拿坡里和尤文攻克歐洲足總盃；一九九〇年，桑普多利亞奪下歐洲盃賽冠軍盃；再加上米蘭的連續兩座歐冠盃。這些成就確立了義大利全面主宰歐洲足壇的事實，而主辦一九九〇年六月的世界盃賽事，則有如是為了這個過程加冕。然而，這同時也是一個終止與告別的時刻：屬於九〇年代與二十一世紀的新歐洲和新足球已經成形，正在浮現。在舊秩序將死，而新秩序湧現的間隙中，Astra 衛星成功發射，這是未來十年數位電視網路的第一個環節，而它將再度為足球經濟掀起革命。之後，一九八九年十二月，柏林圍牆倒塌，啟動了骨牌效應般的政治與社會變遷：共產主義在中歐和東歐的統治終結；冷戰終止；德國統一；以及歐洲地圖改變：南斯拉夫，蘇聯和捷克斯洛伐克都將在一九九〇年的世界盃上，最後一次以當時的型態現身。

負責在歷史的轉捩點主辦世界盃的，是義大利當地的籌備委員會 COL。它的外部形象和內部的勾心鬥角是以光鮮亮麗作為粉飾的義大利大企業最完美的例證。這些大公司表面的現代性，稀薄地覆蓋住下層的失序和腐敗。負責統籌的人是盧卡‧克勞德洛‧迪蒙特澤莫洛（Luca Cordero di Montezemolo。

在運動領域中，他曾經擔任法拉利一級方程式賽車的經理，也曾經為了義大利加入美洲盃帆船賽貢獻心力。而此人（盧卡），此項運動（足球），還有此一運動盛會（世界盃），如今正處在由電視、娛樂業，政治，炫耀性消費，還有高科技幻想所交會的路口。撇開炫目浮華與光鮮亮麗，義大利世界盃經營管理的核心動力是無恥的商業主義，其新自由主義式的、濃濃商學院風的行話，都沒有阻礙他們收受鉅額的政府補助。義大利政府花費了數十億計的義大利里拉；COL 向義大利公司勸募了額外六百億里拉的贊助；而他們仍舊賠錢。

賽會慣常被視為是一個炫耀義大利產業品質與設計技巧的大好機會。從最正面的角度來看，主要的場館計畫確實達到了前述的目的。但從最差的部分來看，過程中所揭露的更多是義大利的政治經濟學。而這或許並非 COL 原先的意圖。每一座球場的花費都不受控制地飆升，光是都靈的阿爾卑斯球場（Stadio delle Alpi）就超過原先預算的三倍。儘管出手如此闊綽，計畫依舊延宕，修改永無止盡，完工時程極度緊迫。賽前，在一次國際足總的驗收中，支撐巴勒摩新屋頂的其中一組懸樑傾頹，四位工人喪命，多人受傷。隔天，七支懸樑倒塌。雖然這次沒有人因此丟掉小命，但結算下來，場館建設的工程總共造成超過二十人死亡。

COL 在巴里（Bari）打造了一座經典的「沙漠中的主教座堂」。知名的建築師倫佐・皮亞諾（Renzo Piano），一個現代主義建築的高級教士，受託在此建造一座可以容納六萬人的球場，儘管這座城市的總人口數不過三十六萬五千；而主場球隊巴里隊的成績浮沉，與最高層級的義甲僅有數面之緣。作為當地天主教民主黨的政治圖騰，聖尼古拉球場（Stadio San Nicola）完美詮釋了它的職責。正是在這些政治人物的協調安排下，才催生了此一營建計畫。此外，球場的停車場，引道，還有專為急救服務與球隊教練所設計的隱藏式地下通道，都堪為楷模，足為其他球場的借鏡。為了容納球場波浪狀的屋頂，每一個弧形結構的主要混凝土部件，都以最精確地標準個別鑄造，並且賦予在其他球場極少見到的高完成度表面。然而，自從主辦一九九一年歐洲盃的決賽後，球場的使用率低到令人困窘。而這段期間，巴里在義甲聯賽

升降五次。在都靈，他們興建了一個沒人欣賞，之後也沒人想要再去的球場。都靈傾向於重建其斐拉德菲亞球場；尤文傾向擴建其公共球場。結果他們得到了死氣沉沉的阿爾卑斯球場，困在城市的北郊，大眾運輸實際上無從到達的地方。

米蘭的聖西羅球場自從一九五五年重新開幕後就幾乎沒有被動過。如今國際足總堅持主要的場館必須要是全座席，而且絕大多數要有屋頂覆蓋，這無疑是為米蘭人開了一道複雜而困難的設計挑戰，倘若他們堅持要保留舊球場的核心構造，以及其具有象徵意義的粉白相間走道。解決之道非常壯觀、雄偉且昂貴。十一座鋼筋混凝土搭建的塔圍繞著舊的聖西羅豎立，以支撐新的第三層座席。每座塔都被螺旋形的白色混凝土步道圍繞，提供了千變萬化的對角線和上升下降曲線的混合。四座最巨大的塔實際上貫穿了第二和第三層看臺。在四個角落上方，固定有巨大的網狀鋼樑，有機玻璃材質的屋頂吊掛其上，留下了一個長方形的開口，恰巧就在球場的正上方。舞臺確實引人注目，但改建後球場上的草卻不再生長，以至於他們一年最多得重舖三次草皮。

開賽前的最後幾天，義大利籌備工作的圓滑表面開始破裂。媒體和電視報導的巨大擴張，造就了一位參與者所形容的：「一個由失控媒體與行銷營造的失真空間，一塊歇斯底里的幻想之地」──一個易燃的組合摻入一縷災變的氣息。義大利當局和媒體看似準備好面對最糟的局面，探測內在與外在的敵人。外在的敵人是外國的足球流氓，基本上就是指英格蘭人。對於西賽爾慘案的集體記憶，以及圍繞著英格蘭球賽歷久彌新的群眾騷亂，在在使得義大利人對於暴力與騷亂的危險極其敏感，尤其是英格蘭的比賽。確實，與不列顛媒體一樣，他們持續將不祥的預感轉化為真實的恐慌。更糟的是，在外名聲介於暴徒和狂歡者之間的荷蘭人，也被劃入同樣的群體。再加上愛爾蘭人和埃及人，他們被驅逐到南方西西里和薩丁尼亞的荒地。英格蘭人沒有失望。球場相對平安無事，但是當隨著酷熱漫長的夏日，隨著不曾稍停的暢飲緩緩流逝，英格蘭群眾醉酒的、挑釁的、易燃的加油和應援，成為少數臨時成軍或有組織的「行幫」最完美的導火線。他們樂於起身為亂，而義大利

憲兵（Carabinieri）看似也早已摩拳擦掌，興致勃勃。

　　英格蘭球迷擺脫了在薩丁尼亞爆發的酒醉和肢體衝突；教頭羅布森擺脫了不列顛媒體大軍沒完沒了地雞蛋裡挑骨頭。球隊擺脫了早先不擅全面進攻的毛病。班師回朝後，他們所獲得的公眾關注，超過一九七〇年世界盃後的任何一支國家隊。當年輕稚嫩的中場保羅・加斯科因（Paul Gascoigne）領到一張黃牌，無法在下一輪的賽事中出場，因此而淚灑球場，英格蘭人徹底融化。後衛斯圖爾特・皮爾斯（Stuart Pearce）和中場克里斯・沃德爾（Chris Waddle）在點球大戰時將球踢飛。比賽結束，西德闖入決賽。

　　拿坡里一九九〇年充滿爭議的聯賽冠軍，在北義大利成為眾矢之的，甚至引發更寬廣的政治領域的不滿。同時，也成為南方在政治與財務上詐欺舞弊的象徵。在賽前舉辦的地方自治選舉中，博西的北方聯盟無論是在選票或知名度上都向前再更進一步。對於共和的反感很高，以至於有些米蘭的極端球迷宣稱支持荷蘭，因為該國的核心球員——古利特，列卡特和范巴斯滕——都效力米蘭。同時，有些國米球迷支持西德，後者的陣容中有三位國米球星：前鋒尤根・克林斯曼（Jürgen Klinsmann），安德烈亞斯・布雷默（Andreas Brehme）和洛塔・馬特烏斯（Lothar Matthäus）。費倫提那的支持者發現自己很難支持一支陣中有前鋒羅貝托・巴吉歐（Roberto Baggio）的義大利隊。巴吉歐季末違背了所有的承諾和期待，從費倫提那轉籍到尤文。該交易甚至在佛羅倫斯的市中心引發暴動。馬拉度納公開談論他的觀點，認為那不勒斯人支持他和阿根廷，會比支持藍軍更好。

　　外界對於維奇尼（Azeglio Vicini）執教的義大利國家隊期待甚高。而在世界盃前，球隊的表現堪稱完美。這支隊伍堪稱集合了來自義大利各個不同地域，因此具有不同專長的球員：來自米蘭和國米的米蘭式防守；勤奮認真的中場安切洛蒂，銳利的傳球者好比巴吉歐，還有充滿貴族氣息的詹盧卡・維埃里（Gianluca Vialli），來自桑普多利亞。然而，在對抗奧地利的開幕賽中，義大利人緊張、侷促，最糟的是一分未得。下半場時，維奇尼換上托托（Toto）替補。托托式出身貧寒的西西里人，一路從業餘球員、義丙，義乙力爭上游，直到前年轉會到尤文。球賽七十九分鐘時，他射進整場比賽唯一

的一分。面對美國時，原先的先發陣容依舊掙扎，再度以一分險勝。由托托和巴吉歐所組成的新鋒線把握住機會，帶領義大利以二比零踢走捷克斯洛伐克。隨後連克烏拉圭和愛爾蘭，晉級四強。身處在及時炒作、期望過高、民族分裂的時代，托托成為短命但強烈的義大利民族經驗的試金石。良善的移民，認真努力的南方人，塑造出令人滿意的，最謙遜的勞工階級男孩，最終發光發熱，他喚起了南北雙方不平等但互惠的關係，即南方的勞工、北方的資本，在最黃金的年代相遇。

除了義大利國家隊的進展之外，整體賽事顯得乏人問津。喀麥隆和愛爾蘭晉級八強，對於這些賽前不被看好的球隊來說，確是好事。對於票房來說，卻不是好消息。喀麥隆難纏且絕不妥協；愛爾蘭的球風消極而且一成不變。巴西球員脾氣暴躁又抱怨不休，踢著防禦為主的足球。英格蘭和西德三不五時就回覆到五位防守者再加上清道夫的全防禦陣型。至於阿根廷，剛從開幕戰敗給喀麥隆的羞辱中回覆，費盡九牛二虎之力才重新回到競爭行列。四強賽算是賽事的高峰，也是票房和收視的焦點。英格蘭和西德在都靈重溫了兩國在運動和軍事史上所有的恩怨情仇，成就整個賽事最經典而史詩級的戰役。雙方以一比一逼入點球大戰。依照籤表，阿根廷將在拿坡里迎戰地主義大利，而國族問題的餘燼再度燃起。天主教民主黨的國會議員安東尼奧·瑪塔雷西（Antonio Matarrese），公開呼籲整個城市抵制馬拉度納，並且擁抱支持義大利國家隊。馬拉度納難得展現一見的清晰思慮和伶牙俐齒，回嘴道：

一年當中有三百六十四天，你在自己的國家被視為外人。只有今天，你非得按照他們的心意去支持義大利國家隊。殊不知，我一年三百六十五天都是不折不扣的拿坡里人。[18]

這成就了一場引人入勝的交鋒，其中拿坡里人的反應和球賽本身一樣受人矚目。他們高唱義大利國歌，但他們沒有對迪亞哥大開汽水。比賽粗野而暴力。義大利人在多數時間保持領先，但阿根廷一如往常，把握住一閃而逝的良機，將比數扳平。在延長賽中，他們雖然僅以十人應戰，仍舊安然度過難關。然

後，在點球大戰中揚長而去。

　　全世界一齊目睹了史上最糟的決賽。西德靠著一計十二碼罰踢戳破了當晚傳遞給阿根廷足球戲劇化的積怨。

第十五章

軍方操弄：
在眾將軍股掌之間的拉丁美洲足壇
（1974-1990）

舉世皆知，法西斯推翻合法政府，血腥鎮壓智利全國，
國家球場本應舉辦足球比賽，竟成軍政府施虐之集中營及處刑智利愛國者之地，
球場滿是智利愛國者血跡，蘇維埃運動員無法出席比賽。

———蘇維埃足協致國際足總主席斯坦利・勞斯爵士（Sir Stanley Rous）

之電報，1937.10.27 [1]

I. 軍國主義下的拉美足壇

　　一九六二年的世界盃，智利在自家成功拿下四強賽，但之後的頂級俱樂部沒能將影響力擴展到國外；四年後智利表現平平，無法晉級七〇年世界盃會內賽。不過一切在七三年有了轉變。智利首府聖地牙哥最受歡迎的科洛科洛隊（Colo Colo）成功打進南美自由盃的決賽，最後僅於烏拉圭的蒙特維多（Montevideo）輸給了阿根廷老練的獨立隊。智利國家足球隊也擊敗祕魯，準備和蘇聯進行附加賽以爭取七四年世界盃的最後一席。足球在智利的興起與其國內政治──人民團結黨政府的薩爾瓦多・阿葉德（Salvador Allende）在智利大力推行的激進改革計劃──有很深的淵源。

　　一九七〇年，人民團結黨的候選人阿葉德贏得選情緊繃的總統大選。這個自稱拉丁美洲第一個民選的馬克斯主義政府接掌了大權，他們不顧軍方與國會的反對，開始追求激進但合法的變革。智利的銅礦業、鋼鐵工廠、鐵路，以及許多銀行被收歸國有。罷工的工人和激進的工會受到政府鼓舞，要求更進一步接管福特與美國國際電話電報公司（ITT）。接著薪資上漲、物價凍結，大型土地改革計畫被啟動。一九七三年前期，由於智利的經濟在轟然的通膨聲中倒下，國際銀行拒絕貸款給智利，使得實業家、地主以及保守派官僚大肆破壞並抗議政府的每一個舉動。政府的支持者與反對者天天在聖地牙哥上演激烈抗爭。在銅礦礦場停工，農民佔據土地的同時，來自建築師、牙醫、卡車業者以及店鋪老闆等中產階級的罷工與遊行也不遑多讓地進行著。而在軍中，擁憲派的陸軍總司令卡洛斯・普拉茨（Carlos Prats）遭到罷黜，取而代之的是政治立場完全相反的皮諾契特將軍。軍方在美國政府的支持之下展開了行動。一九七三年九月十一日，空軍轟炸位於聖地牙哥的總統府，不屑透過安全通道逃亡的阿葉德在一陣咒罵之後對著自己的腦袋開槍自盡。

　　左派起而反抗，但他們赤手空拳，毫無組織和效率可言。軍方開始全國大掃蕩顛覆分子。所有的共產主義者、工會成員以及政治行動者皆被掃入大大小小的拘留所，其中最重要的就是國家球場。其於一九三八年正式啟用，

是聖地牙哥人生活中很重要的一環。二戰後，國家球場曾被當作歐洲難民的庇護所。此場館舉辦過各種音樂會及表演，亦是國家隊的主場，或視為是由聖地牙哥知識分子組成的智利大學足球隊（club Universidad de Chile）的主場也不為過＊，更在六二年舉辦過世界盃決賽。接下來的八個星期，超過一萬二千人（或許有達到二萬人之譜）被送往國家球場，最多同時有七千人被塞進其迷宮般的大小房間中。它被當成拘留所與酷刑所使用。男男女女被成群押至位於地下錯綜複雜的更衣室與辦公室中，有的人挨餓，有的人飽受嚴刑拷打或被子彈威嚇，其他人則是被就地處決，甚至要求手被打斷的吉他樂手演奏。為掩蓋慘叫聲，軍方用擴音喇叭高聲播放披頭四的歌曲。球場圍起了新的刺絲網，這些人的親朋好友聚集在外頭，打聽著摯愛的人的消息。

　　在一九九〇年代，智利國內的人權委員會保守地公布死亡人數為四十一人。其他的調查則估計極有可能在幾百人之譜，因為很多屍體被丟進馬普丘河（Mapocho River）或城裡巷弄的溝壑之中。令人吃驚的是，當權者在九月二十二日的時候同意人權組織及媒體進入球場訪查。儘管球場經過一番粉飾，但他們並沒有被唬弄。空氣中很明顯地可以聞得到血腥味。

　　四天後，智利國家隊在莫斯科與蘇聯隊進行世界盃資格賽第一回合賽事，雙方在進入延長加賽後零比零踢和。兩隊的第二回合賽事被安排在十一月二十一日。幾天之內，蘇聯及其東德、非洲與亞洲盟友向國際足總申訴，要求賽事移至中立場地舉辦。國際足總的回應是，他們會在一九七年十月初派出事實調查團。由於國際足總調查團的報告經過了消毒且用詞伶俐，我們很難確切判定提供給調查團的信息之中哪些是欺瞞蒙蔽，哪些又是串通共謀，或哪些只是單純的一派天真。這些信息由新政權的一名雜役負責控管，上面寫著：

　　先前提過，這座球場目前被用來當作收容所，在裡面的不是因犯，而是身分尚待確立的被拘留者……球場受到軍方的戒護且入口僅允許特別通行。

＊　譯註：一九六二年的世界盃，智利國家隊中有九名球員都來自智利大學足球隊。

在圍籬之內，一切都很正常，園丁們正在草坪中作業。球場內部的座椅及足球場空空蕩蕩，被拘留者全都待在更衣室與其他房間內。足球場上的草皮狀態完好無恙，一如整齊排列的座椅⋯⋯球場外，將近有五十至一百名被拘留者的親人正等著他們的消息。[2]

本章開頭的蘇聯電報便是莫斯科的最後通牒。東德則去信足總的祕書長斯坦利・勞斯，希望他斟酌將賽事辦在達赫（Dachau）。但是國際足總僅以組織章程第二十二條作為回應：「除非不可抗力因素，或本組織委員會認可之因素，如果球隊不能完成比賽的報到手續⋯⋯該球隊將被判定輸掉這場比賽。」[3] 賽程繼續進行，但蘇聯隊仍留在國內。

1973 年 11 月 21 日
智利 2—0 蘇聯
聖地牙哥，國家球場

這是一場超乎隱喻的比賽。它的邪惡真實存在。聖地牙哥激進分子的餘黨身處足球場之下，位於畜圈般臨時拘留所及酷刑室之中。阻撓反對者，或是使其蒙受制度上的不公，並不能讓皮諾契特及其黨羽感到滿意。這個遊戲他們已無意奉陪。他們打算將反對者剷除殆盡。

智利國家隊以及賽事的官方人員抵達球場，但蘇聯隊未到現場。看臺上的人群稀稀落落，無人發出聲響。許多人抱頭掩面，似乎沒在觀看比賽。面無表情的士兵圍繞著足球場的邊線。球在智利隊的腳下傳來傳去，直到滾出界外。比賽結束。

智利成功打進世界盃了。在德國，鎮暴警察將智利流亡異議人士與皮諾契特支持者隔離在電視攝影機之外。智利輸給了東道主，接著與東德和澳洲

對戰，兩場比賽皆平淡地以和局作收。當智利隊員返國，那已是民主政治與人民議會全被禁止或摧毀殆盡的國度。皮諾契特建立了一個徹底恐怖、殘酷異常的政體。先是威權政治，接著貧弱的經濟自由主義又參上一腳。所有阿葉德的改革，不管是工業還是農業，都被恢復原狀。工會以及農民組織的核心成員都被拔除；國有化的企業以及重新分配的土地全數歸還原先的所有者。

　　國家球場牆上的血漬已被清洗乾淨。一九八二年的世界盃，國家隊表現平平，足球已走到瀕死邊緣。皮諾契特手下受過美式訓練的經濟官僚強加難以置信的嚴苛政策在人民身上。俱樂部垂死掙扎，入場觀看球賽人數崩跌。科洛科洛隊的董事會祭出一項保險措施，將榮譽總裁授予皮諾契特，接著政府安排最親信的金融機構匯豐銀行提供資金給俱樂部，以確保營運無虞。在其他國家，軍事將領也與位於首府的「民間」球隊達成類似的協定，例如奧林匹亞隊就授予巴拉圭的史托斯納爾將軍（Stroessner）榮譽總裁之位；厄瓜多軍方實際擁有自己的球隊國民隊（El Nacional）；烏拉圭軍政府沒有入主佩納羅爾隊的董事會，但曾兩度出手助其紓困。在特權的小圈圈之外更難以生存。科洛科洛隊的聖地牙哥老對手智利大學足球隊在專政時期就未能贏的一座冠軍。在智利，足壇唯一的資金來源是位於的多家私人銅礦公司，他們資助哥比路亞（Cobreloa），一支來自礦業城鎮卡拉馬（Calama）的小球隊。哥比路亞是智利在當時唯一打進國際賽事的隊伍，他們在一九八〇年代早期輸了兩次南美自由盃。其他地方的人們不是零星地暴動，就是失望地默不作聲。

　　也許他們的靜默讓皮諾契特吃了強心劑。他在一九八八年舉辦公投，向智利民眾確認他的權力——結果他們說不。在失利之後，將軍於八九年被迫下臺，但仍保有陸軍總司令的職位，他自己與替他殺人的隨從也都免受法律制裁。民主歸來，卻未將成功帶回足壇。八九年九月，智利在馬拉卡納球場與巴西對上，這是一場決定性的世界盃資格賽。智利取得一比零領先，看起來他們會直搗賽末，但直到最後的二十分鐘，一串冒著煙的鞭炮被丟到場上，似乎擊中門將羅貝托‧羅哈斯（Roberto Rojas）。羅哈斯的腦門冒出了血，場上球員的爭吵立刻擴大，變成誰都可以加入的大亂鬥。智利隊隨即離席，

賽事人員幫忙將羅哈斯帶離球場。但真相是──鞭炮並沒有碰到他，羅哈斯從手套裡抽出一把剃刀，然後趁跌倒在地的時候往自己劃了一刀，希望可以藉此重新比賽。巴西被判定贏得這場比賽，智利被踢出世界盃且禁止參加下屆賽事。羅哈斯終身禁賽，丟擲鞭炮的女子被巴西《花花公子》（*Playboy*）簽下。國際足總在二○○一年解除羅哈斯的禁令。羅哈斯隨後在聖保羅隊擔任教練。他說：「我現在四十三歲，已經不太可能再踢球了。但至少這項特赦令淨化了我的靈魂。」⁴ 國家隊爆發醜聞後幾個月，帕特里西奧·艾爾溫（Patricio Aylwin）在國民球場的就職典禮上成為智利二十年以來第一個民選總統。但是天主教的高階神職人員以及足球比賽都未能開始驅逐陰魂不散的惡魔與幽靈。

　　一九七三年，阿葉德政府垮臺，智利加入了由玻利維亞、巴西、巴拉圭和祕魯所組成的拉丁美洲獨裁軍事陣營。一九七四年，油價飆高，全球經濟衰退，拖垮了這個地區早已脆弱不堪的經濟狀態，飽受社會衝突與小型游擊隊攻擊的烏拉圭和阿根廷也加入該陣營。七四年世界盃，拉丁美洲足壇在歐洲飽受猛烈打擊。狀態低迷的智利連一分都無法從澳洲身上拿下，烏拉圭、阿根廷和巴西也大失所望，全都敗倒在荷蘭驚人的陣型之下。烏拉圭試圖在首輪踢走荷蘭，但克魯伊夫輕易地就讓他們希望破滅，翼鋒雷普更是滿不在乎，態度隨性、殘酷且傲慢地攻下兩分。而烏拉圭只能暴力以對，蒙特羅·卡斯蒂略（Montero-Castillo）狠狠揍了倫森布林克（Rensenbrink）肚子一拳後便逕自走開，弗蘭（Forlán）則狠狠地踢了內斯肯斯一腳，但仍無助於頹勢。瑞典隊也接著給予重擊，輕鬆拿下三分後，便送烏拉圭回家。直到十二年後，烏拉圭才又回到世界盃。

　　阿根廷隊在賽事初期跌跌撞撞，他們輸給波蘭隊，接著與義大利踢成和局，最後擊敗大溪地。但是自負的阿根廷隊被荷蘭以四比零給徹底摧毀。荷蘭隊堅實的鏟球和迅速的壓迫戰術直截了當地把阿根廷隊推到一邊去。荷蘭隊掌握全場後，攻擊更是勢不可檔。克魯伊夫在守門員附近將球盤來盤去，突顯出他的十八般武藝以及高水準的球技，他踢進了第一分，再接著找到幾乎不可能的角度，踢進第四分。之後阿根廷隊沒能擊敗東德隊。最後，巴西

和荷蘭會師四強賽。在比賽各方面他們都輸給了荷蘭隊。荷蘭隊展現了充滿
技巧、強而有力的足球球風。

　　拉丁美洲足壇菁英對此大潰敗的反應各有不同。在巴西，未能衛冕冠軍
的衝擊實在太尖銳，深深地打擊他們的集體自信心。他們對於足球哲學的爭
辯，已經從「藝術足球」轉向「強力足球」，更往後者靠近。巴西球員在軍
方發狂似的幫助之下，接受生理與肌肉方面嚴苛的科學化訓練，結果跑得更
快更遠、塊頭更大、比賽的時候更有韌性。在烏拉圭，這一方面的爭辯聲量
較小，但一九八〇年代執掌國家隊的奧馬・博拉（Omar Borra）認為強力足
球勝過藝術足球。這兩個國家的足壇，都雙雙被軍國主義及社會暴力高舉著
的黑手給鎖定了。

　　阿根廷的反應截然不同。他們認為自己的體格在比賽中已經佔了先天優
勢，這樣就已經足夠了。拿胡安・卡洛斯・洛倫佐執掌的博卡青年隊來說，
他們在一九七〇年代晚期就贏得了兩座南美自由盃冠軍。荷蘭和德國在一九
七四年讓世人看見的是速度與節奏的重要性。而讓阿根廷的球賽注入更多速
度與節奏的男人正是「瘦子」（El Flaco）塞薩爾・路爾斯・梅諾蒂（César
Luis Menotti）。他待在羅沙略中央隊的那段時期是名優雅、渾身散發波西米
亞風格的中場球員，他也在西班牙和美國打過球。梅諾蒂在當教練之後才開
始有影響力。他所執教的布宜諾斯艾利斯小球隊颶風隊在七三年大爆冷門拿
下國內冠軍，接著他被聘為國家隊教練，為七八年的世界盃備戰。梅諾蒂一
談起阿根廷式足球，就好似一名哲學大師。他說阿根廷式足球忠實地呈現了
自身根源（在荒地上踢球）；它絕不動搖，一心一意只為比賽；它很壯麗，
能幫你升級並調整到最適合的狀態；它的速度更加狂暴，很像北歐先進工業
國家的球風。

　　然而梅諾蒂個人奉行的波希米亞主義卻被阿根廷足壇抨擊太自由、太放
縱。他在一九八二年世界盃爭戰失利之後，將教練的位子傳給他的死對頭卡
洛斯・畢拉多。畢拉多曾在蘇貝迪亞的學生隊麾下接受「反足球」的訓練。
但他並沒有毫無限制地、惡意地使用反足球策略。他一心一意只想贏球，而
非踢得漂亮；他偏愛集體行動，不愛個人主義。他直截了當地表明：「我喜

歡當第一……因為第二名不好。第二名是失敗者……如果你輸了,你應該覺
得很糟,這讓我感覺很棒。」[5] 儘管這兩個人──代表阿根廷兩種南轅北轍
的足球文化──的衝突日益加劇,他們在體育上的好成績仍無法讓人下定
論。畢拉多的世界盃成績跟梅諾蒂一樣都是一勝與一敗。愛好華麗浮誇的梅
諾蒂卻無法為馬拉度納在球隊中安排好位置,也無法讓他達成最好的成績。
集團主義者畢拉多所建立的團隊卻繞著馬拉度納亮眼的個人主義打轉。畢拉
多的球隊在一九九〇年的世界盃可能會淪為街頭足球之流,但梅諾蒂的球隊
在七八年則是一支充滿心機,連低下小花招都幹得出來的球隊。諷刺的是,
梅諾蒂是出名的左翼同情者以及舊式自由阿根廷的間接倡導者,卻替軍政府
贏得了世界盃;畢拉多是極端權威主義的舵手,卻在阿根廷的新民主之下贏
得了世界盃。梅諾蒂隨後反駁:

很多人說我曾在專政時期執教球隊,那個時代的阿根廷政府與我沒有任
何共通點,他們甚至與我的生活方式有所牴觸。而我要問,我該怎麼做?
把球隊訓練得更糟?做什麼事之前都先搞小動作?還是背叛民眾的感受?
不,當然不是。[6]

很明顯地,一九八〇年代的拉丁美洲軍事政權沒有能力解決讓他們國家陷入
苦境的政治與經濟問題。在這段血腥的插曲之中,他們擊潰左翼武裝勢力與
農村暴動,但是面對拉丁美洲原地打轉的經濟與爆炸性成長的都市問題,建
立一個能扛得住一切的威權政體並不可行。軍方有信心能以武力取代政治藝
術,他們一開始旗開得勝,但最後還是跑回去過他們既單純又踏實的兵營生
活。

II. 冠軍重要,還是人權重要

一九七三年,裴隆結束在西班牙的流亡,回到布宜諾斯艾利斯的埃塞薩
機場(Ezeiza airport)。布宜諾斯艾利斯是裴隆主義偏左組織的大本營,支

持極端民族的裴隆主義偏右群眾也在此集結。在裴隆的飛機著陸之前，支持裴隆主義左右兩翼的群眾已經陷入武裝鬥毆之中。他的飛機於是到別的地方降落。不管裴隆選擇落腳何處，都沒什麼差別。阿根廷正被捲入工業與政治衝突的大漩渦之中。裴隆的前任總統坎波拉（Cámpora）與實業家和勞工達成了脆弱的社會契約。幾個月後，高通貨膨脹率與油價攀升撕毀了這紙協定。罷工急遽增加，演變為大規模的工廠佔領。這個國家的油田落入員工會議（worker councils）手中，工聯主義分子組成的工會紛然而起，鄉鎮與都市中的武裝游擊隊變得更加支持與大膽。軍隊及警察予以殘忍但毫無組織的反擊，結果被右翼的敢死隊攻入真空地帶，他們在這些地區保護房子與財產，並徵召學生與激進分子。

　　裴隆的健康急遽惡化。他死於一九七四年七月，繼位的是他的遺孀及第三任妻子伊莎貝爾‧裴隆（Isabelita Perón），她原先是名夜總會舞孃，在巴拿馬邂逅裴隆後隨即跟著他開始逃亡西班牙的生涯。當時阿根廷的經濟正在走下坡，內戰剛開打，裴隆主義黨分崩離析，政府陷入權力惡鬥，情勢詭譎難測，這位沒有經驗、被嚇壞了的女總統完全無力干涉。在一開始的幾個月，阿根廷政府不顧一切地右傾，鎮壓工會及反對者的方式愈來愈粗暴，通貨膨脹率超過了百分之三百。

　　阿根廷足壇與其為世界盃所做的準備被掃入這場混亂、失控的深淵之中。裁判及助理裁判無法在阿根廷行使任何權力，以下他們的經歷有痛苦的描繪。一九七三年，有名邊裁在邊線被颶風隊球迷痛打，造成後來的一場長期的賽事人員罷工。隔年在羅沙略的一場賽事中，羅沙略中央隊與紐維爾舊生的比分來到二比二。裁判阿爾巴雷斯在比賽最後的二十分鐘判了一個爭議性的處罰給客隊。暴動幾乎是立即爆發，五名警官受傷，裁判被石頭砸到眼睛，當天下午必須手術。更糟的還在後頭。羅沙略警方依據老舊且模擬兩可的「運動詐欺法」控告阿爾巴雷斯，罪名是在比賽中造假。想當然爾，警方得到許多紐維爾舊生官方人員的支持與建議。結果阿爾巴雷斯被送進監獄，直到另兩場裁判以及球員的罷工，他才被釋放。一名來自門多薩（Mendoza）的律師阿爾弗雷德‧戈麥斯（Alfredo Gómez）也在吉姆納西亞隊（Gimnasia y Esgrima Mendoza）輸給學生隊之後控告裁判運動詐欺。戈麥斯甚至不在布宜諾斯艾利斯的球場，而是在門多薩的家中用收音機聽球評。足球賽的暴力事件頻傳，博卡青年隊與北部中央隊（Central Norte）在薩爾塔（Salta）的比賽就在瓦斯罐燒遍整個球場後被迫中止，球員和裁判被石頭雨圍困在球場的中圈，足足待了三小時之後，等暴動稍歇後才能離開。

　　這段期間每個俱樂部的赤字愈來愈嚴重。有人打算將布宜諾斯艾利斯的球隊和沿海以及內陸小城的球隊併在一起，以創造一支新的國內冠軍隊伍，但這個不合時宜的企圖讓事態變得更糟，因為觀眾群通常很少，而且機票昂貴。後來的新政府開始接連凍結物價，企圖控制通膨，足球票價也在控管的範圍內。結果球隊入不敷出。在景氣還不穩定的狀態下，博卡青年隊發起了一項不管是花費與建築規模都很異想天開的計畫，而且有好長一段時間這項計畫都是阿根廷足壇之最。這支球隊位於布宜諾斯艾利斯的拉博卡（La Boca）區，他們提議大興土木蓋一座巨大的娛樂中心兼多項運動的綜合設施，不是只有一座球場而已。他們甚至要在拉布拉他河填海造地出一座人工島，然後再蓋在那座人工島上。相關文件與設計案都已經核發與提交，為了提供資金給這項開發案，也發行了填海造地的巨額公債。但是這座球場從未興建。不到十年的時間，這筆公債的實際價值就跟阿根廷大部分的投資案一樣，變得一文不值。建築師認為這些綜合設施有可能會陷進柔軟的填海地，然後被沖回河裡。

　　阿根廷沒有花很長的時間去準備主辦世界盃嗎？顯然不是這樣。他們已經在一九六四年國際足總的東京議會中獲得七八年的主辦權。雖然國家已決定會想辦法找到資金，在門多薩、馬德普拉塔（Mar del Plata）以及哥多華這三個城市完成全新的球場供小型足球隊使用，但一直到裴隆過世都沒有進展。其他諸如羅沙略與布宜諾艾利斯的球場改裝，以及海陸交通和全國性電信網的更新升級也是一樣沒有進展。原本資金來源應該是剛成立的足球賭盤，但不知為何資金從未到位。籌備委員會以及執行委員以一種不興起主流政治圈波瀾的速度來來去去。到了一九七五年，第五屆世界盃籌備委員會成立，由足球權威人士執掌，但觀光局卻成立了另一個平行的委員會，籌備委

員會的實際運作與指揮調度都遭到該委員會的反對。所有的事情——除了獎金與委員會某些非常特殊的支出——幾乎沒有下決定，更別說是執行了。國際足總來訪巡視籌備的狀況也幾乎是一場鬧劇。他們到一座位於門多薩的公園，這座公園預定被清除，作為球場之用，但是球場跟本就還沒設計出來。還有他們因為交通出了問題，壓根兒都沒去馬德普拉塔訪視。於是在大眾的預想與某些人深深的期待之下，將軍們接手了。

軍方不費吹灰之力就粉碎了阿根廷的平民政府，接著豪爾赫·拉斐爾·魏德拉將軍（Jorge Videla）在一九七六年三月召開這片土地的第一次行政會議，俗稱「軍政府」。會議上討論的事項包括了如何向恐怖分子、顛覆者、游擊隊以及各種激進分子全面開戰。軍政府開始著手計畫更大規模、更激烈的自由經濟計劃，接著才是世界盃。對於這些將軍們來說，這項活動所涉及的政治層面以及災難般的籌備狀況實在太重要，以致於他們立即宣布成立一個叫「Ente Autárquico Mundial」的組織，由奧馬·阿克提斯將軍（Omar Actis）接掌，負責世界盃的籌備。阿克提斯在前往首度記者會的路上被一顆來福槍子彈暗殺。軍政府認為凶手是蒙托內羅斯游擊隊，但最有可能下暗殺令的是阿克提斯的繼任者卡洛斯·阿貝多·拉科斯特上將（Carlos Alberto Lacoste），拉科斯特與埃米利·奧愛德華多·馬賽拉上將（Emilio Eduardo Massera）狼狽為奸，兩人掌控大局，從世界盃所需的每一筆合約與交易中大撈好幾百億元。

將軍們開始執行他們的任務。這些任務被他們冠冕堂皇地稱之為「國家重建過程」（Proceso de Reorganización Nacional），但其帶有貶意的簡稱「這個過程」（El Proceso）較為大眾所熟知。當時北方還有人民革命軍（ERP）在農村抗爭後的餘黨，而都會區有蒙托內羅斯游擊隊在活動。軍政府不顧國內外輿論，決定大規模地展開一場骯髒戰爭（Dirty War）。軍方接著擴大戰事，包括鏟除所有的政治反對勢力：激進分子、學生以及勞工。可疑分子被揪出來並遭到圍捕，他們備受折磨，很多人都被害死。正確的失蹤人數不得而知，但約在二萬至三萬人之間。同時間，為大力削減人民支出與限制通膨，一項嚴峻的經濟計劃被推行，只不過代價是產業大衰退以及失業。儘管如此，

資金還是被用在籌備世界盃上。道路、機場以及球場被蓋了又蓋；阿根廷有了彩色電視——在此之前人們要在彩色螢幕上觀看世界盃，只能到國外才看得到。這些大手筆的花費照舊沒有確切數字，但至少有七億美金，遠遠超過四年後西班牙的花費，跟阿根廷慎重編列的國家預算比起來更是天差地遠。

國內外反對舉辦的聲音都被屏除在外。位於歐洲的流亡分子、人權組織以及左翼同情者發起杯葛，試圖詆毀世界盃。為了打好公共形象，軍政府雇用美國博雅公關公司（Buston-Marsteller）作為因應之道。國際足總則是打死不退，堅持不讓阿根廷停辦世界盃。但是他們能贏嗎？軍方發現，他們的國家隊教練是知名的左翼同情者。梅諾蒂展現了他的獨立心靈，以及對支持暴政的阿根廷足壇的嫌惡，在要求讓阿根廷新英雄——十七歲的馬拉度納——進入國家隊的高呼聲中，他力排眾議，還拒絕從常勝軍博卡青年隊之中挑選球員。博卡青年隊曾贏得一九七七及七八年南美自由盃冠軍。他們的教練是愛撂狠話出了名的洛倫佐。洛倫佐曾執掌阿根廷國家隊，贏得一九六二年及一九六六年世界盃冠軍。他的博卡青年隊特愛喧鬧打鬥，一直有傳聞他們精力旺盛是因為大量嗑藥的關係。反其道而行的梅諾蒂則挑選並執掌了一支球風快速、擅長壓迫戰術、節奏遠快過前輩的阿根廷球隊——雖然這支隊伍在賽前的醫療準備上也一直有用藥過量的傳聞。

世界盃開打的前一晚，魏德拉將軍穿著一身的軍服，在總統府為國家隊舉行接待會。他直截了當地做出期望：「指揮官會在開戰前對軍隊說：『你們將會旗開得勝。』我想說的也是一樣。」隔天的開幕式，魏德拉向群眾及全國致詞，在一片安靜之中，人們面無表情卻專心傾聽。魏德拉說，「世界盃將會在和平之下舉辦。」在 ESMA 軍事學校，每天發狠似的嚴刑拷打與恫嚇脅迫因此暫停了一陣子。在紀念碑球場則飄滿藍白紙片，整片球場都是震耳欲聾的群眾吶喊。在五月廣場，失蹤者的母親與祖母發起他們最後一次悲戚的抗議並訴諸於國際媒體。但足球賽已經開打了。

在決賽中，阿根廷隊面對的是荷蘭隊、他們自己的人民，以及軍政府。梅諾蒂回憶如下：

　　我們都收到指示，決賽日那天，當我們進入球場的時候，要望向觀眾臺。我們不會對著包廂中的大人物看……我對球員們說，「我們會望向看臺，看著所有得人們，看臺上也許坐著我們的父親，因為我們會發現那裡有金工師傅、肉販、烘培師傅，以及計程車司機。」[7]

梅諾蒂抗議阿根廷應該用舊有的、正確的方式打球。無論如何，荷蘭隊沿著一條冗長沉悶的路線被帶到了球場。他們在足球場上等阿根廷隊的時候，觀眾向場下的他們大聲咆哮，足足有十分鐘之久。當阿根廷隊抵達球場，他們針對荷蘭球員連尼・凡德加賀夫（Rene van de Kerkhof）的防護袖套表達強烈抗議。加賀夫早在前五場賽事就穿上袖套了。很明顯地，阿根廷隊的抗議是事先設計好的，目的是要給他們的對手一個措手不及。接著，球員們在滿是碎衛生紙及報紙的場地上比賽。上半場，阿根廷隊的肯佩斯（Kempes）突破荷蘭隊的防守，來到門前，拿下領先的第一分。之後荷蘭隊一直錯失良機，直到比賽結束前的八分鐘，南寧加（Nanninga）得分，踢成平手。最後一分鐘，倫森布林克眼看就要踢進一記致勝球，但球竟然碰到門柱。在延長賽中，阿根廷隊略勝一籌，他們展開騎兵般的攻勢。肯佩斯快速過人，靠假動作突破重圍，踢進第二分。接著貝托尼（Bertoni）再踢進第三分，確定了阿根廷隊的勝利。

　　在布宜諾斯艾利斯、羅沙略、哥多華，以及每個城市的角落，人們湧進了大街小巷。他們用西班牙語喊著「阿—根—廷，阿—根—廷，世界盃冠軍！阿—根—廷，阿—根—廷，世界盃冠軍！」（Ar-gen-tina, Ar-gen-tina, Campeón Mundial! Ar-gen-tina, Ar-gen-tina, Campeón Mundial!）。科連特斯大道（Avenida Corrientes）上，一臺黑色窗戶的車子緩緩行駛，小心翼翼地穿過擠來擠去的失控人群。車裡坐著軍官數名與蒙托內羅斯的領袖一名，此人是少數還存活著的軍囚之一。他們讓她透過天窗感受局勢的現實，「你看，我們贏了。」接著又帶她到一家充斥著愛國歌曲的餐廳用餐；阿根廷烤肉嚐起來從未如此不是滋味。

III. 足壇與政壇一同幻滅

一九二八年，雜誌《體育畫報》的編輯波羅柯多提議豎立一座雕像，紀念帶球過人的發明者：

這座雕像必須是名臉髒兮兮的小孩子，他頂著滿頭亂髮，一對眼睛透露出聰慧、靈動、狡黠與雄辯，還要帶有一種迥然有神的凝視，其中帶著流氓般的笑意，但是嘴型卻一點也沒變化；他滿嘴小小的牙齒，好像吃了「隔夜的麵包」就會掉下來似的。他的褲子有一些縫過的補丁，他的上衣帶有阿根廷的條紋，領口很低，衣服上有很多被老鼠咬穿的洞……他的姿勢要很有特色，好似正在盤著一顆破爛的球。不能是普通的球，這很重要。這顆破爛的球最好是被一隻穿著破襪子的腳踢起。如果未來有一天這座紀念雕像被豎起，我們之中將有許多人會脫下帽子，向它致上敬意，就跟我們在教堂會做的事一樣。8

一九六〇年，迪亞哥‧阿曼多‧馬拉度納（Diego Armando Maradona）在一間醫院興建於裴隆時期、破舊不堪的醫院出世；這間醫院位於布宜諾斯艾利斯省阿維亞內達市。根據不可考的傳聞，馬拉度納的媽媽托塔（Tota）宣稱他一出生就哇哇大哭。醫生拎起這個嬰孩說，「恭喜，你有一個健康的兒子，還有他是不折不扣的混帳。」9 所以，當馬拉度納一來到人世，他就是一個有血有肉的神話人物。雖然當時阿根廷已經培養一批男孩，讓他們學習足球真正的藝術，但馬拉度納仍是金童，他表現亮眼、出身良好，而且童年時期的經歷輝煌，只是青少年時期沒完沒了的自我崩壞導致他成年後的比賽表現一團糟。這些的確為波羅柯多神話般的雕像提供了各種元素。

馬拉度納的家族來自阿根廷北方靠近巴拉圭邊界的一個小鎮愛斯吉納（Esquina）。他的父親奇托洛（Chitoro）是印歐混血，靠著當船夫和打獵討生活，偶爾會在星期天下午踢足球。他的母親是義大利移民，在一九五〇年

代一場裴隆發起的國內移民潮中，她毅然獨自前往布宜諾斯艾利斯。即便拿
的是最低薪資，傭人這份苦差事還是讓托塔的經濟狀況有了很大的好轉。後
來奇托洛與其他家人不情願地跟著過來，他們搬到菲奧里托鎮（Villa
Fiorito），自己蓋了一棟三房的簡陋小屋。馬拉度納的母親繼續傭人的工作，
父親則是在一間磨製骨粉的工廠找到一份工作。在他們搬家五年後，馬拉度
納在城裡的醫院出生，他是這個八人家庭中的第四個小孩以及第一個男孩。
菲奧里托的荒地滿是塵土，巷弄街道沒有鋪砌路面，汙水潑在地上，形成大
小淺灘。要是波羅柯多的雕像真有其人，他可能會想把它立在那裡。在那裡，
馬拉度納會踢著一顆叔叔西洛羅（Cirollo）送給他的球玩。後來他回憶，「我
的第一顆足球是我生命中最美好的禮物……在我收到它的第一天，我抱著它
睡了一整晚。」[10] 當他六歲的時候，這個卷髮小男孩就能把球停在腳趾頭、
肩膀還有頭上，同時對著人繞圈，在街坊鄰居間成為話題人物。後來他的機
運到來，他被帶進阿根廷青年隊（Argentinos Juniors）的青少年培訓班，這
個培訓班又名「青蔥隊」（Las Cebollitas）。馬拉度納九歲時就到阿根廷青
年隊的主場，在中場時間表演花式足球娛樂觀眾。他十歲就上電視擔綱表演，
能將雜耍瓶、橘子、隨便什麼東西翻弄於左右趾頭之間。十一歲的時候，他
參加國際青少年錦標賽，同時為阿根廷青年隊的主力青少年隊效力。馬拉度
納進入職業球隊時年僅十五歲，成為阿根廷甲組足球史上最年輕的球員。

　　馬拉度納十七歲的時候沒有入選一九七八年世界盃國家隊，但在他十八
歲的時候被梅諾蒂選入阿根廷國家足球隊，到日本去打 U20 世界盃。馬拉度
納佔盡鋒頭，阿根廷隊贏得這項錦標賽。當時，軍政府會在電視上大動手腳，
把觀眾拿著反對標語的畫面拿掉。在這項錦標賽正進行的同時，美洲國家組
織的代表團也正在阿根廷進行調查軍政府是否有違反人權的情形。受人尊敬
的評論員喬斯·馬力亞·穆諾茲（José María Muñoz）趁著贏球後的群情激昂，
在里瓦達維亞電臺（Radio Rivadavia）的廣播節目上，要聽眾前往該人權組
織委員會的所在地五月廣場，「給這些委員看看什麼才是真正的阿根廷」。
他們真的說到做到，上千人將穆諾茲扛在肩膀上，繞行廣場四周。在委員會
門口，失蹤者的媽媽和祖母們為了提供證據，他們排了整天的隊伍，卻被歡

慶勝利的民眾如潮水般淹沒。馬拉度納回國時，受到軍政府的款待。他們徵召他入伍，剪掉了他的頭髮，然後旋即讓他退伍，並告誡他，身為一個愛國青年的楷模，他應持續保持下去。

馬拉度納與阿根廷青年隊即將約滿，顯然他的薪資將會高得讓人受不了。他的轉會所帶來的價值太過誘人，誰都不能忽視。在一連串的祕密交易之後，馬拉度納於一九八一年初被外借到博卡青年隊。當時，博卡青年隊還是個難以謀生的小隊，但在馬拉度納加入之後改變了他們。他一肩扛起博卡青年隊，接著他們與競技隊踢成和局，並拿下冠軍。馬拉度納奔跑著向博卡青年隊致意，他半裸上身，伸長雙臂，這個姿勢帶有受十字架刑的意味。勝利之後，隨之而來的影響是，他被內在心魔與外在壓力給糾纏上了，在馬拉度納的每一個生涯舞臺上，它們總是會搶先客串演出。馬拉度納的名聲與魅力已經是世界級。在博卡青年隊的歐洲巡迴中，他是萬眾注目的焦點；在美國與日本舉辦的邀請賽中，他的接待會現場陷入一片歇斯底里，球迷不斷地對著他拍照，乞求他給他們一綹頭髮。馬拉度納的腳在球場上受到無情的痛擊，隨後接受可怕的多合一藥物注射以及治療。錢開始以一種不斷增長的速度流向馬拉度納家族的金庫，好像要把他給掏空似的，甚至是愈來愈快，在馬拉度納的承諾與保證之下，他身邊的隨扈與諂媚者都獲到了好處，房子也大買特買。觀眾可能唱過，「馬拉度納不出售，馬拉度納哪也不去，馬拉度納是這個國家的。」（Maradona, no se vende. Maradona no se va, Maradona es Patrimonio Nacional）但他出售給別人了，並且即將離去。歐洲的銀子正呼喚著他呢。

當馬拉度納如星星般升起，阿根廷的經濟隨之落下。又一次地，銀根緊絀的軍方無法抑止攀升到天文數字的通貨膨脹率。生產與就業狀況崩跌，生活水準低於十年前。地下工會、舊政黨、失蹤者母親等所發起的社會運動，全都集結成反對勢力，不斷地向當權者施壓。這種經濟浩劫以及對於獨裁者的初期反抗，也可以在阿根廷足壇中看得到蛛絲馬跡。雖然俱樂部的帳目甚少公開，但很明顯地這些俱樂部全都陷入困境之中。一九八一年，河床隊接收了大筆的免費土地，儘管如此他們還是欠了超過三千萬美元的債務。博卡

青年隊在七〇年代發行的債券如今與廢紙只差一線之隔。競賽隊沒有負債，但高得無法承擔的利率變成另一種形式的債務。聖羅倫索隊沒有球場，因為他們為了消彌高築的債臺，將舊球場賣給了連鎖超商家樂福。在那時候，另覓新球場也沒指望，他們被詛咒似地成了遊牧民族，在布宜諾斯艾利斯後方破爛的小場地遷徙。他們的債務太高、信用評等太低，以至於員工被迫發起募捐毛巾與肥皂的活動。在此之前，球場上尚未出現公開反對獨裁者的蹤影，而現在則是隱約可見。在當時，國民搖滾（Rock Nacional）是阿根廷年輕球迷最重要的音樂流派；樂手們開始製作地下英文歌曲，蓄意向當權者挑起語言上的戰爭。在查卡里塔青年的比賽中，偶爾可以聽見應該早已佚失的一九五〇年代歌頌裴隆主義的舊歌曲。蒙托內羅斯的旗幟也暗藏在颶風隊的比賽之中。

　　一九八一年，魏德拉將軍卸下總統職位，並交棒給羅伯托・比奧拉將軍（Roberto Viola），不過軍政府中支持極端民族主義的密謀團體卻反對他的指派。比奧拉在日益頹敗的經濟壓力之下，開始密切地與當時仍不合法的反對勢力對談，討論還政於民，這同時證實了這些密謀團體對他的懷疑。軍中最保守的勢力以萊奧波爾多・加爾鐵里將軍（Leopoldo Galtieri）為中心重整旗鼓，於八一年十二月齊力將比奧拉逼了下臺。兩個月後，加爾鐵里現身於國家隊的世界盃訓練營，他在攝影機面前公開地擁抱馬拉度納。同年世界盃在西班牙舉辦，這次若勝利，將會跟七八年一樣，大幅地增加軍政府的支持率。為了重振國家，加爾鐵里有個更勝以往的大計劃。在南安第斯山，阿根廷和智利兩國長久以來一直有領土爭議，而在馬比納斯群島，不列顛無視阿根廷的主權宣示，從一八三三年開始佔領。由於拿下馬比納斯群島勝算較大，將軍決定進攻馬比納斯群島，而不與智利開戰。

　　四月初，阿根廷軍入侵馬比納斯群島。四年前在紀念碑球場，阿根廷人大喊著「荷蘭人，跳不動」，而現在他們大叫著「不列顛，跳不動」。但讓軍政府驚訝的是，不列顛並不接受入侵的既成事實，他們發動大軍，打算奪回這座群島。更糟的是，原本軍政府打定美國會保持中立，但他們卻支持不列顛。在阿根廷本土，電視新聞被英阿衝突事件佔滿版面，偶爾才點綴著足

球賽，特別是一九七八年賽事的重播。很詭異地，在布宜諾斯艾利斯，即便
是在戰時，人們也對真相不以為意。正當不列顛皇家海軍擊沉貝爾格拉諾將
軍號巡洋艦（the cruiser Belgrano）及三百名阿根廷士兵的同時，馬拉度納和
他的經紀人豪爾赫·希特茲皮雷（Jorge Cyterszpiler）正與巴薩的主席胡賽·
路易斯·努涅茲（José Luis Núñez）進行最後交涉，準備讓馬拉度納轉會到
這個位於加泰隆尼亞的俱樂部。接著，阿根廷的世界盃國家隊成軍並飛往西
班牙爭取衛冕冠軍。阿根廷隊在進場的時候，隊伍前頭的布條宣告著：「馬
比納斯群島是阿根廷的。」（Las Malvinas Son Argentinas.）同一個時刻，被
徵召的可憐士兵與他們不幸的長官在覆滿冰霜的戰壕中飽受砲彈攻擊。阿根
廷的新聞報導仍用了一連串的足球評論術語，口徑一致地嘲弄與攻擊不列
顛。

幻想已無法阻止現實再進一步。這是梅諾蒂第二次帶隊到世界盃比賽，
他們一開始就沒有一九七八年時的神采飛揚與滿懷希望。馬拉度納初抵西班
牙時，看到西班牙報紙上完整、不受新聞審查影響的報導才知道真相，他形
容自己遭受的毀滅性衝擊，「我們深信我們正贏得戰爭，而且我就像其他愛
國者一樣，忠於自己的國家。但是我們到西班牙時，我們發現了真相。這對
隊上的每個人都是巨大的打擊。」[11] 阿根廷慘輸比利時的隔天，不列顛在史
坦利港（Port Stanley）接受阿根廷投降。馬拉度納似乎恢復精神，阿根廷隊
打敗匈牙利和薩爾瓦多，勉強地挺進第二輪。但沒有人能想到，義大利居然
以堅強的防守與攻擊踢贏了這場比賽。接著，巴西隊的奇哥（Zico）和蘇格
拉底（Sócrates）在阿根廷隊愈來愈粗暴的鏟球戰術中矯捷地給予致命一擊。
第八十五分鐘，馬拉度納踩了巴蒂斯塔（Batista）一腳，然後被罰下場。被
迫下場的還有加爾鐵里，之後不到一年的時間，軍方其他勢力也以同樣的結
局作收。

IV. 足球與國家認同分道揚鑣

在烏拉圭民主垂死的日子裡，這個國家的足壇歷經了遲來的盛開：打進

一九七〇年世界盃四強賽，以及七一年蒙特維多隊贏得南美自由盃冠軍。但是暴風雨正在形成中。十多年以來，由於政治在意識形態上呈現兩極化發展，再加上「敢死隊」的活動，讓這個國家飽受折磨（他們最膽大妄為的攻擊行動就是在七二年綁架了不列顛大使，並挾持了八個月之久）。一直以來，烏拉圭的政局分成紅黨和白黨，在解決總體經濟問題上，他們都毫無效率且不能勝任，政局就在兩派之間的拉鋸動盪，結果讓這個曾經是世界上最富庶的國家陷入了貧困之中。後來，激進的左派政黨聯盟廣泛陣線（Frente Amplio）持斷匯聚選票支持，在七一年的大選中以些微的差距輸給這兩個傳統的舊政黨。

　　足球政治就跟政治事務一樣，都容易流於小鼻子小眼睛的情緒性爭吵。在一九六九年南美自由盃，祕魯籍裁判迪富勒下了一個不利於蒙特維多隊的判決，國民隊斷斷無法原諒此人，一氣之下拒絕參加國內錦標賽。一九七一年，南美洲足協改選主席，烏拉圭足協的主席雷卡爾他．莫羅博士（Dr Lecarte Moro）投了富勒一票。莫羅和國民隊主席米吉爾．雷斯圖西亞（Miguel Restuccia）是世仇，他戲劇性地辭職並公開向雷斯圖西亞下挑戰書，要求決鬥了結此事。在這國家的混亂情勢之中，同時進行著足球聯賽，只是賽事常常因球員、裁判或兩者一同發起的罷工而中斷。一九七二年球季開打時，三個球隊甚至都不在國內：國民隊遲了一天才從海外巡迴歸國；佩納羅爾隊壓根兒都沒有準時回來的念頭，他們一週後才回來；小球隊貝拉維斯塔（Bella Vista），來自蒙特維多勞工階級聚居的郊區，更是超過一個月才回國。他們被困在瓜地馬拉，剛結束中美洲的巡迴。經辦這趟旅程的負責人在最後一刻開溜，留下沒有機票、身無分文的貝拉維斯塔隊。最後軍方派出軍機到北方接回他們。

　　那年，經濟與政治情況不斷惡化，也許這情況助長了軍事將領們下定決心解決問題的想法。一九七二年後期，軍方閃電奪下政權。相較於阿根廷軍政府坐擁經濟學者及文官菁英，在烏拉圭將領掌權的過程中，民間幾乎沒有給予大力支持，他們的行政官及策士的規模與教育程度，也不及阿根廷軍方。文化與政治資源如此微薄的烏拉圭軍方，憑藉武力殘殺或監禁圖帕馬羅斯黨

人，以達成圍捕政敵與令人民噤聲的目的。人口有三百萬的烏拉圭，成為世界上擁有最多政治犯的國家。

在此背景之下，政客迅速地往不會引起軍事將領們注意的重要民間機構——足球俱樂部——遷徙。廣泛陣線的頭號人物，塔瓦雷‧瓦茲蓋斯（Tabaré Vázquez）當上普羅格雷索隊（Progreso）的主席；胡利奧‧瑪麗亞‧桑吉內蒂（Julio María Sanguinetti），未來的烏拉圭總統，當上佩納羅爾隊的主席；烏戈‧巴塔利亞（Hugo Batalla），未來的烏拉圭副總統，當上烏拉圭足協的高級官員。政客會有此安全地帶，是因為軍政府無力推動足球，或任何其他文化活動。儘管烏拉圭國家隊表現日益低落（一九七四年世界盃時表現慘澹，四年後還斷了連續十二年出線世界盃會內賽的紀錄），它並未將自己獻給極端民族主義者，成為明目張膽的政治工具。一開始，烏拉圭國內萬事依舊，像是佩納羅爾隊和國民隊就累積了更多的全國冠軍，四十年來的雙頭寡佔無人能破。後來，態勢有了變化。一九七六年，另一支來自蒙特維多的小球隊防衛者隊（Defensor），由教練荷西‧里卡多‧德利昂（José Ricardo de León）——亦是知名的共產主義同情者——領軍，贏得全國冠軍，打破了雙頭寡佔的僵局。當球隊在他們的路易斯‧弗拉西尼球場（Estadio Luis Franzini）進行凱旋遊行時，他們決定以逆時針方向繞行，這項決定立即被眾人直覺地解讀為對統治者的反抗與譴責。在球場及其所在的卡雷塔斯角區（Punta Carretas）的大街小巷中，批判當權者且訴求改革的歌曲與吟唱，第一次得以被人們聽見。

到了一九七八年，眾人皆知軍方在政治與經濟已無計可施；軍方為了吸引外資，啟動一項經濟發展措施，但軍方拙劣的努力證明了那沒有效果。將軍們一定是聽到拉布拉他河另一頭的群眾震耳欲聾的高喊「阿—根—廷，阿—根—廷，世界盃冠軍！」，於是他們想起足球是多麼的好用。一九八〇年適逢首屆世界盃開打，同時也是烏拉圭第一次贏得世界盃冠軍的第五十週年；這是舉辦一場紀念錦標賽的絕佳時機。小世界盃（El Mundialito）被規劃賽程較短的錦標賽，參加者為過去的世界盃冠軍。對外，這項錦標賽為軍政府提供了一個小小的表現舞臺；對內，則是一項用來轉移焦點、平息騷動的工

具。荷蘭代替拒絕參加的英格蘭參賽；烏拉圭最後在決賽擊敗了巴西。

相較於一九七八年阿根廷的勝利，烏拉圭的這場勝利更加虛幻、落入俗套。就在小世界盃——可能已經開始讓軍政府和平地轉變為文人政府——結束後，烏拉圭軍政府輸掉關鍵的憲法公投；接著，匯率和經濟崩跌。到了一九八四年，軍方急於脫身困境，就在幾場暴力的公民抗爭之後，軍方和人民達成協議，接著烏拉圭在隔年恢復憲政體制，桑吉內蒂離開佩納羅爾隊的主席辦公室，入主位於蒙特維多的總統府。在此社會與政治變動的時期，烏拉圭足壇做出最後一次的努力。在政治與經濟動盪不安之中，國民隊和佩納羅爾隊贏得了四次南美自由盃冠軍；國民隊是八〇年和八八年；佩納羅爾隊是八二年和八七年；同一時期，烏拉圭籍球員也在國內、巴西，以及阿根廷參加聯賽。但這些成就都還遠遠不及開頭引言中提到的國家隊隊長歐布都里歐·巴雷拉。雖然國民隊和佩納羅爾隊都很優秀，但兩隊並未將自己提升到烏拉圭過去史詩級的高度。再者，在俱樂部與球迷、球員與民眾、足球與國家認同之間，原本牢不可破的羈絆已經出現裂痕。學者理查德·朱利亞諾蒂（Richard Giulianotti）在評論烏拉圭倫波樂團（Rumbo）的〈越位〉（Orsei）歌詞時，精確地抓住了這種現象，「這說的是一個修車工的故事，他為他的足球英雄得分而歡呼，但一想到他們之間龐大的薪資差距，修車工停止了歡呼。」[12] 同個世代的球員在教練奧馬·波拉斯（Omar Borrás）的執掌之下，於一九八六年回到世界盃。但烏拉圭球風在歷經十年的粗暴轉變之後，場面已變得不好看。烏拉圭在三場比賽中就有兩個人，在兩場比賽中被判下場，分別是博西奧（Bossio），他對上丹麥時，對裁判提出無禮異議；以及巴蒂斯塔，對上蘇格蘭時，一開賽第五十五秒就拿到紅牌。只有恩佐·弗朗西斯科利（Enzo Francescoli），一個人奮不顧身地帶球向前，含蓄地表露出烏拉圭以往的光榮與紳士風度。

V. 失去靈魂的足球王國

一九七〇年，巴西拿下世界盃冠軍，勝利的陶醉感，使得這個國家足球

與軍人政治早已非常緊密的關係更加明確。一九七〇年代，軍政府一直利用足球，當作其施行「麵包與馬戲式」（bread and circuses）* 文化政治的基本素材。七三年，里約的勞動部辦公室宣布全國最低薪資將調升百分之十五——雖然那遠低於真正的通貨膨脹率。宣布日當天，勞動部恰巧發放一萬五千張免費門票，供民眾觀賞佛朗明哥對戰富明尼斯，企圖在苦藥中加蜜糖。同樣地，雖然政府沒有能力凍結所有物價，也沒有辦法強力實施反通貨膨脹的政策，但它的確盡了力，透過緊迫且猛烈的政策讓俱樂部降低門票，好將觀看足球賽事的花費維持在可以負擔的水準。七四年，另一名將軍被任命為總統。關於這位罕為人知的軍方幕僚，報紙這樣介紹：「埃內斯托・蓋澤爾（Ernesto Geisel）將成為第二十三任巴西總統，他是本圖貢薩爾維斯（Bento Gonçalves）的高卓人（Gaucho）†，現年六十四歲，阿雷格里港隊及里約博塔弗戈的球迷，兩個將軍的兄弟，以及一個女兒的丈夫。」不過眾所皆知，這位帶著書呆子氣的保守派老人根本對足球沒有興趣。13

在一九七〇與八〇年代，這種民粹的姿態消失，取而代之的是對於足球組織的全力參與，其涉入層面更廣，也更雄心勃勃。若昂・哈維蘭吉從巴西足協主席轉任國際足總主席，影響力不亞於哈維蘭吉的艾倫諾・努涅斯上將（Heleno Nunes）則是取代了他的位置。努涅斯對足球一竅不通；他之所以有資格擔任這個職位，是因為他先前是政府扶植的魁儡政黨全國重建聯盟（ARENA）主席，以及里約熱內盧的首長。在巴西，為一九七八年世界盃舉辦的資格賽全都成了全國重建聯盟的黨內大會；在軍樂隊的伴奏之下，主持人向球員介紹參選人，還免費發送黨旗與相關用品。為了累積里約本地的支持，努涅斯定期向國家隊施壓，要求加入在里約發展的球員，由其是瓦斯科隊的中鋒羅伯托。

一九六九年，財政部創立巴西第一家全國性運彩，基本規則是猜測全國

---

* 譯註：指的是當權者為了安撫民心、取悅大眾而施予小恩小惠，或舉辦轉移民眾注意力的活動。古羅馬統治者有時出於安撫目的，會提供免費麵包和馬戲觀賞給民眾，故有此稱呼。
† 譯註：南美洲印地安人與西班牙的混血民族，南美彭巴草原上的牧民，過著勇敢、無拘無束的生活，是巴西、阿根廷、烏拉圭等國的國家象徵。

大小足球賽事的賽果。運彩被設定為一種提升收入的工具，同時也是一種民眾教育的實踐；當時還沒有全國等級的聯賽，透過這些賽事，巴西的窮人可以熟習這個幅員廣大的國家的地理知識。政府規定，運彩採用的賽事，必須能夠反映出這個國家地理的多樣性，焦點不得集中在里約州或聖保羅州最有名、最受歡迎的球隊身上。運彩獲得極大成功，為國庫帶來一大筆驚人的收益，其中有部分被用作打造大眾運動設施的資金。運彩的努力結果，造就了國家建設；另外，大家渴望賽季中有更多的比賽，帶來更多的收入──這兩個現象激勵了政府，他們向足球有力人士施壓，要求建立完善的全國聯賽。巴西空中交通的基礎建設，終於足以勝任這項工作：讓球隊能夠在全國巡迴。接著在一九七一年，第一屆巴西足球甲級聯賽（Campeonato Brasileiro）開打，參賽球隊分別來自國內七個最大的州。

全國聯賽迫使政府強行開發這個國家，我們可以用病理學上的巨人症（gigantism）完美地形容全國聯賽。當全球性的經濟低迷在七〇年代中期加劇，巴西的經濟奇蹟變得步履蹣跚。產業投資和成長率往下掉。政府的大量開支，花費在摧毀亞馬遜地區、抽乾亞馬遜流域的河水，以及建立無數道路系統、水壩和工廠上；結果無法維持巴西經濟快速成長的步伐，對於社會與環境造成的負面後果，愈來愈明顯。

巴西甲級聯賽始於一九七一年，那時只有二十隊；到了七三年，攀升到四十隊。七五年，政府通過新體育法，給予代表巴西各州的所有隊伍，在全國性運動聯盟中，一律相同的權力；例如馬托格羅索州（Mato Grosso，其人口少於一百萬）能投的票數，跟里約州（人口超過一千兩百萬）完全一樣。這下門戶大開，買票、催票拉票、邊緣球隊要求在全國聯賽中擁有更多席位，等等怪象百出。球隊被迫涉入政治操作與內線交易。一九七六年，總共有五十四隊；七八年有七十四隊；七九年達到顛峰，有九十四隊。賽事規格每年都有變化，球隊升降級沒有規則可言，就像樂透一樣。還有實驗性的嘗試，如果成功以二比零贏球，就能獲得額外積分。就連運動、經濟，與交通相關的基礎設施也都應付不來。賽程表被排滿滿的，到一種不正常的地步。桑托斯隊在星期三比完全國聯賽後，接著聖保羅州的聯賽開打，又得在星期日比

賽。球員必須忍受極度漫長且耗費體力的賽季，很多比賽的觀賽人數降到極低，足球賽的品質也下滑。俱樂部的財政困難開始攀升，使得行事唐突、追求速效的商業主義加快腳步來到：一九七七年，球場上開始有廣告；八三年，開始有球衣贊助；八七年，電視開始有現場直播。然而，收入仍然少得可憐，以至於當轉會的規定開始在八○年代早期生效時，大批球員被賣掉，出走海外。在最後一批足球場館的搶建潮中，這些建案被指定蓋在巴西的小型市鎮，目的是搭配大型都市中已蓋好的高樓大廈群，讓兩者相輔相成。由於巴西的水泥業規模過大，且缺乏競爭力，為了配合消耗水泥的產量，這些足球場的容量往往超過城裡的人口。

　　軍政府不再繼續投入基礎建設。由於軍政府對軍隊有特別的期待，體適能與訓練計劃佔據了他們絕大多數的時間、精力，與金錢。在軍中，工業化現代思維——雖然尚未純熟——不只在組織化與技術化的計畫之中展現，還體現在人體之上。巴西軍隊非常認真地實行體適能與訓練計劃，而且跟經濟計劃一樣，他們還尋求現代化的科學方法與創新的技術，以打造出兼具紀律與效率的士兵。這種訓練方式被應用在足球員身上，這一小步成就了足壇的大好光景。受到一九七四年世界盃敗北的影響，這種體育觀在巴西足壇中的影響力扶搖直上。

　　帶領巴西在一九七八年闖入世界盃會內賽的是教練克勞迪奧‧庫蒂尼奧，他最初是名傑出的排球選手，現在則是名軍官，更是個一名體適能與肌耐力的狂熱者。事實上，七○及七四年世界盃，還有七六年奧運賽前，他曾經為國家隊訓練體能。對於七四年世界盃的敗北，他的對策是試圖效法荷蘭的全能足球精神。經常使用「科學足球」一詞的他，尋求的是一支真正的隊伍：球員在隊中的各種任務沒有太多侷限、個人主義被抑制、戰術上罕見地採用不斷變化的流動隊形。這樣的隊伍需要非比尋常的體適能與良好的組織能力。對於前者，庫蒂尼奧是辦得到的，但在巴西足壇的傳統中，後者實在令人難以置信。在此足球背景之下，庫蒂尼奧偏好避開那些帶球技巧高超，球技炫目的個人主義者，像是綽號腰果的保羅‧施薩（Paulo César Caju）、馬里尼奧（Marinho）、法爾考（Falcão），以及塞爾吉尼奧（Serginho）。

一名巴西球評質疑庫蒂尼奧「將我們的特色——帶球過人，定義為一種時間的浪費以及軟弱的證明。」[14] 在世界盃起跑的階段，他最聰明的球員奇哥和里維利諾都有些不對勁；前者被迫留守隊上，因為他的兒子剛出世；後者的體重過重，而且已經過了鼎盛時期。

　　巴西隊來到阿根廷，他們在前幾場賽事中採取守勢，乏善可陳，完全失去他們自己的那一套。他們對戰澳洲的那場賽事也打得很悶，結果庫蒂尼奧的肖像被馬德普拉塔的巴西遊客燒毀。在進入第二輪對上波蘭之前，媒體的憤怒高漲，海軍上將努涅斯為了保護自己，將庫蒂尼奧描述為「一個無才無能的人」。庫蒂尼奧龜縮起來，拒絕為接下來的賽事召開記者會。在一片謾罵之中，巴西隊擊敗祕魯隊，與阿根廷隊踢了一場勢均力敵的和局，但是後來地主隊變魔術般地以六比零大敗祕魯，讓巴西隊打包回家。庫蒂尼奧被解除教練職位。

　　軍方曾經試著以自己的形象作為巴西足壇的榜樣，但他們無法塑造它的靈魂，亦無法贏得它的真心。相同情況也發生在巴西的平民社會上，儘管所有政治首長的自治權都被剝奪，受致於言論審查制度及各種侵擾，百姓們面對有限的文化視野以及獨裁者斑黃的政治願景，仍不斷地規避、挑釁、顛覆，以及提出挑戰。正當國家尋求秩序、科學、理性、責任，以及進步的時候，嘉年華會卻堅持騷亂；非洲宗教提供音樂；流行音樂大談愛情、渴望、幻想，以及以隱諱的方式歌唱自由。當大眾得到機會，能夠在地方選舉中表達自己的偏好時，他們一致拒絕軍方及其魁儡。從七○年代晚期到八○年代早期，幾個接任的軍人總統試圖改革開放，一開始，在軍方不失去全面掌控權的前提之下，他們接受人民的政治要求。存在了快二十年之久的軍方政權，現正擱淺中。巴西的經濟奇蹟不只消失已久，反而還倒退。一九七○年代晚期的過度借貸，終於踩住了煞車；巴西在八二年宣布停止償還外債——它像吹氣球般快速膨脹，成為世界第一大負債國。通貨膨脹率攀升到四位數字，在加上政府重新安排償還債務計畫，迎來難以認受的痛苦，即國際貨幣基金組織的結構調整方案，這擊垮了巴西都會區貧民的就業與收入。一九八○年，將軍們取消所有的選舉，因為他們知道他們會輸；一九八二年，將軍們迫於情

勢，同意舉行政府各層級的選舉——除了總統大選以外。他們注定輸掉一切，但在八五年的總統間接選舉中，他們以微薄之力掌握了選舉人團（electoral college）。軍方試圖佔有（或是改革）巴西，但他們失敗了。而巴西將再起。

　　一九八〇年代前期，佛朗明哥隊為國內足壇提供了鼎盛時期的奇哥以及藝術足球，也因此贏得許多冠軍和獎盃；在八一年的東京洲際盃，佛朗明哥隊不費吹灰之力，宰制利物浦足球隊，那正是其典型的比賽模式。至於國際等級的賽事，由特萊・桑塔納（Telê Santana）執掌的國家隊，在八二及八六年的世界盃中打出了才華洋溢且風格明朗的足球，完全翻轉了七四年和七八年的表現。在八二年的西班牙世界盃，桑塔納總能派出天才洋溢的球員負責中場。的確，他手上的可用之才太多，以至於在巴西國內的新聞報導，盡是針對球隊本身以及球隊選才的酸言酸語。在一開始的小組賽中，巴西人隨心所欲地得分，彷彿對蘇聯、蘇格蘭，以及紐西蘭隊下了迷藥。當賽事進入第二輪的同時，馬比納斯群島上正安排著阿根廷軍隊的最終投降儀式，而巴西隊擊敗了沮喪的阿根廷隊；靠著奇哥兩記無人能敵、既犀利又完美的關鍵傳球，塞爾吉尼奧和胡尼奧爾（Júnior）輕鬆得分。巴西隊只要在這一輪的最後一場賽事踢出和局，就能挺進決賽。他們在巴塞隆納遭遇堅韌的義大利隊，最後二比三被踢出局。

　　一九八六年，巴西晉級墨西哥世界盃，其核心成員來自八二年國家隊。這次也是同樣由桑塔納領軍，同樣下定決心全力進攻——雖然他們打了幾場比賽才熱身完畢。巴西先是勉強過了西班牙與阿爾及利亞，接著橫掃北愛爾蘭與波蘭。然而，歲月的流逝以及傷病的累積敲響了巴西的喪鐘。在八強賽中，巴西遭遇由普拉蒂尼領軍、正值巔峰的法國隊。比賽進行到第七十五分鐘，比分一比一，奇哥（這場他戰力全開的時間只維持了兩分鐘）的一記犀利傳球進入禁區，在那裡布蘭科（Branco）被法國門將巴斯（Bats）撂倒。奇哥主射罰球，被巴斯輕易擋下。在加時賽後進入點球大戰，蘇格拉底和祖利奧・施薩（Júlio César）射失十二碼球。巴西打包回家。球壇高層對於國家隊射失十二碼球感到十分驚慌，於是下令國內所有踢成和局的聯賽賽事，都必須加賽點球大戰，作為額外練習。許多俱樂部拒絕再賽，但都碰了釘子。

於是他們讓觀眾見識到極度荒唐的景像：富明尼斯隊和博塔弗戈隊回到馬拉卡納球場，就只為了點球大戰。

　　聖保羅的哥林斯人隊使計倡議民主政治。獻計者是才幹卓越的球員蘇格拉底、胡尼尼奧（Juninho）、瓦拉迪米爾（Wladimir）和卡薩格蘭德（Casagrande）。他們的行動起於一九八〇年代早期，主要的理念是針對俱樂部主席的選舉強力抗爭。同時，議論巴西是否重返民主的聲量愈來愈大；要求巴西總統直選的全國性運動正如火如荼地展開。結果，兩個運動結合在一起。身為聖保羅最受歡迎的球隊，哥林斯人隊的訴求跨越社會階層。自然而然地，哥林斯人隊的擁戴者擴展至巴西的社會大眾。這使得俱樂部主席競選帶有幾分公民投票的意味。由於這次競選提供了人們選擇的空間，兩運動的緊密結合變得更加牢不可破。主席競選有兩份提名名單，第一份名單人們給它取了滑稽的綽號「秩序與忠實」（Order and Truth），它代表的是捍衛舊哥林斯人隊的董事。他們被塑造為俱樂部楷模，其政治風格為：高度人治、投機式民粹、威權主義、黑箱作業，以及家父長主義。另一份名單，則有「哥林斯人民主」（Corinthians Democracy）之稱，名單上的人被貼上自由派標籤，他們追求俱樂部與球迷，以及球員與教練之間的民主關係。足球雜誌《得分》（*Placar*）形容這是在「自由主義與高壓統治、追求效益與家父長式作風、新時代與舊制度」之間做抉擇。

　　這次競選花費五十萬美金，兩方都在電視與廣播上的付費宣傳，也在聖保羅街頭大灑文宣品。在公開場合上，球員們一齊使了個前所未聞的妙計，將他們的支持者推向自由派的一方。蘇格拉底竭盡可能地大聲疾呼，如果「秩序與忠實」派贏了，他將離開俱樂部，遠走海外。決定性的一刻到了。「哥林斯人民主」贏得競選。接著，在聖保羅首長第一次公開選舉期間，他們將標語貼在球衣上，要球迷去投票——比企業贊助出現在球衣的時間還早了一年。接著在一九八二年，他們穿上有「哥林斯人民主」紋飾的球衣，贏得聖保羅州聯賽冠軍，而且還贏得很漂亮。在當時的一場演講中，蘇格拉底評論：「我正奮鬥著，為了我所敬愛的人類、為了平等、為了言論自由、為了真民主，而這一切都是因為，身為足球員的我，想將足球這個活動充滿逗趣、歡

喜、以及愉悅的特性留給後世。」[15] 在看臺上，瘋狂球迷舉著旗幟「無論輸贏，永遠與民主同在」。更衣室裡產生了一種容許抽菸喝酒、限制教練威權的文化。這瓶摻了領袖魅力與個人解放的烈酒為哥林斯人拿下八三年聖保羅州聯賽的冠軍。不過他們未拿下全國冠軍。隔年，一百五十萬人聚集在聖保羅市中心，向巴西國會施壓，要求投票通過總統直選的憲法修正案。蘇格拉底就站在眾人面前，正準備搬去義大利的他說，如果修正案通過，他將會留在國內。修正案沒有通過，蘇格拉底去了費倫提那，而哥林斯人隊則是將寶座拱手讓給了桑托斯隊。被外借到聖保羅的卡薩格蘭德被電視臺的攝影機拍到在看臺上痛哭。

　　蘇格拉底和哥林斯人隊透過足球推行的民主改革快要有成果了；在將軍們的精心安排下，軍事統治即將退場。一九八五年，即使選舉人團仍受軍方控制，但坦克雷多・內菲斯當上了二十年以來的第一個平民總統。當選後的他馬上病倒，在就職前過世。他的副總統若澤・薩爾內（José Sarney）繼位。薩爾內是舊時代的政客，與軍方關係匪淺。當時通貨膨脹極度嚴重，正虛耗國內的財務狀況，他只負責管理這部分。一九八九年，費南多・科洛爾・狄梅洛（Fernando Collor de Mello）當選總統；他名不見經傳，是北方偏遠小州阿拉戈斯州（Alagoas）的州長。在七〇年代早期，科洛爾擔任阿拉戈斯首屈一指的俱樂部主席時，初次嘗試民粹政治路線。但是不同於他的前輩，科洛爾配合國民的品味，改變了他的路線。當時，足球的電視收視率正被「telenovela」劇取代。「telenovela」是巴西國內的一種肥皂劇，它通常在充滿亞熱帶風情的場景中上演沒有意義的復仇悲劇，該劇風靡了全國，因為它揉合了情色、欲望、確認親子關係訴訟、敗金揮霍等強力要素。科洛爾並沒有靠足球追求人氣，而是（靠著回扣與賒帳）過著他的生活，他給人的印象跟電視上那些性吸引力十足的男子漢型領導者很接近。他一直默默無聞，一直到工會運動、工黨及其明星級總統候選人魯拉崛起，嚇壞了巴西的媒體與企業菁英，他們決定與這位電視上很上相的阿拉戈斯民粹主義者站在同一條船上。這些勢力的結合擊垮了魯拉和工黨，證明在新的巴西社會中，舊菁英將繼續採取不擇手段。這種民主化未臻完善的代價，就是讓科洛爾當上了總

統——他在任內無能解決總體經濟難題；不停製造混亂、貪贓枉法與世襲政治；他腐敗、追逐私利、被巴西特權圈當成大撈油水的工具；他還有自我膨脹的問題。新自由派笨拙地實行強硬的私有化及解禁政策，讓已經很不平等的社會更加兩極化；保安部隊解編之後，隨之而來的是，違法與破壞秩序情事持續發生、犯罪率上揚，還有國內毒品工廠出現，都市武裝幫派組織也隨之而生。

　　巴西足壇似乎也跟上腳步。從「瘋狂球迷」（torcidas）* 更精心安排煙火秀，以及球場上開始出現槍枝與刀械，就可看出端倪。在足球場上興起一股新風潮：教練與球員又改回「強力足球」，而且打法更極端。來自巴拉那州及南里奧格蘭德州工業小城的球隊都是引領這種風潮的代表者；格雷米奧隊及科里蒂巴隊還用這種打法贏得全國聯賽冠軍。桑塔納為此提出警告：「在巴西，你用什麼方法贏並不重要。人們正使用一種非常暴力的形式踢足球。」[16] 一九九〇年，在巴西贏得上一次世界盃冠軍之後過了二十年，巴西隊由塞巴斯蒂奧‧拉扎羅尼（Sebastião Lazaroni）領軍，到義大利打世界盃。拉扎羅尼出身於軍事學校，他強烈偏好訓練球員的體能與肌肉，同時嚴格演練歐式清道夫陣型。拉扎羅尼確信清道夫陣型可以治好巴西足球的痼疾，在此之前他還為此寫過一篇博士論文。一開始，巴西隊中的氣氛不是很愉快，他們被謠言籠罩：隊長鄧加（Dunga）和卡雷卡槓上彼此；隊員欠下的大筆酒錢，球隊不打算買單；球員無法配合贊助商的要求以及履行合約上的義務。在球場上的狀況更糟。巴西踢了四場，只得四分。他們的心態非常消極被動和小心翼翼，拉扎羅尼不斷派出清道夫和防守型中場對付哥斯大黎加。巴西勉強得了一分。對上哥斯大黎加，只得一分，讓人滿是問號。阿根廷了結了悲慘的他們。第八十一分鐘，馬拉度納給了克勞迪奧‧卡尼吉亞（Claudio Caniggia）空間和時間進攻，最後巴西又一次沒拿下世界盃就打包回家。

---

* 　譯註：源自巴西的非正規球迷組織，會在足球場上燃放煙火來為球隊打氣。

VI. 拉丁足球步下神壇

　　一九七三年，哥倫比亞正在申辦八六年世界盃，當時總統博雷羅博士（Dr. Borrero）還在國內迎接國際足總代表團的到訪：

　　這是所有人的共同心願：向世界證明，像我們這樣的國家，體育管理部門完全可以接下這個挑戰，同時向其他國家宣示，我們有能力在一九八六年舉辦如此大規模的賽事。[17]

這些話聽起來很樂觀，但那是在一九七三年，古柯樹的種植還沒盛行＊。很悲劇性地，十年之後這個國家無法證明它的能力。八二年，西班牙世界盃在馬德里落幕，同一時間在哥倫比亞，謀殺和綁票人數持續攀升，加上幾起足球場剛發生的慘劇，都讓國際足總非常緊張。正當哥倫比亞人試圖保住主辦權，國際足總已準備好要派出特別調查團，其目的只有一個，即宣布哥倫比亞沒有能力舉辦這項錦標賽。波哥大方面在八二年下半年宣布退出，他們留住了面子，而不是被國際足總褫奪主辦權。

　　由於要給誰主辦還在未定之天，加拿大、美國、巴西和墨西哥進場申辦。加拿大的申辦計畫看起來不是很認真。至於巴西，考慮到該國足壇一團糟的官僚作風，他們的申辦計畫會是一件很大的冒險。國際足總的哈維蘭吉堅持巴西足協的主席必須下臺，否則一切免談。結果，巴西足協現任主席辭職下臺，由哈維蘭吉倒楣的女婿里卡多・塔克薛拉（Ricardo Teixeira）接任。但是接下來巴西放棄申辦。哈維蘭吉無計可施。看來，真正的戰場會是在墨西哥與美國之間。美國提出了一套亮眼的申辦計畫。這套計畫背後的支持者為時代華納集團，他們也是美國足球聯賽的主要贊助商。時代華納肯定擁有足夠的影響力，才能讓尼克森與福特總統時代的國務卿季辛吉，擔任申辦世界

＊　譯註：古柯樹的葉子可以提煉成古柯鹼，哥倫比亞之後成為大宗生產古柯葉的國家之一。

盃的代表人。季辛吉花了六個月的時間到世界各地做公關，最後向位於斯德哥爾摩的國際足總執行委員會提出全面且詳細的會報。不過，哈維蘭吉捷足先登，他三兩下就說服委員會採納他自己的提案，即墨西哥。墨西哥代表團花了八分鐘簡報，接著就準備去慶祝申辦成功。季辛吉考慮向國際足總提告，時代華納撤掉美國足球聯賽的贊助，兩者後來都遇到同樣的競爭對手，墨西哥媒體巨擘特萊維薩集團（Televisa）。

　　墨西哥對哈維蘭吉來說是一塊可以做生意的地方。在政治上，這個拉丁美洲國家相當穩固，近年來沒有軍方大煞風景的干涉；在電信上，也沒有不堪入目的電視暴力，還有進步的通訊設施。兩項優勢層面不同，但溯本追源，就得提到特萊維薩。從一九二〇年代起，革命體制黨（PRI）獨攬政權，為墨西哥打下穩定的政治基礎。墨西哥定期舉辦選舉，允許合法反對黨及少許言論自由，但沒能改變操弄選舉、買票，以及政治分贓系統高度組織化及制度化的現象——這些都是革命體制黨確保政權的手段。在墨西哥的電視領域中，特萊維薩擁有類似的支配地位，從未受國家資助的小型電視臺威脅。革命體制黨認定，特萊維薩的傳播霸主地位不會動搖；特萊維薩則與其達成互惠協議，以政治新聞報導帶風向（或是封鎖消息），作為酬謝；雙方的資金往來愈來愈密切。該公司的創辦人兼總裁，埃米利奧‧阿茲卡拉加（Emilio Azcárraga）還會定期捐款給革命體制黨的總統競選基金。

　　一九六〇年初，阿茲卡拉加聘用薩卡特佩克隊（Zacatepec）主席，吉列爾莫‧卡涅多（Guillermo Cañedo），擔任公司的電視部門經理人。他一手將美洲隊扶植為該公司的自有球隊。接著他勤奮遊說，並靠著特萊維薩亮眼的電信技術與設施，讓墨西哥擠下阿根廷，贏得七〇年的世界盃主辦權。卡涅多繼續籌辦世界盃，並支持哈維蘭吉出馬競選一九七四年國際足總主席，挑戰現任的勞斯。哈維蘭吉則給予卡涅多國際足總副主席一職，作為酬謝，但據說卡涅多從未忘記他是特萊維薩最重要的一員。卡涅多亦擔任中間人，在一連串與國際足總、特萊維薩、阿茲卡拉加和哈維蘭吉有關的媒體交易案中斡旋協調。這些人的關係變得非常如此親密，哈維蘭吉還會搭乘阿茲卡拉加的私人飛機，從西班牙世界盃返回巴西。特萊維薩如今已是規模巨大的集

團，旗下擁有的傳播網絡和公司遍布美國及拉丁美洲，所製作的西語節目比任何公司都還多，投資也遍及墨西哥大小產業。一九八六年，墨西哥再度取得世界盃舉辦權，卡涅多負責籌辦。特萊維薩取得電視轉播權，並且出租與販售攝影棚及其他媒體設施給外國媒體。

　　一九八五年的墨西哥市大地震是該國有史以來最嚴重的天災；至少有一萬二千人喪生，該市絕大部分的基礎設施失去作用。特萊維薩和哈維蘭吉都沒有為此驚慌失措。墨西哥市的球場沒有受到地震影響。哈維蘭吉發給卡涅多的電報說：「連地震也很重視足球。」特萊維薩很確實地將新聞焦點集中在重建與恢復日常生活上，對於房子壓死人沒有太多不必要的著墨。但即便是老練的特萊維薩，也無法隻手遮掩墨西哥的真實情況。比較一下七〇年與八六年的墨西哥世界盃就可以明白。七〇年世界盃的行銷與廣告做得很不專業，以至於「巴西—英格蘭」對戰時，瓜達拉哈拉球場上的觀眾少得可憐，只坐滿四分之一，差不多就是一間倫敦卡納比街（Carnaby Street）上的男裝店「約翰・史蒂芬」（John Stephens）可容納的人數；八六年的世界盃，情況完全不一樣了，所有的賽事都被國際足總簽下多國贊助。還有一點，八六年的票價明顯地高過以往，而遭到批評。卡涅多對此刻薄地回應：「大家都有電視。」當人們質疑他接受香菸商贊助時，他同樣也沒有絲毫悔意。

　　回到足球場上，拉丁美洲打了一場混戰。烏拉圭被丹麥以六比一攻城掠地，只能靠著踢和蘇格蘭勉強晉級第二輪，但接著被阿根廷痛擊，淘汰出局。巴拉圭自從一九五八年打進第一輪之後再度回到世界盃，這次他們很高興能挺進第二輪，不過仍被英格蘭淘汰出局。地主隊墨西哥踢出佳績，在八強賽遭遇西德，雙方零比零和局後進入點球大戰，結果墨西哥熄火敗北。巴西在同一輪賽事中也上演相同戲碼，輸了給法國。不過一九八六年的墨西哥世界盃，拉丁美洲只有一個球隊、一個球員大出風頭，那就是阿根廷隊和馬拉度納。前面已經提過，阿根廷在畢拉多的執教之下打進世界盃。畢拉多的風格跟前輩梅諾蒂完全相反，他謹慎小心、有條不紊，大量使用鏟球與球踢走的策略，採取防守性打法。隊中大多數人都依循這樣的模式踢球，但是畢拉多有比這更聰明、更偉大的球員：布魯查加（Burruchaga）、巴爾達諾

（Valdano），以及馬拉度納。整體來說畢拉多的訓練十分死板，但他還是知道，應該給予這些球員充足的空間和自由，讓他們可以發揮天分。賽事愈來愈精彩，給了一個最適合馬拉度納展現其經典球技的舞臺——與英格蘭的八強戰。

1986 年 6 月 22 日

阿根廷 2—1 英格蘭

墨西哥市，阿茲特克球場

> 求眾位天使和神差護佑我們！
>
> 無論你是善魂還是惡鬼，
>
> 帶來的是天上的祥氣，或是地獄的煞氣，
>
> 不問你存心惡毒，或用意仁慈，
>
> 你的行跡可疑。
>
> 上前一步吧，我要問你話。
>
> ——哈姆雷特（*Hamlet*）第一幕第四景

墨西哥毒辣的太陽幾乎直射整個阿茲特克球場。廣播用的喇叭被串成一串，高高地架起來，投射在球場中圈上的影子好像一根狼牙棒。球員們在加油歌聲中整隊行進。他雙腳扒著地面，好像一匹停不下來的小馬。他大張鼻孔，吸進稀薄的空氣，再噴出來。他鼓脹著上身，加上他瘦長的雙腿，看起來非比尋常。他的胸腔又高又寬，好像一頭小牛。他是一隻牛頭人身的怪物。

　　阿根廷的第一分由馬拉度納拿下。他輕巧地進入空檔，接下傳球，轉身奔向英格蘭球門。他的四周好像佈下了五芒星陣，有某種力場將靠過來的英格蘭球員彈開，整個中場為他開了一條路。忽然馬拉度納將球彈向右側，來到罰球區邊上的巴爾達諾面前。球滑出他腳邊，他身後的賀智（Hodge）大腳一伸，將球高高地踢進罰球區內。門將希爾頓（Shilton）跑出球門區，馬

拉度納繼續向前跑，兩人都朝球的方向躍去。馬拉度納被擠到了，他身體緊繃，縮著頭，膝蓋彎曲，雙腿往後扳，同時一手緊握拳頭。而另一隻手，高舉過頭，對著球用力一擊。在那個當下，他嘴巴張的老大，高聳的粗眉毛頓時垂在臉上，他嚇住了，好像一隻滴水嘴獸（gargoyle）。

第二分，也是由馬拉度納拿下，他先是在後場距離中線五公尺處接下球，然後一百八十度轉身向後跑。球牢牢地在馬拉度納腳下，好像進了陷阱一樣。馬拉度納帶著球過了兩名前來包抄的英格蘭球員，列特（Reid）和比爾茲利（Beardsley），接著加速向前。他的腿好像變長了，步伐比以往更加輕盈、更加迅速。你可以看見，全速之下的他宛如生出翅膀飛翔。在敵方的包圍之下，他步法精準，優雅地用足尖點球。突然間，他減速了，改以小步伐前進。馬拉度納準備轉身，好越過前來防守的英格蘭球員。他轉身、做假動作、佯攻、再閃身過人，把英格蘭人騙得團團轉。最後一刻，馬拉度納一個滑步，閃過希爾頓以及絕望的畢查（Butcher）。在得分的過程中，他的雙腳就好像沒回到地面一樣。

在四強賽中，馬拉度納也使出了同一招得分。在墨西哥毒辣的午後陽光下，他同樣敏捷地橫越草地，連過身穿紅衣的比利時球員，然後伺機射門。到了決賽，阿根廷遭遇西德。即時阿根廷已經先拿下兩分，仍無法澆熄西德的求勝意志，西德照著事先擬好的戰略攻下兩分，將比分拉回二比二。第八十五分鐘，馬拉度納發現德國人的嚴密防守出現了一道空隙，便傳球穿過人群，正在罰球區右外側的布魯查加接到了球，最後射門得分，三比二結束比賽。

決賽結束時，觀眾大量湧入場中。這是阿根廷最後一次打進世界盃決賽；馬拉度納也是阿根廷最後一個捧起金盃的隊長。不只國際足總官員及全球媒體，連人們都爭相來看他。如果說，未來有人要寫一段關於馬拉度納的歷史，他會說這是馬拉度納進入神之領域的時刻嗎？他的確是的，因為那年秋天，

馬拉度納在南義大利拿坡里隊（Napoli）的聖保羅球場再度步下了神壇[*]。

VII. 足壇、政治和黑幫

　　如果說，軍事統治和民主回歸路上的不確定性，給了拉美南部地區發展足球的主旋律，那麼安地斯山區的足球則是在另一種脈絡下脫胎成型。祕魯和哥倫比亞，都歷經足球國際化成功（或足球因國際化而被冠上惡名）的年代，也各別在一九三〇及五〇年代創造了相對積極的足球文化，接著一齊失去維持的動力。後來祕魯在七〇年代，哥倫比亞在八〇年代，政治與經濟上有了重大轉變，同一時間也兩國的足球也歷經了一段復甦期。在五〇年代早期，哥倫比亞的職業足球賽是一種特別的舶來品，由國際足總負責維持和營運；同時在經濟上，咖啡出口產業為哥國發了一筆橫財，而在政治上，鄉村和都市受到民眾暴動威脅。五三年，哥倫比亞重回國際足總。哥倫比亞足球存活了下來，它的頂尖球隊擁有高超的球技，但太不穩定，無法衝擊外面的世界。一九七〇年代早期，哥倫比亞首度申辦八六年世界盃，但他們根本沒有規格和品質符合世界盃主辦標準的球場。還是一個老問題：即便六〇和七〇年代政治那麼穩定，都市化及經濟發展的程度也還算可以，為什麼足球還是在垂死邊緣呢？

　　一九三〇年代，祕魯足球取得了許多成功的足球文化所必備的關鍵元素。足球已經很明確地從盎格魯人與克里奧人（criollo）[†]菁英的比賽，轉變為都會普羅大眾的比賽。不僅如此，足球還跨越了種族——白種祕魯人、歐洲白人與印地安族的後裔、與黑人——的界線。在三〇年代中期的利馬，踢足球的人多到可以組成半職業的聯賽，到了五一年，祕魯聯賽改成職業聯賽。首都的俱樂部都是老字號了，像是利馬聯隊和祕魯體育大學隊（Universitario

---

*　譯註：從一九九〇年開始，馬拉度納表現差強人意，開始走下坡。一九九一年馬拉度納因被查出使用古柯鹼而被禁賽，後來他離開了拿坡里隊。

†　譯註：criollo 原本指西班牙語系殖民者在殖民地的後裔，在祕魯則是指沿海一帶混合了西班牙人、非洲人、原住民和吉塔諾人（Gitano）元素的族群。

de Deportes），他們彼此較量運動成就與社會地位，為比賽帶來活力。一九三〇年，祕魯參加世界盃，由於當時足球尚未擴展到鄉村地區，國內的通訊也不發達，以至於沒有考慮徵召各城市好手，組成全國聯隊，而僅在首都的利馬聯和祕魯體大隊中挑選好手，組隊出賽，但也沒能在烏拉圭的世界盃中造成威脅。

一九三六年，祕魯第一次參加夏季奧運。由多種族組成的祕魯足球隊很有實力，是該國史奧運代表團中的珍寶。他們在柏林闖進八強，對上奧地利；上半場他們零比二落後，到了下半場，他們把比數追平，然後在延長賽中踢進兩球，最後四比二贏得比賽。當維拉紐瓦（Villanueva）拿下第四分的時候，有一些歡欣鼓舞的祕魯人跑進場中。當天稍晚，國際足總認定，由於觀眾「闖進賽場」（pitch invasion）*，因此宣布比賽無效，必須重踢。謠傳希特勒因為德國失去奪冠的機會（他們在一開始的比賽就輸給挪威）而堅持要奧地利出賽。憤怒的祕魯人被召回利馬，奧地利則是在決賽中輸球。一九三九年，祕魯舉辦美洲盃足球賽並贏得冠軍，雖然巴西和阿根廷沒有參加。後來，祕魯隊都沒衝擊到美洲盃與南美自由盃，而且它的球員在國外幾乎沒有能見度，一直到一九七〇年，祕魯才打進世界盃。儘管祕魯人為培育出成功的足球文化做了不少準備，但祕魯足球還是消失了。

究竟，拉布拉他河流域和巴西盆地足球文化歷經了什麼，才得以有別於這些安地斯地區的足球文化？為何前者能夠創造出成功的職業聯賽，而且還能持續發展下去？關鍵就在於政權本質上的差異，前者的統治者在拉丁美洲足球產業化的過程中起了監督的作用。在裴隆主義者掌控的阿根廷，以及在巴爾加斯治下的巴西，國家很有興趣發展足球，因為這兩個政權都想把都會新工人階級納入全國政治與經濟計劃之中；而這些都會工人的共通點就是看足球和踢足球。而在祕魯和哥倫比亞方面，城市與鄉村窮人成立的新興社會、運動與政治組織分別在一九四〇和五〇年代被查禁。在祕魯，激進派阿普拉黨（APRA）的革命曇華一現，其後政權被少數利馬菁英與軍隊把持。在哥

---

* 譯註：通常是指在體育比賽結束後，大批觀眾從看臺湧入比賽場地，表示歡慶或抗議。

倫比亞，五〇年代中期的「暴力時代」（La Violencia）終結了來自左派與農民革命的直接威脅。受夠了來自底層人們威脅的哥倫比亞保守派及自由派政黨創造出一種政治體制，可以讓兩者有系統地分配官位、金錢和權力。安地斯地區的菁英不想要也不追求民粹政治；足球對他們來說是沒有用的東西。

　　利馬以及祕魯全國的民眾很容易衝動，也很玻璃心，暴力行為在球場中明顯可見，特別是在一九六四年八月，祕魯與阿根廷在利馬國家體育館爭取奧運資格的那場比賽。阿根廷一比零領先，後來祕魯追平的那一球被裁判判定不算分。一名觀眾翻牆跳進場內，想要對裁判提出抗辯，接著又來了第二名觀眾，當他們到裁判面前，看臺上的觀眾開始向場內丟東西，一時間萬物齊飛，如雨般落下。警察進場，直接向群眾丟擲催淚瓦斯，在警棍揮舞中人們大肆逃竄。由於球場的門被鎖起來，梯子又很破爛，服務人員也不見蹤影，結果很明顯──這成了足球史上最大的災難。超過三百五十人死亡（主因是窒息身亡），還有超過五百人受傷。類似的情形，在五七年美洲盃祕魯對上巴西的比賽中也看得到，而且是同一個球場。那時候巴西已經因為吉吉的罰球得分而領先，裁判又給出判決，讓巴西隊有第二次點球的機會，結果裁判遭到祕魯全隊毆打。比賽被迫中斷，那名裁判為了安全起見，還得在當晚偷偷地溜出這個國家。

　　一九六八年，在胡安・貝拉斯科・阿爾瓦拉多將軍（Juan Velasco Alvarado）領導的軍團之下，祕魯實行政治改革。阿爾瓦拉多打出「二次獨立」（a second independence）的口號，他推動激進的產業國有化、土地改革，以及土地重新分配計畫，試圖解決鄉村地區人民窮困與盜賊肆虐的問題，但長期以來都沒有成果。愈來愈偏激的軍方，看到政治菁英長期動員農民和工人打壓新工人階級，便試圖收編這些人。當時社會劇變，階級鬆綁，產生了不少球員，這些新工人階級對於新出現的球員都很著迷。這些球員第一次現身，是在七〇年的世界盃（上一次祕魯參加世界盃是一九三〇年）。祕魯挺進八強，打了一場具有娛樂性、大開大闔的比賽，最後以四比二輸給巴西。那是決定性的時刻。第一次，祕魯舉國上下看著祕魯第一家電視臺的比賽轉播，而軍政府也大做文章，將這支球隊當作全國團結與自立自強的指標人物。

　　這支球隊在一九七五年更上一層樓。在美洲盃四強賽中，祕魯的總積分和巴西同分，最後擲硬幣決定祕魯進入決賽；在決賽中，祕魯擊敗哥倫比亞，拿走冠軍。該隊的核心球員在七八年打進世界盃，甚至（在報紙上的評價）更好。根據《體育畫報》，中場三人組塞薩爾・奎托（César Cueto）、荷西・貝拉斯克斯（José Velasquez）和特奧菲洛・庫維拉斯（Teófilo Cubillas）是「世界最佳組合」——雖然他們被阿根廷零比六擊敗，他們的天分和場上舉止都令人疑惑。八二年，這批球員打進世界盃，被波蘭人以五比一痛擊，這是祕魯最後一次出現在世界盃，他們走到道路的盡頭了。此時貝拉斯科那種由軍方主導重分配政策的民粹主義突然失去了動力和政治盟友。保守派軍事將領在一九七五年將其撤換，接著花了五年的時間大舉外債，為的是讓一場經濟歹戲繼續演下去；這一路上他們躊躇不前，無法決定自己的政治未來。八〇年，軍方交出政權，留給總統貝朗德（Belaúnde）一筆爛帳以及被蹂躪到體無完膚的經濟狀況。另外，在祕魯的鄉村地區不是到處有人造反（例如拉美的毛派政黨「光明之路」〔Sendero Luminoso〕就發動一場意圖擾亂時局的恐怖活動），就是被新一代的毒梟與古柯葉加工者一手掌控。

　　在祕魯，日常生活中常有暴力事件，加上滿懷恨意、手段骯髒、以暴制暴的反恐戰爭也在城市與鄉村上演，這些暴行日益增加，打擊著足球，以及祕魯社會其他的每個層面。一九七〇年代的外債留給這個國家毀滅性的經濟崩潰，更糟的還在後頭，國際貨幣基金組織的結構調整方案讓這一切更加惡化。一九八六年，剛選上的賈西亞政府開始將利馬的權力與資源分散到祕魯其他各地。祕魯足聯也照著做，他們安排了一個迷你聯賽，由三個地區冠軍和亞軍參加，如此將產生這國家第一個如假包換的全國冠軍。不過，祕魯的交通基礎建設無法配合政府（或足協）打破地理限制的野心。由於沒有可用的全國性道路或鐵路系統，搭飛機是唯一的選擇。但從祕魯贊助商與觀眾方面賺來的微薄收入根本就不夠付坐飛機的錢。即便俱樂部付得起機票，祕魯的商用飛機有半數不能飛，因為維修零件不是太爛，就是沒人在管，甚至經常性的缺件。軍方挺身而出，以極有競爭力的價格出租軍用貨機。只是當時沒什麼飛航規定與檢查，如果有的話也都很鬆散。在這樣的背景之下，大事

發生了。年輕的利馬聯隊到亞馬遜森林地區與普卡爾帕體育隊（Deportivo Pucallpa）比賽，並以一比零擊敗普卡爾帕體育隊。他們最近的賽程表上還有七場比賽要打，於是在賽後就立即搭上一架海軍的交通機。飛機在下午六點三十分起飛，最後通聯時間是在下午八點十五分，當時飛機在太平洋上空，正朝利馬方向接近中，之後飛機就墜機沉入海中，機上四十三名乘客全部罹難。這起空難立即引起人們廣大的回應。利馬聯隊的支持者聚集在全國各地的舊街區，尤其是利馬聯主場所在地的維多利亞區（La Victoria）；民眾點亮蠟燭，將球隊的球衣、徽飾與照片擺在一塊，當作臨時的紀念區。球迷和家人沿著海灘做地毯式搜索，尋找極有可能被沖上岸的發脹的遺體；當人們找到找到罹難者時，他們列隊將遺體運送回家鄉。在利馬，每個足球場有人在守靈。利馬所有的教堂都為死者舉辦宗教儀式。賈西亞總統和利馬樞機大主教里基茨（Ricketts）都公開悼念，表達他們的失落與無法置信。只有海軍保持緘默。

　　整個利馬城愈來愈習慣哀傷。在安地斯高地與亞馬遜地區，光明之路、毒梟、軍隊，以及民間義勇軍之間的武裝衝突達到了高峰。從一九八〇年到二〇〇〇年，這二十年之間，有六萬九千人喪生，而一九八七年，戰爭正朝向利馬逼近。光明之路早在前一年（也就是八六年）暗殺卡洛斯．龐塞少將（Carlos Ponce），宣示他們有能力將黑手伸到首都。接著八七年初，有一群支持社會主義的國際領導人到祕魯參訪，於是利馬一間大型監獄的政治犯及其他受刑人便打算策劃一場暴動，時間就選在參訪的那天。結果海軍射殺了三百名囚犯，釀成一場大屠殺。為了報復，光明之路的游擊隊重回利馬，射殺海軍總司令卡費拉中將（Cafferate）。祕魯陷入一片恐懼，以及對於武裝部隊（特別是海軍）的嫌惡。在這樣的氛圍中，流言開始在街頭、報紙、電視上傳來傳去。謠傳利馬聯隊慘劇並不是什麼機械故障造成的事故，而是球員在飛機上發現古柯鹼，證實了軍方涉嫌販毒的傳聞；被逮個正著的海軍軍官只好射殺球員，讓飛機墜毀；這給了大家一個滿意的解釋。不管這則都市傳說帶來什麼安慰效果，都無法挽救利馬聯隊的比賽成績。他們完全崩壞，輸給祕魯體大隊，年度冠軍拱手讓人，在接下來的十年一個冠軍都拿不到。

　　自一九五〇年代以來，哥倫比亞的足球成績比祕魯還更不起眼。不過在一九九〇年之前，它的球隊打進五次南美自由盃決賽，贏了其中一次；在九〇年世界盃，他們還表現得很勇猛。哥倫比亞足球若要在一時之間加速發展，不只需要剔除舊政權，還要挹注資金，但這筆錢數目很大，連該國舊菁英和正當生意人都賺不到。這兩個問題可以藉由新興的哥倫比亞產業獲得解決。不過，雖然古柯鹼讓人（還有經濟）飛天，但為此哥倫比亞付出與日俱增的慘痛代價。自由派與保守派在一九五〇年代的政治分贓阻止了一場菁英內鬨，但那無助於解決國內普遍存在的鄉村貧困與都市民怨問題。由於政治空間已被當權者佔走，武裝暴力成了異議分子的宣洩出口。從六〇年代中期起，「革命武裝力量」（FARC，由一群馬克思主義者組成的鬆散聯盟兼革命團體）在鄉村地區發動長期游擊戰及農民叛亂。七〇年代，全球經濟低迷，加上咖啡價格崩盤，讓已經很不穩定的農村經濟被破壞的體無完膚。

　　從美國開始，接著是西歐，古柯鹼變得供不應求，這種永無止境的需求對哥倫比亞產生了極大的影響，毒品工業的勢力出現在社會各個角落；政客、警察、軍隊、法官、記者，還有足球俱樂部，他們全都被收買了。在一九七〇年代晚期與八〇年代早期，販毒集團控制了哥倫比亞主要的足球俱樂部。到了八〇年代中期，甲級聯賽二十支球隊中至少有十七支與販毒集團有密切的關係。對於有些新崛起的大毒梟來說，足球有很大的吸引力。他們就是球迷。巴勃羅・艾斯科巴（Pablo Escobar）對國民競技隊的喜愛就如假包換。足球及其轉會制度為洗錢以及跨境移動資金提供了一個有效的管道。或許最重要的是，足球提供了一個私人贊助的管道，以及衡量一個人權勢與地位的公開標準（贊助的多寡），在傳統的公家與私人機構中，這些門道早就消失殆盡了。例如艾斯科巴，就會特別花錢在練習場和照明燈上面，還會提供足球裝備給居住在美德因的孩童。

　　哥國的經濟和治安陷入危險且日益下滑的狀態，這讓政治人物再三考慮是否在一九八六年舉辦世界盃。不只在街頭，連在球場的看臺上都有愈來愈多的死亡事件。一九八一年，杜利馬體育（Deportes Tolima）與卡利體育隊的球迷互毆，造成一面牆倒塌，十八人死亡。隔年，卡利隊有喝醉的球迷站

在帕斯奎爾‧葛雷諾球場（Estadio Pascual Guerrero）看臺最高處，往下撒尿，造成踩踏事故，有二十二人死亡，超過一百人受傷。哥倫比亞因此將主辦權繳回給國際足總。接下幾年的事件證明他們是對的。一九八三年，司法部長羅德里格‧萊拉‧博尼利亞（Rodrigo Lara Bonilla）宣布：「黑幫已經掌握哥倫比亞足壇。」[18]。六個月後，他遭槍殺身亡。足壇、政治和黑幫，三者糾纏不清的戲碼在八四年賽季中期轟轟烈烈上演。當時埃爾‧波特羅‧莫雷諾（Hernán Botero Moreno），美德因販毒集團的高層兼國民競技隊主席，因毒品交易及洗錢罪嫌而遭引渡至美國。哥倫比亞甲級聯賽很團結一致地關門一個星期。販毒集團評估，引渡程序將嚴重地威脅到他們的地位，於是向哥倫比亞社會及司法體系開戰，這場長時間的戰爭中他們持續使用恐怖的手段大開殺戒。接下來的五年，有數千人中槍倒下、遭到綁票，或被消失；死者包括了二百名法官，一千二百名警察，以及一百五十名調查記者。足壇官方人士也是目標之一。美德因獨立隊、佩雷拉體育隊的主席，以及米倫拿列奧隊的主席赫曼‧戈麥斯‧加西亞（Germán Gómez García）都遭受槍擊。國家青少年隊教練及職業聯賽主席也都被暗殺。調查這些事件的足球記者，例如傑米‧歐提茲‧艾維爾（Jaime Ortiz Alvear）和卡洛斯‧阿圖洛‧梅希亞（Carlos Arturo Mejia）也都遭受同樣對待。還有球員也是目標之一。米倫拿列奧隊的愛德華多‧皮門特爾（Eduardo Pimentel）受傷，他的隊友烏列爾‧德黑素斯（Uriel de Jesús）在快要得分的時候被觀眾開槍射殺。夾在販毒集團與美國緝毒局之間的波哥大當局懇求華盛頓方面做出讓步，並且為了力保僅存的司法人員，他們不顧一切地宣布引渡哥倫比亞人到美國是違憲之舉。

在販毒集團「施打」金錢及贊助之下，第一個表現最「嗨」的球隊是卡利美洲隊（América de Cali）。他們在一九七九年贏得第一個全國冠軍，接著在一九八二年至八六年之間連拿四座冠軍。錢被花在南美洲各國的主力球員身上。阿根廷人繼黃金時代後再次回到哥倫比亞，包括國際球員里卡多‧加雷卡（Ricardo Gareca）和荷西‧路易斯‧布朗（José Luis Brown）。卡利美洲隊證明了他們的實力足以挺進一九八五年至八七年的南美自由盃自由盃決賽，不過這三場決賽他們都輸了。顯然除了錢和引進球員，還需要其他東

西。在艾斯科巴的主政之下，國民競技隊實行過灑錢在外國球員與教練身上的類似策略，但只有八一年那一次的冠軍可以拿出來炫耀。艾斯科巴在八七年改掉這個策略，他聘用哥倫比亞籍黑人教練法蘭西斯柯‧馬杜拉納（Francisco Maturana），馬杜拉納接著創造了一支全部都是哥倫比亞人的國民競技隊。

乍看之下，馬杜拉納貌似在正常選項的範圍之外。他大學畢業後，曾經當過執業牙齒矯正師；後來他在國民競技隊踢過球，那時候表現亮眼，也有過短暫的國際職業生涯；他曾在地方小隊卡爾達斯十一人隊（Once Caldas）擔任過一年的教練，除此之外沒人知道他在這方面的能耐。曾有一個評論員說過：「艾斯科巴這不只有錢，還有想像力……他直覺認為馬杜拉納是名偉大的教練。那時候沒人知道他。」[19] 馬杜拉納要國民競技隊採取獨特的「四四二」陣型。這種陣型的後方有組織良好的堅固防守，中間是兩名防守型的中場球員，這兩名球員會製造空檔與時機給附近的控球中場和擅於快速過人的球員。馬杜拉納鼓勵球員表現自我，並且配合他們的技術在場上加以運用與試驗。馬杜拉納有自覺地將哥倫比亞流行文化的傳統——音樂和舞蹈——應用在足球上。一九八九年的南美自由盃八強賽，國民競技隊在場上舞動身軀，將波哥大的米倫拿列奧隊甩到身後；四強賽中，他們一個側身跨步，閃過蒙特維多的多瑙河隊（Danubio）。但接下來顯然只有舞蹈還不夠。在決賽第一戰中，國民競技隊遠征至亞松森，以零比二輸給巴拉圭的奧林匹亞隊。第二戰回到波哥大，當天有人給了阿根廷裁判胡安‧卡洛斯‧魯斯道（Juan Carlos Loustau）美金十萬元，要他力保國民競技隊。他拒絕了這筆錢。當晚國民競技隊追平比數，將比賽帶入延長賽，接著在點球大戰中贏得比賽。洛斯陶被人請到一臺車上，車子在城裡瘋狂慶祝的大街上兜了四十五分鐘，結束之後車上的人告訴他：「現在你知道我們可以做任何我們想對你做的事了吧。下次最好給我記得。」[20] 然後他被拖出車外，同時間槍聲和鞭炮聲四起。到了早上，這名裁判被二十名民眾發現橫屍街頭。

隨著販毒集團還有口袋滿滿的成員在足球賭盤豪擲千金，導致哥倫比亞足球的賭金愈來愈高。一九八八年十一月，裁判阿曼多‧佩雷斯（Armando

Perez）在美德因被人持槍綁走，在市區幾乎兜了一整天，這些頂尖球隊的「代表」警告他：「做出錯誤決定的人，我們格殺勿論。」。八九年賽季初期，艾拉羅・奧特加（Alvaro Ortega）在美德因獨立體育隊和卡利美洲隊的比賽中做了錯誤的判決。十一月的時候兩隊回到美德因比賽，他就被槍殺身亡了。一位不具名人士向當地報社通風報信，他說其他同樣做了錯誤判決的裁判也會有類似的下場：「我不明說有誰，但我們還有我們的老大都輸了大筆錢，就因為這場獨立隊對美洲隊的比賽大錯特錯。」[21] 原本預定在一九九〇年哥倫比亞世界盃出場的賽會官方人員全都辭職不幹了。哥國最資深的裁判黑素斯・狄亞茲（Jesús Diaz）寫信給哈維蘭吉：「我的太太和小孩求我放棄當裁判。事關生死，你必須考慮其他人的感受。我不能再折磨我的家人了。」[22] 哥倫比亞足協宣布：「子彈的律法正在扼殺我們的運動。球員們在比賽中飽受身心脅迫與威脅，我們不容許這樣的比賽再繼續下去……不要再有死亡，不要再有屠殺，不要再有流血。」[23] 剩下的賽季被終止。一九八九年，哥倫比亞沒有冠軍，只有層出不窮的流血事件。

第十六章

足球與自肥政策：
非洲（1974-1990）

如果一個政治實體向同一個旗幟敬禮、採用共一首頌歌、同一句座右銘，以及在儀式性或教育性場合上使用同一段誓詞；如果一個政體，它的足球隊上戰場時大家會不去分你我、齊心作戰、炫耀共同的護照和共有的資產，以及以某種合意的形式分配經濟資源——即使這種分配制度會定期遭受挑戰；如果這個政治實體這樣做已持續了一段相當的時間⋯⋯那麼它才可以被當作一個真正的國家。

——奈及利亞作家，渥雷・索因卡（Wole Soyinka, 1934-）[1]

它可以讓年輕人昏倒、聖人飆髒話，強壯者變虛弱，持續一整天。

——奈及利亞作家，山謬・阿克帕波特（Samuel Akpabot, 1932-2000），

《奈及利亞足球》（*Football in Nigeria*）

I. 繁星再度升起

　　一輛軍事直升機在阿克拉球場中圈上方盤旋後搖搖晃晃地下降。直升機的側門滑開，渾圓的金屬機腹裡有一些足球被擲了出來，投向青黃相間、乾透了的草皮。接著又有一些些。再接著，一大袋的球掉到中線上，往兩邊散落，這些球很快地便星羅棋布在球場上——一九七八年非洲盃即將開打。迦納的軍人政府財庫空虛，無法提供「麵包與馬戲」給人民，他們只有這些鳥餌可以撒。他們並不是沒有時間準備。一九七二年，阿昌龐將軍（Acheampong）發動政變，撤換布西亞總統（Busia）所領導的迦納第二共和政府。迦納的軍事將領譴責這些政治人物，說他們腐敗、自私自利、對衰退的經濟和國家足球隊見死不救。阿昌龐任命自己為國家清償委員會（National Redemption Council，迦納的統治機關）主席，同時接掌體育部。兩年後，將軍為迦納爭取到一九七八年非洲盃主辦權，並期盼他的政權可以在政治與運動上雙雙獲得成功。但他的成功也僅只於此。儘管阿昌龐單方面終止恩克魯瑪與布西亞留下來的多筆外債，剩下的外債重新安排償還債務計畫，還為了經濟自主而將外國企業收歸國有，但資金正在逃離這個國家，疲軟的匯率可媲美可可脂 *，而且經濟狀況持續惡化。迦納人民走上街頭但遭到鎮壓，武裝軍隊在街頭掃蕩，接著各所大學遭到關閉。軍方除關閉立場獨立的報社，也一意孤行地通過法律，禁止散佈謠言。阿昌龐將軍的解決之道，就是建立一個以文人為基礎、但軍方在內閣永遠大權在握的政府，然後再施行永久黨禁。這個提案被包裝成公投，排定在非洲盃決賽後的第一個星期舉行。阿昌龐公投通過的必要條件就是：迦納要贏得一九六五年以來的第一個冠軍。阿昌龐和籌備委員會主席辛皮·阿散蒂上校（Simpe Asante）全力投入這項任務。黑色繁星得到妥善的金援，這是自恩克魯瑪垮臺以來的第一次。至於來訪的隊伍，他們竟敢來迦納打球！磨練和苦難已經準備好，正等著他

---

* 譯註：迦納是很有名的可可脂出產國。

們呢。想當然爾，黑色繁星進了決賽。他們的對手是烏干達。

烏干達的足球在一九六二年脫離不列顛獨立前後的那幾年非常落後。國家隊「非洲之鶴」（the Cranes）*在六〇年代都沒能打進非洲盃，他們的足球俱樂部在國外也沒有亮眼的表現。後來伊迪・阿敏將軍（Idi Amin）掌權，這種情形才有所改變。一九七一年，當時的總理彌爾頓・奧伯托（Milton Obote）離開烏干達，前往新加坡參加大英國協首腦會議（Commonwealth Conference）。他留下指示，大意是逮捕阿敏及其支持者。阿敏一開始受到攻擊，接著發動政變，反而拿下控制權，隨後馬上針對軍隊中忠誠度不夠的人展開大屠殺。軍官被安插到該國每一個機構的高階職位；軍事法庭的位階也被置於民事法庭之上；各種命令從軍隊的營房中發出，統治整個國家。阿敏年輕時在英軍中曾是名有天分的拳擊手，現在他也看上了國家足球隊，希望他們能為他的政權帶來榮耀與威望。

國家隊是除了軍隊以外少數會引起阿敏注意（他的注意力是有名的差）的機構之一。阿敏定期提供小額金錢給有天分的攻擊手，像是菲利普・奧蒙迪（Philip Omondi）、「坦克」史丹利・馬里布（Stanley 'Tank' Maribu）等，並招待他們坐總統專機去利比亞首都的黎波里血拚。於是突然間烏干達連拿了三屆非洲盃冠軍（一九七四、七六、七八年）。現在，他們到了迦納。他們實力堅強，在小組賽中打敗摩洛哥和剛果，接著踢走奈及利亞，拿下他們第一座也是唯一一座的非洲盃冠軍。

1978 年 3 月 18 日

迦納 2—0 烏干達

迦納，阿克拉球場

阿昌龐將軍換下工作服，穿上一襲白西裝，人就坐在貴賓包廂，流著

-----

* 譯註：烏干達國家隊的暱稱。該國國旗上有一隻灰冠鶴。

汗──非洲盃決賽正在他眼前上演。他頭上的汗水閃閃發亮。他啜飲著杯中的甘邑，然後吞入喉中。他點了一根又一根的雪茄。他正等待得分的時刻，這些得分將會為球隊贏得比賽、贏得非洲盃決賽，更會助他贏得公民投票以及保住權力地位。在靠近烏干達首都坎帕拉的某個地方，阿敏將軍正在聽廣播，他也在等待即將贏得比賽、贏得非洲盃，以及助他保住權力地位的得分時刻。高層統治者必須把他們的命運押在一場足球賽上，他們已經走到這般險境了。奧普庫・阿弗萊耶（Opoku Afriye）在上半場的一記得分讓黑色繁星領先一步，但那並不能保證什麼。接著阿弗萊耶奮力一踢，球穿過了守門員的指尖。阿昌龐將軍抽出他的白色大手帕，擦去額頭上的汗。迦納贏得冠軍。他遞出獎盃，然後搭上直升機前往總督府。他贏了三月的公投，但那只是表面上。結果還是一樣，他在另一個突襲行動中被罷黜下臺，接著被送去槍斃。辛皮・阿散蒂上校被處以十年勞役。阿敏將軍派兵至坦尚尼亞，結果輸了戰爭。

II. 黑色旋風席捲歐陸

在上個世紀的後半，非洲最卓越的知識分子渥雷・索因卡就已看出國族與足球之間不言自明的密切關係。這一切不是巧合。非洲在石油危機後歷經了好幾十年的低潮，在這段期間，有兩個國家，分別是一九六○年代恩克魯瑪治下的迦納，以及七○年代早期蒙博托治下的薩伊，他們發掘出足球的政治影響力，最後這股影響力席捲了整個非洲大陸。每個社會都會有一個有意義重大的場域能讓全國上下一心，如果一個社會在歷史上、制度上、或是人口結構上喪失這樣的場域，那麼將沒有任何事物（即便是曇華一現也好）能證明它可以有效創造出國家驕傲的象徵與所在──除了足球隊以外。但就如阿昌龐和阿敏所發現，足球是一種變化性很大的比賽。失敗永遠都比成功還多，而且成功不是很短暫，就是無法掌控。到頭來，填飽肚皮的必要性遠超

過於獎盃和狂喜。

　　足球的表現仍讓非洲的菁英們無法抗拒。尤其是國際足壇為後殖民非洲提供了一個專用的舞臺；在這裡，非洲前進的腳步比其他發展中國家來得快。一九七四年，哈維蘭吉角逐國際足總主席，過程中非洲國家佔很重要的關鍵，因此抬升了非洲足協在國際足總的地位，在過去，沒有一個非洲的政治或經濟聯盟達成過這樣的國際成就。足球也為意義深遠的泛非主義提供了永續存在的空間。相較於非洲統一組織，非洲足協本身是一個行事效率高，且內部皆能有效合作的模範組織。儘管在非洲，交通和施政受限於經濟及基礎建設，非洲足協還是每兩年籌辦一次非洲盃，他們辦的很成功，而且越辦越大。至於足球俱樂部等級的比賽，非洲足協則舉辦非冠聯賽，讓各國國內聯賽冠軍參加。同時，非洲的足球員開始到歐洲打球，這股後殖民遷徙的新風潮為世人展現了這塊大陸的足球天分。非洲的球員以及球風性格十分鮮明，基於這樣的理由，他們聲稱自己是世界足壇的第三塊大陸。這些天才足球員身上所散發出的活力與振奮感，就讓奈及利亞的體育作家山謬・阿克帕波特大聲驚呼，這也顯示出一股藉由踢足球以宣洩情緒和精力的浪潮正席捲整個非洲。

　　但非洲終得走出自家大門，在世界盃接受評價。薩伊在一九七四年世界盃的悽慘表現，讓世人對非洲的足球水準打了問號，但突尼西亞在七八年阿根廷世界盃中的表現改變了世人對非洲足球的觀感。在羅沙略的首輪比賽中，突尼西亞對上墨西哥，在上半場快結束時，一個高爭議性的罰球使得突尼西亞零比一落後。但在中場休息之後，突尼西亞踢進三分，拿下比賽。在比賽結束前十分鐘的最後那兩記得分顯示出，北非人的身體素質與頑強韌性都勝過墨西哥人。這是來自非洲的足球隊第一次在世界盃會內賽贏得的比賽。突尼西亞的教練切塔利（Chetali）說：「非洲曾經被全世界嘲笑，但現在沒有了。」[3]

　　四年後在西班牙，非洲有兩支隊伍出線：阿爾及利亞和喀麥隆。來自西非的喀麥隆堅不可摧，他們踢和祕魯、波蘭和義大利三隊，博得「不馴雄獅」的美名。不過因為進球數少於同積分的義大利，無法從小組賽中出線。阿爾及利亞甚至更接近下一輪。在首輪比賽中，他們表現極佳，明星球員拉巴赫・

馬德耶爾（Rabah Madjer）與拉赫達爾・貝魯米（Lakhdar Belloumi）貢獻兩分，以二比一踢走決賽最大熱門西德。在零比二輸給奧地利之後，阿爾及利亞看似就要打包回家，但他們還是以三比二力克智利，這給了他們一線生機，是否能挺進下一輪就得看同組其他隊伍的成績。西德對上奧地利，取得一比零勝利，結果阿爾及利亞無緣晉級下一輪。西德人在比賽一開始的第十分鐘就拿下一分，接下來的八十分鐘他們踢得既沉悶又詭異。阿爾及利亞球迷隔著圍欄向球員揮舞著紙鈔，以示憤怒。

　　阿爾及利亞人在一九八六年重返墨西哥世界盃，他們這次的非洲同伴有摩洛哥。阿爾及利亞踢得沒有上次成功，他們輸給西班牙和巴西，只有對上北愛爾蘭的時候才奮力踢成和局。摩洛哥在小組賽中遭遇波蘭和英格蘭，兩場比賽都踢成和局（會導致這樣賽果，不能說他們缺少天分，而是他們的防守跟神經病沒什麼兩樣），但之後他們使出全力以三比一摧毀葡萄牙，登上分組第一。摩洛哥晉級第二輪，為非洲足壇立下一座里程碑。第二輪比賽，西德又成了非洲人的世界盃剋星。摩洛哥在整場比賽中擋下了德國的攻勢；進入延長賽後，德國人有一個從禁區外踢自由球的機會。北非人沒能組織好他們的防守人牆，馬特烏斯逮住機會，奮力低射破門。一九七〇年代打進世界盃的非洲球隊——摩洛哥、突尼西亞以及薩伊——成員清一色都是本國球員，而他們國內的水準介於業餘（窮隊絕大部分都是這種程度）與半職業（國家贊助隊的水準）之間的模糊地帶。非洲球員很早在五〇年代和六〇年代就開始少量且長期性地外流到歐洲，但在國家獨立之後，非洲體育官員下令禁止並把球員帶回國內，這種球員外流的現象便消失殆盡了。在七〇年代中的經濟低迷時期，很多歐洲國家也強制性地控管從國外輸入的消費性產品、經濟移民，還有職業足球員。無論如何，在一九八二年以前，若非洲的國家隊徵召這一小群跋涉到北方的先鋒者，一定會被拒絕，因為外國俱樂部沒有義務釋出旗下的非洲職業選手，讓他們回去打國際錦標賽。這些球員幾乎都在法國及比利時展開他們的職業生涯，一直到八〇年代中期都是如此。七八年，比利時鬆綁球員輸入的相關法律，隨即有大量的薩伊人開始在頂尖聯賽中打球。其他的西非球員，如塞內加爾之光胡勒・博坎德（Jules Bocandé），也

加入他們的行列。至於英語圈的非洲人，由於無法打入小鼻子小眼睛的英格蘭足壇，也開始在比利時打球，他們有奈及利亞人史蒂芬・凱西（Stephen Keshi）、丹尼爾・阿莫卡基（Daniel Amokachi），以及辛巴威人卡盧沙・布瓦利亞（Kalusha Bwalya）。

在比利時的阿爾及利亞球員都是持外國護照的經濟移民。在另一個非洲球員想去的地方，法國，情況更是各式各樣都有，這反映了所有非洲人在歐洲都會面對的複雜問題：種族、國籍，以及移民。首先，法國足壇從未禁止擁有雙重國籍的阿爾及利亞移民後裔打球。當阿爾及利亞政府允許他們打國家隊時，阿國得到一大批經驗老到的職業選手，包括巴黎聖日耳曼隊隊長穆斯塔發・達赫萊布（Mustapha Dahleb）。第二點，很多非洲出生的球員擁有法國公民資格，像是出生於馬利巴馬科的尚・提耶納，以及出生於迦納的馬塞爾・德塞利（Marcel Desailly）。另外，這兩人都曾效力於法國國家隊。第三點，有一群貨真價實從非洲來的足球移民，特別是喀麥隆人，像是尚・皮耶爾・托克托（Jean-Pierre Tokoto）、羅傑・米拉（Roger Milla）、托馬斯・恩科諾（Thomas N'Kono），他們人數雖然很少但正在成長中。而這一代非洲移民者之中，最具代表性的是古怪的迦納籍中場阿貝迪・貝利（Abédi Pelé）。他第一次引起全世界的注意是在一九八二年的時候，他以驚人的十七歲之姿助迦納贏得非洲盃。在接下來的十五年間，他到卡達、瑞士、法國、義大利、德國，以及阿拉伯聯合大公國，為頂尖球隊效力。他在一九九〇年代初期達到巔峰，那時候的他擔任馬賽隊長。在他的帶領之下（他是第一個領導歐洲重要球隊的非洲人），馬賽隊贏得四座法國聯賽冠軍，還有九三年的歐洲冠軍聯賽（UEFA Champions League）冠軍。

這一代的足球移民者帶來了兩大衝擊。第一，他們在歐洲足壇的初登場，揭露出歐洲足球文化中長久以來存在於更衣室裡、觀眾看臺上，對黑人的種族歧視，而在此文化中他們展現精湛球技及天分，為一九九〇年代大批追隨他們而來的非洲足球員開啟了一條康莊大道。第二，也因為這樣，使得非洲足球走向一種類似「逆向上電扶梯」的極度不平衡狀態，即一方面往前，投身最高層級的職業賽事，一方面卻倒退，讓國內足壇流失頂尖人才和吸引力。

III. 魔法、巫術與足球

非洲的足球文化原本就有一段很精彩的歷史，且已經在自家根深柢固，它於一九七〇與八〇年代經過整合強化後，讓非洲足壇在世界舞臺有突破性的發展，這樣的開展也讓都會裡的普羅大眾深深著迷，而政治菁英也是一樣。在這塊城市急速成長的大陸中，足球不是最受歡迎的運動，但卻是都市流行文化的核心之一。這些流行文化不止志在跟上歐洲和拉丁美洲的腳步，也讓非洲得以為世界足壇做出貢獻，而且是只有非洲才做得到的獨特貢獻。到了一九七〇年代中期，足球在非洲成為壓倒性多數，很顯然地足球不只是一種代表性的國民運動，而是唯一的一項運動。在南非與辛巴威的白人族群中，板球和橄欖球一直保有可觀的佔有率，但它們是菁英及政治地位崇高者在玩的少數運動。在東非，運動——特別是長跑——就只能帶來國際性的榮耀；儘管肯亞、坦尚尼亞、衣索比亞的運動員成績斐然，但那對觀眾或參與者來說，從來就沒有良好的根基能形成一種有潛力的大眾化運動。

足球甚至更勢不可擋，影響力超出了正式與半職業的運動舞臺。從突尼斯、三蘭港（Dar es Salaam）、路沙卡（Lusaka），到拉哥斯，在非洲任何城市的隨處一角，只要有一小塊空地，就幾乎有人在踢足球比賽。非正規的地方球隊在微不足道的支持與贊助之下，會跟鄰近的其他球隊一起舉辦錦標賽。而國家足協舉辦的正式聯賽，也與這些非正規比賽在同一時間開始有了成長。賽門·庫柏在參訪喀麥隆之後寫下心得：

在雅溫德的第一個早晨我就發現，為什麼喀麥隆人那麼會踢足球，因為他們踢得很凶。有人說因為非洲人的筋骨柔軟異常，但別管那些無稽之談了……你只需要知道，一到午餐、傍晚，以及週末時刻，雅溫德就搖身一變，成為足球場。一小群人會把球踢來踢去，引來好幾十人觀賞，而且比賽水準之高極為罕見。[4]

非洲的青少年足球強度和深度都很夠，以至於他們得到了機會：在一九七〇年代參加哈維蘭吉及國際足總所創立的新錦標賽，並且在比賽中發光發熱。在哈維蘭吉部分參與、可口可樂贊助之下，誕生了二十歲以下以及十七歲以下等級的世界盃錦標賽。此舉的好處，不只能培養全世界各地有潛力、有天分的球員，還能幫國際足總賺錢，對於發展中的國家來說，也具有能在全世界曝光的特殊價值。一九七七年，第一屆 U20 世界盃在突尼斯舉辦。相較於 U17 世界盃的好成績（迦納和奈及利亞都贏過兩次冠軍*），非洲球隊在 U20 的表現不是很好。年紀較長的球隊竟無法維持年輕時的成績，這樣的失敗顯示了擁有資源、設備以及經驗的重要性（尤其是歐洲和拉丁美洲等富有國家的選手），以及硬要超齡選手參賽是一種不智之舉（這比賽的設計本來就是要培育年輕球員）。另外非洲能在低年紀層級錦標賽取得勝利，也顯示出其都會區足壇已共同建立起一批早熟且天分極高的人才庫。

　　非洲足壇也受惠於外國教練的引進。外國教練中表現最突出的是一九六〇和七〇年代來到非洲的南斯拉夫人，這反映出該國在不結盟運動（non-aligned movement）中始終與發展中國家保持正式的外交關係。一九七〇年代，奈及利亞的國際團隊在提科老爹（Father Tiko）的照料之下成長茁壯，而摩洛哥和薩伊則是在布拉戈耶・維德尼奇的帶領之下雙雙打進世界盃。另外，非洲國家會聘用具有反帝國主義傾向者，像是來自蘇維埃和其他東歐國家的人。而對那些付得起工資的國家來說，巴西人是優先考慮的選項；例如，奧托・格羅里亞（Otto Gloria）就執教奈及利亞，助他們在八〇年贏得第一座非洲盃冠軍。一九七〇和八〇年代，有更多來自北方的歐洲人在非洲工作；不知疲倦的德國人彼得・施尼特格（Peter Schnittger）指掌喀麥隆；偏執易怒的荷蘭人克萊門斯・韋斯特霍夫（Clemens Westerhof）去了奈及利亞。到了九〇年代，他們的位置被大舉入侵的法國教練接替。在非洲內部，這一直（到現在也還在持續）是兩方瘋狂論戰的主題。一方面，外國教練所引進職業賽專門知識，像是戰略、陣型、各方面的特別改造、足球技巧、訓練以及

---

* 譯註：此書寫成於二〇〇六年，奈及利亞又分別在〇七、一三、一五年拿下三座冠軍。

賽前準備，俱樂部和國家隊因此受惠良多。另一方面，有人指責外國教練是種族歧視者、專斷獨行者，以及新殖民分子，抨擊他們阻礙本土教練的進步、拿了錢就跑，還有對當地文化沒有常識。他們最缺乏的是對當地政治的敏銳度，他們誤以為自己的權勢地位就跟在歐洲一樣。但足球在非洲就是不那麼一回事，非洲的足球文化會如此獨特，是因為它和非洲都會流行文化的另外兩個關鍵元素——音樂和木乩（muti）——迸出了火花。

如果足球在非洲城市文化的核心地帶真的有競爭者，那麼只會有一個：音樂，而且那是一場激烈的競爭。雖然非洲殖民前的競賽與休閒活動已經在殖民者大舉湧入之後消失殆盡，但非洲傳統音樂的表現證明了它有更為堅韌的一面。你可以在非洲的足球中看到一整套從國外引進的玩法，以及後來才加上去的調整與潤飾。相較之下，這塊大陸上的音樂家仍保有其歷史傳統中的神采，同時在有選擇性、可控制的範圍內做了現代化的調整，例如他們會在音樂中加入拉丁美洲與加勒比海的新旋律，或是運用西方社會的新技術來製作或大量生產音樂。雖然頂尖音樂家在國內的聲望經常比足球員還要崇高，但他們在國際上的影響力卻較少被認可。保守的西方大眾消費市場，顯然比後防被突破的歐洲足球隊更加戒備森嚴。但實際上這兩者並非站在對立的兩邊，而是彼此成就彼此的關係。

圍繞在非洲足球場上的球迷，沒有英格蘭球迷那種一本正經，也沒有義大利球迷那麼多愁善感，而是表現出另一種鼓動人心的十足活力。敲敲打打在非洲足球文化中無所不在：各式各樣、大小尺寸都有的鼓、鈴鼓、沙鈴為觀眾席提供了不可或缺的節拍。在非洲，觀眾文化各有不同，但不會像歐洲人那樣，看臺上的音樂隨好球而起、隨好球而落，他們反而會整場比賽都保持律動——有些人甚至不會在慶祝得分時稍作停歇，也不會在落後時愕然失聲而中斷。

非洲語言中用了很多字代表各種複雜的信仰，「木乩」就是其中一個，其他還有「ju-ju」、「m'pungu」、「blimba」；這些信仰有的屬於超自然論，有的屬於泛靈論，還有些是巫術、魔法，以及占卜等施法的手段。木乩也是運動世界中各式信仰系統的其中一種；從最狹隘的觀點來看，足球或其他比

賽充滿了不確定性，加上有非常多的個人以及集體情緒圍繞在比賽結果上，因此在運動的世界中普遍有迷信的現象，人們希望藉此影響比賽的結果。在拉丁美洲和地中海地區，保留了各種膜拜與魔法元素的天主教儀式也有這種作用，像是球員進球場時會在胸前劃十字，他們還會向聖人和聖靈（各式各樣都有，隨便他們自己選）祈禱和獻祭。在北方信奉新教和英國國教的歐洲地區，一直以來魔法被宗教徹底驅趕，因此只在世俗與傳統的迷信中出現：球員的進場順序必須排在第九、球隊經理必須穿同樣的幸運服、球迷必須觸摸口袋中的幸運符。馬利的葛利巴隊（Djoliba）在一場靈能諮商後剃光了他們的頭髮。羅馬尼亞國家隊在一九九八年世界盃時全部染成金髮。非洲足球也上演相同的戲碼，但與其他足球文化不同的是，非洲現存的傳統魔法與儀式更加豐富，與足球的關係也更加緊密。

在非洲常會看見球員倒退著走進球場，或是爬上球場外牆，因為巫醫告訴他們這樣可以避開詛咒。若挖開非洲的球場，會出現一具野生動物的骨骸。一九六九年，金夏沙的球場管理員在「五月二十號球場」（May 20th stadium）中圈出土了一顆人類頭骨，該球場的主隊在此一直都是打不垮的勁旅。在看臺也有類似的挖掘，另外在更衣室及球員的球袋中可以發現雕像、用密語寫成的紙條、銅製的手環和耳環、護身符、魔法藥水，以及草藥。雖然頂尖球員和球隊管理者駁斥只有專業、紀律、努力才能帶來成功，政府、球迷、球員和俱樂部官員仍一致愛用木凡，儘管這些訴諸超自然的作法沒能達到預期的效果，他們還是樂此不疲。

對於某些人來說，數大就是安全。一九八四年，象牙海岸主辦非洲盃，賽事開打之前，地主隊召集了一百五十名巫醫進駐他們下榻的飯店。當時的隊長嘉德吉・賽利（Gadji-Celi）回憶：

我們的房間堆了各種尺寸的鍋子，裡頭裝滿雜七雜八的混合液。在一間被我們戲稱是「實驗室」的房間中，每個球員都必須浸在這種令人作嘔的液體中，然後再被請到一隻活的鴿子面前，還要私底下跟牠說你的願望。[5]

類似情事也在一九九二年發生。體育部命令大家在大象面前集合，為的是祈求塞內加爾之行能贏得非洲盃。不過，有些工作人員沒有收到酬勞，他們對國家隊下詛咒，之後國家隊便一直慘輸。二〇〇二年，該國的新政府嚴肅看待這個詛咒，打算解除它。他們送了酒和二千美元的現金給這些不滿的教士，奈及利亞的足協和國家隊也一樣，他們在一九九三年去象牙海岸的阿必尚打比賽，他們收到隊上靈能導師的命令，拒絕在賽前與該國總理和體育部長握手。最後他們贏了。在非洲足壇現代化主義者和民族主義者的一片譴責聲中，非洲足協禁止在比賽中蓄意使用木凡，但非洲魔法在整個大陸上仍活得好好的。

IV. 非洲的詛咒

　　非洲足球已經到了終點。它誕生於反抗殖民主義的浪潮，在獨立後歡欣鼓舞的氛圍中獲得滋養，但之後它身上的詛咒開始生效：經濟下滑、政治不穩定、軍人暴虐無道、貪腐遍地開花，這些問題全都重重壓下。它的成長、它的成功在在證明了其球員和球迷擁有強大的適應力與開創力。一九七〇年代中期，非洲有兩個歷史性運動走到盡頭：戰後延續了好長一段時間的資本主義熱潮，以及去殖民化的進程。去殖民化運動在早期造成國界與國家認同長期的不確定性，再加上晚近的傷痛，在葡萄牙語系非洲國家、摩洛哥、衣索比亞和模里西斯等地的足壇和社會中烙下深深的印記。到了一九七五年後期，葡萄牙人離開他們的殖民地。當最後一批殖民者的破爛行囊一抵達里斯本，幾內亞比索、維德角、安哥拉和莫三比克就宣布獨立。然而這些體質貧弱的國家內戰頻仍，也意味著他們無法像其他較早獨立的國家那樣馬上就能獲准成為非洲足協的會員——他們必須等到內戰告一段落。莫三比克和安哥拉分別在七八年和八〇年加入非洲足協。安哥拉的聯賽一直到七九年才開張，而這兩個國家的足球隊皆以壓倒性的多數集中在首都，那是他們的政府唯一能施行政令的地方。維德角、幾內亞比索及聖多美普林西比起步較晚，他們隨後在一九八六年加入非洲足協。

一九七五年，摩洛哥國王哈桑派出一支約三十萬人的雜牌平民騎兵隊進入西撒哈拉的爭議領土，藉以宣示這塊地屬於摩洛哥。儘管與波利薩里奧陣線（Polisario，西撒哈拉當地的民族主義組織）之間的游擊戰，還有與鄰國阿爾及利亞之間的冷戰了持續了很長一段時間，摩洛哥還是拿下這塊領地。卡薩布蘭加方面打算整合這個地區，並納入正規體系，其核心政策之一就是在首府阿尤恩（Laâyoune）興建一座三萬人座的足球場。這座城市現在植滿好幾百公里的人工草皮，也是祖尼斯運動隊（Jeunesse Sportive Al Massira）主場的所在地，而該隊也併入了摩洛哥甲級聯賽。五年後，羅德西亞的漫長戰事結束；辛巴威在一九八〇年宣布獨立並加入非洲足協。只有南非和納米比亞還在歐洲人手裡，同時也還在南非足球機構與賽事的門外。

如果說，非洲國家之間的邊界問題正處於有待解決的狀態，那就表示這些國家的定位絕無可能有底定的一天。這在衣索比亞是一個特別尖銳的問題。一九五二年，義大利殖民地厄利垂亞（Eritrea），儘管國內反對，但仍在聯合國的促成下與衣索比亞結為聯邦。雖然厄利垂亞被允許擁有某種程度的自治權，但該國在衣索比亞一步步的蠶食鯨吞下於一九六二年被正式併吞。厄利垂亞的足球在這個時期仍然很強，他們有這地區最頂尖的俱樂部，在現名為「衣索比亞足球甲級聯賽」（national Ethiopian league）的聯盟中打比賽。同時在地方聯賽中，球隊間的敵對也愈來愈令人害怕，例如：來自首都阿斯馬拉（Asmara）的哈馬森隊（Hamassien）、來自南部高地的瑟拉耶隊（Seraye）、來自東南部的阿卡勒‧古扎伊隊（Akale Guzay）。這些敵對偶爾會強烈到足以引發暴力事件。事實上，「EPLF」和「EPF」（當時正在壯大中的武裝厄利垂亞民族主義組織）相信，衣索比亞高層有意挑起衝突，藉此在政治上癱瘓厄利垂亞。一九七四年，厄利垂亞解放運動組織寄了一封連署信給各俱樂部，請求他們停止比賽，以遏止衝突。接著海爾‧塞拉西一世（Haile Selassie）在阿迪斯阿貝巴遭受軍事突襲，被推翻下臺。厄利垂亞開始變成戰場，到了七七年他們控制了所有地區，除了阿斯馬拉以外。於是足球比賽戛然而止。

種族和民族問題也在島國模里西斯的政壇與足壇肆虐。這座島上的人口

和足球隊組成非常紛亂，有穆斯林（穆斯林童軍隊〔Muslim Scouts〕）、華
人（神龍隊〔Dragons FC〕）、印度人（印度軍校生隊〔Hindu Cadets〕）、
坦米爾人（坦米爾軍校生隊〔Tamil Cadets〕）、法裔模里西斯人（度度隊
〔Dodo Club〕）、克里奧人（打火隊〔Fire Brigade〕），以及有色人種（競
賽隊〔Racing〕）。這些俱樂部的成員都是單一種族，他們強制自己的社群
為他們踢球，並且拒絕外人加入。如果兩個不同的團體比賽，在過程中及結
束後發生暴力事件，這類的情形很常見，而且持續了二十年，有時候甚至糟
到政府必須停辦所有的足球賽（五六、六四、六九和七五年）。一九八二年，
執政的模里西斯激進運動黨（MMM）企圖將這樣的情形控制下來，而這也
是其推展模里西斯主義政策的其中一步。他們禁止種族衝突、重新開放俱樂
部給所有的人、堅持人民改名，但都沒有用。人們對俱樂部的種族認同感還
是跟以前一樣強烈，這些種族差異的問題在九〇年代轉變為全島各地的足球
賽暴力事件。

V. 社會主義的興衰

　　至於那些未受戰爭太多影響的國家，他們必須處理一九七三年油價飆升
帶來的後續問題。全球經濟成長趨緩後，災難隨之而來，打擊這塊大陸本來
就很脆弱的經濟以及財務吃緊的國家。非原油產品的進口價格高漲，而礦產
和農產品的輸出物價卻直直落。非洲很多地方（包含足球俱樂部和球員）的
經濟狀況因為債臺高築、政治威權以及行政體系崩壞而走下坡。針對長久以
來的經濟與政治問題，非洲社會浮現了三種對策。第一，在非洲各地，很多
執政黨與總統宣布追隨各種非洲式社會主義。第二，在北非，較為威權的地
區將自己打造成非洲宗教和種族最單一的國家，以作為發展經濟的手段。第
三，在東部和中部非洲，政治成為融合了威權和世襲兩種特色的產物，同時
國家機器成為分裂和腐敗的工具，而不是用在社會和經濟的發展上。在這三
種情境下，足球全都被捲入獨特的權力結構中。

　　幾乎所有後殖民時代的非洲國家領導者，都會在其政治生涯的某個時

刻，宣稱他們嚴守某種社會主義——即使那很明顯不是社會主義。歐洲的社會主義注定和非洲扯不上關係；歐洲社會主義有很明顯訴求：它反對帝國主義、它的願景是當一個發展主義者（developmentalist）、它本身是一個干涉主義者（interventionist），這些非洲都沒有；甚至它的前提——存在於一個已經工業化的經濟體，以及一個階級分明的社會——也跟以地域和種族來劃分一切的非洲社會大不相同。在帝國主義時代結束後不久，一群自稱馬克思主義者掌管了剛果的領導團隊。在一九六八年衣索比亞非洲盃中，剛果國家隊表現很差勁，他們丟了八分，輸掉所有的比賽。隨後體育部長公開表示他對於這場「阿斯馬拉大潰敗」的不悅。他解散這支隊伍，開始了官方強力扶植國家隊的時代。這支穿紅衣的「紅魔鬼」走上勝利之路，在七二年非洲盃決賽以三比二擊敗馬利。

然而，非洲共產主義雖然表現精采，但並不穩定。在一九七〇年代一連串的國內軍事政變中，英勇的剛果足球隊崩毀了。在達荷美和上伏塔（Upper Volta）這兩國的馬克斯政權也無法帶動體育或經濟發展。一九七二年，馬蒂厄‧克雷庫將軍（Mathieu Kérékou）在貝南（Benin）掌權。當該國宣布馬克斯列寧主義為官方的意識形態（還有改國號為貝南）之後，足球聯賽很巧合地全都消失了三年。在上伏塔（八四年改名為布吉納法索〔Burkina Faso〕），在軍隊內部無止盡的「襲擊—反襲擊」迴圈中，足球賽季（八一年與八二年）照常進行，完全不受內亂影響。無論如何，在這些政權中，社會主義思想帶給國家組織、經濟和社會的實際影響非常有限。若要進一步探討足球、政治、社會主義計劃，這三者之間的關係，那麼就要檢視另外兩個國家：西邊的幾內亞，以及東邊的坦尚尼亞。

坦尚尼亞創立於一九六四年，由兩個新獨立不久的國家，坦干伊加和桑吉巴（Zanzibar）合併而成。前者由朱利葉斯‧尼雷爾（Julius Nyerere）及他的社會主義政黨「坦干伊加非洲民族聯盟」（TANU）領導，後者由革命派政黨「非洲設拉子黨」（ASP）領導。在爭取獨立的時代中，兩者都為足球和民族主義打造出緊密的關係。在三蘭港，青年非洲人隊（Young Africans club）和坦干伊加非洲民族聯盟是同義詞，在桑吉巴，非洲設拉子黨和瓦南

奇體育隊（Wananichi Sports Club）則有相同的關聯。在殖民時期，俱樂部就已提供一種合宜的方式，可以讓足壇與政治團體結成陣線，而且透過雙方互助以及每年一度的足球文化節，亦提供公眾一個初步討論如何統一兩殖民地的論壇。一九六五年，這兩個政黨合併，坦尚尼亞成為一黨專政國家。六七年，坦干伊加非洲民族聯盟在經過漫長的國會程序之後提出阿魯沙宣言（Arusha Declaration），形塑出該國的國家意識形態。從非洲舊式社會主義之中脫胎而出的阿魯沙宣言比以往更周詳也更條理分明，它提出了另一種可行的本土發展模式。此後，坦尚尼亞的社會主義的重心從都會轉移到鄉村，他們追求農業改革、自給自足，並且看重本土的文化傳統，而非殖民者的舶來文化。雖然事實證明，這在經濟和政治上有很嚴重的缺陷，不過在一九六〇和七〇年代，阿魯沙宣言在施政上提供了社會主義式的架構，影響遍及坦尚尼亞生活各方面，其中也包括了體育活動。

在非洲，體育活動帶來的光榮並非新運動菁英最關心的重點，他們的目的是取得權勢與主宰地位，這點相當的特殊。坦干伊加非洲民族聯盟打造出一種中央集權的運動官僚，他們賦予自己豐沛的權力，好在每一項體育事務中大加干涉。他們公開譴責球員不守紀律、球隊管理者沒有能力又常中飽私囊，以及觀眾既無禮又不安分；他們甚至指責殖民時代留下的所有體育傳統，說其趕走並摧毀了本土競賽和休閒活動。非洲其他的一黨專政國家追求勝利，民族聯盟卻是反覆侵擾與掠劫坦尚尼亞足協的董事會，並指派自己的人馬擔任要職。坦尚尼亞在國際賽和國內賽的爛成績證實了勝利不在 民族聯盟的優先事項中。從一九七五年青年非洲人隊的危機中可看出民族聯盟的民族自給自足政策被嚴格地執行在足球上。當時青年非洲人隊的官方人員非常腐敗，錢常常不知去向，賽前的訓練又很令人絕望。在非冠聯賽一場又破了輸球紀錄的比賽後，球隊內部起了爭執，便分裂成兩半；另外，球員拒絕為 民族聯盟的特別活動站臺。警察展開了調查，球隊被迫停賽，它的官方人員被指控謀反。民族聯盟 聲稱有外國特務及破壞分子在活動。青年非洲人隊的薩伊籍教練被強制驅離這個國家，還有青年非洲人隊的死對頭桑德蘭隊的幾內亞籍老闆也受到相同對待。接著所有的外籍教練被禁止聘用，另外，官方下

令所有俱樂部必須改成非洲風的名字，以表示他們的愛國與民族精神。民族聯盟對坦尚尼亞社會中的權力展現往沒有正當理由，而且都失敗了；例如，他們的模範村莊計畫完全無法掌控鄉村生活；同樣地，它企圖創造出模範的愛國足球文化，也沒有成功。最佳的例子就是一九七五年為了慶祝社會主義友邦莫三比克獨立而舉辦的比賽；這場比賽因為觀眾失控而被迫取消。

　　在東非，社會主義讓我們看到運動文化的衰落，而在西非，小國幾內亞則是擁有自己的輝煌時刻，還有因產油致富的阿爾及利亞以新社會主義路線重建了它的足球傳統。幾內亞是法國殖民地中第一個獨立的國家。精明的民族主義領導者艾哈邁德・塞古・杜爾（Ahmed Sékou Touré）在法屬西非累積了政治經驗，當時他是一個共產主義者及工會組織者。一九五八年，這個地區舉行公投，決定要獨立或是繼續當法蘭西殖民帝國的一分子，結果只有幾內亞以壓倒性的票數決定獨立。塞古・杜爾當選總統並立即宣布，他將採取威權主義式的做法，以及牢牢掌控流行文化。曾經帶給他權力的工會被嚴格查禁、農業集體改造計畫開始施行、幾內亞的音樂家被國家收編，以確保這個國家隨著「正確」的音樂起舞。在一九七〇年代早期，塞古・杜爾的注意力轉移到足球上，他接掌了國內頂尖球隊哈菲亞隊（Hafia FC Conakry）的運作。他管理球隊的作風跟蘇聯如出一轍。俱樂部成為國家的財產，球員則是國家的員工。隊中天才球員——包括「小個子」索里（Petit Sory）、薛立夫・索里曼（Cherif Souleyman）、帕帕・卡瑪拉（Papa Camara）——被禁止移民到國外。集中管理的做法在哈菲亞隊上有了小小的成果，他們在七二和七五年贏得非冠聯賽冠軍。七六年，他們在決賽中誤失一記十二碼罰球，輸給阿爾及爾莫羅迪亞隊（Moloudia Algiers）。他們回國時被送到惡名昭彰的波伊羅營（Camp Boiro）進行政治再教育；對於某些球員來說，此行意味著他們的職業生涯將突然終結。此舉似乎有用，哈菲亞隊在接下來的幾年再度贏得非冠聯賽，他們打敗了迦納的橡木之心隊。塞古・杜爾顯然很滿意，他決定在這個時間點從眾多被他抓進監獄的政治犯中選出幾個釋放。但威迫和嚇唬的策略很有限。隔年哈菲亞隊輸給喀麥隆的雅溫德加農砲隊（Canon Yaoundé），丟掉冠軍頭銜，而愈來愈暴怒無常的塞古・杜爾下了一道總統

命令，將七名球員關入鐵幕。那是哈菲亞隊最後一個決賽。塞古·杜爾的經濟完全國有化計畫最終在一九七七年踢到了鐵板。當時他打算將所有的市場納入國家管制，一名擺攤的女子在首都柯那克里發起了一場暴動；人民的憤怒讓當權者撤銷這項政策，他喪失掌控力，再也沒有奪回的可能。幾內亞的經濟像自由落體一樣崩落，足球隊的資金也枯竭耗盡。

VI. 北非足球風華正茂

　　阿爾及利亞在一九八〇年代曾經是社會主義國家，但同時也是一個由北非阿拉伯人組成的國家，因此它的成功與失敗都取決於該地區的其他國家。阿爾及利亞、埃及、摩洛哥，以及突尼西亞，全都拿過世界盃冠軍；阿爾及利亞、埃及和摩洛哥則是全都拿過非洲盃冠軍。在過去，這個地區對非洲的俱樂部競賽一直抱持懷疑態度，他們在文化和政治上打死不接受他們體育的未來是在撒哈拉以南，而不是在蘇伊士以東。這個情形持續了好多年，一直到北非的足球俱樂部開始參加非洲的競賽，這地區的足球才展現強大的力量。他們一旦做下去，就誰也擋不了。阿赫利隊（他們在當時就已是埃及的頂級俱樂部）宣示霸主的位子該換人坐了：他們在一九八二年的非冠聯賽擊敗迦納的阿散蒂科圖科隊贏得冠軍；隔年在決賽以一分之差輸給迦納人。他們的開羅老對頭扎馬萊克隊不甘示弱，也在八四和八六年拿下冠軍。後來還加入了「摩洛哥大軍」皇家武裝部隊（FAR Rabat）和「卡薩布蘭加工人階級＊」拉賈卡薩布蘭加隊，分別在八五和八九年贏得冠軍。其他還有阿爾及利亞的塞提夫協定隊（Entente Plasticiens Sétif，八八年冠軍）和卡拜里青年隊（JS Kabylie，八一和九〇年冠軍）維持了這股旋風。在一九八〇年代中期，埃及的球隊連續五屆贏得非洲盃賽冠軍盃冠軍；有兩屆是「新貴族」阿拉伯承包商隊（Al-Mokaoulun）；連拿三屆的是「舊世家」阿赫利隊；到了八八年，比瑟汀運動員隊（Club Athlétique Bizertin）拿下非洲足協盃，宣布了突尼西

＊　譯註：這支球隊創立當初的目標是吸引摩洛哥年輕的工人階級，故有此暱稱。

亞球隊的到來，還有北非足球俱樂部的巔峰；這樣的狀態他們一路保持到一九九〇年代。

　　為什麼會這樣？在國際賽方面，北非的世界盃表現比撒哈拉以南的非洲好，但非洲盃表現卻比較差；不過，在俱樂部等級比賽方面，他們無懈可擊。造成這個現象的關鍵點非常現實。第一，北非球員到國外打球的人少之又少。雖然在當時還沒有一個正式的，或百分之百專業的北非聯賽，但明星球員在北非可以期待的薪資與其他獎金，都遠比奈及利亞或迦納的其他同等級球隊高出許多。政府也會出手勸阻頂尖球員，並懇求他們留在自家。北非政府能做到一定程度的監督和掌控，這是薩伊或利比亞所比不上的，他們的保安機構既粗暴又沒有組織。

　　但最重要的是，北非的足球反映了北非擁有相當的穩定制度、組織性，以及財富，在這方面撒哈拉以南的非洲都比不上北非。在埃及，由於過去曾與以色列長期交戰，它的足球與社會活動被戰火粉碎，而現在他們開始重建了。納瑟逝世後，副總統沙達特繼位，在一九七七年與以色列簽訂這個地區第一個也是唯一的和平協定。雖然此舉引起了其他阿拉伯世界與埃及軍方非常否定的回應，但給了埃及經濟喘息的空間，並且敞開大門接受美國大量的援助。突尼西亞，則是持續穩定地在布爾吉巴總統嚴厲的威權統治之下。晚年的布爾吉巴逐漸走下坡，愈來愈老糊塗，於是軍方高層精心策畫了一項政變，不留一滴血就控制住他。一九八七年，布爾吉巴很巧妙地遭到解職，接著班・阿里將軍（Ben Ali）掌權，此後他一直穩坐大位，沒人動的了他。摩洛哥，這個時期除了對西撒哈拉進行帝國主義式侵略之外，在政治上一直沒什麼變化，領導班子都是皇室與其恭順的政治菁英。就連在格達費將軍（Gaddafi）領導下的利比亞，雖然外交政策飄忽不定、也不牢靠，但內政也十分清明與穩固。即便這些國家沒有一個可以說的上是富甲一方，但他們的經濟發展都很穩定。在阿爾及利亞與利比亞，石油和天然氣是政經穩定的關鍵因素；摩洛哥和突尼西亞則有蓬勃的旅遊業、農業和輕工業；埃及則是在和平重建，以及鬆綁先前不當的窒息式經濟控制政策後，得以浮出水面喘息。

　　在此背景下，各國頂級俱樂部或多或少都能興建與維持令全非洲人稱羨

的設施。這些俱樂部，像是阿赫利隊、扎馬萊克隊、拉賈隊和卡薩布蘭隊在該國統治菁英中都有贊助者。突尼斯艾斯柏隊實際上就是總統的球隊。阿拉伯承包商隊則是富豪家族奧斯曼（Osman）的球隊，這支球隊的創立經費就來自他們的口袋。這些俱樂部也仰賴大批付錢的觀眾。他們可以拿這些收入來大舉物色人才、訓練年輕球員，以及維持更強大或更穩定的隊伍。交通、住宿、設備、助理，以及醫療專家一應俱全。這些因素使得北非各球隊能在俱樂部等級的競賽中佔有決定性優勢，並勝過非洲其他地區的隊伍。

北非相對傑出的經濟與運動表現也意味著，這些國家有足夠的基礎建設和影響力可以定期舉辦非洲盃。他們在十年之間就舉辦了四屆比賽：一九八二年在利比亞、八六年在埃及、八八年在摩洛哥、九〇年在阿爾及利亞。不意外地，這些國家全都在這個時間點尋求可觀的政治資本。格達費肯定沒有浪費在六萬觀眾以及全大陸的電視攝影機前大出風頭的機會。他發表了一場足足有兩個小時之久的驚人演講，內容什麼都有，而且幾乎沒有停下來；觀眾、球員，以及體育記者被飽以一段冗長論說，其中有法國的查德外交政策、蘇丹的處境、美國的邪惡外交政策，當然還有激進泛非洲主義的善舉。格達費並沒有提到對於埃及，以及利埃雙方變化莫測的和平協定的不愉快。不過，埃及人並沒有出席。沙達特總統費盡全力阻止這項錦標賽在的黎波里舉辦。埃及隊之後獲得參賽資格，而且小組賽是跟利比亞同一組。不久，沙達特在一場政治混亂與鎮壓中被伊斯蘭主義分子暗殺，隨後埃及人決定放棄出賽。利比亞在觀眾的一面倒的支持中挺進決賽。他們在決賽中遭遇迦納（當時教練為吉安斐，新政府領導人為空軍中尉傑瑞・羅林斯〔Jerry Rawlings〕）。迦納人一開始落後，後來追平，最後在點球大戰中七比六勝出。對於這場宣揚泛非主義精神的比賽，觀眾的回應卻是對著他們的客人投以滿天的石頭與辱罵、侵入球場內，並且打斷頒獎儀式。「黑色繁星」跑向前領獎時，經過一個巨大的海報，上面用法文、英文和阿拉伯文寫著「黑人將接掌全世界」。

一九八六年，埃及的國內政治又再度有了變卦。在政治不安之中，非洲盃開打了。總統穆巴拉克（Mubarak）的保警部隊才剛剛弭平一場失敗的反叛。完美的錦標賽是一項政治必需品。

1986 年 3 月 21 日
埃及 0—0 喀麥隆（點球大戰，埃及 5—4 勝出）
開羅，國家體育館

　　他跟所有人坐在一起。塞拉西一世、布爾吉巴、門格斯圖（Mengistu）、沙達特、哈桑國王、阿赫馬杜・阿希喬（Ahmadu Ahidjo）、阿昌龐將軍、格達費上校、費利克斯・烏弗埃─博瓦尼（Félix Houphouët-Boigny），以及其他人。「衣索比亞人面獅身」特塞馬先生（Mr Tessema）也坐著，他身處非洲身體政治的核心已有二十年了，但他一直對這種病態的權力利用無動於衷。他是一頭堅定、輕聲細語的雄獸。

　　今天輪到穆巴拉克了。每個人都很緊繃。埃及高層被激進分子嚇到了；他們不顧一切要讓國家隊贏球。喀麥隆被觀眾嚇到了；他們在十萬埃及人面前成了躡手躡腳、小心翼翼的螃蟹，很不尋常地以零比零踢和。五千名軍隊圍在看臺下方，不知他們在那兒的作用是保護還恫嚇。這是一場下流、充滿惡意和卑鄙手段的比賽。在四強賽中，埃及明星球員塔哈・阿布其德（Tahar Abouzid）得分後跟著群眾一起瘋狂慶祝。對於阿布其德的過激行為，裁判給了一個警告，這將使他無法在決賽上場。埃及人懇求特塞馬先生；就那麼一次、這一次就好，能不能、可不可以請他通融一下下？特塞馬先生從來不通融的。

　　那名坦尚尼亞籍裁判被迫寫了一封道歉函，他在函中撤回那張黃牌。非洲足協發表簡短聲明，表示裁判對於國際足總的規則有所誤解，才會做出不一樣的判決。阿布其德又可以上場。喀麥隆射失最後的十二碼球，埃及隊贏得勝利。後來，特塞馬先生再也沒能坐進足球場的包廂。*

---

* 譯註：特塞馬當時是非洲足協的主席。他參加完這屆非洲盃後，隔年一九八七年就因癌症逝世，享壽六十五歲。

VII. 風雨飄搖的後殖民時代

如果說，社會主義式和北非的發展主義偶偶能夠在足球上獲得成功，那麼大部分非洲國家，尤其是家產制國家（patrimonial state），在結束殖民後採取的自肥政治（politics of the belly）都有毀掉足球的傾向。在整個西非和中非地區，多黨制國家改行一黨專政；原本允許人民辯論國是的執政黨，一個個都變成只會提供恩庇（distributing patronage）的政黨。隨著民主機關和其他的權力中心不斷地遭受侵蝕，具有魅力、獨攬大權的總統無可置辯地成了政治權力的中心點。侍從主義與恩惠的網絡便由此中心點向外展開。在這些國家，軍方是構成這些網絡的重要部件，例如在迦納和奈及利亞，他們大多數時候也兼任行政長官。至於種族認同（儘管那只是後殖民民族主義的好聽話）則是取得權力和資源的重要敲門磚。

這些政治安排造成種種後果，最佳例子就是獨立後的奈及利亞，該國足球的發展跟國家本身的發展一樣跌跌撞撞、裹足不前。一九六六年，奈及利亞軍中的中階伊博人軍官有計畫地暗殺政治領袖，包括總理塔法瓦·巴勒瓦，接著奈及利亞的文官政府被伊龍西少將（Ironsi）領導的軍政府取代。伊龍西信奉民粹主義，他的軍隊一掃社會中的無能者與無效率者、趕走腐敗，把所有的事辦妥。伊博人認為軍政府必須在北部的穆斯林地區鞏固權力。但是在當地菁英極力反彈之下，大量移居奈及利亞北方城市的伊博人被暴動包圍、被燒死，以及被處死。一萬名伊博人被遣送回家鄉，同一時期，北部出身的伊博將領策動第二次軍事政變，暗殺伊龍西並由戈翁將軍（Gowon）接替上臺。在伊博人主宰的西部地區，蘊藏豐富的油田才剛剛開發，這些動亂令當地人非常擔憂，顯然只有脫離奈及利亞才能確保伊博人的利益。比亞法拉隨即宣布獨立，奈及利亞陷入長達三年的內戰，最後比亞法拉在一九七〇年向聯邦政府投降。

很不意外地，一個正在打仗的國家，本身無法產出一支能贏球的國家隊。儘管奈及利亞有廣大人口、長期比賽經驗，以及南北各大城市強烈的興趣，

綠鷹隊（Green Eagles）在一九七六年前只打進過一次非洲盃，還有六八年的
奧運。更糟的是，奈及利亞足協無法創立全國性的聯賽，他們只有足協盃，
由來自西南部鄉下拉哥斯和伊巴丹（Ibadan）的球隊稱霸。不過，足球無疑
地仍是在奈及利亞大眾想像（popular imagination）的中心點。有一則流傳許
久的神奇故事：比利的桑托斯隊在一九六九年拜訪當時還在內戰中的奈及利
亞，據說該國為此還停戰了一段時間。但其實並無此事。不過戈翁政府在停
戰後馬上察覺到足球凝聚全國向心力的潛力。值得嘉許的是，戈翁沒有懲罰
戰敗者，而是選擇了全國團結與和解至上的和平。奈及利亞被分成好幾個小
州，藉此模糊政治上的種族、宗教和地理界線。奈及利亞的經濟開始從戰爭
中復甦，從石油賺來的錢札札實實地給了該國重建基礎建設和社會的一線希
望。戈翁親自命令增建並翻修拉哥斯的國家體育館（七三年的非洲運動會
〔All Africa Games〕便是在此舉辦，值得一提的是，融合多種族的奈及利亞
隊在足球項目贏得了冠軍）。此外，奈及利亞政府也為一九七二年第一屆全
國聯賽的創立提供支援與祝福。在舊比亞法拉的心臟地帶埃努古市（Enugu
City），戰敗痛苦反而成了創立埃努古流浪者隊（Enugu Rangers）的契機。
他們站上愛鄉主義（local patriotism）的浪頭，在一九七〇年代中期稱霸奈及
利亞足壇。他們也是第一支打進非洲俱樂部級盃賽決賽（即七五年非冠聯賽，
不過最後輸球）的奈及利亞隊伍。

　　至於國家隊也有進展，他們在一九七六與七八年的非洲盃中贏得第三
名。而另一支隊伍，來自伊巴丹的流星隊（Shooting Stars），則在七六年贏
得非洲足協盃冠軍。戈翁原本打算去見證這次的勝利，但他沒能到場。他在
七五年被自己的將領罷免。在隨之而來的衝突結束後，奧盧塞貢・奧巴桑喬
將軍（Olusegun Obasanjo）成為國家領導者。在他主政的三年內，石油產量
開始大漲，他的信心也隨之提升。奈及利亞準備將權力交給民選文官政府的
同時，也正在籌備一九八〇年的非洲盃。謝胡・沙加里（Alhaji Shehu
Shagari）當選奈及利亞第二共和總統。而非洲盃不只是鞏固新政權的好機會，
也能慶祝奈及利亞各方面的重生以及重建——它現在是一個石油豐富、團結
一致的民主國家，亦是一股領先非洲、足球，甚至全世界的力量。非洲盃開

賽的前一刻，沙加里交給綠鷹隊的任務就是「為奈及利亞取得勝利，那將為其他非洲國家樹立楷模，同時『讓奈及利亞成為非洲各方面的領導者，包括足球』的主張也將會說得更理直氣壯。」[6] 奈及利亞，在巴西籍教練格羅里亞的領軍下，於首輪擊敗坦尚尼亞，隨後驚險地踢和象牙海岸，再以一比零打敗埃及，晉級四強賽。在四強賽中他們又踢出一比零，勝了摩洛哥，進入決賽。

1980 年 3 月 22 日
奈及利亞 3—0 阿爾及利亞
拉哥斯，蘇爾雷爾球場（Surelere Stadium）

在足球場上，當機會一來，你就必須好好把握，這點跟政治很像。奈及利亞內戰後的第一任民選總統，謝胡‧沙加里，正在主觀眾臺中央一個臨時搭起的看臺上。他和他的隨扈身穿傳統繡花白袍。他們跟其他觀眾一樣情緒興奮異常，沒沉不住氣地看場上踢著一球又一球。奈及利亞人的機會來了，他們能保握住嗎？

並不是所有人都察覺到這點，但他們會把握住的。由於轉播的關係，電視比現場慢了三十秒，此時奈及利亞和阿爾及利亞的中場已經在互相鏟球。還有人群在往看臺移動。觀眾席間發出窸窣聲，整個氣氛在沸騰的邊緣。兩分鐘過了。克里斯蒂安‧祖克伍（Christian Chukwu）一記橫越整個球場的長傳，球看似無害地慢慢滾到阿爾及利亞禁區左邊，沒有明顯的危險或門戶大開。塞貢‧奧達巴美（Segun Odegbami）跑回球門附近，輕鬆地越過防守者，用頭的側邊點住來球。球跳到他的上方。突然間，他面向球門，背向後仰，用胸口接住球。球停在半空，垂直往下掉，正好在他腳邊，但他找不到空間可以揮動他那超長的雙腿，也沒辦法乾淨俐落地踢球。奧達巴美身子向後傾，將球剷在趾尖上，然後像康康舞者一樣，彎著一隻腿並彈高至胸前。觀眾爆出大叫聲，他們發洩、驚喜，還有喝采，這些聲音混在一起成了沸騰

全場的白噪音。

　　阿爾及利亞人嚇傻了，他們深受打擊，繼續攻擊，但上半場已接近尾聲。奈及利亞中場的強力剷球壓制了他們的攻擊。接著，三十公尺外的阿杜格布（Atuegbu）跑進禁區，球正好傳在他的行進路線上。他奮力向前，趁這機會搶先凌空一踢，球是踢到了，只是是直直地射向草地上。球會去哪？任何方位都有可能，但今天……球卻拐向一邊，在阿爾及利亞的後衛跟前溜走。那個後衛轉頭，只看到奧達巴美一個滑身，溜到他身後。接著奧達巴美再腿一伸，腳尖一掂，來到球前，他把握機會……

　　下半場，奈及利亞人如釋重負，很放鬆地享受比賽。好戲上場。奈及利亞大秀球技。奧迪耶（Odiye）一下假動作，一下用腳後跟將球踢向空檔，在蘇爾雷爾球場到處裂開和滿是淺溝的草皮上做這些動作實在太大膽了。他帶球直驅至左翼。腳停在球上，又繼續跑。菲力克斯・歐胡拉比（Felix Owolabi）接下球，直奔向阿爾及利亞球門，然後射門。賽爾巴（Cerbah）擋開球，但今天奈及利亞總能把握機會。穆達・拉沃爾（Muda Lawal）在旁將彈開的球踢回網內。

　　總統在看臺上抓起他的袍子，跳起舞來。他的武官們轉動傳統木鈴鼓，揮舞馬毛鞭。觀眾跑下球場，一邊圍著球隊，還有獎盃，那座「團結之盃」，一邊拍手繞圈。體育館的大門打開了，沒票的人早已擠在牆外，他們如潮水般湧進球場。

　　奈及利亞的復甦並沒有持續太久。第一個倒下的是政治。一九八三年，沙加里二度競選時遭到各種指控，說他打恐嚇牌，還有做票。他和奈及利亞的短暫民主實驗，在八三年新年前夕被一群由穆罕默杜・布哈里將軍（Muhammadu Buhari）帶頭的策反者踢到一旁。政治的枷鎖甚至銬得更緊，布哈里在易卜拉欣・巴班吉達將軍（Ibrahim Babangida）的無流血政變下遭到撤換。在巴班吉達將軍治下，加速了該國原本就普遍存在的貪腐風氣，也擴大了大量石油財被菁英階級攫取的慘況。到了一九八〇年代晚期，菁英階

級強取豪奪，政府沒有能力，讓奈及利亞的經濟元氣大傷，血色全無，同時它的民主與國際足球表現遭到致命的侵蝕。這個國家的重要資產，人才和創新，已走到短缺的局面；在非冠聯賽，奈及利亞各大俱樂部相繼輸掉決賽；在非洲盃，「非洲雄鷹」奈及利亞國家隊兩度在決賽輸給喀麥隆。在軍方重壓下，這個國家已經精疲力盡，接近崩潰邊緣。八九年，國家體育館有一場重要的世界盃資格賽，對手是安哥拉。奈及利亞中場員山姆‧歐克瓦拉傑（Sam Okwaraji）比賽中心臟病發身亡。奈及利亞還是贏了比賽，但隨後滿懷希望的觀眾不顧一切地擠進看臺，造成五人死亡，全都是被擠到球場牆邊，窒息而死。

VIII. 喀麥隆橫空出世

喀麥隆緊接在奈及利亞南方。在奈及利亞，自肥政策造成足球衰敗，但在喀麥隆，足球反而是靠著自肥政策才得以興盛。這是因為在當時的非洲，足球被政治綁在一起，才能藉此創造出領先非洲足壇的勢力。喀麥隆是一個極度複雜的國家，約有二百多個部族都發源於此，它曾被德國、法國及不列顛殖民佔領。喀麥隆人又有兩種區分法，這使得它的種族多樣性又更加複雜。在北部，穆斯林佔優勢；在南部則是基督徒；西部多為英語區；東部清一色是法語區。這就是喀麥隆政治中最不朽也最具影響力的特性。最後，在殖民與殖民結束後的經濟演變過程中，可以見到許多部族從傳統的鄉下部落大舉遷徙到主要城市，特別是杜阿拉和雅溫德。從一九三〇年代起，喀國本土球隊的組成很明顯地就跟上述情形一樣形形色色。喀麥隆足球俱樂部早期的球員、管理者和球迷皆來自同一個部族；不過隨著時間過去，在追求勝利的前提下，球隊中已可見到來自不同族群的球員被派上場。

在喀麥隆法語區有兩個當家的部族：巴米累克人（Bamileke）和貝提人（Beti）。貝提人實際上是一個集合名詞，代表住在喀國南方所有語言相近的部族，自該國獨立後，他們的向心力在政治恩庇（political patronage）的網絡中凝聚成形。他們的球隊一直以來都是雅溫德加農砲隊和雅溫德霹靂隊

（Tonnerre Yaoundé），兩隊都有很明顯的貝提人色彩。巴米累克人（同樣也是集合名詞，他們來自許多草原民族，興起於晚近的殖民時期）源自該國西部，後來在全國各地都有成功的經濟移民。他們的球隊有巴富薩姆競技隊（Racing Bafoussam）、雅溫德鑽石隊（Diamant Yaoundé），以及杜阿拉聯合隊（Union Douala），他們全都是當地貝提政權的批評與反對者。在赤貧的喀麥隆西部，英語系人口並沒有本土資源可以獨自創立足球隊，因為他們都附屬在外國農業公司之下。因此當地政府出手創立了工務處巴門達隊（Public Works Department Bamenda），成為該地區體育的掌旗手；典獄處、市議會和電力公司同樣地也有足球隊。一九七九年，工務處巴門達隊前往雅溫德與杜阿拉迪納摩隊（Dynamo Douala）比一場錦標賽的決賽。工務處巴門達隊——某些人的體育與政治眼中釘——在途中遭到逮捕，隨後被釋放。據說他們賽前的餐點還被人下了鎮靜劑。

　　新國家喀麥隆在一九六〇年獨立，在阿赫馬杜總統（Ahmadu）治下，該國的潛在天性——乖張易怒，被表現的一覽無遺。阿赫馬杜被一場人民造反糾纏了兩年之久。後來他結束這場叛亂，並在六六年創立一黨專政的國家體制。隔年，政府下了一道命令，要所有的俱樂部消除種族界線，以強化全國的向心力。不用想也知道，這道命令幾乎沒有被執行。當然阿赫馬杜對足球是出名的一點也不感興趣。因此在一九七〇年代晚期以前，國家隊最好的成績也只到七二年非洲盃第三名，而此屆最被人記得的大事就是驚人的資金被籌備者捲走。六四年，杜阿拉羚羊隊第一次贏得非冠聯賽冠軍，但喀麥隆的俱樂部一直活在迦納、幾內亞及薩伊的陰影之下。也許總統好心的忽視或多或少也幫了點忙，又或許種族間的持續對抗起了刺激作用，喀麥隆的俱樂部在七〇年代晚期培育出一代驚人的足球員，並開始贏得非洲等級的競賽。七七年，雅溫德加農砲隊輸掉非洲足協盃決賽，但再接再厲，贏得七九年的冠軍，他們還在七八和八〇年拿下兩座非冠聯賽冠軍。至於杜阿拉聯合隊，他們也參一腳，在一九七九年贏得非冠聯賽冠軍。但那是在經過阿赫馬杜加持的繼任者保羅‧比亞（Paul Biya）任內，喀麥隆國家隊才能收割這些勝利。

　　比亞在一九八二年阿赫馬杜過世後繼任總統。同年，喀麥隆爭取世界盃

主辦權，伴隨而來的是巨大國家驕傲感。比亞注意到了。他比他的前輩更需要這樣的一個政治資源。身為一個北方的穆斯林，阿赫馬杜企圖壓抑種族的差異，而比亞，身為一個來自南方的貝提人，則是積極地在國內提攜同文同種的自己人，藉以拓展一個屬於他自己的政治網絡；在國家隊選拔成員時，英語系的喀麥隆人就不斷地控訴官方對自己的球員有差別待遇。但要跟成功者爭辯，很難。貝提頂級俱樂部的本土球員，再加上第一批在海外打出成績的專業選手，組成了一支混合軍團，他們在南斯拉夫教練拉德‧奧根楊諾維奇（Rade Ognanovic）以及法國教練克洛德‧勒魯瓦（Claude le Roy）的領軍下，連拿三屆非洲盃冠軍，在一九八四和八八年兩度勝過奈及利亞。這是一支不會被大場面或對方聲望嚇倒的球隊，他們知道如何保持最佳狀態與繃緊神經，他們也已經在互比體型優勢的足球比賽中學了好幾次教訓，而且都是不留情的歐洲人給他們的。但他們的迪奧菲利‧阿比加（Théophile Abega）和羅傑‧米拉身上有的是開創新局面的天分與旺盛的生命力。這些特質都可以在一九八四年非洲盃決賽中看到——他們在阿必尚擊敗了技藝純熟且下定決心要贏的奈及利亞隊。但從他們後來的輝煌成就看來，這次的勝利並不令人意外。

這些成就一直持續到一九九〇年的世界盃，無可否認地也將世人對薩伊打進七四年世界盃的記憶，連同每個描述非洲足球特色如何又如何的無知陳腔濫調，給一同埋葬了。喀麥隆的莽撞在首輪擊敗了馬拉度納領軍的阿根廷隊——現任的世界冠軍，靠的是一記得分，一記法蘭西斯‧奧曼比伊克（François Omam-Biyik）簡單的頭槌。非洲雄獅猛烈地護衛領先的局勢，他們花了兩張紅牌的代價，為的是反制阿根廷前鋒卡尼吉亞橫衝直撞所帶來的威脅。許多球評很偷懶地用「幼稚」來形容這個舉動，但並不是，他們只是專注在對自己有利的防守，而非認真地進攻。後來他們保住戰局，挺進下一輪並以二比一擊敗羅馬尼亞。

在零比零的分數下，且距離終場還有十五分鐘，雖然這個時間點有點晚，但米拉被換上場了。他當時三十八歲，所有在世界盃會內賽中得分的球員中，他的年紀最大。不過他還夠強壯，可以帶球闖過羅馬尼亞防守員；他還夠犀

利，可以秀出真格的加速能耐，直奔球門區；他還夠穩健，可以奮力一踢，將球射進球門，而且還是兩次。當他在角球旗迴旋著身子慶祝時，他的指標性地位就此確定了。米拉會被選入國家隊，是因為比亞的關係。儘管俄羅斯籍國家隊教練反對，儘管米拉的年紀大了，儘管他剛離開法國職業球隊，加入位於印度洋的留尼旺超級聯賽（Réunion league），儘管他實際上跟退休沒什麼兩樣，比亞還是堅持要他。

在第二輪與哥倫比亞的比賽中，經過一〇六分鐘的僵持後，米拉率先在靠近門柱的地方踢進一球，擊敗哥倫比亞的門將伊基塔（Higuita），取得領先。三分鐘後，正當伊基塔和他的防線都推進到前場的時候，米拉從十公尺外跑來，抄走哥倫比亞人腳下的球，很羞辱人地將球送進空無一人的網內。喀麥隆成為第一個闖進世界盃八強賽的非洲隊伍，而且沒有人想遇到他們。

1990 年 7 月
英格蘭 3─2 喀麥隆
拿坡里，聖保羅球場

他們看起來毫無章法，從裡到外都是。他們正被來洋溢著自信與創意的對手壓著打。他們的明星中場笨拙地在球門區犯了不必要的規；這個幼稚的犯規送了對手一記罰球，就在世界盃八強賽中。喀麥隆泰然自若地點球，成功將比數追平為一比一；英格蘭此時正暴露在危險之中，在之前他們幸運領先，但那微不足道的幸運只撐了三十六分鐘。今晚誰較弱？誰荒腔走板？誰快輸了？毫無疑問地，英格蘭現在已經潰不成軍。

這些非洲人，他們是門外漢、無名小卒；他們天真、古樸、未受過訓練、未經雕琢；他們自然流露、律動十足、輕盈且無憂無慮；他們主宰一切並教會世人什麼是技藝純熟、井然有序、組織良好、心智堅強且攻擊性十足的足球。羅傑・米拉和英格蘭的馬克・萊特（Mark Wright）的頭相撞，喀麥隆人若無其事地走開，萊特則被叫到場邊，回到場上時傷口纏滿了繃帶。喀麥

隆無所不能：他們獨佔全場、捉弄英格蘭的中場、拖慢英格蘭後衛的節奏、製造或找到空檔，而且控球十分精準。米拉像個指揮家一樣，調度喀麥隆隊。他只消遲個兩秒將球傳到禁區邊緣，就足以讓埃克凱（Ekeke）神不知鬼不覺地來到禁區，接著霸氣地將球剗向英格蘭門將希爾頓守備無法企及之處。比分來到二比一，終於反映出這場比賽雙方的態勢。

　　當然，這是一場足球盃賽，而在足球盃賽中，贏的往往不一定是較強的球隊。已有四年不曾在點球上拿過分的英格蘭，這一次就得了兩分。第一分讓比賽進入延長賽。第二分讓他們進入四強賽。但歸根結柢，喀麥隆，仍然是較強的一隊。

―――――――――――――

第五部

獨一無二的比賽

足球與足球史的最終章，1990—2006

第十七章

足球的鏡中奇遇：
歐洲（1990-2006）

愛麗絲大笑：「不要試了，沒有用的，」她說：「誰會相信不可能的事。」

「我敢說你練習的還不夠徹底，」皇后說：「我小時候常這樣試，每天要做一個半小時。為什麼我就相信早餐前會發生六件不可能的事情。」

——英格蘭作家，路易斯・凱洛（Lewis Carroll, 1832-1898），

《愛麗絲鏡中奇遇》（*Through the Looking-Glass, and What Alice Found There*）

I. 空前絕後又荒謬絕倫

　　紅心皇后一定有讀過千禧年前後的歐洲體育報導。在這些報導中，她將會挖掘到可供她練習不可能之事的豐富題材，且全都極度不合情理、又矛盾，還很怪異。若她曾沉浸於歐洲足壇早年的文化規範之中，那麼這些每日新聞摘要可能會變得難以理解。她能看的透溫斯頓・博加德（Winston Bogarde）之謎——身為一個球員卻不打球——嗎？博加德是個荷蘭人，二〇〇二年從巴薩轉到切爾西。他待在切爾西的四年期間僅僅踢了十二場球，薪水大約一個星期四萬英鎊。球隊經理克勞迪奧・拉涅利（Claudio Ranieri）決定將之解僱，但沒有球隊可以提供他相等的薪資或類似的條件，於是博加德決定留在切爾西，之後他不但坐不上替補球員的板凳，還遭到羞辱性下放，得和青少年隊一起訓練。這個安排使得他一場比賽掙不到五十萬英鎊。反觀托馬斯・布洛林（Tomas Brolin）在里茲聯隊出場十九次，他每一次射門就有二十四萬英鎊的收入。

　　但是，當你在廣告及代言的收入不管怎樣都比足球本業還多時，為何還要踢球？貝克漢（David Beckham）在二〇〇五年的年度收入為二千五百萬歐元，其中有超過三分之二是在足球以外賺的。義大利大砲迪皮耶羅（Alessandro del Piero）從尤文圖斯那裡抱了四百五十萬歐元回家，另外八百萬則是來自他的贊助商。同理，當你有數不盡的方法可以揮霍金錢，為何要在足球上砸錢？在本世紀之交，切爾西村公司（Chelsea Village）在房地產部門所損失的錢比它的足球俱樂部還多。基輔迪納摩隊經營核能科技與工程產品的買賣。曼聯計畫在東南亞建立一百間紅魔鬼主題連鎖運動酒吧。這樣一來，還有哪個球員甘心落於人後？如今，職業足球員更精實、更健美、可以踢更多比賽，跑得也更快；觀眾卻日趨肥胖、體能更差，肥胖潮已緩緩地蔓延至整個歐洲的足球看臺。比賽場地、草地，以及空地皆被一九九〇年代貪婪的房地產熱潮消耗殆盡，如今青少年的足球場撤退到臥室及電視遊樂器八位元的足球畫面上。

　　當歐陸頂尖的俱樂部忙著弄他們的房地產投資方案、附屬活動，以及具有創造性的會計技巧時，他們愈來愈明白他們自己不只是一支俱樂部、不只是一間企業，更是一個品牌。過去那些意外受到愛鄉主義、集體認同或社區團結（neighbourhood solidarity）關注的焦點，現在已變成刻意打造的指標、承載成功意義的符號，以及某種身分的象徵，這些全都可以被購買，而不是被繼承、被學習，或是被感覺。經營品牌不只是足球生意的附屬品，它更是一項意義非凡的任務。有一名皇馬的董事被問到，為何俱樂部不買下巴西籍的小羅納度（Ronaldinho），他無疑地是他那一世代最令人興奮也最俊美的球員，經理回答：「買下他沒有意義，不值得這樣做。他那麼醜，會拉低你的品牌魅力。」[1]

　　那麼，當當全世界消費者對你的品牌都很買單時，誰還要能承擔拉低品牌的風險？在二十一世紀初期，義大利球季的一開始會舉辦義大利超級盃（Supercoppa Italiana），地點在紐約市附近與的黎波里。[*]利物浦隊和曼聯打算鎖定喜愛足球的馬來西亞與泰國新貴的荷包。皇馬曾巡迴中國比賽，國米在東京開了一間俱樂部專門店。俱樂部不只提供產品生命週期短暫的尋常之物──馬克杯、鑰匙圈、圍巾以及上衣，還提供信用卡、行動電話，以及電視頻道。他們除了販售季票，還會讓球迷付錢享受快速進場的權利。在俱樂部雜誌與官方慶祝的網站上，他們播放歷屆盃賽和聯賽的歷史片段，只是任何可供全世界參考的重要資訊全都被移除。

　　在球場內，觀眾遭受視覺上的轟炸，無法專心看比賽。廣告看板越做越大，愈來愈顯眼。但那還不夠，廣告看板開始翻動，當這招無法迫使你將目光從比賽中移開時，能播放動態影像的電子看板被引進球場四周。如果你的目光已能在比賽中停留得夠久，他們又會在上衣、短褲、帽子、襪子、球員休息處、袋子、球員通道、門票，以及球上露出愈來愈醜陋凌亂的商標、品牌名稱、商標和網址。電視觀眾則是必須對付被 key 在比賽畫面上的徽章、

---

[*]　譯註：義大利超級盃移師海外舉辦首見於一九九三年，後來在二〇〇二年及二〇〇三年於利比亞與美國舉辦，比賽移師義大利國外已成為義大利超級盃的特色。因為本書出版於二〇〇六年，〇六年後義大利超級盃曾在北京、杜哈、上海等地舉辦過。

比分，以及標語。俱樂部官方接受冠名贊助，球場被以高價更名，像是位於博爾頓的銳步球場（Reebok Stadium）＊，以及位於慕尼黑的安聯球場（Allianz Arena），這代表企業花錢購買的置入性廣告已經不知不覺地進入球賽相關詞彙使用範圍中最隱密之處。阿森納結束在海布里球場打球快一百年的歷史後，搬到舊名為阿什伯頓球場（Ashburton Grove）的阿聯酋球場（Emirates Stadium），而更名——從一座北倫敦的球場改成波斯灣一個有錢石油小王國的航空公司——的價碼是一千萬英鎊。甚至巴薩，歐洲唯一沒有將贊助商商標放在球衣上的豪門俱樂部†，則是高價賣出球衣廣告，其條件是：他們的加泰隆尼亞聖衣上一個商標都不能有，除了球衣製造商簡單但難以忽視的勾勾之外。

在柏林圍牆倒塌以及東歐國家社會主義絕跡後，資本主義的浪潮席捲歐陸社會，在意識形態與體制上取得勝利，使得歐洲足球的商業化在二十世紀的最後十年間達到前所未有的境界。而歐洲足球經濟的改變，其不尋常之處在於，除了天文數字般薪資與轉會費，以及呈等比級數成長的收入與營業額之外，若將它放在更大的經濟體系中比較，其等級也不過是休閒或娛樂產業中較不重要的一個。歐洲所有甲級聯賽的勞動力也不過五百名球員、二百名教練，以及一千名管理階層、經理、雜役和商店店員，勉強與一個中型汽車工廠或地方政府某一部門的勞工人數打平。雖然英超的營業額有十五億歐元，但仍無法與不列顛四大會計事務所中任何一家相比，更別說大型超市或零售銀行了。歐洲的大石油公司的盈餘甚至比整個歐洲足球經濟的營業額還多。

如果足球在經濟規模方面不具重要性，那麼在充滿活力、努力追求成功的市場與私營部門呢？在這方面，它是否具有代表性？是否有資格成為楷模？並沒有。足球不僅沒這麼做，它還讓眾人丈二金剛摸不著頭腦。很明顯地，足球違反了許多理性選擇理論及新自由主義經濟學的核心假設。這些著

＊ 譯註：銳步球場是博爾頓隊主場，現已改名為馬克龍球場（Macrom Stadium）。
† 譯註：從二○一一年起，巴薩的球衣開始有贊助商卡達航空的名字。二○一七年起的新贊助商是樂天。

重於分析個別足球俱樂部的經濟理論沒有搞懂的是，在足球中合作必定隨著
競爭而來。如果市場過於有系統地嘉獎成功與懲罰失敗，那麼將會拉大富者
與貧者、有能者與無能者之間的差距。如果這樣做的話，比賽與賽季中的競
爭性一定會削減，這對大家來說不是一件好事。這些理論中有一主流聲音，
認為應該提供消費者更多的選擇以促進競爭，但他們又認為球迷的需求量彈
性不大，如此顛三倒四的主張使得球隊的表現和球迷的偏好變得毫無關聯。
一直以來在足球方面，一個人對於某俱樂部的長期忠誠度很少會改變。基本
上，足球完美地詮釋了什麼是「吞噬有勇無謀投資的無底洞」。要透過合法
的方式讓一個俱樂部賺錢，那幾乎不可能。股票會說話：曾在不列顛上市的
二十二家俱樂部中，只有十二家還未下市，而這些俱樂部的股價比起剛上市
時，漲幅並沒有多多少。

　　跟大規模的經濟活動一樣，新歐洲足球經濟的表現極度不平均。足球熱
潮從來沒有抵達東歐，暴增的電視轉播權利金使得足球狂熱與東歐擦身而過；
這個地區在共產時代結束後遭遇了各種問題，像是高技術的勞力持續流失、
容易發生貪腐、涉入組織性犯罪，都使得本地的足球停滯不前、殘破不堪，
原本的重要性也隨之下滑。一直到二十一世紀，在有錢的石油國家買下足球
俱樂部之後，東歐才開始比得上西歐。

　　在歐洲大陸北邊和南邊，次要的足球國家已拉緊弓弦。斯堪地那維亞、
蘇格蘭，以及荷比盧三國雖然比東歐富有，但他們在電視權利金上的獲利從
未能與足球大國抗衡——他們只有偶爾的歐洲冠軍獎金與已經枯竭的本國比
賽收入能湊合著用。而在希臘、土耳其，以及葡萄牙，不發達的經濟也加劇
了類似的問題，進而影響足球的發展。不過從一九九〇年代起，這三個國家
的都市與產業開始爆炸性成長，也因此得以暫時擁有體育上成就。歐洲足球
的核心在各方面——收入、水準、優勢——仍然掌握在英格蘭、法國、義大
利、西班牙，以及德國這五大聯賽的手中。

　　在千禧年之交，歐洲足球在經濟上的意義是，它同時是力量與壓力的核
心，那麼它對社會有什麼意義？這部分經濟學家無法解釋，因為這個領域既
快樂又痛苦、極有意義同時極其無聊、想在之中找尋認同，結果變成崇拜偶

像。經濟學家靜默無語，我們只能借助沉悶的數字才能說個明白。單純從總量來看，足球在歐洲公共領域、平面媒體、電視，以及網路上獲得巨大成長。頂尖的聯賽的轉播從從以前的完全沒有直播，成長到介於三分之一至三分之二的比例，再到現在演變成在各種螢幕上直播。在比較義大利歷年二月第一個星期六播放的足球電視節目之後，發現在一九五六年只有一個深夜節目；二十年後增加到五個；到了九〇年代中期，電視上有十五個不同的足球節目，從接近中午一直播到深夜。[2] 再十年過後，如果你事先設定好訂閱的節目，而且能在瀏覽電視頻道時保持頭腦清楚，那麼就可以二十四小時不間斷地看足球節目。事實上，你也可以利用電視錄影機，就能看到所有的節目。

在報紙與雜誌方面，報導的規模和範圍逐步增加。儘管報紙大環境的銷售量在下滑，但地中海地區專門的體育報持續擴張版圖。在西班牙，有四家體育日報全力報導足球新聞；在葡萄牙和義大利，各有三個；在希臘至少有九個；在北歐八卦小報和正經大報皆新開足球版面、將足球新聞移到商業版，以及在頭版列出有錢球員清單與他們的私人醜聞，而非放在小版面。名流新聞的兩種極端型態，媚俗與粗鄙，紛紛出現在球員的報導中，從他們鋪滿大片地毯的起居室，到他們童話故事般的婚禮，以及上演肥皂劇的離婚新聞都有。

這種歇斯底里的報導連瑣事也不放過。當英格蘭隊長貝克漢在二〇〇二年世界盃前弄傷第五蹠骨時，全國報紙、談話節目，以及新聞廣播都爭相諮詢國內所有的骨科醫師、為足球新聞上出現的 X 光照片下註解，還有全國上下對整骨療法的康復時程都瞭若指掌。在西班牙，《馬卡報》用了兩張跨頁的篇幅報導皇馬在歐洲客場打了一場失望的比賽，再加上圖解畫出皇馬回程包機上球員和工作人員的座位表。這張圖表還註解誰是誰，或誰沒有跟誰說話，以及他們可能正在密謀策劃什麼事情。《米蘭體育報》還畫了地圖，指出國家隊的頂尖球員現正在哪裡過暑假，以及〇三年歐冠冠軍隊伍的成員在米蘭哪幾間餐廳慶祝他們的勝利。

在廣播方面，足球新聞的範圍已經超過單純的播報比分、賽況更新，與球賽評論，節目中出現愈來愈多的 Call-in 以及大吼大叫。在網路聊天室和足

球部落格上，仇視言論、空穴來風、責難撻伐的網路雜音嗡嗡作響，成了沉迷足球的歐洲人每日生活中的背景噪音。而好萊塢，在二十世紀未能抓住足球商機（或者說，未能拍出足球的意義），現在也企圖將它的優勢──擅長平淡無奇的故事──運用在這個主題上。結果，粗劣的《疾風禁區》（*Goal!*，關於一個球員平步青雲的故事）以及《足球流氓》（*Green Street*，關於一個美國人在一堆流氓中的故事）都很令人難為情。歐洲大眾文化的文化迴路充斥著足球的嗡嗡聲，而它的菁英文化也受到影響，不免俗地談論起足球。這種足球的個人或政治性寫作在書市上明顯可見。從馬丁・艾米斯（Martin Amis）到薩爾曼・魯西迪（Salman Rushdie），從安伯托・艾可（Umberto Eco）到君特・格拉斯（Günter Grass），頂尖的男性小說家開始寫足球；不列顛的同好誌與雜誌則啟發了斯堪地那維亞、法國和德國人，在當地頗受歡迎。

　　在高階政治（high politics）層面，足球遭受佔領與頌揚。一九九八年六月，一百萬人，也許是兩百萬人，帶著參加狂歡節的雀躍心情聚集在巴黎香榭里舍大道，慶祝法國國家隊贏得世界盃決賽。在巴黎凱旋門──這座受眾人矚目、代表法國帝國主義驕傲的的大理石建築──的四面，雷射光投影出法國巨星席丹（Zinedine Zidane，具有北非柏柏人血統）的臉龐。這是自巴黎解放＊後最大規模的集會。在集會中，法國決定為自己──身為一個多種族的共和國──慶祝，它也決定舉辦一場狂歡節，慶祝公民民族主義（civic nationalism）勝過種族民族主義（ethnic nationalism），因為它贏了一場足球比賽。在土耳其，當他們挺進二〇〇二年世界盃四強賽時，總統宣布那天值得作為國定假日。義大利在二〇〇〇年歐洲國家盃決賽慘輸給法國後，當時的反對黨領袖西爾維奧・貝魯斯柯尼放下繁瑣的政治行程，在電視記者會上說了他的內心話：

＊　譯註：指二戰時盟軍從德國人手中奪回對巴黎控制權的戰鬥。戰鬥自一九四四年八月十九日起，至八月二十五日德國守軍投降為止。

我們本來可以贏的……球場上肯定發生了某些事。你無法忽視這些事。你無法將目光從他們的球隊核心人物——席丹身上移開，他在球場上的表現從容，每個動作精準到位，尤其是在決賽的時候。甚至連業餘教練都知道，如果擋下席丹會發生什麼事，那就是贏得決賽……這次輸球真是太不值得了。[3]

足球在文化意義上的高度竟已到如此令人暈眩的地步，以至於這位角逐義大利——歐洲的經濟大國——政治大位的頭號競選者，不顧錯綜複雜的財經、法律和政治危機正在拖垮這個國家，反倒是更關心（或熟知）國家隊足球教練的戰術運用。

在二十一世紀，球賽被當作新經濟的模範，以及公民、地區、國家認同的工具，還有個人及政治宣傳的手段。但同時它開始出現各種問題。那就是，在足球比賽中，有愈來愈多人腐敗、勾結、詐欺、不適任、設局、造假。對於這種產業中較不光彩的事，歐洲運動媒體完全懶得去檢視，加上歐洲司法不彰、稅務機構失能、警方沒有魄力，也沒採取任何嚴密監控的措施，以至於上述情事變得愈來愈明顯。除去歐洲足球新的光鮮假象後，我們看見這塊大陸的罩門：有待改革的侍從主義、自私自利的封閉菁英圈、有缺陷的民主、膚淺的消費者保護主義、極度不平等，以及全面性的種族歧視。足球目前身處賺錢輕鬆與群眾擁戴的舒適圈中，批評的聲量同樣地不大，它是否能存活下來，還有待觀察。

II. 歐洲足壇的嶄新變革

在一九九○年代，歐洲足壇長久以來經濟下滑的情況得到徹底翻轉；走過沒落，曾經病痛纏身的足球，如今手握滿滿的鈔票與自傲，搖身一變為後工業時代熱門的服務業。這種經濟的發展很簡單。在九○年代以前，足球轉播權的買家都是一家獨佔，全歐洲皆如此。這些買家清一色是國營企業、而且既僵化又保守。足球俱樂部和聯賽別無他法，而且通常害怕高曝光率會導

致門票收入減少，因此能拿到的錢很少。不過，不列顛的例子證明，只要播放者之間有競爭——例如英國國家廣播公司和英國獨立電視臺，那麼電視權利金就會慢慢拉高。八〇年代中期，法國出現歐洲第一個付費電視頻道追加頻道。該頻道的崛起顯示出，足球（特別是現場直播與獨家播映）是市場上唯一能有效說服民眾付費訂閱且以後還會一直付下去的電視內容。隨著九〇年代第一個衛星數位系統啟用，在電視市場中，競爭者以及付費頻道的數量雙雙大幅成長，接著有線電視開始愈來愈普及。最後，電視訊號在九〇年代晚期從類比轉為數位，可以提供內容的電視頻道又變得更多元。隨著寬頻網路和第三代行動電話網路的來到，新媒體權利金的競價者變多，當然金額也隨之高漲。

　　由於科技更新、產業開放、競爭程度嚇人，足球的電視權利金在這樣的時空背景下一路飆升。電視播放足球的時數到了成千上萬的地步，曝光量與活躍度如此之高，可以預見贊助商合約、整套球員裝備，以及場邊廣告看板的金額一定是三級跳。一九九二年，英超成立，並打破了兩個常規，一是脫離較低等級（也較窮）的聯賽，二是將三年所有賽事的現場轉播權簽給媒體大亨梅鐸旗下的衛星廣播公司英國天空衛視集團（BSkyB），總金額三億四百萬英鎊，相當驚人。九六年，天空衛視考量新形態的電信公司與有線寬頻公司將對他們的生意造成威脅，同時也認知到足球是他們的事業核心，因此加碼至六億七千萬英鎊。到了二〇〇三年，單單在電視部分的權利金上，天空衛視就花了十一億英鎊，等於說英超的收入在十年間翻了四倍。在德國，德甲的年度電視權利金也有相同的成長率，從九〇年的二千三百萬歐元攀升到九五年的八千四百萬歐元，再到二〇〇〇年的一億六千八百萬歐元。二〇〇一年，德甲與後來破產的基爾希集團（Kirch media）簽約，它的電視年收入是三億五千五百萬歐元。在法國，一九九〇年代初期的權利金不超過頂尖國家的一半，到了二〇〇五年，權利金僅次於英超。在西班牙和義大利，足球聯賽的收入也有增長，但成長速度較慢。因為西班牙的市場較小，而義大利則是因為近百分之六十的觀眾偷接有線電視臺，在該地推行按次付費的足球節目困難重重。

　　歐洲足球的經濟集中程度非比尋常。二〇〇三年，五大足球強國的頂級
聯賽收入就佔了全歐洲足球市場的百分之五十四。如果把五大國的低層級職
業聯賽也加進去，就佔了市場的百分之六十九。如果再加入歐冠的收入（壓
倒性地進到五大國頂級俱樂部的荷包），那麼他們總共囊括歐洲足球將近百
分之八十的收入，剩下的百分之二十留則是歐洲足總其他四十六個會員的總
收入。如此兩極化的收入分布，連巴西與沙烏地阿拉伯也為之咋舌。[4]

　　類似的集中化情形也可見於各國的國內聯賽。以英格蘭為例，電視權利
金的給付，會先撥出一部分，由各俱樂部均分，作為最低保障收入，剩下的
權利金再根據各俱樂部轉播的場次多寡，以及在聯賽中的年終排名做分配。
前後段班球隊一個球季的收入差距可達二千萬英鎊之多。在義大利和西班
牙，則允許俱樂部各自去談電視權利金，而不是以整個聯賽做分配，這樣方
式很不公平。結果很明顯，義甲的收入由前三強（尤文、AC 米蘭、國米）
俱樂部包辦；事實上，光國米一個俱樂部的收入就比義甲其他八個小俱樂部
的總和還多。若再計入球場容納人數、贊助金額、廣告收入，其連鎖效應將
使得前後段班之間產生無法跨越的鴻溝。在這些國家中，代代相承的豪門俱
樂部總能在競爭中稱霸。若想強行進入豪門的小圈子，則需要現金注資，羅
曼‧阿布拉莫維奇（Roman Abramovich）和塞吉歐‧格諾迪（Sergio
Cragnotti）就是例子，他們分別投資了切爾西和拉齊奧。同理，國內聯賽中
甲乙兩組的差距也比以前更難跨越，那些沒有萬全準備 不夠謹慎的球隊，往
往身陷「崛起、衰落」、「升級、降級」的無限循環中，里茲聯隊和拿坡里
隊甚至面臨災難性的破產困境。

　　除了這種一時之間大量湧入的電視轉播金及贊助金，還有更多的錢流向
俱樂部。有的俱樂部得到股市可觀的流動資金挹注，有的俱樂部取得弱勢通
貨貸款，有的俱樂部則向言聽必從、輕忽隨便的銀行立下鉅債。但是整體來
說足壇幾乎沒有獲利可言。就連在二十一世紀初的顛峰期，也只有德甲和英
超旗下少數幾個俱樂部，不管怎樣都能達到盈餘。扣除拜仁慕尼黑和曼聯，
歐洲足壇少有賺錢的球隊，投資報酬率就更不用說了，根本無法與風險最低
的儲蓄公債相比。如果把錢放在床底下，那還比投資在足球上更有經濟效益。

足球的獲利表現如此駭人聽聞，理由並不難推測。薪資與營業額的比率正是關鍵指標。在五大聯賽收入增加的年代，直接進入球員薪水袋及經紀人口袋的錢所佔的比率愈來愈高。在英格蘭，一九九五至二〇〇二年間，薪資支出在俱樂部收入中所佔的比率從二分之一增加到三分之二。在德國及西班牙，則達到百分之八十；義大利最糟糕，義甲的薪資支出佔了營業額的百分之九十。至於最揮霍、財務狀況最混亂的俱樂部，薪資支出甚至超過年營業額，簡直荒謬絕倫。[5]

球員及經紀人之所以能在大量的球隊新收入中獲取愈來愈多的分額，是因為他們在一種罕見的勞動市場中持續操作，引起雇主在報價上贏過對手的高度欲望，再讓雇主陷入可怕的競價循環中。還有，許多商業投資偏好的成功策略著重於新資本、產品線或管理改革，但是在足球領域中，新的賽場、訓練場地，甚至教練團隊都被認為對於成功的助益不大。勝利取決於勞動力，也就是球員的品質，其他的什麼都比不上。雖然勝敗之間差別不大，但第一名的收益遠比第二名還多，因此足壇有過度樂觀與過度擴張的結構性偏向。足壇既沒有大股東和顧客施壓改變這種策略，也沒有薪資帽這類限制薪資上限以減緩薪資上漲步調的集體機制，另外，博斯曼裁決（Bosman ruling）為球員增加了轉出球隊的選項，有鑑於此，薪資膨脹必定會無法控制地超越收入增加的幅度。在二〇〇五年時，頂尖聯隊中的頂級俱樂部球員大多數年收入在一百萬英鎊上下。

跟其他歐洲生活中的每個層面一樣，足球受到歐盟與日俱增的監管。極度自由市場派的競爭總署（Directorate-General for Competition）嚴密關注足球的電視轉播權買賣，以及是否與轉播方和售票方產生獨佔及排他性交易。然而競爭總署最重要的介入是在球員合約以及勞動市場的規範上。整個一九八〇年代，歐洲聯盟委員會（EC）和歐洲足總進行了漫長而緩慢的協商，最後達成口頭上的「君子之約」，設定外籍球員限制。但就同樣來自歐盟其他國家的球員而言，這樣做侵犯了歐盟條約中勞工自由流動的原則。在一九九一年，球隊被允許派三名非本國籍球員以及二名同化球員（assimilated player，已連續在該國服役五年的外籍球員）上場。九五年，歐洲法院的博

斯曼裁決打破了這項妥協，裁定俱樂部之間付費轉讓無合約球員的行為，以及針對場上隊員國籍的限制，皆違反歐盟法律。國際足總和歐洲足總提出抱怨，而且還使出拖字訣。雖然裁決的重點是一致公認的，但接下來的是將近四年在法律上的閃避，直到一筆交易被談成，這迫使所有球隊隊員的公民限制被摒棄——雖然移民還是得為國際移民的程序做出交涉。無合約的球員現在可以自由轉移到他們想要的俱樂部，且毋需付賠償金給原本的俱樂部。

在一九九〇年代初期後，歐洲足聯一直以來極度小鼻子小眼睛的官僚作風受到兩方面的政治威脅。一是來自上層的禁止，歐盟考慮廢除多項歐洲足聯核心政策；二是來自下層的挑戰，頂級俱樂部與其媒體盟友打算採行更好的新措施，好在歐洲足壇中替自己賺更多的錢。對於這些威脅，歐洲足聯在主席瑞典土豪萊納·約翰森（Lennart Johansson），及其斯堪地那維亞與北歐人核心團隊的帶領下，想出了對策，開始自我革新與改變歐洲足壇。值得一提的是，雖然這種革新本身的意識形態沒有被明說，但追求團結、平等，以及普世價值的立場相當堅定，其實踐方式則是透過（在資本主義與社會主義規範下做出策略性妥協的）經濟活動完成。瑞典的社會民主主義與德國的社會市場經濟也有相同的價值觀與實踐策略。

歐洲足聯的第一步是大量吸收新歐洲國家會員，它不只老練地對捷克斯洛伐克以及南斯拉夫解體後的國家敞開雙臂，也接受西高加索地區的前蘇聯加盟共和國入會。歐洲足聯曾在一九九二年提供以色列短暫的棲身之所，以及在二〇〇二年接受前蘇聯的中亞加盟國哈薩克入會。光這些國家就讓歐洲足聯在國際足總的表決席次增加了快兩倍。放眼整個歐洲，歐洲足聯會員的擴張速度不只比北大西洋公約組織和歐盟還快，在匯集潛在人才方面也更為成功。歐洲單一市場原本的思維是在歐盟的體系下開放公司競爭，而在未來，它將全面提高規格，力求嘉惠消費者，並且產生可以與全球市場匹敵的新歐洲大陸冠軍。歐洲足總的歐冠就是在相同的概念下舉辦的。

不過早在一九八〇年代晚期，貝魯斯柯尼與其團隊就已提出這種泛歐競賽概念，也許是新形態的歐冠盃，也可能是新面貌的超級聯賽，無論是哪種形式，舉辦的時間得更定期，賺的錢得更多。英超脫離原有聯賽獨立的例子，

說明了頂級俱樂部挑戰舊體制的意志與能力。一九九二年，歐洲足聯有了動作，它謹慎地擴大歐冠盃的規格：在賽事後半階段設立小組賽，並更名為歐洲冠軍聯賽。無論如何，這不是單純的變更名稱和規格，還有很多努力要做。歐洲足聯採用運動行銷公司 ISL 的方案：集中電視轉播合約，獨家贊助合約則分簽給多家廠商。一九九六年，這項歐洲足球盛會在設計與行銷公司ＴＥＡＭ的規劃下改頭換面，它現已備妥一塊上好空白帆布，供全球各大公司將其商標畫在上頭。為招募賽事贊助商，ＥＡＭ設計了一本小冊子，上頭有一段話直言：

　　歐冠的贊助商擁有無障礙的通訊環境，可以打造一系列電視廣告，放送至全歐洲的同時傳達您的重要影響力，另外贊助商也可以在大量觀眾收視的黃金時段打響名號。[6]

歐洲足聯在完全掌控賽事的電視轉播權之後（之前由俱樂部以特約的方式個別售出轉播權），現在它連行銷和設計也加在合約的附帶條件中。他們在每一個球衣和比賽相關的證件上打上八星球商標。這個商標與歐盟的十二星環有共通的設計語彙，都代表抽象的普世主義概念，另外它的圓球設計也象徵了某種圓滑的理念。歐洲足聯也掌控了廣告空間，從球場裡裡外外、門票，到節目單都有，當然還有中場休息與賽後訪問時最重要的贊助商背板。歐洲足聯對於球場規格也有特別嚴格的規定，最後甚至堅持只在全座席球場舉辦賽事。

　　打從一開始，歐冠電視轉播權賣到全世界時，錢就滾滾而來。拉丁美洲播放這項足球錦標賽的頻率跟當地的南美自由盃差不多高。亞洲則是因為當地電視播放率的關係，歐冠的能見度遠低於第一名。到了二〇〇二年，歐冠在各大陸已有超過二百個國家直播。在歐洲本地，歐冠的收視率愈來愈高，決賽如果有自家球隊，會吸引百分之七十的觀眾收看，如果沒有自家球隊，那麼收視率則超過一半。當加拉塔薩雷在一九九九年遭遇尤文時，在土耳其就有超過四分之三的觀眾收看。就播放率和贊助來看，歐冠跟世界盃與奧運

可說是平起平坐，但是它比這兩個好的是，它的賽事為期一年，有整整一個球季可以曝光再曝光。由於過度招募贊助，這項足球錦標賽有超過八千個品牌相關產品，贊助商在這麼多的產品中很難脫穎而出。

　　歐冠開辦不到兩年，很明顯地，任何無法穩定打進歐冠的俱樂部，都會在國內比賽處於劣勢。有錢聯賽的大俱樂部向歐洲足總遊說，要求擴辦比賽，要求最大的聯賽一年的參加名額增加到四個，還要設立資格賽，好在進入賽事最賺錢的階段前剔除次要者和不三不四者。在接下來的四年，賽事擴大為先比三輪資格賽，決定三十二隊後進行第一輪小組賽，再決定十六隊後進行第二輪小組賽，接著再打兩場八強賽與四強賽。瓦倫西亞隊在二〇〇〇年打進決賽之前必須踢十九場球——等於本國賽季一半的出賽數。

　　歐冠帶來的衝擊很巨大，它不只改變足球經濟，還改變足球本身。要理解它所帶來的經濟影響，就要如水門案深喉嚨所說的「跟著錢走。」歐冠的二〇〇六年年度總預算約為五億八千萬歐元。其中三千萬給歐洲各國聯賽。歐洲足聯拿到約一億五千萬歐元，作為支付成本與公積金之用，但大部分的錢會退給歐洲較小和較窮的國家，作為該國足協培育年輕球員、開辦訓練課程、發展基礎建設的培養費。剩下的錢約四億歐元，會給第一輪小組賽的三十二家俱樂部。這四億的錢又分成兩半，一半是贏球的紅利，每贏一場就有錢拿，每一輪不同的價碼，依此規則分配給所有的俱樂部。另一半的錢也是類似的做法，但是錢的多寡視該俱樂部國內電視市場而定。因此俱樂部就算只踢一場球，歐洲足協也保證他們最少可拿到一千萬歐元的出場費。若是五大聯賽的俱樂部，贏得冠軍的報酬約為四千萬歐元。二〇〇四年，葡萄牙的波圖贏得冠軍，他們拿到的報酬還不到曼聯的一半，曼聯在第二輪就出局了。

　　這種酬勞給付制度更進一步加劇歐洲與各國國內足壇的不平等現象。自從荷蘭的阿賈克斯隊在一九九五年贏得冠軍後，能贏得決賽的非四大聯賽隊伍就只有波圖隊。事實上，波圖隊以及他們的對手摩納哥隊（Monaco）是唯二能闖進決賽的非四大聯賽隊伍。在有錢的聯賽中，只有少數的俱樂部表現穩定，不會被降級到乙組；現實的經濟壓力使得爭取歐冠最後資格成為季末最重要的目標之一。在比較窮的小聯賽中，取得歐冠出賽資格者和非資格者

的差距更是巨大，例如來自挪威特隆赫姆的洛辛堡隊（Rosenborg），他們是歐冠的資格賽和小組賽的常客，在挪威自家聯賽更是史無前例地連拿十三屆冠軍。在土耳其和希臘的聯賽也有類似情形，前三強隊和其他隊伍完全是兩個不同的世界。

　　僅管歐冠的天平傾斜嚴重，使得歐洲足壇呈現一面倒的局勢，但相較於那些眼裡只有錢的俱樂部及媒體集團向歐冠提出的各種可笑又自私的建議，歐冠肯定是比較公平的。另外，在歐冠開辦後的前十年，它的足球比賽罕見的好看，因此吸引了全球龐大的觀眾。綜合所有因素，我們可以說它提供了前所未有、技術最純熟、節奏最快的精采賽事。

　　經濟集中的結果，歐洲頂尖球隊得以聚集全球菁英與有天分者，他們就靠著這些來自五大洲的球員打天下。絕大部分打入八強的球隊都擁有半數以上的國際球員，這些頂尖的球員來自非洲、拉丁美洲，也有來自歐洲的強者。在穩定的歐洲賽事推波助瀾下，天才球員的集中現象變得更加顯著。如果球隊沒有辦法在國內聯賽踢出穩定成績，他們將被迫提升戰力以對抗其他同等級的球隊，結果沒有球隊能夠維持冠軍頭銜，這跟早年的情況完全相反。拜大量賽事所賜，觀眾在異國球風和本地球風中都能找到相同的樂趣。一直以來，在週中的晚上 * 若有自家對上外國的球賽，大家就會看得特別入迷，也因為常有比賽，人們可以學到外國足球文化相關的特殊知識與逸事。歐冠甚至開始有了自己的「內在邏輯」──死對頭組合。像是巴薩與切爾西，他們每隔一段時間就會遭遇彼此，那些令人興奮的對戰也迸出最自負的俱樂部文化；曼聯、皇馬，以及拜仁慕尼黑也進了三角對抗的迴圈中。兩家來自米蘭的俱樂部固定在賽事後半段上演的對決，則為歐洲大陸示範了什麼才是最耗神費力、最難分難解的足球比賽。體育記者兼小說家吉亞尼・布雷拉曾描寫過一場勢均力敵的完美比賽，而二〇〇三年那場尤文對上 AC 米蘭、兩隊都沒得半分的決賽，肯定是這樣的一場比賽。相比之下，一九九九年，曼聯在傷停時間中以二比一踢贏拜仁慕尼黑，還有二〇〇五年，利物浦在回過神後

---

* 譯註：歐冠比賽的時間多在週三或週四晚上。

旋風般地拿下三比零，贏了 AC 米蘭，這兩場比賽完美展現了英格蘭球隊努力不懈、充滿精力的球風。波圖隊在〇四年的勝利留給我們足夠的空間去相信，有錢有勢、獨佔一方的球隊並非完全無懈可擊。

2002 年 5 月 15 日
皇馬 2—1 勒沃庫森
格拉斯哥，咸普頓公園球場

今年成軍滿百年的皇馬已橫掃西班牙國王盃和本土聯賽。不管如何，他們的第九座歐冠盃冠軍即將到手。他們在這座體育館、這塊草地贏得第五座冠軍，就在一九六〇年，以振奮人心的七比三擊敗法蘭克福隊。他們展現有史以來最偉大的俱樂部等級球賽。那是好到不能再好的黃金時代。比分一比一時，索拉里（Solari）人在中圈邊上，他環伺球場後一記細膩的傳球，送入羅貝托‧卡洛斯（Roberto Carlos）風馳電掣般奔跑的路徑上。勒沃庫森的普拉森特（Placente）緊跟在旁，兩人一齊衝向左側邊線，球撇到他們前面並滾動著。他們間隔不過一步之遙。巴西人看到機會，在球彈高時粗暴地將它接下，再一個高飛球傳向斜後方的禁區邊線附近。席丹就在那裡。他已經跑過了一半個球場，好像踏入一個沒人看得到他的空間似地偷偷來到中場米夏‧巴拉克（Michael Ballack）前方一米處；巴拉克似乎知道他無法阻止席丹，身體像是洩了氣一樣。席丹抬起肩膀改變身體重心，正準備凌空截住來球。守門員試著要張大他的身體，但他的守備範圍早就化為烏有了。

高飛球還在行進中。時間慢了下來。這一刻，席丹扭曲的身體彷彿才是轉動世界的軸心。球開始往垂直下掉。席丹單腳站立旋轉，好像一名芭蕾舞者，他算準球的飛行軌道，抬高另一隻腳，在球落地前不偏不倚踢在球上。二千萬歐元的獎金就靠這一踢了。在這座球場上，有需要被守護的卡斯提亞

人*一世紀的驕傲；有斯蒂法諾與普斯卡斯在一九六〇年留下的白色幽靈——
他們的足球炫技像是一圈又一圈獨一無二的阿拉伯花紋。當他的靴子對著球
劃出一道弧線時，時間停止了。就那麼一瞬間，球像一道白光。除了席丹，
沒有人能這樣射門。回憶、歷史、金錢、鬼魂，以及黃金時代散落在當晚的
夜空中，翻騰於觀眾響徹雲霄的吶喊聲中。

　　此時，一飛衝天的商業合作、新的傳播技術、以及歐盟的制度，這三種
力量交織在一起，由上至下改變了歐洲足壇。除此之外，歐洲大陸社會結構
的改變（特別是在性別關係、身分認同，以及各種族的人口分布方面）也使
得歐洲足壇面臨由下至上的變革。

　　歐洲女子足球在一戰後就停止成長。女性在阿森納中肩負起原本屬於男
性的工作，在足球領域也小有成就，但當和平到來，她們立刻被打發到一旁。
由於足協禁止，加上社會普遍反對（包括醫學界部分人士），歐洲女子足球
被發配到最邊緣角落。一直到二戰後，女子足球比賽仍然是一群雌雄難辯、
舉止粗野的女漢子在玩的活動，難登大雅之堂。一九五七年，有人提議創立
歐洲女子足球的組織，於是國際女子足球協會（International Ladies Football
Association）應運而生，還舉辦了女子歐洲國家盃。不過，歐洲足總、國際
足總，以及各國足協對此仍漠不關心。

　　在一九六〇至七〇年代初期的動亂中，第二波女權運動興起，性別政治
再度提出挑戰。這次，女子足球在組織動員方面做得更成功了。一九六九年，
一家國際女子足球聯盟在義大利成立，她們分別在七〇年與七一年於義大利
與墨西哥舉辦非正規的女子世界盃。國際足總和歐洲足總害怕失去掌控權，
加上認為女子足球是一股重要的體育勢力，他們出手了。歐洲足總呼籲所有
成員國的足協收編女子足球至主流體系。

　　在參與程度與體育成就方面，女子足球有三大重鎮：北美、中國，以及

---

* 　譯註：卡斯提亞（Castilla）曾是中古時期伊比利半島上的一個王國，現在是西班牙的另一
　　種說法。

北歐，另外在撒哈拉以南的非洲地區重要性也愈來愈高。在美國和中國，男子足球相對較弱，這給了女子足球發展的空間。事實上，美國是唯一有能力舉辦完全職業等級的女子足球聯賽 WUSA，只不過在創辦一年後，WUSA 深陷無法挽回的財務困境。在歐洲北部，支持社會民主主義的政府推行平等主義（egalitarianism）和社會工程學（social engineering），推動了女子足球的發展，斯堪地那維亞地區、英格蘭，以及義大利等地就有半職業性質的女子足球。但女子足球的情勢依舊：一九九七年女子歐洲國家盃義大利對上德國的決賽，觀眾不到二千人，轉播國家則有一百三十五國。

歐洲絕大部分的足球聯賽依然愛用那句老話「這是男人的比賽」。無論如何，在層級不高的足球領域中，特別是在北歐，仍有小幅度女性化的傾向。在低職業等級的聯賽中，許多女性開始以官方人員的身分（特別是助理裁判）嶄露頭角。現在已有少數女性取得高階管理職，最有名的是伯明罕城隊執行長凱倫‧布雷迪（Karren Brady），另外在義大利，卡洛琳娜‧莫拉切（Carolina Morace）曾短暫擔任丙組球隊維泰博（Viterbese）的教練。相較於其他管理職，女性在足球的能見度相當低。

或許在足球場和在家的觀眾才有大規模的女性化傾向。在英格蘭，毫無疑問地，足球賽的女性觀眾人數逐步增加，從低於百分之十到接近百分之二十，而女性固定收看現場直播的比例大約接近百分之二十五。在大型國際錦標賽期間，歐洲足球興盛的國家男女性觀眾幾乎各佔一半。法國與西班牙也有類似女性觀眾增加的情形，但在東歐、巴爾幹半島，以及地中海東岸，觀眾臺上壓倒性的男性文化一點不受影響。

一九六〇及七〇年代的後殖民移民潮已開始將英國、法國、德國及荷比盧的人口組成多族裔化。種族問題在不列顛和法國足壇猛烈地浮出檯面。在英格蘭，當第一代英裔黑人球員突破重圍闖進比賽時，種族歧視在球場內化為直言不諱的言語攻擊。在法國，國家隊由多族裔球員組成，這種「俄羅斯沙拉」經常挑戰主流的大法國價值，使其產生不確定性與矛盾。在荷蘭，八〇年代晚期黑人球員的崛起迫使當地開始面對種族與民族問題。在義大利，南美籍義大利裔球員被編入國家隊；在佛朗哥執政的西班牙，對於匈牙利和

阿根廷籍西班牙裔球員則非常寬容。然而，這個問題在歐洲大陸還沒有完全
浮現。

自冷戰結束後十五年間，歐洲歷經了一場人口結構的變革。在歐洲內部，
人潮穩定的由東邊流向西邊，而且速度愈來愈快；阿爾巴尼亞人跑到義大利，
波蘭人跑到德國和不列顛，俄國人跑到歐陸各地。來自歐洲之外的移民腳步
更是快速。北非和西非人跑到葡萄牙、義大利和希臘，這些新興的地中海勞
動市場是他們向上爬過程中的第一步。土耳其人、庫德族人、西亞人及中東
人遷徙到更北之地。來自發展中國家戰亂地區的尋求庇護者、難民與流亡者
想盡辦法前往倫敦、巴黎、斯德哥爾摩、維也納、都柏林和羅馬。在歐洲，
最富有、人口組成最單純的國家──如德國、瑞典、荷蘭和奧地利，外國勞
動人口的比率已攀升至百分之十以上；在倫敦，超過四分之一；在布魯塞爾，
超過三分之一。由於歐洲從來自發展中國家的工人中精挑細選最有技術、最
有天分的人才，結果歐洲薪資水漲船高，愈來愈吸引人，這就是上述所有情
形在經濟上大致產生的影響。然而，在社會和政治上卻看不到好結果。

一九九〇年代，整個歐陸興起各種政黨及社會運動，他們都是極右派、
反移民，以及極端民族主義分子，包括丹麥人民黨（DF）、挪威的進步黨
（FrP）、比利時的佛拉姆斯黨（VB、義大利的北方聯盟黨、不列顛的英國
國家黨，以及法國的民族陣線黨。這些團體在贏得最貧窮者與最底層白人工
薪階級強力支持後，幾乎全數向左右兩派大黨施壓，要求他們對外來移民與
少數族裔採用更威權、更排他性的態度。歐洲到處充斥核心概念相同的論調：
新移民蜂擁而至，搶走並排擠本地白人的工作與工資，在經濟和政治上造成
威脅和一步一步的破壞。

很可恥的是，歐洲足球的世界中有許多被主流政治與社會忽視的野蠻過
分之事。在移民方面，歐洲足壇歷經規模最大的外國球員移入潮。一九九〇
年代，勞動市場穩定得到鬆綁，原本球隊中球員的國籍受到限制，現在全都
解禁了。足球移民者在勞動市場最底層，處境就跟在人口販賣網絡之中沒什
麼兩樣，他們是一群簽了賣身契的奴工。無恥的仲介與中間人向年輕球員（尤
其是來自非洲的球員）承諾優渥合約和薪水，再將他們騙到歐洲。但現實是：

上百人在一家小俱樂部短期試用失敗後，被丟棄在異鄉的大街上。其他有球
可踢的人卻發現，他們的薪水和自由不見了。在足球勞動市場中層，小俱樂
部透過關係從非洲重點足球學院大量運來年輕族球員，然後在市場高層以好
價錢賣出。象牙海岸足球學院和比利時俱樂部貝法仁隊（Beveren，阿森納隊
的中轉俱樂部）的關係或許是這種情形的最壞示範。在比利時甲組聯賽中，
球隊最多可以派出十名非洲球員上場。在勞動市場的最頂端，歐洲足球已經
能夠吸引來自全世界的頂尖球員。在二〇〇四年，有五百名拉丁美洲人以及
將近一千名非洲人在歐洲頂尖聯賽踢球，另外也有一小群來自亞洲、澳洲、
加勒比海，以及中美洲的頂尖球員。在最極端的情況下，頂級俱樂部曾派出
整隊的外國球員，例如英格蘭的切爾西和阿森納，以及德國的狼堡隊（VfL
Wolfsburg）。儘管當時法律與規定還算嚴格，但假護照、假身分證明文件，
以及憑空捏造的祖父母等醜聞依然層出不窮。

在二十世紀末，幾乎所有歐洲國家都接收過相當大量的移民。不過接待
他們的社會每個都很不同，我們可以用足球隊的組成來說明這種多樣性。在
英格蘭，有加勒比海淵源的黑人第一代與第二代於一九七〇和八〇年代闖進
足壇。他們在社會中的種族歧視風暴中（直接的或制度上的都有）存活下來，
在職業足壇開闢了屬於自己的一片天地——雖然至今尚未拓展到經營與管理
領域。在斯堪地那維亞，由於國家有系統地整合與同化種族差異，第一批斯
堪地那維亞黑人得以出人頭地、為國爭光，例如瑞典的馬田・達連（Martin
Dahlin）及亨里克・拉爾森（Henrik Larsson），還有挪威的約翰・卡魯（John
Carew）。在德國，種族整合較為困難，公民身分的認定仍取決於日耳曼血
統的有無，而非出生的地點或居住時間的長短，因此大部分的土耳其裔在職
業足球上不是很有影響力。在某些地方，來自同一族裔的移民會建立自己的
球隊，以作為團結與認同當地社群的一種形式；其中最成功的是斯德哥爾摩
的半職業隊亞述（Assyriaka），他們的成員來自瑞典的亞述人（又稱敘利亞
人）社群。在東歐，當地過去的種族歧視對象是少數民族，現在他們將施加
在猶太人和羅姆人的那一整套愚昧的仇恨言論，輕易地應用在滲透到各大城
市的非、亞新移民身上，就連來此作客比賽的別國黑人球員也無法倖免。

III. 後蘇聯時代的東歐足球

　　自柏林圍牆倒塌後，共產國家的政治恩庇與保護立即瓦解，東歐足球也在冷靜之後一一現形：球場破舊不堪、對國家的忠誠度岌岌可危，還遭到指控比賽造假、服用禁藥以及勾結祕密警察。足球跟其他社會體制一樣都被捲入強烈的變動之中。社會主義式的中央計畫經濟轉變為狂暴失控的資本主義經濟。隨之而來的是經濟產出直線下滑、社會失能，以及失業率高漲；以及貪汙腐敗，國家資產因而被轉移到新經濟菁英的手上。整個國家的行政與法律體系必須力圖革新，創造符合歐盟標準的公共領域與民主政體。

　　在這段過程中，足壇得忍受完全跌到谷底的收益。許多俱樂部在流亡商人、新企業家、前共產黨官員爭奪控制權下數度易主。這三群人全都將黑手伸進快速成長的組織犯罪世界。任何有長才者，諸如專業球員與教練，皆竭盡可能出走，即便落腳德國或義大利的乙組或丙組聯賽也在所不惜。在某些國家，沒了政府補助的觀眾，通常也沒了工作，他們消失了，就此一去不復返。

　　有些俱樂部拮据到沒有淋浴間或更衣室。在這場大災難中，主事的各國足總仍保持共產時代令人詬病的行事風格。一九九〇年代，在國際賽方面，捷克、克羅埃西亞，以及保加利亞表現突出，但在俱樂部及其他的國家隊方面則是各種失敗。在東歐足壇的陰暗角落，由於國內環境破敗，使得足球文化成為暴力事件加上新右翼極端分子的等義詞，種族歧視惡毒、挖苦的言論也隨處可見。

　　捷克一直是東歐經濟最先進、政治最多元的社會，其市場經濟轉型也最成功。整個一九九〇年代，捷克本地的足球規模一直很小，不光彩的新聞倒是愈來愈多，但它產出一代優秀足球員，他們打進九六年歐洲盃，直到決賽的點球大戰才輸給德國。然而不可避免地，幾乎整隊的人都跑去西歐的俱樂部打球。當時的強隊布拉格斯巴達，在由國營轉為民營，以及一連串資金挹注之後，成為歐冠小組賽常客，除了變得更有看頭，西方付給它的轉會費也

提高不少。捷克共和國剛獨立不久，斯巴達就贏得七次聯賽冠軍。

對於東歐足壇，歐冠的重要意義不只在經濟層面上，它在情感層面上還起了避雷針的作用，將東歐對歐盟耿耿於懷的妒忌、妄想以及怒氣都招引過來。一九九五年，費倫茨瓦羅斯隊第一次打進歐冠，他們在主場遭遇皇馬，奮力踢出一比一和局。匈牙利的評論員大叫：「從歐洲人手上奪得一分。費倫茨瓦羅斯的每一分都可列入國史大事。再贏幾場就能一統歐洲。」[7] 在稍早的賽事中，他們在布達佩斯對上阿賈克斯。阿賈克斯以五比一獲勝，展現了西歐與匈牙利的真實差距。荷蘭教練路易斯·范加爾（Louis van Gaal）在賽後記者會上怒氣沖沖地指責匈牙利人：

> 打從賽前熱身的那一刻，看臺就充斥著敵視的氣氛；觀眾發出猴子吱吱叫聲，表現他們對我們的黑人球員的鄙視，我們的球員完全措手不及。這是什麼國家，竟然發出叢林的叫聲來接待客人。[8]

范加爾的一席話引發全國人民自尊受傷與震驚，隨後西班牙《馬卡報》刊登一封來自荷蘭體育領袖的公開信，請求皇馬在賽場上消滅費倫茨瓦羅斯，以維護荷蘭的名譽，這使得事態更嚴重。皇馬依約以六比一在馬德里的伯納烏球場擊敗倫斯華路士。然而，種族歧視仍完好無恙。在一九九〇年代中期，零售與房地產集團 Fotex Holding 的業主卡波爾·瓦爾賽吉（Gábor Várszegi）買下經營不擅的強隊 MTK 布達佩斯隊，那是匈牙利足壇第一筆重大投資。二〇〇一年，瓦爾賽吉買下 MTK 死對頭費倫茨瓦羅斯的主要股分。此舉引起反對聲浪，以及大量來自球迷與右翼政黨的種族歧視言論。匈牙利正義與生命黨（MIÉP）副黨魁拉斯洛·波爾納（László Bognár）直言不諱：

> 那些自認正正當當的匈牙利勞動階級反對的是高級匈牙利人操縱商業的做法，這些上流人士往往有外國背景，而且還是 MTK 的支持者。相對地，費倫茨瓦羅斯的支持者總有一種感受：他們是被欺壓的匈牙利之子，而猶太人卻在社會上層，地位備受保護。[9]

波蘭的資本主義轉型之路或許是全東歐最艱辛也最殘酷的。在共產時代結束後，波蘭政府太早下猛藥。結果波蘭的重工業、礦業和冶金業全面崩解，失業率超過百分之三十，波蘭足壇也受到影響，開始暴力充斥。上述三種現象——嚴重的去工業化問題、年輕男性失業率高漲、足球文化走下坡——的關聯在一九七〇年代的不列顛就可看出端倪，八〇年代的荷蘭與德國又更加明顯，直到波蘭才確定無誤。在過去，波蘭足壇有國家補助和政府支持，且與行政部門關係良好，現在一切好處被迅速收回。波蘭足球場的破爛程度為此地區之最。華沙的十週年紀念球場因老化而淪為當地最大的跳蚤市場，導致該國沒有一個可用的國家足球場。波蘭隊的表現也無可圈可點之處，自從共產黨垮臺後，他們已有十二年未打進任何國際錦標賽。

一九九三年，打假球摧毀了波蘭的聯賽。那時羅茲隊（ŁKS Łódź）被發現賄賂對手並在更衣室安裝竊聽器。九六年，賽季最後一天以可笑結局作收：華沙萊吉亞隊和羅茲隊雙雙受罰。不過最令人擔憂的是波蘭足壇中新興的光頭黨暴力行為與種族歧視。自一九九〇年代中期起，反猶與種族歧視的塗鴉已經畫遍整個國家的球場。

卍字及凱爾特十字標記被與各家俱樂部的隊徽畫在一塊，「猶太人」成為辱罵對手的標準用詞。包括《足球狂熱》（*Pyschofanatic*）及《足球惡棍》（*Football Bandits*）在內的網站與同好誌，給予這幫人發聲與組織的空間，後來其中的意見領袖也活躍於新納粹政黨「NOP」。如此前因造成的後果就是自發性的組織暴力。在二〇〇五至〇六賽季中，有八起足球相關的刺傷案，都發生在克拉科夫。波蘭人隊與萊吉亞在華沙的比賽，就有三千名球迷陷入混戰，連一千三百名配備催淚瓦斯與橡膠子彈、火力充足的警力都無法將他們隔開或平息這場暴動。

一九八九年，波蘭和匈牙利的工業與都市發展早已過了巔峰期，而保加利亞和羅馬尼亞才正要往上爬。這兩國的足球文化在一九八〇年代晚期都有長足的進步。儘管共產時代結束後馬上出現轉型期的動亂，但這兩國還是能派出高水準的球隊去打國際賽。匈牙利有一名球藝高超的球員赫里斯托・斯托伊奇科夫（Hristo Stoichkov）。他在巴薩的職業生涯精彩出色卻暴起暴落。

斯托伊奇科夫在一九九四年世界盃拿下六分，成為第一射手；他帶領球隊闖過小組賽，接著連過墨西哥隊和德國隊，在四強賽敗給義大利。至於羅馬尼亞，則有天才格奧爾基・哈吉領軍，在九〇年代三度挺進世界盃，其他還有一九九六年至二〇〇〇年的歐洲盃，且全部都打到第二輪。但到了九〇年代後段，兩國的球隊因成員年歲增長、球星出國打球而走下坡，加上國內經濟貧困、一片混亂，以至於新一代的球員無法相提並論。

在共產時代結束後，保加利亞和羅馬尼亞政治與經濟的轉型並不完全。兩國的社會都沒有異議知識分子，沒有自由的工會，也沒有其他公民組織網絡──沒有人可以取代國有社會主義時代的政治、官僚及技術菁英。黨管幹部（nomenklatura）仍大權在握，這不是因為他們有什麼大力支持者，而是單純的慣性作用使然，另外社會上也無更好人選能使其看見渴望許久的一線光明。儘管羅馬尼亞足協惡名昭彰，米爾塔・桑度（Mircea Sandu）仍穩坐主席大位；保加利亞也一樣，伊凡・斯拉夫科夫（Ivan Slavkov）在位長達十年，直到最後才被國際奧委會及保加利亞足協以貪汙為由開除。

來自保加利亞首都索菲亞的兩個冤家，中央陸軍隊和列夫斯基隊，是該國的兩大俱樂部，分別由前共產時代的商人以及移民國外的富翁當家。陸軍將中央陸軍隊的經營權轉讓給民營化後變得超級龐大的 Multigroup 集團，列夫斯基隊則是被希臘出生的保加利亞人湯瑪士・拉夫特奇斯（Thomas Laftchis）買下，此後兩家俱樂部仍在該國的各大比賽中獨佔鰲頭。本土公司經營成功的俱樂部只有一家，即新崛起的利特克斯（Litex Lovech）。利特克斯原是一家球場位於工業區的小型地方俱樂部。當地的實業家格里沙・甘切夫（Grisha Ganchev）過去曾是摔角比賽的出資人，現為保國重要的石油經銷商，他在一九九六年旋風式地創辦這家俱樂部，一九九七年將它推向甲組聯賽，然後親眼見證它接連拿下九八年和九九年的冠軍。

羅馬尼亞脫離國家社會主義的過程更是緩慢，在前獨裁者希奧塞古（Ceauşescu）倒臺後，首都布加勒斯特的頂級俱樂部星隊與迪納摩隊整整有十年仍是陸軍與政府各部會的附屬體育組織。謠傳兩家俱樂部皆為做假帳與侵佔公款的熱區，一九九九年這項懷疑得到證實──迪納摩隊主席瓦希爾・

亞努爾上校（Vasile Ianul）及其同黨彼得・布杜魯（Petre Buduru）因偽造文書、貪汙，以及掏空二百五十萬歐元而被判刑入監。在這種自私自利的貪腐將一切搞得七葷八素的同時，羅馬尼亞足壇走樣的體制踐踏了這個國家的體育與所有執法機構。有長達十年的時間，羅馬尼亞約有十幾家俱樂部組成鬆散的足球合作社「Cooperativa」，並協商彼此在國內聯賽的勝場數，以確保任社內所有俱樂部都不會被降級。這樣做使得社外球隊在競賽中的努力失去了意義。二〇〇一年，已晉級甲組聯賽的巴亞馬雷隊（Baia Mare，非Cooperativa成員）將他們的排名賣給被降級的巴克烏隊（Bacau，Cooperativa成員）。一直到〇二年，國家隊在世界盃資格賽中慘敗，上述踢假球的議題甚囂塵上，巴克烏隊主席在現場直播的足球脫口秀中承認涉入此案，這才讓政客與官方人員感到恐慌，承認確有過失與改革的必要。

　　如果說，東歐足壇種族歧視的心臟地帶在波蘭，那麼歧視羅姆人的中心地帶就在羅馬尼亞。在體制上，足球與極端民族主義以及種族歧視政治之間關係緊密。羅馬尼亞足球聯賽主席杜米特魯・德拉戈米爾（Dumitru Dragomir）同時也是極右政黨大羅馬尼亞（Romania Mare）的國會議員。布加勒斯特星隊被羅國首富兼新右黨（Noua Dreaptă）公開支持者喬治・貝卡利（Gigi Becali）買下，新右黨為戰時納粹政黨鐵衛團（Iron Guard）的精神與政治繼承者。只要比賽遇到羅姆人支持的迅速隊，就是這些人展現惡意最佳的舞臺。通俗的種族歧視歌曲不只在觀眾席間傳唱，連星隊的球場廣播系統也以最大聲量放送。至於迪納摩隊方面，球迷高舉繪有俱樂部隊徽與揚・安東內斯庫（Ion Antonescu）圖像的巨旗。安東內斯庫是羅馬尼亞的政治人物，因為他的關係，幾十萬名猶太人和羅姆人在二戰期間被殺害。不用說，在羅馬尼亞足協的官方報告中，這些比賽「全部都很正常」。

　　「正常」是一種相對的說法。相較於南斯拉夫足壇，那還算是平和的了。在克洛埃西亞首都的馬克西米爾球場（Maksimirska stadium）外，豎立著一座紀念碑，緬懷與塞爾維亞交戰時陣亡的俱樂部球迷。事實上，它紀念的是俱樂部的極端球迷組織「藍色壞男孩」，根據碑上的銘文，該組織不只是砲火下的犧牲者，更是促使「該俱樂部球迷起而於此地與塞爾維亞交戰」的催

化劑。這場戰爭起於一場在一九九〇年春天的南斯拉夫甲組聯賽賽事，札格瑞布迪納摩隊在馬克西米爾球場對上貝爾格勒紅星隊。在這兩隊的比賽中，隨處可見自狄托死後高漲的暴力與仇恨。雖然克洛埃西亞與塞爾維亞同為南斯拉夫社會主義聯邦共和國的成員國，但高漲的民族主義意識使得兩邊的衝突愈演愈烈。在舊共產黨開始式微的同時，克羅埃西亞政壇的帶頭者為極端民族主義分子弗拉尼奧・圖季曼（Franjo Tudjman）。圖季曼曾是南斯拉夫陸軍將軍，也是貝爾格勒游擊隊的董事，後來他投向克羅埃西亞的民族主義與迪納摩隊的懷抱，並將該俱樂部變成培養極端球迷的搖籃，以及促使克羅埃西亞獨立的工具。至於紅星隊，則是成了塞爾維亞民族主義的代言者，對抗支持南斯拉夫聯邦主義的游擊隊；同時塞爾維亞總統斯洛波丹・米洛塞維奇（Slobodan Milošević）在刻意製造的恐懼與極端民族主義的浪潮下掌握大權。

在克羅埃西亞大選與獨立公投即將登場的時空背景下，球賽開打了。各隊人馬都有備而來。克洛埃西亞人備妥滿滿的石頭；紅星隊的極端球迷帶來酸液打算蝕穿球場的圍籬。迪納摩隊球迷向紅星隊球迷丟擲石塊，球場的看板與圍籬被扯破，聯邦警方在整座球場陷入大亂鬥後隨即挺身而出，袒護塞爾維亞人。一名聯邦警察試圖逮捕一名克羅埃西亞人，克羅埃西亞後衛茲沃尼米爾・博班（Zvonimir Boban）為了阻止而飛踢了那名警察——那是這場比賽中最具象徵性的舉動。直升機還被召來將紅星隊的球員趕出球場。

這個時期的紅星隊是南斯拉夫最後一個具有偉大影響力的俱樂部。儘管球迷大部分是塞爾維亞人，但球隊成員來自多元種族，反映出該國的種族多樣性。羅伯特・普羅辛內茨基（Robert Prosinečki）是克羅埃西亞人；雷菲克・薩巴納佐維奇（Refik Šabanadžović）是波士尼亞穆斯林；馬羅維奇（Marović）和薩維切維奇（Savićević）是蒙特內哥羅人；伊利亞・奈多斯基（Ilija Najdoski）和達爾科・潘採夫（Darko Pančev）是馬其頓人。在一九九一年初，正當這個國家四分五裂、走向戰爭的同時，紅星隊走出自己的道路，挺進歐冠盃最後一輪。九一年四月，克拉伊納（Kraijina）地區的塞爾維亞人宣布脫離克羅埃西亞，接著克羅埃西亞武裝部隊與南斯拉夫陸軍在東克羅埃西亞的

武科瓦爾鎮（Vukovar）發生衝突。克羅埃西亞新成立的民兵部隊中最初期以及最精銳的小隊都來自札格瑞布迪納摩隊的「藍色壞男孩」組織，他們將軍徽和足球隊徽一起穿在身上。

在歐冠盃四強賽，紅星隊作客德國，對上拜仁慕尼黑，在下半場踢進一球，取得二比一領先。第二場來到貝爾格勒，德國後衛克勞斯・奧根塔勒（Klaus Augenthaler）在全場沸騰的足球民族主義中踢了一記烏龍球，將紅星隊送進巴里與馬賽隊進行決賽。這場令人坐立難安的決賽膠著了一百二十分鐘，終於在點球大戰中打破僵局。紅星隊成為歐洲冠軍，又在稍後於東京擊敗智利的科洛科洛隊，成為世界冠軍。在貝爾格勒慶祝勝利的派對上，知名的極端民族主義分子阿爾坎（Arkan）揮舞著路牌，此舉引起滿堂喝采，因為這些路牌來自已被戰火焚燬的克羅埃西亞村莊。

阿爾坎本名為傑利科・拉茲尼亞托維奇（Željko Ražnatović），是南斯拉夫空軍上校之子，他從搶劫外國銀行開始發跡，接著膽大妄為地逃獄，最不可告人的勾當則是為南斯拉夫從事特務工作。一九八六年，他回到貝爾格勒，在紅星隊球場附近開了一家法式糕點店。阿爾坎直接受命於總統米洛塞維奇以及內政部長，他們交給他的任務是訓練及動員紅星隊的極端民族主義分子，這群人人數龐大但毫無紀律可言。接下來的四年，在阿爾坎的領導之下，這群吉普賽人（已知人數最多的紅星隊球迷群）脫胎換骨為暴力的半正式軍隊，他們在早期與克羅埃西亞及波士尼亞的戰爭中被廣泛地用作種族清洗的突襲部隊。在這樣的環境之下，紅星隊之類的南斯拉夫機構難以存續。隨著戰事擴及這整個地區，歐洲足聯在一九九二年四月宣布貝爾格勒將不再舉辦任何賽事。紅星隊必須到保加利亞的索菲亞守衛他們的歐冠盃冠軍頭銜，但他們被桑普多利亞隊擊敗了。這支球隊被賣掉，剩下的南斯拉夫人被驅逐出當年夏天的歐洲盃。

隨著半正式軍隊在克羅埃西亞和波士尼亞橫行無忌，阿爾坎的政治勢力與自尊也得到可觀的強化。這適時地為他打了一劑強心針，他企圖在一九九〇年代中期接掌紅星隊，但受到董事會阻撓。阿爾坎轉而落腳貝爾格勒小俱樂部奧比利奇（Obilić）。奧比利奇是中世紀的塞爾維亞騎士。塞爾維亞在

一三四九年科索沃戰役敗給奧斯曼帝國，也失去主權。奧比利奇發誓要殺死蘇丹以報一箭之仇，但下場是自己的頭被砍掉。阿爾坎的到來正好是該俱樂部命運的轉捩點。原本加諸在紅星隊極端球迷身上的軍事教育原封不動地施加在奧比利奇隊上，使得他們晉級甲組聯賽。他們充分地使出在東克羅埃西亞學來的威脅和恐怖招式，贏得下個賽季冠軍。

　　到了一九九八年，在塞爾維亞可以見到極端民族主義開始走向盡頭。科索沃持續衝突、經濟制裁、北約的砲彈轟炸，全都一步一步地摧毀米洛塞維奇的政權。塞爾維亞從內部開始分裂，紅星隊與游擊隊是最佳例子，他們原本關係融洽，卻逐漸惡化。九八年的事態甚至惡化到游擊隊的球迷（可能是俱樂部默許）暗地夾帶一座火箭推進榴彈進入球場，並用它轟向對面的紅星隊觀眾看臺，結果造成一名十二歲男孩在混戰中身亡。他的座位至今仍空在球場上。

　　二〇〇〇年夏天，總統大選即將到來，米洛塞維奇的權勢看起來更加搖搖欲墜。在歐冠資格賽階段，貝爾格勒紅星隊對上魚雷隊時，球迷高唱：「幫幫塞爾維亞吧，斯洛波丹，你就去死一死吧。」接下來與警察的戰鬥中，紅星隊極端球迷決定不再效忠極端民族主義政權，並轉向其對手的懷抱。是年九月下旬總統大選，米洛塞維奇輸給沃伊斯拉夫・科什圖尼察（Vojislav Koštunica）。米洛塞維奇拒絕承認敗選，他試圖操弄情勢，宣布選舉無效，藉以逃避結果並維持大位。科什圖尼察——當時為貝爾格勒南方農業小城查查克（Čačak）首長——可不接受，他帶領一大隊汽車與農用機具抵達首都，意圖逼迫米洛塞維奇下臺。他們一到貝爾格勒，紅星隊極端球迷加入他們，兩方連成陣線，橫掃國家電視臺，接著在塞爾維亞國會前與警方發生衝突。當支吾其詞的警方最後承認衝撞國會大廈的是過去曾幫他們衝鋒陷陣的極端球迷時，顯然米洛塞維奇大勢已去。隔週紅星隊對上游擊隊的比賽中，紅星隊球迷高舉布條「米爾柯（Mirko，游擊隊主席及米洛塞維奇同黨）去坐牢，游擊隊去乙組」與「自由太陽升起，照耀我們勝利」。

　　相較於南斯拉夫，蘇聯存在的時間只多一些些，不過它結束於一九九一年晚期。在一次的軍事政變中，戈巴契夫遭到挾持，前共產黨籍莫斯科市長

葉爾欽（Boris Yeltsin）在莫斯科街頭與國會大廈前發起運動，平息了這次破綻百出、計畫不周的政變。莫斯科市民面對坦克，拒絕屈服，軍人也拒絕向老百姓開火，致使政變的密謀者敗走四方。葉爾欽接掌大權，解散蘇聯共產黨是他一心一意也最重要的決策。只消他一筆輕揮，這組織就此勾銷。接下來的九年總統任期，葉爾欽成功將蘇聯拆成十五個國家。俄羅斯政府在經濟上所下的猛藥非常可怕，讓整個社會失衡，男女平均壽命短縮了五年。葉爾欽大力賤賣國有資產，簡直像一場滑稽的騙局，整個國家的天然資源被集中在少數商人與政客手上，他們都來自知名家族或是財閥的成員。

　　俄羅斯足球的轉型同樣也面目全非。名門強隊沒三兩下就倒閉。莫斯科的俱樂部，像是迪納摩隊、中央陸軍隊、魚雷隊以及火車頭隊等，儘管他們與公家關係密切，卻都在一九九〇年代瀕臨破產邊緣。只有莫斯科斯巴達隊手上還有錢。斯巴達隊就跟葉爾欽一樣，雖有蘇維埃後臺，但實力充足到可不照規矩走，還能將自己重新塑造為新俄羅斯的先驅。自一九九二至二〇〇一年間，斯巴達隊只差一屆就能拿下全部冠軍。地方俱樂部弗拉季高加索阿拉尼亞（Alania Vladikavkaz）是斯巴達隊以外唯一的冠軍，在這個靠著伏特加才能活下去、同時也因為伏特加而帶來許多自殺的國家，此家俱樂部正是靠違法自釀私酒而致富。斯巴達的優勢部分來自政治，他們的主要贊助者是俄羅斯天然氣工業股分公司（Gazprom），一家巨型公營石油與天然氣公司，也是少數有償付能力的俄羅斯機關。斯巴達也有能力在歐冠收入中分到一杯羹。他們定期打入小組賽，成績常常大勝對手。不過雖然他們打贏一九九五年所有的小組賽，但短視近利的心態讓他們在八強賽前賤賣四名最好的球員，自此無緣晉級下一輪。

　　自一九九九年葉爾欽辭職，二〇〇〇年普丁（Vladimir Putin）當選總統之後，克林姆林宮為了收回國家的公權力而主動出擊，在司法和政治上向財閥施壓，也打破了斯巴達壟斷足壇的情勢。在這樣的背景下，中央陸軍隊和火車頭隊贏得聯賽冠軍，而中央陸軍隊在二〇〇五年贏得歐洲足總盃冠軍。中央陸軍隊最終在一九九七年被陸軍賣掉，現在由神祕的「AVO 資本與藍堡公司」（AVO Capital and Blue Castle）持有，但很明顯地其幕後金主是西伯

利亞石油集團（Sibneft）。現在足壇突然有了大筆金錢投資，不過比賽仍然充斥著暴力，尤其是斯巴達和中央陸軍這兩幫人馬，一定要拚個你死我活。

　　烏克蘭足壇也走上類似的轉型之路。自一九九一年烏克蘭獨立後的那幾年，基輔迪納摩隊，長久以來支持民族主義的立場更加鮮明，他們馬上主宰了聯賽。基輔迪納摩跟斯巴達一樣，都能從歐冠收入、西歐俱樂部的高額轉會費，以及經費補助中分到一杯羹。自從蘇聯解體之後，烏克蘭的內部分裂很明顯。西半部主要為烏克蘭人，東半部多為俄羅斯人。西部的經濟取向多以歐盟為主，東部的重工業則與俄羅斯綁在一起。到了二十一世紀初期，烏克蘭足壇陷入該國東西兩方的衝突之中。基輔迪納摩與基輔企業菁英關係匪淺，特別是該俱樂部主席格里戈里・蘇爾奇斯（Grigory Surkis）在當選烏克蘭足協主席，以及進入即將卸任的烏克蘭總統以列昂尼德・庫奇馬（Leonid Kuchma）為首的利益團體之後，這層關係又更上一層樓。基輔迪納摩的新對手，頓內次克礦工隊（Shakhtar Donetsk），則以該俱樂部主席里納特・阿克梅托夫（Rinat Akhmetov）為首形成另一群「頓內次克」利益團體。阿克梅托夫在其導師亞歷山大・布拉金（Aleksander Bragin）於一九九五年遭炸彈攻擊身亡後，接手他的財產與足球俱樂部，成為烏克蘭首富。阿克梅托夫利用他手上豐富的天然資源與旗下製造業帝國，將礦工隊變成奪冠大熱門。礦工隊在二〇〇二年贏得冠軍，取得歐冠門票，後來與迪納摩打好幾場勢均力敵的比賽。

　　然而，烏克蘭足壇的多重性格也有其侷限，該問題在二〇〇四年年底的總統大選中一覽無疑。來自西部、政治立場傾向莫斯科的候選人維克多・亞努科維奇（Viktor Yanukovich）得到即將卸任的庫奇馬總統的背書，以及基輔與頓內次克兩方利益團體的支持。他的對手是親歐派改革者維克多・尤申科（Viktor Yushchenko）。亞努科維奇的競選代表色為藍色（也是迪納摩的代表色），尤申科則是橘色（礦工隊的代表色）。緊繃的政治氛圍腐化了選舉程序，當一如往常圍著橘色圍巾的礦工隊為了歐冠賽事而抵達米蘭時，他們被亞努科維奇派媒體指控是親尤申科派人士。當他們上場時，他們改圍藍色條紋圍巾，又被尤申科派媒體指控是親亞努科維奇派人士。事實上，不管

是球隊還是俱樂部背後的利益團體都一樣，都不希望自己是名顧此失彼——
為了討好了任一利益團體，卻與當權的大佬反目成仇——的政治人物。基輔
迪納摩的主席說服該國足球巨星安德烈・舍甫琴科（Andriy Shevchenko）在
他的電視頻道亮相，為亞努科維奇站臺。在鐵幕倒下之後的這十五年間，烏
克蘭足壇的大佬跟大多數東歐國家一樣，已做好與他人——但不是跟所有
人——共享權力的準備。

IV. 種族與宗教對立橫掃歐洲

　　一九九〇年代初期的歐洲北方小國可說在足壇的新領域有一席之地。一
九九二年，歐洲盃在瑞典舉辦，該國的足球觀眾人數在下滑了將近四十年後
終於翻轉上揚，迄今仍未消退。瑞典和丹麥兩國都創造出小巧、高效，且能
維持一定水準的職業聯賽。在國際賽方面，他們達成兩項成就：丹麥拿下九
二年歐洲盃冠軍，瑞典拿下九四年世界盃季軍。九二年的歐洲盃，南斯拉夫
因戰事擴及巴爾幹半島而退賽，歐洲足總找來正在度假的丹麥人頂替。丹麥
在第一輪雖打得勉強，但在四強賽展現驚人韌性與勇往直前的精神，擊敗荷
蘭，最後在決賽遇到世界冠軍德國。至於瑞典，靠著乾淨俐落的團隊合作以
及肯內特・安德森（Kennet Andersson）與馬田・達連的得分，一路挺進九四
年世界盃四強賽，最後被巴西的羅馬里奧（Romário）的一記捅射給踢出局。
　　然而，沒有任何一家斯堪地那維亞俱樂部或國家隊能重演一九九〇年代
的成功。最近的這十年，斯堪地那維亞國家隊的命運大多是：定期出線國際
錦標賽，然後早早出局。自哥特堡隊在一九八七年贏得歐霸冠軍後，就沒有
任何俱樂部打進過決賽。此時斯堪地那維亞正全力面對步步逼近的威脅，即
被擠出新的歐洲核心之外的邊緣化問題。在九二年歐洲盃開打之前，丹麥選
民以些微之差拒絕歐盟的馬斯垂克條約。反對陣營提出的各種論點都出於恐
懼的心態，他們忌憚像丹麥這樣的小國會被歐盟這種新的組織給吞沒，也深
怕自己的利益會被列強——特別是剛統一的大德國給檔在門外。在丹麥於斯
德哥爾摩擊敗德國之後，哥本哈根市中心擠滿的慶祝的人群，這次集會人數

是自一九四五年解放日（德軍投降）以來最多。事實上，丹麥媒體忍不住拐彎抹角將這幾件事相提並論。不管是檯面上還是檯面下，丹麥都拒絕被「法—德」主導的歐洲政壇邊緣化。儘管如此，十一個月後關鍵時刻來臨，第二次馬斯垂克條約公投的結果，丹麥人投了贊成票。瑞典人，還有芬蘭人，也在各自的公投中贊成加入歐盟。只有坐擁北海石油、世上最富有的挪威人可以嚴正地向歐盟說不。

儘管民族主義在體壇上舉足輕重，但沒有一個能阻止歐洲走向集中化的趨勢。在歐洲足球經濟結構中，小國永遠處於劣勢，因為電視權利金和贊助收入的多寡取決於市場規模。荷比盧、蘇格蘭、瑞典以及丹麥全部的市場加起來也只多過德國的一半。這些國家的大俱樂部在歐冠中得到較低的收入與種子序，讓他們的處境更加艱難。他們必須持續（如果有能力的話）將他們最好的球員賣給較有錢的聯賽，這更拉大俱樂部之間的差距。丹麥足球走下坡的過程正是最佳寫照。

一九九五年，阿賈克斯隊贏得歐冠冠軍。當時還是青少年的派翠克‧克魯伊維特（Patrick Kluivert）踢進一球，以一分之差擊敗上屆冠軍 AC 米蘭。阿賈克斯的教練范加爾沿用該俱樂部一九七〇年代以來的全能足球傳統，再加以改良，以符合當時速度愈來愈快、球員愈來愈壯的球風，就此打造出全新的阿賈克斯。范加爾認為：「場上空間如此擁擠，首要之務在於球的流動性。」[10] 經過每日繁複三角傳球的嚴苛訓練，以及多場球賽之後，阿賈克斯成為高持球率的達人，他們在高速、長距離傳球的同時也能保持穩定的控球。范加爾的助理傑瑞德‧范德連（Gerard van der Lem）宣稱他們在歐洲的大多數比賽中，持球率高達百分之七十。

隔年，阿賈克斯進入歐冠決賽，但這次尤文更勝一籌。范加爾在將他新改良的產品公諸於世後，眼睜睜看著它在兩季之內被賤賣，西多夫（Seedorf）、戴維斯（Davids）、克魯伊維特、雷齊格（Reiziger）、博加德、列馬倫（Litmanen）、卡努（Kanu）、奧維馬斯（Overmars）、菲尼迪（Finidi）、德波爾兄弟（the De Boers），以及范德薩（Van der Sar），全都跑到國外的俱樂部。最後范加爾自己也去了巴薩。自此阿賈克斯再也沒踢出比八強更好

的成績。荷蘭南部唯一能衝擊歐冠的俱樂部是 PSV 恩荷芬隊，他們曾在二
○○五年打進四強賽。荷蘭另一家俱樂部飛燕諾隊則是在○二年贏得歐洲足
聯盃。至於比利時，該國頂級俱樂部安德萊赫特隊和皇家布魯日隊（Club
Brugge）在歐冠小組賽階段中一直以來都只有被壓著打的份。

　　荷蘭的表現之所以能夠勝過比利時或蘇格蘭，一部分的原因是它的市場
規模，一部分要歸功於它本身的戰略。由於荷蘭本身是歐洲交通樞紐，鹿特
丹又是歐陸最重要的貨櫃港，該國各俱樂部同樣也精通於進出口外國的足球
人才，他們通常會在嚴格訓練完這些球員後抬高賣價。PSV 恩荷芬隊是最敢
簽下拉丁美洲球員——像是羅納度（Ronaldo）和羅馬里奧——然後高價賣
掉他們的俱樂部。PSV 也受惠於飛利浦電子公司，因飛利浦持續在 PSV 的
球場實驗他們的新科技，藉此宣傳品牌。

　　阿賈克斯和飛燕諾在南非和迦納建立了可觀的中轉俱樂部（feeder
club），為他們吸收和培養足球人才。阿賈克斯的觸角最遠可至波羅的海和
斯堪地那維亞，他們搜刮球員、培養訓練，再轉手賣掉，例如瑞典的伊布
（Zlatan Ibrahimović）和芬蘭的列馬倫。不過，荷蘭頂級俱樂部並不是只有
靠進口球員。這些俱樂部的青少年培訓計畫持續產出的高水準球員，在西班
牙、義大利和英格蘭頂級俱樂部都能得到高度評價。在這樣的背景之下，荷
蘭到海外發展的足球人才與本土一樣多。不只有荷蘭頂尖球員在海外需求旺
盛，他們的教練也一樣熱門，像是胡斯・希丁克（Guus Hiddink）就曾在皇馬、
南韓、澳洲及俄羅斯待過。羅納德・柯曼（Ronald Koeman）曾執教本菲卡；
法蘭・列卡特是巴薩最新的荷蘭籍教練；荷蘭籍教練也曾執教切爾西、紐卡
索、熱刺、流浪者和凱爾特人。

　　雖然歐洲足壇結構性的不平等環境排擠到荷蘭在俱樂部等級比賽中的表
現，但在國家隊方面荷蘭仍然人才濟濟。不過連續幾場國際賽下來，它的前
景堪憂。荷蘭在一九九六年歐洲盃中飽受隊中種族衝突與派系林立的流言困
擾。九八年世界盃，荷蘭的丹尼斯・博格坎普（Dennis Bergkamp）在八強賽
最後一分鐘以一記打破僵局的得分踢走阿根廷，那是荷蘭在本屆賽事中最好
的表現，但對上巴西時卻神經大條地輸掉點球大戰，重演二○○○年歐洲國

家盃的戲碼，且軟手程度甚至更上一層樓。那年的歐洲國家盃四強賽，荷蘭
對上義大利，在正規賽中射失兩記罰球，接著在點球大戰中又射失三球。

　　蘇格蘭足球的發展也受到跟荷蘭一樣的限制，他們不只規模小，還面臨
更嚴重的貧富不均問題。自一九八五年起，除了「老字號」（Old Firm）凱
爾特人和流浪者之外，沒有任何球隊能拿下蘇格蘭聯賽冠軍。一九八九至九
七年，流浪者連拿九座冠軍，兩強獨霸的情勢看來正往一支獨秀的方向走。
一九九五至二〇〇五年，老字號以外的球隊沒人得過亞軍。二〇〇六年，哈
茨隊在東歐財閥，立陶宛石油巨人弗拉迪米爾‧羅曼諾夫（Vladimir
Romanov）的資助下，斷了老字號連年的霸業。凱爾特人和流浪者在同時期
也贏得半數以上的盃賽冠軍，壟斷歐洲各大賽收入。

　　除了來自歐洲的收入，老字號在財務方面也大勝聯賽其他俱樂部。有一
段時期這兩家俱樂部在商業化上有爆炸性的成長。流浪者的資本來自主席大
衛‧莫瑞的私人資金、股票發行，以及企業人士（部分帶著玩票性質或緬懷
老俱樂部的心理）源源不絕的資金。凱爾特人也有自己的資本和投資者。在
費格斯‧麥肯（Fergus McCann）與達爾莫‧蓋勒（Dermot Gallagher）前後
當家之下，凱爾特人募集到數千萬英鎊。這兩家俱樂部徹頭徹尾地整修他們
的球場，可容納人數超過英超所有（除了兩三家以外）的球場，他們也都誇
口季票售罄且有很多人排隊候補。

　　結果，凱爾特人和流浪者的經費跟英超中段班的俱樂部不相上下，至於
他們本身所處的聯賽，經費則是跟英格蘭足球冠軍聯賽（EFL Championship）
末段班不相上下。二〇〇二年之後，日益縮減的電視權利金開始衝擊蘇格蘭
足球超級聯賽（Scottish Premier League），整個聯賽負債一億英鎊，有三家
俱樂部宣布破產；因弗內斯隊（Inverness Caledonian Thistle）差點拒絕蘇超
升級球場的規定，因為他們害怕升級球場的成本將高過未來增加的收入。

　　在二十一世紀初期，蘇格蘭頂級俱樂部曾慎重考慮離開蘇超，並悄悄地
在英格蘭與歐洲足壇四處遊說，以另覓安身之地。到目前為止，這在政治和
組織上都不可行。想要突破國界的不只有蘇格蘭的老字號，還有那些被孤立
在外、試圖重返足球經濟核心的北歐大型俱樂部。這些來自斯堪地那維亞、

荷比盧、蘇格蘭和葡萄牙的俱樂部很認真考慮組成「亞特蘭大聯賽」（Atlantic League），以取代自己國家的聯賽或同時並行，但不管是歐洲足總還是市場相關人士，對於這個想法都不太買單。

　　最近這十五年間，「花呢軍團」所表現出的蘇格蘭認同好似一幅帶有狂歡節狂歡風格的諷刺漫畫。一九九〇年代中期，受到英格蘭托利黨（Tory，即保守黨）掌權西敏宮十七年的影響，蘇格蘭一直過得相當艱辛，此時文化與政治上日益高漲（特別是政治上）的民族主義浪潮衝擊蘇格蘭國家隊的發展。一九九七年，工黨在蘇格蘭國會取得多數席位，他們建立新政府，將保守黨趕下臺；蘇格蘭終於去掉了政治上的芒刺。不過，蘇格蘭對於英格蘭一直以來的挖苦態度並沒有削減，在二〇〇〇年歐洲盃附加賽上更是表露無遺；這種對於經濟與政治現狀的憤怒，表現方式相當不洽當。格子呢軍團贊助球迷到荷蘭、丹麥，甚至到瑞典客場看蘇格蘭國家隊的比賽。喝得醉醺醺、狂飲作樂的行為、通篇民族主義的諷刺詩，這正是蘇格蘭球迷的主要調性。無論如何，這也是足球文化的表徵。他們在國際足球錦標賽上看似許多問題與分歧，但相較之下其足球文化內部更加嚴重。

　　在蘇格蘭，足壇長久以來的派系問題從未因商業化或遭受政治挑戰而消除。丹地和愛丁堡也無法倖免，當地仍存在凱爾特人和流浪者的衝突。事實上，由於這兩家俱樂部在制度上變得愈來愈類似，在財務上也愈來愈緊密，因此兩方球迷也愈來愈看彼此不順眼。儘管格蘭姆‧蘇納斯簽下信奉天主教的球員莫‧強斯頓，並正式公告俱樂部將收回任何反對天主教徒的做法，但當球員安迪‧戈拉姆（Andy Gorham）在好鬥的工會主義者大本營，貝爾法斯特市的山柯爾路的街道上點亮耶誕節燈火時，流浪者與工會主義及奧蘭治主義勢力的關係就很明顯了。一九九九年，流浪者的董事唐納德‧芬德賴（Donald Findlay）被迫辭職，因為他帶領其他的董事與球迷高唱派系歌曲。

　　終於，一九九〇年代初期瑞典出現光頭黨「黑軍」（Black Army）的蹤影，這群跟 AIK 斯德哥爾摩（AIK Stockholm）有淵源的人興風作浪，他們擾亂公共秩序，提倡極端的右翼政治思想以及虛無主義。九〇年代初期，瑞典在經濟上的衰退與不確定不只造就該國第一批支持右翼民粹主義與公開種

族歧視的族群，也打破包裹在傳統瑞典民眾身上嚴肅的外衣。瑞典球場上首次出現這些狀況：球迷自然而然地歌唱、嘲笑、謾罵敵手。而目前在荷蘭，打架與搞破壞等新花招不斷出現在該國四、五家大俱樂部的比賽中。由於警力與球場硬體的加強，使得這種情形被迫向外發展，到了二〇〇〇年前後，在廢棄的土地上、高速公路交流道下，以及工業區裡都可看到一連串預謀好的鬥毆事件。最常暴力相向的就是飛燕諾與阿賈克斯的球迷，雙方每隔一段時間就會爆發衝突。以往的對立以城市對城市居多，現在則多了詭異的「種族—宗教」對立。雖然世人長久以來認為，阿賈克斯從根據地、支持者、金主等各方面看來都是一家猶太俱樂部，但它從來不是百分之百如此，甚至也不是以猶太人為主的俱樂部。二戰期間猶太人遭到種族清洗，此後這樣的「阿賈克斯—猶太人」連結逐漸鬆開。但是整個一九九〇年代，阿賈克斯支持者愈來愈常使用猶太人的圖騰與語言，來表現他們的俱樂部認同。大衛之星的旗子覆蓋在阿賈克斯的觀眾臺上，觀眾唱著「猶太人，猶太人，我們是超級猶太人」，這符號還突破重圍，出現在數量龐大的光頭黨中。至於反猶太人的飛燕諾，則免不了用歐洲與中東兩種語言回敬「哈瑪斯（Hamas），哈瑪斯，猶太人去毒氣室。」就這樣，在二十世紀末的這個世上最有錢、最守秩序的社會裡，身分與政治認同各異的人們在球賽中選擇了種族對立。那麼，想必連紅心皇后也無法理解這種事吧。

V. 銀河戰艦亂世稱雄

一九九〇年代初期，義大利足壇是 AC 米蘭的天下。在教練法比奧・卡佩羅（Fabio Capello）的帶領下，他們豪氣地拿下一九九二至九四年的三連冠，而且整整贏了五十八場比賽，創下義甲史上最久不敗紀錄。另一個奇觀是，AC 米蘭老闆貝魯斯柯尼的 Fininvest 投資集團獲得爆炸性成長；目前他們掌控了義大利電視臺、廣告及出版業主要股分。另外，當時還上演一齣「賄賂之都」（Tangentopoli，九二年義大利政治醜聞的暱稱）的戲碼，比上述兩者還更令人嘖嘖稱奇。一九九〇年代初期，法蘭切斯柯・博雷利及其他米蘭

地方法官發起一連串的司法行動，他們以貪腐與挪用公款等罪名起訴一大票戰後政治菁英，特別是當權的天主教民主黨與社會黨人士。社會黨領袖克拉克西逃到國外，這些人全被選民屏棄，還有部分政治與企業的高層也被迫退休與關入監牢。此時右派的新勢力──北方聯盟和國民同盟（AN）──打入處於真空狀態的政壇，這些勢力來自南義一個已不存在的新法西斯主義政黨 MSI。在左派方面，義大利共產黨宣布轉型為左派民主黨（SD），不過其核心成員出走，成立了重建共產黨（PRC）。「賄賂之都」醜聞爆發時，貝魯斯柯尼起初幾乎無動於衷，但他有太多需要擔憂，像是：他最緊密的政治盟友紛紛垮臺，留下他成為眾矢之的；Fininvest 高築的債臺眼看就要解決不了；左派政黨很可能接掌政府，再加上做過頭的改革派法官，這個國家前景堪慮。

　　我聽說事態愈來愈險惡，就好像完全所有人都在禁區裡，獨留中場門戶大開。[11]

貝魯斯柯尼用了一個後來很知名的比喻──「步入球場」（la discesa in campo）──形容他從一介足球俱樂部經理人及媒體大亨，滿懷抱負地踏入政壇，且成為義大利總理的過程。由於他宣布參選，義大利足壇與社會再度整合在一起。在大部分的情況下，文化中的各種領域處於彼此相連卻平行的並聯迴路中，而此時它們合而為一了。法國情境主義者居伊‧德波（Guy Debord）的理解很透徹，他說奇觀社會（Society of the Spectacle）不存在。德波寫道「奇觀不是意象的集合體（collection of images），而是一種人與人之間以意象為媒介的社會關係。」[12] 在一九九〇年代，這場揉合足球、電視與政治的演藝秀與奇觀十分適合貝魯斯柯尼，實際上它也真的創造及重塑了義大利的社會關係。這奇觀適時揭露出：該國的侍從主義錯綜複雜且爛得徹底；薄弱的公權力難以維護任何重大法規；主流公民社會中的消費者保護主義既消極又思慮不周，且與組織犯罪牽扯不清、共生互利。但義大利國內足壇在九〇年代中後段達成了令人嘖嘖稱奇的成就，度過了一段自信滿滿的日

子。

　　一九九三年後期，貝魯斯柯尼創立義大利力量黨（FI）。從未有政黨像他們那樣有自知之明，他們做足功課，將自己設定一種以電視行銷為主的產品。他們採用義大利國家隊加油口號作為自己的政黨名，完全掌握體育、政治、廣告及電視彼此間牢不可分的關係。起初，全國各地的 AC 米蘭球迷社團提供該黨基本的支持網絡，同時貝魯斯柯尼的商業帝國在媒體上給予支持，並為該黨提供了大部分的競選名單。一九九四年春，義大利力量黨旋風般席捲立法機關選舉，他們贏得百分之二十一的選票，義大利總統委任貝魯斯柯尼與右派的北方聯盟及國民同盟共組新政府。貝魯斯柯尼聯合眾人，在立法機關取得多數；同樣地，AC 米蘭（再次）迂迴地拿下歐冠盃冠軍，對手是巴塞隆納。當晚國會進行重要表決，批准貝魯斯柯尼提出的新政府人事案。隔天《晚郵報》（*Corriere della Sera*）的標題是「四比零、一五九比一五三，克魯伊夫的巴薩與奧凱托（Occhetto）的中左派雙雙出局」[13]。

　　貝魯斯柯尼在位短暫卻很耀眼。新政府的第一步就是頒佈命令停止「賄賂之都」案調查與審判。該命令選在世界盃四強賽義大利對上保加利亞的前夕宣布。義大利媒體和大眾沒有上當，這項命令被撤回，貝魯斯柯尼在年底下臺。不過他還沒退出政壇。無論當權與否，AC 米蘭還有義大利其他俱樂部在一九九〇年代都有過榮景。他們蓋了幾個新球場、九〇年辦了一場世界盃盛會、加上外國足球人才穩定匯集，在這些推波助瀾之下，觀眾人數、電視權利金以及商業贊助全都有成長。不僅如此，AC 米蘭，老闆招牌響亮到義大利一大票最有錢的企業家與公司都想來投資。至於費倫提那隊，在九〇年代初期被當時的電影製片、後來的電視大亨馬利歐·切奇·戈里（Mario Cecchi Gori）買下。在他死後，俱樂部和公司皆由最不成材的兒子維托里奧（Vittorio）經營。還有帕爾馬隊成為 Parmalat 公司的附屬球隊，兩者都為坦濟家族（Tanzi family，其大家長卡利斯托〔Calisto〕因販賣超高溫瞬間殺菌牛乳、果汁、優格及餅乾而致富）所有。Parmalat 的資金讓俱樂部從義乙升到義甲，也從降級候選人晉升義大利盃、歐冠盃、歐霸盃的冠軍；他們成了一支能夠吸引各方好手的球隊。

　　拉齊奧隊在一九九一年被「Cirio」企業老闆賽吉歐‧克拉尼奧蒂塞吉歐‧格諾迪買下。組織架構錯綜複雜的 Cirio 帝國似乎可以隨心所欲挹注大筆資金給該俱樂部。身為公認的企業財務管理鬼才，克拉尼奧蒂是義大利第一個讓俱樂部上市並且提供認股選擇權與董事席位給球隊成員的主席。有了教練斯文‧約蘭‧艾瑞克森（Sven-Göran Eriksson）的帶領，以及將近一億英鎊的轉會預算加持後，拉齊奧在二〇〇〇年拿下冠軍，成為第一個打破「米蘭—尤文」雙霸局面的球隊。

　　一九九五年，國米被馬西莫‧莫雷蒂（Massimo Moratti）買下。莫雷蒂是石油巨頭 Saras 公司的接班人，同時身為一九六〇年代受眾人愛戴的國米主席安傑羅‧莫雷蒂之子，他是終生的國米球迷。馬西莫跟所有的國米球迷一樣極度渴望聯賽冠軍（他們上一次贏得「小盾牌 *」是在一九八九年），他把他的錢都押在他的所愛。從一九九五至二〇〇一年間，馬西莫花了大約二億六千萬歐元，然後令人難以置信地賣掉七十二名球員，回收不到一半的錢。之後他又花了二億歐元，其中包括兩筆破天價的轉會費：一九九七年將羅納度從巴薩挖角到國米的一千八百萬英鎊，以及一九九九年將克里斯蒂安‧維耶里（Christian Vieri）從拉齊奧挖角過來的三千二百萬英鎊。他也換過十二名教練。花了那麼一大筆錢，結果國米只贏下九八年歐霸盃。莫雷蒂熱中於購買與管理球員，他的所作所為顯示出他是一個非常慷慨的人，且對國米的熱情可以讓他做出妥協。當奈及利亞人卡努被阿賈克斯買走時，他雖然心痛不已，但並沒有丟下卡努，也沒有告阿賈克斯，反而庇護奈及利亞人，承擔他全部的醫療費用。

　　國米喜歡收購球員。當防守看起來特別弱時，莫雷蒂會進入市場，然後建立一支有三組「四後衛陣型」可以替換的球隊。當時球隊已有進攻型中場能在尤里‧德約卡夫（Youri Djorkaeff）及羅貝托‧巴吉歐等天才前鋒後方支援，但莫雷蒂又買了兩名球員，安德列‧皮爾洛（Andrea Pirlo）和雷科巴

---

*　編註：義甲奪冠球隊會在球衣胸前繡上有義大利國旗綠白紅三色的冠軍盾標誌（scudetto），象徵義大利堅不可摧的防守球風。

（Recoba）。在國米嚴峻壓力與日益嚴重的偏執下，天才球星表現搖搖欲墜，但在出走後奇蹟似地恢復。尤其是西多夫和博格坎普分別在皇馬和阿森納明顯地恢復昔日身手。

　　事與願違地，國米持續在重要比賽敗陣，混亂和高漲的挫折感加劇了俱樂部內部的焦慮；他們在該國大眾面前上演了一齣又臭又長的心理演劇（psycho-drama），這種挫敗感對義大利人來說簡直是酷刑，以至於他們必須尋求公權力及司法解決。俱樂部、球員，以及董事暴怒，他們極力譏諷，大開黑色幽默。

　　一九九〇年代中期也是尤文圖斯稱霸的時代。在教練馬爾切羅·里皮（Marcello Lippi）技術至上的嚴格帶領下，尤文場上的球員不只性格頑強，肌肉也愈來愈大，他們火力強大，備有維埃里、迪皮耶羅、席丹、內德維德（Nedved），都是當時最好的攻擊型球員。俱樂部的獎盃櫃開始擴充。他們贏得一九九五、九七年、九八年聯賽冠軍，還有九三年歐霸盃，但是在一九九五年鎩羽而歸。一九九六年，他們贏得歐冠以及洲際盃足球賽，但在九七年和九八年輸掉歐冠。尤文也聘用全義大利最有人脈、最機敏的權力掮客（power broker）盧西亞諾·莫吉（Luciano Moggi）來當他們足球部門的董事；附帶一提，狡詐的莫吉在足球政治中擁有最高的地位。長久以來，人們質疑尤文在裁判選拔中濫用影響力，還有在轉會市場中黑箱作業。這些質疑聲浪在一九九〇年代晚期和二十一世紀初期愈來愈大。

　　有三個特殊事件火上加油，讓人們普遍相信尤文使用不正當的手段贏得勝利。一九九八年，尤文對上國米，那是該賽季中至關重要的比賽。比賽過了七十分鐘，尤文以一比零領先，這時羅納度在尤文禁區很明顯犯了規。裁判沒有判罰球，接著在幾分鐘後判了另一個罰球點球給尤文。尤文踢失罰球，但傷害已造成，國米開始暴走，平時溫和的教練吉吉·西蒙尼（Gigi Simoni）因冒犯裁判而被趕出球場。裁判偏袒的情形嚴重到成為國會辯論的主題，還被戲稱為「la grande ruberia」（超級小偷）。二〇〇〇年五月，帕爾馬那記完美進球卻不算分，讓原本排名緊跟在拉齊奧後頭的尤文晉升第一。五百名尤文球迷氣急敗壞，他們進攻足協在羅馬的辦公室，跟警方連續

打鬥了三個小時。後來他們舉起白布條：「尤文圖斯。歷史重演。小偷太多，贏球太多。」最後一件事，前羅馬及拿坡里教練茲德涅克・澤曼（Zdenᵏk Zeman）在一九九八年接受《快訊》（L'espresso）雜誌訪問時表示：「足球應該滾出藥局」。[14] 他接著暗示尤文有計畫地讓球員服用禁藥，並指出尤文愈來愈多年輕球員肌肉爆炸性增長的現象。當時他的大膽推測被尤文否認，他也被義大利足壇當局疏遠。

　　這些針對尤文的指控後續還不少。至於其他球隊，也有很多公然踢假球與操縱分數情事。例如，一九九九年，兩家中排名俱樂部威尼斯和巴里在比賽中原本一比一平手，威尼斯的新巴西籍球員圖塔（Tuta）上場並在最後一分鐘上演絕殺。他的隊友和對手的不爽溢於言表，電視臺拍到他們的反應，還配上設計對白。最可恥的是，二〇〇〇年羅馬隊的主席法蘭柯・森西（Franco Sensi）被爆出曾贈送義甲裁判每人一只價值約一萬英鎊的全新勞力士手表。

　　同時，義大利足壇的暴力與失序愈來愈嚴重（雖然這並非當地特有的現象），一九九四年羅馬隊與布雷西亞隊（Brescia）比賽導致五百名羅馬球迷與警方發生衝突，範圍擴及整個城市。一九九五年，熱那亞隊與 AC 米蘭開賽前，熱那亞球迷克勞迪奧・史帕諾羅（Claudio Spagnolo）在自家球場外的鬥毆中被西蒙尼・巴爾巴利亞（Simone Barbaglia）刺殺。巴爾巴利亞與 AC 米蘭的小型極端球迷組織「Barbour Gang」有些間接的往來。比賽開打，但當有人被殺死的消息傳開，熱那亞球迷開始暴動，比賽因此中止，這是羅馬足壇史上的第一遭。熱那亞球迷與警方在球場內外衝突激烈，以至於米蘭人在警方介護下七個小時後，才能由公車偷偷地護送離開這座城市。

　　巴爾巴利亞被逮捕、審判、判刑，而史帕諾羅成了極端球迷運動下的烈士。在極端球迷團體全國性的集會中，常常以各種誇張的宣示作結。這些宣言訴求以刀子和暴力了結一切，並強力支持極端球迷是一種應該被保護與尊崇的生活型態。這種生活型態在一九九〇年晚期涉入愈來愈多的恐嚇與勒索事件，以及受到俱樂部非法但可允許的控制。俱樂部經營這種生活型態與意識形態，並使其與右翼極端主義者與新法西斯主義者產生實際的鏈結。

　　在德國，冷戰的結束來的比任何人一開始所能想像的還快。起初法國、不列顛和蘇聯皆支持緩步統一德國，除此之外全都反對，但是情勢的發展比他們的計劃還快。一九九〇年義大利世界盃是西德最不可能打進的一屆，但戰勝阿根廷似乎確定了這個領導未來歐陸的國家正在崛起。不到六個月後，東德極有效率地解體，接著東德統一。然而，足壇沒有代表人士出席慶祝統一的派對。在新德國，足球比賽突然間似乎只屬於過去（那個工人階級的工業年代）以及鏽帶地區（這個國家仍被社民黨或老共產黨掌控的破落地帶）這兩個時空。而網球和高爾夫球這種強調個人主義的中產階級運動在保守的基民盟及總理海爾穆・柯爾長期統治下有了成長。網球選手鮑里斯・貝克（Boris Becker）、麥可・史提希（Michael Stich）、施特菲・葛拉芙（Steffi Graf）以及高爾夫選手伯納德・蘭格（Bernhard Langer）連番的成就幾乎搶走足球的光芒。

　　國家隊的表現更是慘不忍睹。他們在一九九二年歐洲盃決賽輸給丹麥，被大家認為是奇恥大辱；九四年世界盃被保加利亞玩弄於股掌後，他們的地位更是往下掉。這支球隊的作戰模式很老舊，他們太依賴清道夫陣型，那根本就不該出現在這個時代。一九九六年，幾個驍勇善戰的關鍵球員，像是克林斯曼和馬提亞斯・薩默爾（Matthias Sammer）帶來了歐洲盃的勝利，那是這十年間唯一的冠軍。德國在九八年法國世界盃的表現簡直是場悲劇，被克羅埃西亞慘電。憤怒的德國球迷與法國警方發生衝突，導致一名警察陷入長期昏迷。二〇〇〇年的歐洲盃確定了德國足球的衰退，他們在第一輪只踢進一球就打包回家。

　　東德足壇的情況更糟。東德聯賽前兩名的俱樂部獲准加入德甲，剩下的六家俱樂部則進入德乙。這兩支在一九九一年進入德甲的球隊分別是漢莎羅斯托克隊（Hansa Rostock）和德勒斯登迪納摩隊。接下來的十年，漢莎在德甲排名穩定，證明他們是東德足壇最強的存活者。德勒斯登的故事則更典型。不到四年的時間，他們的頂尖球員完全被西德的俱樂部奪走。由於不熟悉現實中商業化的足球環境，德勒斯登被新主席——一個西德出身的政治騙子掏空。到了一九九四年，他們欠下一千八百萬馬克的債務，接著比賽執照被吊

銷。德勒斯登與另一家俱樂部柏林聯隊命運都很悲慘，他們被貶到球迷不超過兩千人的地方性職業聯賽。他們跟前東德的國有企業一樣，不是資產被人吃光抹淨，就是規模逐漸縮小，最後幾乎被世人遺忘。

　　儘管遭受這些挑戰與苦難，德國足壇仍展現出驚人的韌性。整個一九九〇年代，貧乏無味的（相較於他們的拉丁聯賽表親們）德甲在質量、收入和地位上獲得穩定成長。錢是最重要的因素。來自歐陸現今最大經濟體的新舊資金、電視權利金以及贊助金，全都湧入了德甲。在各大俱樂部的壓力下，德國足協允許私人投資俱樂部，甚至讓他們發行股票。

　　一時間大量湧入的資金帶來了影響：足球大量佔據電視螢幕與小報版面、一票外國球星、高強度比賽、觀眾人數增加，還有終於稱霸歐洲。一九九七年，德國達成有三項引以為傲的成就：多特蒙德隊打進歐冠八強、最後拿下歐冠冠軍，以及洲際盃足球賽冠軍。德國足球主要的投資者來自德國的工業。製藥巨人拜耳增資拜耳勒沃庫森隊；博德曼媒體集團（Bertelsmann）改善柏林赫塔的財務，使其從一支需向不列顛陸軍租借馬球場當作訓練地的球隊，搖身一變為冠軍大熱門；福斯汽車則拉了足壇邊緣人狼堡隊一把。在名門眾多的歐洲中具有高吸睛度的多特蒙德首次公開募股時得到鉅額的資金，幾家績優的工業銀行大量買下他們的股票。統一前就已是毋庸置疑的強隊拜仁慕尼黑，在統一後一開始的失敗更是提升了聯賽的娛樂價值。球員和球隊經理之間沒完沒了的管理亂象以及惡毒口角成為八卦話題，並為拜仁贏得「綠茵好萊塢」的稱號。但拜仁在德國頂尖教練奧特馬·希斯菲爾德（Ottmar Hitzfeld）報到後挾帶龐大的全國支持與商業潛力，搖身一變為稱霸德國的強隊。他們在一九九九年歐冠決賽輸球，最後在二〇〇一年將冠軍贏回來。

　　在拜仁獨佔多數榮耀與八卦的同時，德國足壇出現的球迷文化有屬於自己的不一樣玩法。在東部地區，前東德足球的相關事物成為緬懷過去生活與時光的所在。德國的球場跳躍者（groundhopper，指瘋狂到歐洲各地或其他國家進行球場巡禮的遊客）有自己的同好誌與網站維繫他們的癡迷。多特蒙德在全座席球場的時代仍堅持保留立席看臺，只有舉辦歐洲盃賽時才會增加座席。雖然德國去工業化的腳步快速，但魯爾以及其他地方性工業區的足球

文化好像另一個國度，仍保有神話般團結精神、啤酒與香腸、單寧布、皮革，以及重金屬風頌歌。在比較邊緣的地區，由於邊緣化與經濟衰退問題嚴重，當地的足球文化少了狂歡節的氛圍；在那裡，新德國的新納粹與法西斯運動找到發聲的場所與支持者。

西班牙足球強隊的交替開始於一九九〇年代。八〇年代末期，皇馬連贏五座冠軍，之後這支人稱「皇馬五鷹」（la Quinta del Buitre）、「禿鷹戰隊」（Vulture Squad）的球隊終於被巴薩推翻。巴薩在偶像級教練約翰·克魯伊夫帶領下從獲新生。這支被克魯伊夫完全改造的「夢幻隊」有兩個地方類似於六〇年代早期埃雷拉帶領的巴塞隆納隊。首先，巴薩的核心成員多為加泰隆尼亞人，代表人物為年輕的控球中場佩普·瓜迪奧拉（Pep Guardiola），他曾在一次訪問中將泰隆尼亞國旗裹在身上，取悅了執著於民族主義的球迷。第二點，加泰隆尼亞認為四海皆兄弟，外國足球人才——像是保加利亞人赫里斯托·斯托伊奇科夫、荷蘭人羅納德·柯曼，以及變化莫測的丹麥人布萊恩·勞德魯普（Brian Laudrup），都在這樣的環境下遍地開花。

同時，巴塞隆納這個城市也正在蛻變，它舉辦一九九二年奧運，將自己改頭換面，成為西班牙一級後工業城市。巴薩肯定是一支有看頭的球隊，他們攻擊力強，常常瘋狂得分，但他們也很幸運。他們拜勁敵失常所賜而在收官戰拿下冠軍，這樣的情形有三次。勁敵一皇馬很有機會拿下冠軍，但兩度敗給特內里費（Tenerife），被迫收下第二名。勁敵二拉科魯尼亞，一家來自加利西亞、東山再起的俱樂部，在一九九四年關鍵收官戰對上瓦倫西亞，因為米羅斯拉夫·久基奇（Miroslav Djukic）射失罰球而丟了冠軍頭銜。甚至一九九二年歐冠盃的勝利，巴塞隆納也是靠著羅納德·柯曼那記靈光一現的爆氣自由球，在溫布利球場踢走桑普多利亞。在克魯伊夫辭職後，巴薩請來范加爾擔任新教練，延續他們與荷蘭足球的聯姻。離開荷蘭、入主諾坎普球場的范加爾向阿賈克斯借將，將一整株球隊嫁接到巴薩，助其兩度贏得西甲冠軍，但無法在歐冠更上一層樓，後來債務節節攀升，他因此捲鋪蓋走人。一九九〇年代末期，俱樂部陷入混亂，加上新法西斯極端球迷團體「Boixos Nois」日益加劇的暴力行為，像是恐嚇喬安·拉波塔（Joan Laporta）等主席

候選人，讓一切變得更糟。當路易斯・菲戈（Luís Figo）在二○○二年以皇馬球員的身分回鍋諾坎普球場，他們丟了一顆豬頭到他腳下。

　　早在一九九六年大選前，西班牙的社會主義者及其盟友就已出現敗象。接二連三關於該黨基金與行政契約的醜聞，以及一連串關於政府批准半官方敢死隊對付巴斯克分離主義團體「ETA」的指控，使得費利佩・岡薩雷斯政府的信用降到了零。選舉的結果，他們大敗，人民黨（PP）獲得壓倒性勝利。該黨黨魁何塞・馬利亞・阿茲納（José María Aznar）是政治集權者、自由經濟派，以及持有季票的皇馬付費會員。

　　一九九○年代早期的皇馬在主席拉蒙・門多薩（Ramón Mendoza）的帶領下還算成功。在他在位期間（1985-95），皇馬贏得六座國內聯賽及歐霸冠軍，但已經無法回到一九五○與六○年代稱霸歐洲的巔峰。另外，巴薩的成功也讓皇馬的處境更加惡化。加泰隆尼亞小說家蒙塔爾萬（Manuel Vázquez Montalbán）說過：「對於這些成為皇馬神話——六座歐冠盃賽冠軍——俘虜的人來說，若皇馬征服第七座冠軍，將證明世界總是繞著主宰者打轉。」[15]但門多薩從未實現這個期望。這家曾經是足球強隊的俱樂部，如今既孤僻又保守，完全跟時代脫節。《國家報》曾報導過：「電腦沒有一個能用，大部分的工作人員不會說西班牙文以外的語言……近來俱樂部有職缺，但遴選的標準完全看心情，不然就是看誰家裡的關係跟俱樂部最好。俱樂部官方人員非常抗拒改革。」[16]後來門多薩辭職，取而代之的是他的副主席與資助者，地產開發商洛倫佐・桑斯（Lorenzo Sanz）；他們開始一步一步地換掉守舊的老經理人與行政人員，讓俱樂部現代化。

　　雖然俱樂部的收入增加，但皇馬花錢不手軟，穩定的財務和人事完全不在他們的考慮中，在桑斯短短五年的任期中，皇馬換了九名教練，累積的債務逼近一億七千萬英鎊。但那很值得，他們在一九九八年阿姆斯特丹以一記射門擊敗尤文，拿下歐冠盃冠軍，這是自一九六六年以來的第一次。超過一百萬人聚集在馬德里市中心的西貝萊斯廣場，以一種向敗者炫耀的心情大肆慶祝。這是市民慶祝勝利的活動，場面跟西班牙國慶一樣浩大。國王卡洛斯對城裡遊行民眾發表的演說顯示出對這家俱樂部、這座城市以及這個國家的

認同：「這不只是馬德里的勝利，更是西班牙的勝利。」[17]

　　二〇〇〇年，皇馬再度進入歐冠決賽，一路上他們勢不可擋。同年春天，阿茲納和人民黨獲得連任，票數比上次還多。皇馬在歐冠決賽遭遇瓦倫西亞（除了首都以外，人民黨在瓦倫西亞市也有一些死忠支持者），最後以三比零獲勝。攻擊手勞爾‧岡薩雷斯（Raúl González）在接下菲利普王子手中的獎狀後，拿出西班牙國旗，在攝影機前模仿鬥牛士對牛舞旗的樣子。長久以來皇馬與民族主義（也是阿茲納政權主打的口號）之間被畫上等號，岡薩雷斯事件為其中代表。大勝之後，桑斯被皇馬俱樂部會員解雇，這跟他解雇有功教練的做法如出一轍。由於勝利到手，人們不再忍受他在財務上肆無忌憚的不老實。人民黨及阿茲納總理之所以連任，是建立在他們妥善的善財政管理與嚴格的公共支出控管之上。桑斯和他「先花錢再說」的管理作風已不再符合時下需求。桑斯試圖說服馬德里市政府買下皇馬的訓練場以減輕債務，結果失敗了，他大勢已去。桑斯的繼任者為建設業大亨弗洛倫蒂諾‧佩雷斯（Florentino Pérez），他競選主席時的訴求重點是：讓巴薩的葡萄牙球星路易斯‧菲戈來皇馬。最後，皇馬會員選擇佩雷斯，菲戈來到皇馬，銀河戰艦（Galacticos）就此誕生。

VI. 足球要回家了？

　　有人分析英格蘭足總的未來，並給出以下的建議：

　　在一九九〇年代還有往後的日子裡，有各式各樣的富裕階層，相關消費環境及消費者的興趣變得破碎化，這意味著你很難去細分哪些人是你的產品的目標客群，你也很難決定將哪些元素放在你的產品裡……大部分業者的對策是：跟在富裕的「中產階級」消費者後頭，往他們追求嚮往之處，也就是高價市場移動。我們強烈推測，這現象給了足球一個訊息，特別是未來足球場的設計。[18]

這個訊息英格蘭足壇聽到了，並且做出行動。當時電視權利金不斷攀升，大俱樂部頻頻出手，試圖另創聯賽、讓更多的電視權利金留在自己的口袋裡，最後在英格蘭足總的聯手之下完成這項計畫。在《足球藍圖》（*Blueprint for Football*）中，英格蘭足總選擇跳槽到新成立的英超，他們留下一小杯羹，讓剩下來的英格蘭足球聯賽成員勉強維生。英超的電視轉播權在競標大戰後，落腳「英國天空衛視」，梅鐸的「新聞國際集團」（News International group）旗下的付費衛星頻道，三年的合約金為三億四百萬英鎊，在當時是一筆天文數字。此後現場直播的足球賽只供給付費觀眾觀看。在最近這十五年間，這筆關鍵合約及後來的交易形成一種出價奇觀，也提供了英格蘭足壇主要財源，而同時期頂級俱樂部的「仕紳化過程」中也有完全相同的奇觀。

仕紳化（gentrification）一詞原本用來象徵一種在社會、建築上的轉變，也被廣泛地使用在英格蘭足球上。英格蘭在一九九〇年代與二十一世紀初爆發一波房地產熱潮，這波持續了好長一段時間的熱潮也是改變與M型化英格蘭社會結構的關鍵經濟力量。有能力加入這波熱潮的人看見他們的資產增值到天文數字，而沒有能力進入房產市場的人發現自己愈來愈孤立無援。英格蘭足壇的改革之路始於一九九〇年的「泰勒報告」，一份在一九八九年希爾斯堡慘劇後所做的調查報告）。泰勒在調查後診斷出英格蘭足球的病因錯綜複雜，其中英格蘭足球場的失修問題最關鍵也最要不得──這證明了基礎建設長期投資不足（這種情形也為整體經濟帶來痛苦）。泰勒以健康與安全為由，堅持球場所有的上層空間必須改為全座席，要外加各式昂貴逃生設備，還得擬定各種規範觀眾的辦法。

俱樂部（有些拿到可觀的補助）開始移除看臺、新增塑膠座椅，以及擬定強制性愈來愈高的觀眾管理辦法。十年後這一切走到最極端的地步：曼聯打算規範，甚至禁止過度喧鬧的歌唱行為──坐在家庭區的球迷因對客隊咒罵髒話（或有魯莽的加油行為）而被架離的新聞屢見不鮮。安裝在四處的閉路電視，以及嚴密監控的警力與安管的確將觀眾席中惱人的因素永久排除在外了。同時，英格蘭俱樂部也調高票價，漲幅比通貨膨脹率還高上好幾倍。一九九二年英超的平均票價為八英鎊，到了二〇〇五年，平均票價漲到將近

四十英鎊。每個球場都擴大頂級包廂的規模。不過雖然這些翻新改建的陣仗之大，但其建築成效並不高。阿斯頓維拉隊就無法保養阿契巴德・萊奇設計的維拉公園球場，因為其磚造結構無法替換；足球俱樂部紛紛移往外環道，清空附近的土地，大蓋美感近似超市與攤販的球場，而這波興建潮最大的受害者就是已被拆除的溫布利球場雙塔。

　　儘管如此，結果證明這是一項成功的策略。雖然票價飆漲，但足球的觀眾人數在英格蘭各等級的職業賽事中來到一九六〇年代以來的最高點。到了二〇〇四年，英超的報告指出，部分俱樂部的滿座率超過百分之九十九，整體的滿座率則有百分之九十五。觀眾的社會組成已經改變，反映出整個社會人口結構的改變。雖然所有的社會階層都一直在變動，但是人們從無技術、體力型的勞動階級轉換到專業技術者階級的現象特別明顯（在倫敦尤其如此）。到了二〇〇二年，切爾西季票持有者中有三分之一年收超過五萬英鎊——這是整個國家平均年收入的兩倍。另外，觀眾到更遠的地方看球賽。紐卡索和桑德蘭的季票持有者有百分之八十是當地人，而這個數字到了曼聯就降到了百分之四十。球迷的平均年齡正在上升，因為票價嚇走了低薪的年輕人和許多帶小孩的家長。雖然女性觀眾人數已有成長，但白人男性觀眾依然佔據壓倒性多數，而看臺上（特別是在倫敦）也可見黑人觀眾。

　　那些現場看球的觀眾的消費金額一直在增加。雖然複製球衣在大部分西歐國家很常見，但在英格蘭卻可說是堆得滿坑滿谷、大勝四方。的確，在周邊商品方面，英格蘭的足球俱樂部比歐陸競爭者表現出更聰明的商業頭腦與更快速的應變能力。到了二〇〇五年，英超已經成為歐洲營業額最高的聯賽，他們吸引最高額的電視權利金、最大的贊助比例，以及最多的比賽日收入。英冠，剛改名的英格蘭足球聯賽第二級別聯賽，本身就是全歐第六大的聯賽。在英格蘭，人們對於足球的需求永不滿足、足球需求的價格彈性也很小。這種現象無法單獨用「仕紳化」或「商業化」的概念解釋，其背後還有兩項因素。首先，英格蘭足球在一波新的足球書寫與談論潮下，得以被重新詮釋以及被重新體驗。再者，英超的足球踢得無比的好。

　　尼克・宏比（Nick Hornby）的《足球熱》（*Fever Pitch*）定義了一九九

〇年代的足球書寫。《足球熱》是一本從青少年到青年時期的日記，描寫作者對於阿森納滿滿的迷戀之情；書中語調輕快、既幽默又誠實；過程中作者學到一些東西，也對一些事情做了思考。這本書開闢了一片天地，裡頭情緒滿載、敘事豐富、心理複雜，如實反映足球的大眾文化，這樣的形式從來沒有人嘗試過。足球在宏比不同的人生階段中提供了一種儀式，讓他可以在情感上與遠方的父親產生連結，也提供了一種異質的、實驗性的無產階級認同。它抓住了兩個足球文化之間的流轉，一方面毫不留情批判充滿暴力與種族歧視的舊文化，另一方面卻也懷疑商業至上的新文化。過於著墨在個人身上是這本書的缺點。哈利・皮爾森（Harry Pearson）的《遠方的角落：帶球過人，錯綜複雜的東北足球》（*The Far Corner: A Mazy Dribble Through North-East Football*）多了深度和廣度，這本人類學版的《足球熱》討論了英格蘭足球文化中的集體主義，非常震撼也極度有趣。賽門・庫柏的《足球抗敵》（*Football Against the Enemy*）則以一種通俗的風格探索迄今各種社會及其足球文化之間難以想像的關聯。

如果說，新的足球書寫提供了新的敘事情緒與語彙，讓人們可以探索「足球與個人」以及「足球與社會」的關係，那麼隨後出現在網路與電臺——如討論區、部落格，電臺 Call-in——的大量對話提供的東西更新也更多元。這是全歐洲都有的現象，但在階級分明、各領域戒備森嚴勝過任何地方的英格蘭，足球的發展成為知識菁英關切的議題，他們認為這是一場歷史變局，對許多人來說這也是一種「非本真」（inauthenticity）與「背叛」（betrayal）——這些關鍵字常出現在企圖扭轉上述經濟、文化變局的對話中。

在這樣的對話之中誕生了英超，新觀眾蜂擁而至，曼聯是英超第一個十年的霸主。在主席馬丁・愛德華（Martin Edwards）與格拉斯哥人經理佛格森的帶領下，曼聯在英超成立的前十一年中拿下八次英超冠軍，包括兩次獲得雙冠王。一九九一年，愛德華讓俱樂部的股票上市，開啟一波英格蘭俱樂部發行股票熱潮。到了九四年，曼聯的商業與行銷部門雇員已經跟球員與教練一樣多，這讓他們商業競賽的起跑點上獲得巨大領先。佛格森的格拉斯哥老粗式魅力以及獨斷的人事管理作風，為曼聯添增一種工業時代的球風。曼

聯王朝的初期，它那打響英超名號的球隊靠的是難以捉摸、高傲自大的「法國人」艾瑞克‧坎通納（Eric Cantona）。熱情外放的坎通納球風大膽，在場上戲劇十足，是英超的亮點之一。在以下事件中坎通納將這些特質一次表現出來：他朝著一名拿他法國出身開玩笑的水晶宮隊球迷飛踢，事後坎通納被長期停賽。

雖然曼聯在一九九一年贏得歐冠盃，但他們還無法將他們在國內與財務上的成功複製到歐冠。為了再現馬特‧巴斯比時代的聖杯傳奇，佛格森的曼聯愈來愈重視歐洲比賽，英格蘭球隊在一九七〇與八〇年代的學習之路他們也同樣走過。一九九九年，曼聯達到顛峰，他們贏得英超、足總盃、歐冠三冠，當時球隊核心是一群在曼聯茁壯的年輕人：瑞恩‧吉格斯（Ryan Giggs）、內維爾兄弟（the Neville brothers）、保羅‧斯科爾斯（Paul Scholes）、尼基‧巴特（Nicky Butt）及貝克漢。他們的歐冠決賽表現令人印象深刻，那場比賽既跌宕起伏又驚險萬分，曼聯在落後拜仁八十四分鐘後，於傷停補時踢進了兩分，拿下冠軍。

阿森納在法國教練溫格（Arsène Wenger）的帶領下，成為曼聯的勁敵，他們拿過一九九八年和二〇〇二年的冠軍，在二〇〇四年施了幻術般的不敗賽季後他們又再度贏得冠軍。溫格的阿森納有影響力深遠的外籍教練、球員和策略，堪稱英格蘭足壇最具代表性俱樂部。溫格的作風跟阿森納傳統的防守風格與狂喝酒的更衣室文化大相逕庭，他將攻擊、冒險的文化帶到場上，場下則有一套追求理智與苦行的專業做法。行為守則、飲食控制，以及訓練計畫有了革命性的改變。沙拉、雞肉、礦泉水取代培根、雞蛋和啤酒。英格蘭球員在技術和戰略上速度獲得提升，他們被鼓勵更全面性的打法。博格坎普在溫格的訓練下攻擊力、傳球，以及主控全場的能力變得更純熟、更獨到，這都是阿森納的招牌打法與贏球的根基。溫格引進的法國球員為俱樂部帶來冠軍。在派翠克‧維埃拉（Patrick Vieira）的調度下中場牢不可破；亨利（Thierry Henry）從一名表現不佳的邊鋒轉為全國最有天分的攻擊手。他的球風與本人散發出優雅而低調的魅力。

外籍球員在英超的比例在一九九二年時還不到百分之五，到二〇〇四年

時已經將近百分之六十，而且來自其他六十一個國家。外籍教練已接掌切爾西，前教練就有路德‧古利特、維埃里，以及拉涅利等人。熱刺隊嘗試過阿根廷、瑞士和法國教練，最後選定一名荷蘭教練。前法國國家隊教練傑拉德‧霍利爾（Gerard Houllier）被利物浦延攬；他那熱愛冒險犯難的多國戰隊棒到在二〇〇一年連贏三個盃賽冠軍（包括歐霸），但他們缺少團結與續航力，以至於未能拿下英超冠軍。自一九九四年英格蘭足球記者協會（Football Writers' Association）將「足球先生」頒給阿蘭‧希勒（Alan Shearer）後，只有兩名英格蘭人獲獎（二〇〇一年的泰迪‧謝林漢〔Teddy Sheringham〕和二〇〇五年的法蘭克‧蘭帕德〔Frank Lampard〕），可見外籍人士的重要性。

　　然而，影響不是只有單方面。外籍球員與教練的注入改變了英格蘭足壇，同時他們的樣貌也被英格蘭觀眾改變。有一點很明顯：很多外來的球員表示，英格蘭足球觀眾隊於他們的比賽風格與賣力程度有不同於其他地方的要求與堅持。這種要求比賽多少需保有誠實與透明的文化集體堅持，（連同外國技術與戰略的影響）也許是英超受歡迎與成功的原因。如果說，具備嶄新商業頭腦的英格蘭私部門重獲成功（也付出代價），加上富裕中產階級的品味，因此造就了英超，那麼在公部門方面，國家隊命運有更複雜的解讀。在一九九〇年義大利世界盃的高峰後，英格蘭國家隊隔年的表現十分令人失望。一九九二年，英格蘭在葛拉漢‧泰勒（Graham Taylor，發跡於倫敦市郊的小型俱樂部沃特福德）的帶領下，歐洲盃戰績很驚悚，也無法從九四年世界盃順利出線。國家隊失敗的同時，一股陰沉的氣氛籠罩整個國家，大家都盼著約翰‧梅傑（John Major）的保守黨政府下臺；因為經濟失敗、貪腐四起、沒有作為，以及虛偽不實，讓梅傑政府的聲望下滑到無可補救的地步。報紙頭版瘋狂挖苦保守黨內閣，而泰勒也遭受運動媒體同等對待；從來不是頂尖溝通者（或最有魅力）的他因此被毀掉。

　　自一九九六年歐洲盃起，國家隊東山再起，國際賽成績開始跟英超有得比。在贏得世界盃冠軍三十年後、在歐洲足總解除對英格蘭球隊的五年歐洲禁賽令後，英格蘭舉辦了一場過程完全平和的國際錦標賽。英格蘭歐洲盃主題曲〈三獅軍團〉（Three Lions）由英倫搖滾樂隊「發亮種子」（Lightning

Seeds）寫詞、電視喜劇男子漢雙人組大衛・巴迪爾（David Baddiel）和法蘭克・史基納（Frank Skinner）演唱，非常夢幻。這首歌在看臺上很受歡迎，也在商業上獲得巨大成功，它重建了英格蘭足球與流行樂之間的親密關係，並帶出一種懷舊情緒。這首歌獨樹一格之處在於，除了制式的頌歌，它還唱出過往的失敗，回想與享受其中獨有的憂鬱。它也再次確認足球在英格蘭的社會地位得到提升：「足球要回家了」（Football's coming home）。英格蘭足總下了一步罕見的險棋，他們派流氓味十足的泰瑞・維那布斯（Terry Venables）擔任英格蘭國家隊教練。維那布斯很幸運也有魄力，他讓快速崩毀中的保羅・加斯科因踢出最後的代表作（當時許多足球人因俱樂部管理不善與過度暴露在金錢與名聲之下而蒙受其害，他正是最明顯的例子）。希勒和謝林漢向世人展現英格蘭仍出產爆發力十足且詭計多端的攻擊手。在兩人支援下，球隊挺進四強賽。英格蘭在四強賽遇到德國，最後在點球大戰中勝出，這史詩般的場面讓人再度遙想二戰舊事。

　　一九九六年歐洲盃改變了英格蘭國家隊的地位。原本社會大眾在檯面下都不願支持自己的球隊，但現在這種的反感已煙消雲散。雖然有些極右派人士會為了刷存在感而在英格蘭客場比賽（尤其是九八年世界盃在馬賽，以及二〇〇〇年歐冠在比利時沙勒羅瓦）故意惹事，但他們被新出現且聲勢浩大的出國加油人潮給逐漸淹了。二〇〇二年的日韓世界盃，其核心成員未能到場，他們打退堂鼓的原因不是警方介入，就是旅費太高——在日本的英格蘭加油團簡直像在過狂歡節一樣。在二〇〇四年的葡萄牙，由於英格蘭人對度假勝地阿爾加維（Algarve）本來就熟門熟路，加上機票便宜，引來一大群皮膚曬傷又喝醉酒的加油團——完全將其他國家的加油團給比了下去。隨著國家隊參加一場又一場的國際錦標賽，在國內的支持情況愈來愈熱烈。電視觀眾、複製球衣銷售量，以及掛在車頂上的聖喬治十字旗數量，全都有增長。二〇〇二年世界盃八強賽，英格蘭遇上巴西，那時正好是歐洲的早餐時刻，全國都陷入停擺之中。

　　英格蘭隊比賽時，觀眾臺上肯定會有聖喬治十字旗，但其出現的歷史並不長。聖喬治十字旗變得無所不在是最近才有的事。回頭看看一九六六年世

界盃的觀眾臺，上面揮舞的是不列顛的聯合旗，幾乎不見聖喬治十字旗。到
了晚近的九〇年義大利世界盃，這兩種旗出現的比例各佔一半。但自一九九
七年起，新工黨政府的權力下放計畫開始成形，威爾斯、蘇格蘭和北愛爾蘭
全要求高度政治自主，國家隊的英格蘭特質（Englishness）愈來愈受重視。
雖然皇室、軍隊及國會仍是「不列顛的」（British）；法律制度則與威爾斯
共通，但極少數英格蘭機構仍然強烈主張「英格蘭公民民族主義」。這讓英
國國教派與英格蘭國家歌劇團（English National Opera）成了英格蘭國家認
同感最有可能的棲身之處。支持英格蘭國家隊仍是（想像中的）英格蘭社群
目前在公眾領域表達自己國家認同最有力的方式。

　　一九九六年，英格蘭國家隊的表現低於外界預期。九八年世界盃第二輪，
阿根廷的迪亞哥・西蒙尼（Diego Simeone）向貝克漢挑釁，貝克漢踢了他一
腳，結果被驅逐離場；剩下十人的英格蘭隊展開史詩般的防守，讓比賽進入
點球大戰，但英格蘭還是出局了。英格蘭隊之所以表現不佳，原因是球隊經
理格倫・霍德的管理出了問題。當時英格蘭中產階級日益著迷於新世紀療法
與另類治療，形成一股小眾但不容忽視的勢力，霍德正是其中一員；他最後
遭到解職，因為他宣稱殘障者因前世作惡，才有今世果報。他還讓自己的信
仰治療師艾琳・朱瑞（Eileen Drewery）進入教練團隊，引發英格蘭國家隊內
部的仇視與質疑，這也是他離開的導火線之一。他的繼任者凱文・基岡帶來
好脾氣與樂觀，但實際上卻不堪一擊，這是他在紐卡索時期就有的招牌作風。
基岡的隊員來自實力堅強的英超，雖然有高手加持，但看起來卻像一支弱
隊──他們在二〇〇〇年歐洲盃小組賽階段就輸給羅馬尼亞，被迫打包回
家。當英格蘭在世界盃資格賽（地點在舊溫布利球場）以零比一輸給德國的
時候，基岡辭職了，那是他最後一場國際賽。

　　在四年後，英格蘭足總舉辦歐洲盃，他們的高階管理部門也沒好到哪裡
去。英格蘭足總高層，奇斯・懷斯曼（Keith Wiseman）和格雷米・凱利
（Graeme Kelly）的表現證明他們沒有能力且在政治上很天真；這些缺點在
兩件事上一覽無遺，一是英格蘭申辦二〇〇六年世界盃失敗，二是新溫布利
球場的興建計畫。英格蘭坎坷的世界盃申辦史要追溯到一九九〇年代早期，

當時的英格蘭足總主席貝特·米利奇普（Bert Millichip）深信他已經與歐洲
足壇的權力掮客們談好條件，要他們為英格蘭申辦世界盃背書。這些歐洲人
的對談紀錄全都顯示這筆交易完全是口頭上的「君子之約」，即歐洲足總將
支持英格蘭申辦九六年歐洲盃，交換條件是讓德國在二○○六年輕鬆過關。
至於一九九七年世界盃的申辦，則是在行將就木的保守黨政府的支持下，由
懷斯曼和凱利負責。

　　接下來的幾年，新的工黨政府接手申辦世界盃的爛攤子後，逐漸釐清的
事實證明了懷斯曼和凱利是政治白癡。由於歐洲人的食言，懷斯曼取得他們
支持的好機會告吹。那時正值一九九八年國際足總主席選舉，期間選情激烈，
他公然地將英格蘭的票投給塞普·布拉特，此舉沒有帶來好處，反而更加敗
壞英格蘭足總在海外的名聲。更糟的是，懷斯曼和凱利好幾次偷偷但笨拙地
安排英格蘭足總借錢給威爾斯足總，以換取他們在重要的歐洲足總與國際足
總會議上的支持。當這件事曝光後，凱利下臺，對於政治現實的理解微乎其
微的懷斯曼企圖抓著位子不放，結果只落的被英格蘭足總董事會解職的不光
彩下場。英格蘭的申辦過程很難堪，且從未有成功的機會。如果政治不是英
格蘭足總的強項，那麼專案管理也不是。世界盃申辦的重點圍繞著興建新溫
布利球場打轉。帝國球場（溫布利球場的正式名稱），好像一具正在腐爛的
獸屍，終於被認為已無法再翻修了。英格蘭足總成立委員會，以及一間獨立
運作的公司，以監督這個案子與製作合約，其負責人不是別人，正是擅於地
產投資與營建管理，曾讓切爾西瀕臨破產的肯·貝茨。

　　一九八○與九○年代，保守黨政府對於公共事務採取的原則是不干涉市
場機制，在這樣的背景下英格蘭足球的管理機構與人員開始坐大。一九九七
年，工黨勝選，東尼·布萊爾（Tony Blair）組成新政府，政治環境有了改變。
「權力下放」正是一項讓英格蘭足球改頭換面的政治巨變。此時出現了呼籲
公眾事務現代化與在可控制範圍內商業化的聲浪，他們要求矯正已經糟到不
行的市場過度行為，以及實施小型改革與改善社會方案。英格蘭足總恰好抓
住了這一刻，他們任命亞當·克羅澤（Adam Crozier）為新任執行長。

　　精明且抱有雄心大志的克羅茲爾是上奇廣告（Saatchi & Saatchi）的首

腦。他在當上英格蘭足總首腦後，立即啟動了一項改革計劃。他幫足總盃及
英格蘭國家隊談成一筆比以前還棒且高度商業化的電視贊助與廣告交易。他
也將破舊、擁擠的辦公室從「蘭開斯特門」（Lancaster Gate）搬到倫敦媒體
的聚集地──蘇活廣場（Soho Square）。他還為英格蘭足總組了一支生力軍，
成員都是真格的商務經理人與新聞主管。最重要的是，他花了相當高的政治
成本，將肯・貝茨踢出溫布利的案子。雖然球場的成本大幅上升，需要使用
非正規的財務安排，再加上實際的興建進度一直落後，但克羅茲爾保證一定
會蓋國家體育館，而不是商業或辦公大樓。

　　也許克羅茲爾最激進的舉動是他對凱文・基岡離開之後的人事安排。英
格蘭第一次找來外國人──瑞典人斯文・約蘭・艾瑞克森，當時拉齊奧的教
練──擔任國家隊的經理。有些人認為這重重打擊英格蘭的民族自豪感，同
時反映出英格蘭的教練荒；其他人則認為英格蘭有向他人學習的開放心胸，
因為英格蘭正在改變，它對自己所抱持的世界主義很有信心。一開始，克羅
茲爾精明的人事任用帶來了榮耀。英格蘭在慕尼黑以五比一戰勝德國，確保
了他們在二〇〇二年世界盃會內賽的席位，並顯示出英超急速增長的足球人
才已經可以組成一個真正的世界級球隊。最後英格蘭闖進八強，但克羅茲爾
在位的時間太短，以至於無法享受這甜美的果實。

　　克羅茲爾與英格蘭足總還嘗試解決棘手的地方足球問題──為了發展基
層賽事，職業級賽事會投資或交叉補貼這些比賽，但這項作法完全失敗。為
了配合政府，克羅茲爾等人想出各種方法，試圖藉由社會和教育計畫讓足球
文化在地方扎根。克羅茲爾的社群主義得到了兩方面的支持，一是政府「足
球特別工作小組」（Football Task Force）提出的一系列報告，二是議會針對
足球財務進行的全方位調查。這些機構都提出相同論點：足球界處於一種財
富不均的狀態，財富都流向頂級聯賽，這非常不健全。頂級聯賽採取排他性
定價政策；舞弊與財務不當行為普遍存在，且相關調查不充足。足球是國家
的共同利益，不應該如此系統性地遭受極少數大俱樂部和董事會的利益扭
曲。

　　到二〇〇二年年底，英格蘭足總的英超代表決定採取行動，他們持續向

媒體特定人士透漏組織內情，以打擊克羅茲爾並逼他下臺。接替克羅茲爾的克帕利奧斯是名前職業足球員和會計師，他與辦公室裡一名初級職員的婚外情被小報盯上。二〇〇二年，艾瑞克森率領英格蘭隊打進歐洲盃，接著再次進入八強賽賽。這是韋恩‧魯尼（Wayne Rooney）——青少年時期就備受曙目的前鋒——在國際比賽的初登場；英格蘭隊靠魯尼撐場面，但這是在他傷了腳之前的事。面對如此窘境，艾瑞克森的英格蘭隊一如往常地沒有 B 計畫，他們完全來不及反應；這支隊伍有技巧、有堅定的意志，但沒有任何開創新局的能力。

在英格蘭足壇中，私人資本的力量依然沒有減弱。無論是英格蘭足總還是新工黨政府都無法想出（或採取）干預措施，以解決財富不均問題或遏制這股力量。兩者為了減緩被大部分足球世界排除在外者的痛苦（例如根本玩不起的轉會市場與票價），決定投資青年培訓計畫、家庭作業俱樂部（homework clubs）和社群活化計畫。

VII. 法蘭西與全球經濟之爭

在一九九〇年代，英格蘭足球——作為一種消過毒的娛樂形式以及貪婪的消費形式——已經找到新的尊嚴和社會地位。英超被認為是盎格魯撒克遜式資本主義（即管制寬鬆且開創進取的自由市場）的產物。法國國內足球則是在社會市場資本主義的安排下繼續走自己的路；在社會市場資本主義下，比賽被看作是一種公共利益，也因此國家有權管理波動最劇烈的經濟力量。而管理足球跟管理較大規模的經濟活動一樣，都需要花錢。在一九九〇年代，法國的高勞動力成本、高公共債務以及高利率，造成它在世界貿易中所佔的比率縮減、增長速度放緩，還有最重要的是，約百分之十的結構性失業率——這數字在年輕人與少數族裔中甚至更高。

法國的足球俱樂部沒有競爭力。一九九三年歐冠盃，馬賽贏得很不光彩，後續的假球調查導致該俱樂部降級與破產，之後沒有法國俱樂部能進入這項錦標賽的決賽，一直到二〇〇四年摩納哥才又辦到。左派和右派政府持續拒

絕讓俱樂部變更為公眾有限公司更不用說讓他們的股票上市；還有，公司法人持有俱樂部股分的比率不能超過三分之一。法國足協會穩定地將團結基金和交叉補貼金撥給從菁英到基層的各級賽事。最重要的是，稅率及「母國勞動市場社會成本」都很高，這意味著如果一家法國俱樂部要雇用一名來自稅率更高的國家（如義大利和英格蘭）的球員，且稅後工資需符合該員工在母國的薪資水準，那麼他們得拿出快兩倍的錢。結果，愈來愈多年輕的法國球員，不斷地從培育自己的足球學院移往義甲、英超的頂級俱樂部。一九九八年代表法國出賽世界盃的隊員中，僅有九人為本國俱樂部效力，而且這些人大部分都是板凳球員。

　　馬賽在一九九四至九五年遭到降級及破產，至今尚未從恥辱中站起身來；隨著馬賽的衰落，法國聯賽成為歐洲最百家爭鳴的聯賽，從一九九四到二〇〇二年，就有七家不同的俱樂部贏得聯賽冠軍。巴黎聖日耳曼是其中的第一家俱樂部。他們的新老闆 Canal Plus 電視頻道公司挹注大量現金，讓他們在一九九四年獲得冠軍頭銜。Canal Plus 的目標不是只有轉播足球奇觀，還要直接掌控並塑造它。由於巴黎聖日耳曼簽下一堆外籍球員，再加上新教練路易斯·費南德斯（Luis Fernández），他們贏得法國盃，接著在一九九六年歐洲盃賽冠軍盃冠軍，但之後他們走下坡，肥皂劇般的內鬥與財務黑洞逼得 Canal Plus 不得不撤資。不只俱樂部動盪不安，看臺上也如此。同樣支持巴黎聖日耳曼的極端球迷團體也會彼此較勁，像是「布洛涅看臺」的子團體、由工人階級組成的「布洛涅男孩」（Boulogne Boys）就會到「奧特爾看臺」（Auteuil）的與「Tigris Mystic」（奧特爾的子團體，成員來自郊區各族裔人士）一較高下。摩納哥，這支來自避稅天堂蔚藍海岸里維耶拉（Riviera）、為格里馬迪王室家族所擁有的隊伍，在摩納哥公國議會每年五千萬法郎的補助下拿下兩次冠軍頭銜。在社會天平的另一端的是朗斯，其勢力範圍遍及整個北加萊海峽區（Nord-Pas de Calais region），是一支完全支持無產階級的球隊；他們比任何人都更注重低廉票價、親子友善，以及組織完善的官方球迷俱樂部。在馬賽，它的俱樂部和城市本身總在營造一種憤慨、孤立的情緒；當情感上較親近義大利的馬賽人遭受排斥時，更是放大了這種情緒。整個一

九九〇年代,多達六種不同的極端球迷團體佔據球場內部特定空間,吸引不同的階級、近鄰社區或族裔集團,至少有兩個團體有系統地以製造和銷售俱樂部商品為生。在世紀之交時,他們和 Adidas 新任執行長羅伯特‧路易斯德雷夫斯(Robert Louis-Dreyfus)的管理部門爭奪韋洛德羅姆球場營銷和票務方面的控制權。在一場馬賽對上朗斯的比賽中,馬賽觀眾在球隊最低潮時刻高舉布條「你只值得我們的鄙視和沉默」,顯示出他們對球隊和俱樂部官方人員最嚴重的蔑視——這種蔑視往往演變為襲擊警察、球員,以及訓練場等嚴重事件,就跟義大利觀眾一樣。

然而,這些發展不過是一九九〇年代法國主流文化之外的補充議題。足球雖受歡迎,但並非無孔不入,其體育吸引力仍有限,象徵性潛力仍未被認可。當法國在九八年主辦世界盃並贏得冠軍,這一切有了改變。法國人籌備世界盃的方式就跟那些年他們解決密特朗的大建築計畫(Les Grands Travaux)一樣。該項計畫始終由國家領導,足球和交通基礎設施方面的金援也很充足。與許多法國的公私合營事業一樣,國家承擔大部分風險,營建公司獲得大部分利潤。法國內部針對新國家球場的名稱,地點和外觀做了一番爭論,隨後決定建在巴黎東北方,名稱定為法蘭西球場(Stade de France)。如果說,世界盃是一場慶典,這場慶典一定專屬於舉辦國。怎麼會有國家用粗糙的混凝土和煤渣塊在聖丹尼(Saint-Denis)蓋出一座球場,真是前所未聞。

當然,法國人還是將國家放在心上。愈來愈多人對一九九〇年代政治的理解是「全球經濟力量與法蘭西民族國家」的鬥爭,還有「純英美式資本主義與歐陸式監管與團結」的對抗;但法國在這種背景下似乎愈來愈不切實際,他們連存活下來都有問題了,更不用說要贏得勝利或創造榮景。在賽前,政府的公衛政策槓上了跨國大企業,結果法國政府取得勝利,他們拒絕讓百威啤酒——美國啤酒商和世界盃的第一類頂級贊助商——在球場的電視牆上宣傳酒精飲料。不過,撇開這事件不管,電視與媒體報導重要賽事的版面,以及商業贊助商和伏擊行銷(ambush marketing)的影響力都在九八年法國世界盃來到了新高。這次比賽的商品銷售權由國際足總的營銷部門 ISL 出售給

新成立的「Sony World Cup Paris」公司，後者再出售二百三十項授權，得到
授權的產品線超過一千五百多條。「藍衫軍」複製球衣驚人的銷售幅度正是
法國隊戰績進步和受歡迎程度的核心指標，這次資產階級和名人階層都放棄
了他們對合成纖維的厭惡，而郊區放棄了對巴西的支持。

　　英格蘭球迷在馬賽街上鬥毆，德國人與克羅埃西亞人的衝突更是難看，
一名法國警察被德國球迷打到昏迷，不過英格蘭和德國早早就打包回家。九
八年法國世界盃對於法國來說是最重要的，因為當時環法自行車職業賽爆出
服用禁藥、作弊及吸毒等完全不可原諒的重大醜聞，世界盃就是在這樣的背
景下進行的。這些醜聞主要圍繞在 Festina 自行車隊和法國國家自行車選手
理查・維倫克（Richard Virenque）身上。這項法國曾經最重要的運動現在看
起來黯淡無光。相比之下，法國隊表現愈來愈好，他們在八強賽點球大戰中
擊敗義大利隊，在四強賽中靠著後衛利利安・圖拉姆（Lilian Thuram）兩記
得分擊敗克羅埃西亞──在此之前圖拉姆從未在國際進球。隨著每場比賽過
去，電視觀眾愈來愈多，賽後慶祝愈來愈盛大。在與克羅埃西亞比完之後，
香榭麗舍大道上有三十萬人，里昂市中心有三萬人。馬賽人早就從白天慶祝
到晚上了。

　　該支隊伍以及它的表現已經開始在法國群眾的心理中產生意義。這是一
支純法國的隊伍，它的民族根源為法蘭西帝國一百年來的擴張與撤退、居民
的移出與移入做了見證。拉瑪（Lama）出生於法屬圭亞那，還有塞內加爾的
維埃拉、新喀里多尼亞的卡倫布（Karembeu）以及加納的德塞利。出生在法
國的圖拉姆和亨利則是來自瓜德羅普家庭。席丹的父母是阿爾及利亞卡爾拜
人，特雷澤蓋（Trezeguet）的父親是阿根廷人，巴特茲（Barthez）有西班牙
人的血統。利扎拉祖（Lizarazu）有巴斯克血統，德約卡夫和保賀斯恩
（Boghossian）有亞美尼亞血統。在賽前，球隊和賽會都遭到了左派和右派
的批評：托洛茨基派譴責這場人民的慶典太商業化，而勒朋不斷宣稱一支血
脈混雜的國家隊──即他所謂的「方便的法國公民」，它的力量絕對不可能
合而為一，也無法代表整個國家出賽。大眾對這兩種觀點的反應非常不一致。
席哈克總統和喬斯班總理（Jospin）為了公開表示對國家隊的支持，蒞臨球

賽的頻率愈來愈高。在四強賽結束後，席哈克還特地為圖拉姆慶祝。

　　法國隊的門將巴特茲、隊長德尚（Deschamps）和教練艾梅‧賈凱本人從內部發起「少穿西裝領帶」、「減少商業服儀」運動，接著有更多激情和支持的球迷穿上牛仔褲搭配運動鞋，還有國家隊的球衣。到了決賽的那一刻，「他們」成了贏家。在整段賽事中，法國國家隊的球衣和巴西隊的球衣隨處可見，各大品牌的行銷、廣告和曝光量之大，以至於這場決賽的定位幾乎不可能只有法巴之戰而已，它更是「Adidas 與 Nike」之戰。席丹進兩球，珀蒂（Petit）拿下第三分，至於巴西，羅納度狀況外，防守又很可笑——Adidas成了最終贏家。最後，席哈克將世界盃獎盃遞到德尚手上。

　　法國自解放以來就沒有見過這麼多民眾上街頭表達他們的情緒；這讓一九六八年學運相形至下遜色許多，甚至比戴高樂派的反暴亂示威遊行還要盛大。馬拉松式的慶祝派對一直持續到週一，超過一百萬人聚集在香榭麗舍大道，準備迎接法國隊的巴士。這個國家感到驚訝的是，它原本以為自己可能會很漂亮地輸掉，現在卻贏了。這一切都是建立在艾梅‧賈凱具體呈現的美德——努力、團結和謙虛之上。甚至曾經抨擊教練缺乏冒險的《隊報》及法國足球當局也被迫承認自己說錯話。當然，這支團結的隊伍的成員膚色有很多種——它代表了種族多元的新法國及其足球隊。席丹的臉被雷射投影在凱旋門上，每座城市的廣場都有人歡呼他的名字。

　　除了法國，別的地方也上演了一場好戲。在世界盃舉辦前的這段期間，正值國際足總主席選舉，該組織內部選情慘烈，對於全球足球的未來大吵特吵，宮鬥劇愛好者看到這場戰爭應該很享受。一九九六年，若昂‧哈維蘭吉終於決定退休，在一段漫長的告別過程後，最後選在一九九八年世界盃正式退休。有兩人出馬競選：歐洲足總主席，瑞典卡車巨頭萊納‧約翰森和哈維蘭吉指定的繼任者，國際足總總祕書長塞普‧布拉特。布拉特出身瑞士律師，也跟在哈維蘭吉身邊快二十年的狠角色。

　　約翰森的出馬競選出於歐洲足總長久以來的兩項考量：一、國際足總內部需要權力平衡，歐洲在全球賽事中確實有財務優勢，卻不為國際足總認可；二、該組織的封閉式祕密治理模式需要改變。約翰森提出訴求：在公開和財

務透明的條件下達成貧富雙方團結。他的候選資格得到歐洲足總的正式支持，並與總是在決策過程中被邊緣化而惱火的非洲足協主席伊薩‧哈亞圖（Issa Hayatou）建立了一個開放聯盟。布拉特和哈維蘭吉的策略是保持緘默。在約翰森開始進行全球拜會活動的同時，哈維蘭吉和布拉特也提高了他們的旅行頻率，拜訪了哈維蘭吉在非洲，拉丁美洲和波灣地區舊有的據點，包括無數的足協、聯盟，以及各項錦標賽、專案與開幕典禮。這種明顯以公務行程為幌子的競選活動，遭到了國際足總執行委員會裡的歐洲人不斷質疑，但他們只能在一九九八年春天迫使布拉特公開表態。由於得到普拉蒂尼的支持，布拉特在法國國際奧委會巴黎辦事處的香檳招待會上宣布競選。選舉的過程很簡單。布拉特開始運用自己在中南美洲，加勒比海和中東的整個影響力展開競選活動。接下來的兩個月，他與約翰森的歐、非集團互相叫陣。到了表決時刻，布拉特以一一一比八〇票贏得第一輪投票，約翰森知道他大勢已去，沒有必要進行第二輪投票。

　　這個世界上有很多差勁的管理者。許多菁英無能、自私自利，自大傲慢，而且對自己的缺點毫不在意。他們之中沒有一個能治理全球的足球，連像馬戲班子那種程度的裝模作樣也做不到。布拉特掌權的頭八年，讓人很是懷念哈維蘭吉時代；那個時代的威權主義沒有不確定感，哈維蘭吉行事可鄙卻很有魅力，他像貴族一樣高高在上卻凡事考慮周到。在日常管理和內部政治層面，布拉特幹盡了不光彩之事。打從他上任一開始，他就精心挑選自己的人馬，試圖在主席辦公室內鞏固新的官僚權力。他們處理國際足總的官方事務──多為洲際大事──已經到了荒誕不羈的地步。這群被布拉特刻意培植為護衛軍的官僚──簡直像國際足總的大毒瘡──過著豪奢的生活。除了五星級酒店、商務艙、黑色賓士，他們獲准每天有五百美元的花用額度，毋須提供收據或記錄。儘管媒體和歐洲足總多次提出要求，但理事會成員獲得了五萬美元的酬金，主席布拉特的薪水、津貼、開支和帳目仍然完全保密。

　　這一路下來，各洲足總與各國足協拖欠國際足總的巨額債務未經過進一步調查就被註銷。國際足總對於「追蹤自己的發展資金流向何處」的興趣之低，甚至連希臘和義大利監督共同農業政策的機構也相形見拙。一堆大額付

款沒有充分的理由：例如一筆十萬美元給了俄羅斯足協主席柯洛斯科夫（Viacheslav Koloskov）；另一筆二萬五千美元給了奈及利亞的一名裁判，只因他提供有關非洲足球官員法拉赫‧阿多（Farah Addo，他曾公開指控布拉特在巴黎大選前買票）的情報。布拉特還有閒情逸致公開談論每兩年舉辦世界盃的可能性，擺明了他完全不懂稀少才有價值的道理。在國際足總的世界裡，什麼都是愈多愈好，除了女子足球員的短褲例外。主席曾建議，如果服裝更暴露一點，女子足球就有可能蓬勃發展。

布拉特時代的國際足總正處於歐洲足球泡沫經濟的最頂端。他擔任主席的頭三年恰逢數位電視問世、另一波電視轉播權金大漲，歐冠的規模和有錢程度也都擴張到了最大。原本價格穩定上漲的轉會市場，如今出現新的陡升曲線。從嚴格的經濟角度來看，在網路公司、資訊科技、電信和媒體公司瘋狂投資與投機買賣的推動下，足球的榮景只是二十一世紀初大環境的股市泡沫中的一個小潮流。到了二〇〇一年，足球的熱潮出現中斷跡象，當時國際足總的主要行銷合作伙伴 ISL 破產嚴重。根據瑞士法院，該公司有十二億五千萬美元的債務。在解散該公司的過程中爆出許多不正常的金融交易，像是有一筆來自巴西電視公司環球電視網（Globo）、應該要交給國際足總作為世界盃權利金的六千萬美元已被轉入祕密帳戶。還有高達二億英鎊的贊助金憑空消失。國際足總的官方說法是，他們只花了三千二百萬美元，但是該組織總祕書米歇爾‧曾魯芬寧（Michel Zen-Ruffinen）後來辯稱，那接近一億一千六百億美元，而且還沒有將過去三年國際足總慷慨贈予他人的錢算在裡面。

為解決眼前的經濟和政治困境，布拉特在沒有執行委員會支持的情況下批准了一項巨額的私人證券化交易——簡而言之，就是國際足總拿未來的二〇〇二年與〇六年世界盃電視權利金收入作為擔保，向債權銀行申請利率高於市場的鉅額貸款。從二〇〇一年底到〇二年初，反對布拉特及其手段的國際足總內部人士連同歐洲人一起向布拉特施壓，要他透漏組織財務的實際運作狀況，不過都沒有成功。

為發展旗下的付費頻道，許多歐洲公司在電視權利金上下了很大的賭

注，結果他們不是一間接著一間倒閉，就是被迫撤資、整併，以及重新談判權利金，在這樣的背景之下崩盤的氣氛更加濃厚。二〇〇二年，不列顛的ONDigital 公司倒閉。希臘的新公司 Alpha Digital 完全消失，該公司迫切地尋求合併，以保住義大利和西班牙的按次收費電視臺。當 ISL 倒閉時，實力強大、曾取得〇二年和〇六年世界盃歐洲區電視轉播權的德國基爾希集團拿下了其他大型賽事的轉播權，再轉手出售給世界各大公司。然而，由於負債累累以及預期收入無法達標，它在〇二年四月也陷入困境。

不滿的情緒四起，促使一九九八年敗北的「歐洲足總—非洲足協」聯盟重啟運作；反布拉特派領袖伊薩‧哈亞圖出馬競選（順帶一提，其金主和支持者中最熱中此事的是韓國人）。哈亞圖展開競選活動，但很明顯地，支持布拉特的護衛軍，由於在內部巨大的恩庇網絡下得到茁壯的關係，跟以往一樣強大。布拉特的高支持度可從影響有限的曾魯芬寧事件看得出來。

在二〇〇二年五月的國際足總執行委員會會議上，總祕書米歇爾‧曾魯芬寧中斷議事、發布聲明，並深入地描述組織內部的管理不善。由於曾魯芬寧的報告十分詳細且全面，國際足總執行委員會的十一名成員便根據其內容向瑞士蘇黎世檢察官辦公室提交一份刑事訴狀，其中包括十三起明顯不尋常的金融交易案。接著好戲在首爾希爾頓酒店上演，時間就在〇二年世界盃開打之前，讓世人見識到國際足總政局的可悲之處。投票前一天，一場不尋常的大會被召開，目的是調查所有關於國際足總財政方面的指控和不滿。謎底揭曉，大會是在中北美洲及加勒比海足協的煽動下召集的，這個地區對布拉特的效忠毋庸置疑，而且他們自己的財務狀況不會被攤在陽光下。這一天充滿了布拉特支持者對他的讚美之辭，以及對反對者顛三倒四的批評；這些與布拉特陣營關係密切的足協主席含糊其辭、發言冗長——既笨拙且毫無保留地向世人展現了什麼是微觀政治霸凌（micro-political bullying）。大會沒有給執行委員會內部的批評者任何發言空間，還有儘管挪威代表堅持，那些被排除在外的人應該有發言的權利，但他們沒有被獲准。英格蘭足總負責人亞當‧克羅茲爾形容投票過程「從頭到尾都很可恥。在兩個小時的人為操弄中，沒有人想要透明公開。」[19] 第二天投票後，布拉特以一百三十九比五十六票

勝出，比一九九八年那次還贏的更多。如果一個人能讓萊奧・穆加比（Leo Mugabe）——羅伯・穆加比（Robert Mugabe）的侄子、辛巴威足協的獨裁主席——發出評語「這令人震驚……這是對民主的嘲諷」，就表示他的道德底線已經降到零了。[20]

自二〇〇二年世界盃以來，國際足總一直在舉辦全球性的百週年紀念會，這些慶典充斥著不折不扣的媚俗、消過毒的歷史，以及自我祝賀。現下有各種問題在全球蔓延：腐敗與打假球、俱樂部和聯賽強者愈強、歐盟委員會等重大國際官僚機構插手干預造成威脅，以及 ISL 倒閉後引發的法律案件。這些問題迫使布拉特採納對手的意見。現在他承諾誠實、透明公開，並譴責歐洲足球過於商業化——這個始於一九七〇年代的春秋大夢、一群煉金術士的實驗品。國際足總的實際作為是——做它最擅長的事情——成立調查委員會。

布拉特任命的委員會成員中，有兩個人值得一提：巴西足協主席塔克薛拉，還有身兼中北美洲及加勒比海足協與千里達足協主席的傑克・華納（Jack Warner）。[21] 在所有眾多的名單中，布拉特選了兩個財務和行政廉潔記錄糟到不能再糟的足球官僚。二〇〇六年春季，傑克・華納家族經營的旅行社販售由足協直接撥配的世界盃套票。布拉特要求華納解釋。他宣布，自己已與妻子一同離開旅行社的董事會，如有任何利益衝突，將不在他們的權責範圍內。這種做法可笑至極，就算用民主的公共領域中最寬鬆的標準審視，它也無法在一時之間全身而退。這類情事層出不窮，證明了菁英階層漠不關心，他們不用面對任何反對聲音，無需接受審查，也不受任何法律管轄。這種做法只要遇到挑戰，就會馬上被擊垮。

VIII. 足球之死

當數位電視泡沫在二〇〇二年爆發時，搖搖欲墜的歐洲足球整體經濟結構有一度看似就要跟著崩潰。各家俱樂部收入急劇下降，最有價值的資產——球員的身價也一落千丈，他們不得不做出處置，這是十年來的第一遭。

席丹在〇二年賽季前已經被尤文以四千五百八十萬英鎊的價格賣給皇馬。阿根廷籍中場胡安・塞巴斯蒂安・貝隆（Juan Sebastián Verón）從拉齊奧轉到曼聯，價碼是二千八百萬英鎊。而帶領巴西在世界盃奪冠，並當選該屆神射手的羅納度，他表現如此精彩，但才過一年就被國米以幾乎相同的金額出售給皇馬。在這種從羅納度、頂級俱樂部及聯賽開始，向下帶動半職業足球跳樓大拍賣的一連串通縮現象中，球員的身價隨著球隊預期營收調降而下滑。

　　歐洲各地俱樂部的資產負債表愈來愈難看，從瑞士的洛桑到比利時的洛默爾（Lommel），希臘的 PAOK，奧地利的蒂羅爾因斯布魯克（FC Tirol Innsbruck），債權人和稅務部門紛紛上門催告，他們被迫啟動破產程序，財產交由破產管理人處分。許多西班牙和荷蘭小型俱樂部只能藉由當地議會的現金注入才能紓困。這在足球二級戰區造成的主要後果是鼓勵假球、賭盤等作為另類收入來源，至於在德國、西班牙和英格蘭，為了穩住最管理不善、捉襟見肘的俱樂部，公、私部門會聯合起來投資新一輪的鉅額電視轉播案。然而在義大利，原本就朝向經濟崩潰和道德衰退邁進，二〇〇二年的低迷更是加速了這樣的危險腳步。

　　在德國，足球俱樂部直接受到基爾希集團倒閉的打擊，整個乙組和三分之二甲組俱樂部在二〇〇二年春季都面臨破產困境。德甲主席沃納・哈克曼（Werner Hackmann）展現前所未有的天真和經濟文盲，他表示，「歸根究柢，你不能因為足球的大環境就去怪罪足球。」[22] 基爾希或許有為自己的倒閉和俱樂部營收下滑負責，但該公司卻毋須為德甲累計六億歐元的債務負起責任。施若德（Gerhard Schröder）的社會民主黨政府為了支持足球而出手干預；事實上，相較於德國經濟不景氣下的其他多數失敗產業，施若德政府處理足球問題的速度和慷慨程度確實好上許多。實際上，聯邦政府同意承保德甲，而在談判達成一項金額較小的新電視轉播案後，俱樂部遭到全面減薪，以填補財務上的缺口。

　　拜仁總經理赫內斯的想法與反對黨基督教民主聯盟一樣，他認為：「我們應該優先考慮有實效的解決方案。」[23] 然而，隨著後來的發展，他考慮的那種解決方案是拜仁與基爾希達成祕密協議。協議中商定，基爾希私底下多

給拜仁二千萬歐元，交換條件為拜仁跟著德甲一起打包出售電視轉播權，而不會獨自與基爾希簽約。雖然拜仁公然違反德國足協的規定，但很妙的是，當這筆交易曝光後，他們獲准被退回二百五十萬歐元，並向慈善機構捐款，就此全身而退。拜仁主席貝肯鮑爾輕蔑地宣稱，俱樂部可以而且應該轉移到阿爾卑斯山另一頭的義甲，而球迷的回應是舉起寫有「米蘭，尤文，拉齊奧」字樣的標語。即使德國政府向足壇保證巨額薪水和紅利，這件事仍被稱作「巨大醜聞」。[24] 前文達布萊梅（Werder Bremen）教練，當時的地方政府部長威利・萊姆克（Willi Lemke）表示，對多特蒙德來說這筆錢不夠慷慨，無法阻止他們的頹敗，因為多特蒙德為實現定期打進歐冠賽的承諾，而賠上最多賭注，結果換來定期在資格賽落敗的命運。儘管多特蒙德的平均觀眾人數為全歐之冠——在威斯特法倫球場（Westfalenstadion），超過八萬人——，他們在二〇〇五年發現自己的債務超過一億五千萬歐元，在虧損的狀況下被主要股東德意志銀行拋棄股分。

在德國，足球走上由國家主導的經濟重建之路；在西班牙，大俱樂部則是嚴重依賴銀行、房地產銷售和私人投資者。西班牙職業足球俱樂部二〇〇三年的整體債務估計約為五億歐元，其中皇馬和巴薩約佔二億五千萬歐元，瓦倫西亞約為一億歐元。他們欠下巨額稅款。一些較小的俱樂部不得不面臨破產，至於較大的俱樂部，則是靠著一連串房地產交易（皇馬和巴薩將他們現位於熱門地段的老訓練場地出售）、各種信用貸款，以及來自西班牙足壇、金融和營建業菁英等各方的友情贊助，才得以脫困。

在英格蘭，市場是興起變革的關鍵工具，同時在看不見的地方直接運作。正如《金融時報》直言不諱地問道：「有沒有一個行業的股票表現像足球俱樂部如此糟糕？」[25] 一九八〇年代和九〇年代期間，在不列顛發行股票的二十二家俱樂部中，共有十家已經下市。其他的還留在股票市場上，但股價只剩當初的一小部分。結果證明，除了曼聯股票，所有的投資都沒有賺頭。小俱樂部陷入破產，像是萊斯特城和沃特福德就十分慘烈。大俱樂部則在各方面衰退，其中最為嚴重的是里茲聯。

儘管有一部分的數位電視企業和球隊（這些球隊表面上很成功，好像都

有強力奧援，例如里茲聯和多特蒙德）破產，但英格蘭、德國、西班牙和法國足壇的財務狀況在接下來的四年內都恢復正常了。錢源源不絕地進來。尤其是各大聯賽的下一輪電視權利金又往上跳了一級。二〇〇五年，Canal Plus以三年十八億歐元標下法國電視轉播權，創下全世界最貴的紀錄，這個紀錄直到隔年英超以二十億歐元出售電視轉播權才被超過。就算電視轉播的覆蓋率已達飽和，到現場看球的觀眾並沒有流失。雖然俱樂部之間有小小的差異，不過歐洲足球核心地帶的現場觀眾人數和比賽收入有所增長是二十一世紀的明顯趨勢——除了一個地方例外，那就是義大利。義大利曾經擁有歐陸最多的觀眾，現在它開始穩定地走下坡（還沒到崩壞的地步），這只是義大利足球政治眾多弊端和痛苦的症狀之一。的確，在某些方面，足球是義大利無數憂慮中最輕微的一個。

二〇〇〇年，拉齊奧在艾瑞克森領軍下贏得冠軍，終於打破「尤文—米蘭」雙霸局面。那年夏天，義大利在二〇〇〇年歐洲盃決賽遭遇法國隊，那是他們自一九九四年世界盃以來表現最好的錦標賽；他們一比零領先後一直防守，直到最後一刻法國追平讓比賽進入延長賽，接著法國在延長賽中靠著一記黃金進球贏得比賽。隔年，羅馬拿下義甲冠軍，冠軍數勝過拉齊奧。義大利足球運動的軸心能否從都靈和米蘭向南轉移？這全是海市蜃樓。在一年之內，AC米蘭和尤文重回榜首，他們還沒有讓出寶座；至於國家隊，他們正要去打世界盃，那一屆的表現是一九六六年以來最丟臉的；而羅馬和拉齊奧，也像其他義大利足球隊一樣處於經濟崩潰的陣痛之中。

二〇〇一年春，《米蘭體育報》宣告「足球危機」。其徵兆之一是，義大利隊在歐冠小組賽階段再度晉級失敗；但這只是冰山一角，體育界還有更深層、更嚴重的問題。在九〇年義大利世界盃之後，觀眾人數來到巔峰，現正穩步下滑中。比起一九九〇年代中葉的高峰期，義甲平均觀眾人數掉了四分之一以上。雖然電視權利金節節高升，但這些轉播權的潛在價值正被十分盛行且明目張膽的侵權行為拖累，買下轉播權的電視公司也因此變得不安穩。極端球迷公開鄙視拿下新轉播權的電視臺，他們掛起白布條，上面寫著

「這樣的足球讓我們感到噁心」（Questo calcio ci fa sky-fo）*。你很難想像英國天空衛視在英格蘭播放這類的畫面。雖然義大利足球隊偶有佳作，且技術水準一直很高，但他們出手卻愈來愈謹慎，也很吝於得分。冠軍隊伍的進球數急劇下降，和局數則是變多了。

義大利的醜聞也呈倍數成長（以他們的標準來看的話）。一項一九九九年的司法調查顯示，拉齊奧的阿根廷籍中場胡貝隆持有偽造的護照證件。隨後數十名球員及所屬俱樂部遭到調查，大量的義大利身分捏造案件被曝光。包括拉齊奧的費南多・庫托（Fernando Couto）和尤文的戴維斯在內，一堆頂尖球員被驗出諾龍陽性反應（positive for nandrolone），並遭到禁賽處分──雖然之後他們的刑期得到大幅度的縮減。義大利藥檢機構在第一時間出來反駁，認為應增加諾龍的允許含量。

極端球迷的暴力和種族歧視也似乎愈來愈多：拿坡里球迷在與波隆納的比賽中投擲了一枚自製的炸彈，另一枚則被丟進俱樂部主席科羅拉多・費雷諾的花園。在國米對尤文，以及 AC 米蘭對羅馬的比賽中，催淚瓦斯被用來對付球場內的暴民。布雷西亞的支持者襲擊了一輛載有俱樂部主席女兒的汽車；國米的球隊巴士在帕爾馬受到汽油彈攻擊；極端球迷開始在羅馬和拉齊奧的訓練場和球員停車場出沒，為的是發洩他們的怒氣。

二○○一年三月，已執政了五年的義大利中左派橄欖樹聯盟在全國選舉中敗選。它的政績很有限，主要是粉飾義大利的公共開支，使該國能夠加入歐元區。選民將所有的注意力放在其他地方：公共服務品質下降、法律和行政體制混亂、國內南北差距巨大，組織犯罪持續坐大，還有非法移民潮持續上漲。這迫使他們相信貝魯斯柯尼當上義大利總理後有能力處理這些問題。在貝魯斯柯尼二度執政的五年內，義大利力量黨、北方聯盟和國民同盟再次結盟，義大利在經濟、公共生活、足球這三方面的危機完全沒有得到解決。當時貝魯斯柯尼本人與其帝國旗下的公司，高級主管身陷收賄案，而透過法律和政治手段為他們護短，還有支持最衰敗的機構，再度成為政府的優先事

---

* 譯註：sky-fo 是義大利文 schifo（噁心）與 BSkyB（英國天空衛視集團）的雙關語。

項。義大利政府試圖擋下一道歐盟逮捕令，以免它被用來對付貝魯斯柯尼；它還試圖在二〇〇三年通過一道法律，允許義大利足球俱樂部註銷他們的稅單和債務。這兩項措施都被歐盟駁回。歐盟也是足球秩序的保證者，歐洲足總在歐冠賽中處理和懲罰種族歧視和攻擊裁判行為的積極程度，很明顯地勝過義大利足協。即便如此，貝魯斯柯尼、歐洲足總，還有其他任何人都無法阻止義大利足球的經濟內爆。

到了二〇〇二年，費倫提那一馬當先，虧損達一億歐元。切奇·戈里自己的媒體帝國正快速虧錢，費倫提那突然出售隊上的明星球員——蓋比埃·巴提斯圖塔（Gabriel Batistuta）被賣到羅馬，魯伊·科斯塔（Rui Costa）到AC米蘭，門將托多（Toldo）到國際米蘭——這道出了問題的嚴重性。相關人士透露，切奇·戈里已從費倫提那借出二千五百萬歐元來挽救其他的事業，還以未來兩年電視收入及未來四年季票收入為借貸的擔保品。當好幾個月都沒有拿到薪水的球員開始罷工時，費倫提那就完蛋了。俱樂部被清算，並且被降了三級。

拉齊奧的處境在二〇〇〇年首度曝光，當時他們剛向曼聯買下荷蘭籍新後衛雅普·斯塔（Jaap Stam），卻付不出轉會費。由於沒完沒了的資金、債務和債券運作愈來愈瘋狂，再也掩蓋不了資產負債表中的巨大漏洞，克拉尼奧蒂的Cirio帝國突然解體，導致拉齊奧原本岌岌可危的局面更是無法挽回。兩年後帕爾馬的倒閉更是奇觀，因為Parmalat當時是股票市場上第八大的公司，也是一間表面上很成功的跨國公司。但即使是義大利審計師也解釋不了公司帳戶中八十億歐元的缺口。

在二〇〇一至〇二賽季最後一天，國際米蘭到拉齊奧作客，進行最後一場比賽。如果國米贏了，他們將拿到冠軍頭銜，過去的十三年他們想到快瘋了。超過五萬名國米球迷前往羅馬的奧林匹克球場。國米的羅納度和維耶里狀況都很好，米蘭人在上半場兩度領先，只是他們又再度丟失良機。下半場他們潰不成軍。拉齊奧以四比二獲勝，尤文擊敗烏迪內斯（Udinese）並獲得冠軍。只有最堅強的內心才能抵擋義大利足球給予的壓力。二〇〇二年世界盃，義大利原本以一比零領先，但韓國在比賽後段追平，接著黃金進球，結

果義大利將勝利拱手讓人。厄瓜多籍裁判拜倫·莫雷諾（Byron Moreno）成為義大利全民公敵，因義大利的進球他全都不計分。火爆的佩魯加主席魯西亞諾·高奇（Luciano Gaucci）宣布，絕對不讓安貞煥——曾為佩魯加效力、還曾踢進制勝球的韓國球員——在義大利踢球。

隔年的二〇〇二至〇三年賽季在電視轉播權糾紛持續了一整個夏天之後幾乎中斷。糾紛的原因是較小的俱樂部拒絕接受少的可憐的麵包屑。在最後一刻，情況得到了解決：三大俱樂部同意將部分現金繳回，交給在聯賽底層的俱樂部。本賽季跟著在黎波里舉行的義大利超級盃一起開跑，同時尤文宣布，利比亞國家石油公司和格達費家族持有俱樂部百分之七·五的股分和董事會席位。該國總統的兒子薩阿迪·格達費（Saadi Gaddafi）被佩魯加簽下。他的球員生涯很短暫，且因被驗出藥物陽性反應而被迫終止。警察和球迷經常發生衝突，聯賽的暴力事件頻仍，特別是在科莫（Como）和亞特蘭大（Atalanta）的比賽中。科莫在一場比賽中被裁判拒絕了三次罰球，隨後球迷入侵賽場。科莫主席兼玩具製造商恩里科·普雷齊奧西（Enrico Preziosi）發售一款名為「打裁判」的桌遊，展示了義大利文化中普遍對權威的蔑視。

尤文圖斯再次獲得聯賽冠軍，接著義大利包辦〇三年歐冠兩個決賽席位，全國大肆慶祝，他們終於能遠離這個不光彩的賽季。進入決賽的過程卻不怎麼啟迪人心。AC 米蘭、尤文和國米都進入了四強賽，他們踢得超級謹慎，沒有失誤，像一道銅牆鐵壁，全無風采。瓦倫西亞教練拉法·貝尼特斯（Rafa Benítez）稱國米為「足球之死」，他們與 AC 米蘭的四強賽有四分之三的時間沒有得分，直到最後一刻才進一球。到了決賽，雙方比到最後的一百二十分鐘才進入點球大戰，雙方都沒有明顯的失誤，他們有自己獨特的金屬般冰冷美感，死氣沉沉的球風也堪稱一對。AC 米蘭贏得了點球大戰，因為他們比較不那麼慌張。這是義大利榮耀的泉源。有些人選擇將這場比賽解讀為義大利足球的轉機。但它現在看起來像是一則墓誌銘，對象是垂死的義大利足球文化。

接下來又有別的爭議，像是一拖再拖的電視轉播權之爭，還有一連串告來告去的聯賽分級訴訟案，就這樣耗去一整個夏天。義大利足協最初計劃擴

大義大利乙級聯賽（Serie B），同時重新招收降級球隊，並偷偷將費倫提那調回乙組，結果造成了權益受損各造的一連串訴訟，最後政府內閣召開緊急會議並擴大義甲和義乙，風波才得以平息。襲擊球員的案件增加了，其中一例為阿韋利諾（Avellino）的球員在卡利亞里機場被打傷，只因他在當天稍早的比賽中踢失了點球。至於國米，球隊不穩定、表現欠佳，甚至連莫雷蒂都激怒了，因此辭去了主席職務。極端球迷變得更加刻薄和誇張：在主場對陣亞特蘭大的比賽中，一輛摩托車被拖到聖西羅球場第三層的頂端，並被拋出欄杆，砸到底下的客場球迷。國米球員法比奧・卡納瓦羅（Fabio Cannavaro）和克里斯蒂安・維耶里的餐廳遭到襲擊。二〇〇四年，國米球迷在賽季結束時提前離開座位，上面寫著「我們再也不曉得該如何侮辱你」。羅馬德比因為羅姆極端球迷而被迫中斷。諸傳一名孩童在遭遇警察時被殺害。羅姆極端球迷的首領走到賽場邊緣，他們向羅馬隊長弗蘭西斯科・托蒂（Francesco Totti）喊話，要求中斷比賽。雖然這則事故未經證實，但球場內確實一發不可收拾，俱樂部雙方和義大利足協都不得不關注此事。當天晚上就在兩方球迷和警察之間的騷亂中度過。

　　義大利足球的醜態愈來愈誇張。二〇〇五年的歐冠八強賽，當國米快要輸給 AC 米蘭的時候，一連串火焰和物體被拋到場上，比賽被迫中斷，AC 米蘭的門將也受了傷。有關假球的指控甚囂塵上，新晉級的熱那亞因此被送回義丙。拉齊奧的守護神，中場保羅・迪卡尼奧（Paolo di Canio）一再地公然向拉齊奧的觀眾行納粹禮，儘管有人不是很認同，但俱樂部或法律從未做出適當的制裁。墨西拿（Messina）的非洲前鋒馬克・安德烈・索羅（Marc Andre Zoro）要求他們與國米的比賽應該被取消，因為他再也不能夠忍受種族歧視的誦歌——這場球賽最後被比完了。

　　在這個時代關於舞弊流傳最久的傳奇故事，是一項針對尤文所做的調查；據說他們在整個一九九〇年代非法提供違禁物品給球員。調查工作早在一九九八年就已開始，但直到二〇〇二年初，該案才進入法院審判程序，同時受審的有尤文常務董事吉拉度（Antonio Giraudo）和隊醫亞格卡拉（Ricardo Agricola）。尤文的球員以證人身分被傳喚到案，當被問到在為俱樂部效力

期間是否接受過醫藥處置時，他們全都說記不清楚了。經過兩年纏訟，吉拉度由於證據不足而被宣告無罪，亞格卡拉被判有罪，不過尤文立即上訴，並於二〇〇五年底勝訴。然而，義大利在戰後有好幾個司法審判，真相全被強力的人為操弄掩飾，這件案子在當時就此結案，看來不過是另一樁無法無天的審判，後來也證明那只是某件大事的前奏曲。

二〇〇六年春末，貝魯斯柯尼在大選中以些微票數敗選。新成立的中左派政府由羅馬諾・普羅迪（Romano Prodi）領導，他們希望對義大利的公領域進行另一次清理。同年五月，尤文贏得他們的第二十九次義甲冠軍。慶祝活動剛剛結束，有好幾份尤文大頭（包括總經理莫吉在內）的對話紀錄被釋出。這些事關重大的對話在禁藥事件期間被錄音。最後，任何人——甚至尤文董事會和義大利足協也都明白一件事：偷雞摸狗、暗地施壓、呼風喚雨的地下網絡並非憑空捏造，而是確有其事。莫吉位處此地下網絡的中樞，其運作範圍從尤文到義大利足協，還有裁判評選委員會、歐洲足總義大利代表、運動媒體、其他俱樂部的董事會，甚至——透過莫吉兒子掌控的大型球員經紀公司 GEA——將手伸進其他俱樂部的更衣室。義大利足協主席曾提過裁判執法要更透明，之後莫吉與副主席伊諾森佐・馬斯尼（Innocenzo Mazzini）說道：「跟他說，不要壞了我們的球。要不然由我來跟他談談，讓他知道誰才是老大。」後來馬斯尼會告訴他，「你才是義大利足球賽的老大。義甲就是你的。」[26]

整個尤文的董事會，還有義大利足協主席與副主席，全都請辭下臺。看來尤文可能會被拔掉冠軍頭銜並且降級。人們希望這是義大利足壇版本的「賄賂之都事件」——一種司法上的出擊，藉此打破舊秩序，將最糟糕的菁英從權力中剔除。也許有這可能，但好比在政治界，即使舊人被新人取代，新菁英的行為依然跟前輩一樣卑鄙無恥，在足球界可能也是如此。

IX. 一閃而逝的地中海足球

冷戰結束後，歐洲足壇南部的外緣——葡萄牙，希臘和土耳其——馬上

受到影響而被永久排除在新歐洲的新興核心地區之外。在一九六〇年代，儘管葡萄牙位處政治和經濟邊陲，但他們還是認為自己接近歐洲足球的中心；即便到了八〇年代，他們也能在歐冠盃決賽拿出表現，波圖拿下冠軍，本菲卡得到亞軍。九〇年代，葡萄牙加入歐盟，「黃金世代」年輕球員（包括菲戈、魯伊‧科斯塔和庫托）崛起並奪得一九九一年 U20 世界盃冠軍，隨後開始一陣經濟熱潮。但這股熱潮最終令人失望。葡萄牙或許會走上奧地利之路：一個曾經在全球賽事中登峰造極的足球文化，如今日益被邊緣化。九〇年代，葡萄牙國家隊一直打不進世界盃，其頂級俱樂部隊也無法在國外造成衝擊，似乎證實了此事。

　　戰後的希臘足球一團糟。足球在城市中非常受歡迎，但其業餘性質被俱樂部、球員和足協公然漠視。在一個仍以農村為主的社會中，它被卡在合法與非法之間的模糊地帶，是一種尚未資本化與都會化的邊緣活動。足球賽事在一九六七到七四年的短命軍事獨裁期間得到了相當大的助力。在幾乎沒有任何其他配套社會政策的情況下，該政權建立了球場館、支持俱樂部、在電視上直播足球並支持國家隊。當帕納辛奈科斯在七一年進入歐冠盃決賽時，政府派出東正教聖物隨球隊前往溫布利，在那裡他們被阿賈克斯打敗了。七四年，軍政府為抵制土耳其佔領北塞浦路斯而輕率地發動總動員，但演變為全國性的不參與，他們因此垮臺。希臘的足球出現了倒退。由於足球帶有軍方的色彩，加上失去了財政支持而光芒不再，一直到七九年才轉為職業運動，而且只在大城市中的大俱樂部中出現，這些城裡的船東、實業家、夜總會和當地政客對於足球都很有影響力。國際賽事的結果令人沮喪，希臘有資格參加的大型錦標賽只有一九八〇年歐洲盃和九四年世界盃，他們一場球賽都沒有贏。

　　土耳其足球在國際賽事的實力更弱。他們在一九五四年世界盃會內賽唯一的表現是以七比零橫掃韓國隊，但接下來他們與西德踢成一比四，分組附加賽再以二比七輸給西德隊。在國內，土耳其遲滯不前的城市化和工業化腳步開始啟動，足球賽事也隨之蓬勃發展。一九五九年，土耳其足球開始職業化，到了一九六七年，已有三種等級的全國職業聯賽，儘管該國交通基礎設

施稀少而陳舊，但在全國從事足球工作的人員仍維持一定的數量。六七年的卡塞利慘案（Kayseri disaster）說明了足球在土耳其的盛行與危險性。慘案發生在卡塞利體育（Kayserispor）對上錫瓦斯體育（Sivasspor）的比賽，這場激烈的德比戰也是安納托利亞中部兩座城市之間爭奪經濟和政治控制權的縮影。足球隊得到了城市商人、政界人士和民眾的大力支持，來自錫瓦斯（Sivas）的五千名球迷還組了一個小型巴士車隊，至少有二萬一千人參加這場比賽。當比賽進行了二十分鐘，裁判撤回紅牌的判決時，看臺上立刻投擲石塊和發生打鬥。在錫瓦斯那一端的觀眾為了躲避石塊而湧入出口通道，有數百人撞上深鎖的大門。總計四十人遇難，三百多人受傷。土耳其在這個時代唯一的歐洲賽事勝利是費內巴切在六八年歐冠盃擊敗曼城；隨著土耳其在國際競爭中的長期缺席，這場勝利的光彩愈來愈耀眼。

這三個地中海足球文化全在一九九〇年代末和二十一世紀初出現了革新，但隨著暴力、守舊、貪腐和假球等文化四處氾濫，當時的經濟和體育熱潮開始放緩。土耳其是三者之中第一個發揮影響力的國家。在一九八〇年發生軍事政變後，土耳其出現好幾個獨裁的平民政府，他們與軍方聯盟，使該國走上經濟自由化以及快速但不均衡的工業成長之路，並逐漸走向歐洲市場，最終成為歐盟的一員。這些變化資助了土耳其職業足球的擴張，特別是在球場方面。一九八九年，加拉塔薩雷成功地打進歐冠盃四強賽。

土耳其有一句名言道出他們的悲嘆：「出了埃迪爾內（Edirne），就沒有我們的立身之地。」埃迪爾內是該國最西邊的城市。這句話也適用於足球。「在歐洲賽事打出成績」提供了成功的衡量標準，但土耳其與歐洲隊伍的遭遇過程中總有一種偏執的不安全感。一九九一年，費內巴切與馬德里競技進行一場紀念賽，賽事因電力供應失敗、球場燈光熄滅而被迫中止。第二天的頭條報導悲歎：「我們被德國和西班牙看不起……歐洲嘲笑我們。」[27] 另一方面，加拉塔薩雷在一九九三年大勝曼聯，以及費內巴切在九六年於老特拉福德球場（Old Trafford）的勝利（這場比賽中止了曼聯在歐洲主場的不敗紀錄），都被瘋狂慶祝，他們認為那證明了土耳其的實力不斷增長。

這種無解的緊張局勢孕育了一種情緒極端的政治文化，時而極度自信、

時而樂觀、時而自我懷疑、時而悲觀；另外該國的經濟徘徊於爆炸性成長和通貨膨脹之間，也加重了這樣的情形。一九八九年的歐霸盃，加拉塔薩雷到瑞士作客，以零比三輸給納沙泰爾（Neuchâtel Xamax）。儘管如此，他們的球迷還是擠爆看臺，期待加拉塔薩雷回到主場比賽時能夠逆轉勝；最後他們以五比零的領先結束比賽。另一種情形出現在九五年的歐霸盃，費內巴切以零比四落敗坎城（Cannes），球迷原本期待類似的逆轉勝，但結果又是慘敗，他們大受打擊，既失望又生氣地大吐口水，還把整個看臺給燒了。

　　到了一九九〇年代後期，土耳其國內的賽事的規模和豐富度開始成長，國家隊也因此受惠。四十多年來，土耳其首次參加國際比賽——九六年歐洲盃，然後再次獲得二〇〇〇年歐洲盃的參賽資格，並晉級八強賽。在一個月前，加拉塔薩雷贏得了歐霸盃——該國第一座歐洲賽事冠軍。即使是因叛亂被監禁十五年的庫德族領袖——阿卜杜拉・奧賈蘭（Abdullah Öcalan）也要求有一臺電視機可以在他的牢房裡觀看比賽。目前，國家隊受到各種政治家拉攏；總統還會定期出席他們的比賽。極端民族主義團體 MHP 會在足球場上刷存在感，他們發放文宣，編排頌歌並高舉具有挑釁意味的反庫德標語。慶祝活動總是很激烈，甚至更瘋狂，手槍射傷事件頻仍，還有一些汽車駕駛被攻擊，因為他們拒絕按喇叭以表示支持賽後民族主義分子的慶祝活動。

　　二〇〇二年，土耳其打進四強賽，這些慶祝活動達到了高潮（附帶一提，四強賽中他們又遭遇老對手巴西隊，他們對峙許久，最後才由羅納度打破僵局）。超過九成的土耳其觀眾看了電視轉播，首相比倫特・艾傑維特（Bülent Ecevit）宣布全國放假，還在球隊歸國時贈送價值五十萬英鎊的共和國金幣給他們。然而，在〇二年之後，土耳其足球急速下滑。當時政府以銀行、市議會和保安部隊為對象，進行大規模反貪腐行動，足球賽事也被盯上。《民族報》（*Milliyet*）報揭露，犯罪集團在互聯網上對土耳其聯賽進行投注，還與裁判一同在球賽上動手腳。更糟的是，土耳其足球的暴力事件揮之不去，例如在二〇〇〇年歐霸盃的時候，里茲聯來伊斯坦堡比賽，其中有兩名球迷被刺死。

　　土耳其和希臘的二〇〇八年歐洲盃聯合申辦案（先前兩國還為了塞浦路

斯和愛琴海問題而軍事衝突不斷）也因為暴力事件——歐霸盃「費內巴切—帕納辛奈科斯」之戰引起的大規模鬥毆——而生變。土耳其在〇四年歐洲盃和〇六年世界盃資格賽的表現都是失敗的。〇四年的資格賽，土耳其在惡劣的氣氛下與英格蘭打了兩場比賽，接著在附加賽被拉脫維亞淘汰出局，報紙的頭條很歇斯底里：「從世界排名第三位到第三世界」。當瑞士隊將他們淘汰出〇六年世界盃時，球隊和官員對他們的對手進行人身攻擊。除了睪丸激素和男子氣概之外，這些事件說明了更深層的國家危機。土耳其仍然在排隊等候加入歐盟中，庫德人和伊斯蘭教主義者仍然令他們內外交困，他們不斷地發現自己與世界足壇遭遇的過程中仍然跌跌撞撞。

在葡萄牙，足球似乎在衰退中，經濟則正蓬勃發展。歐盟資金和外國投資的湧入產生了良性循環，葡萄牙在一九七〇年代中期從拮据中走出來，其生活水準接近歐洲平均，該國從勞動力淨出口國轉變為淨進口國。在足球的微型經濟中，歐冠分給國內頂級俱樂部的錢、電視和讚助收入穩定增長，以及巴西和非洲足球運動員的湧入，成為推動足球成長的力量——到了二〇〇二年，有超過一百二十名拉丁美洲人（幾乎都是巴西人）在葡萄牙踢職業足球。當該國被授予〇四年歐洲盃的主辦權時，另一輪由國家主導基礎設施的投資開始了。流入的資金相當充沛，足以將當時的領先者逐下寶座。連在一九九〇年代末連拿五次冠軍的波圖，也得將冠軍拱手讓人。博阿維斯塔（Boavista）是波圖城中的老二，他們在〇一年贏得了第一個聯賽冠軍。二〇〇〇年和〇二年冠軍里斯本競技，則是遭受來自馬里迪莫（Marítimo）和坎普馬約爾（Campomaiorense）等球隊的嚴峻挑戰。這些由葡萄牙數一數二的咖啡製造商創辦、有強力金援的地方俱樂部，讓里斯本競技在比賽中打得很艱辛。

反而是本菲卡瓦解了。這家葡萄牙曾經的最強俱樂部、歐洲還有世界冠軍，在一九九四年贏得他們最後一次的聯賽冠軍。整個一九九〇年代，本菲卡在阿澤維多（João Vale e Azevedo）的領導下，成為行政混亂和財務揮霍的代名詞。二〇〇一年，他們在聯賽中排名倒數第六；自一九五〇年代以來首次沒有打進歐洲賽事；一個賽季就換了三次教練。其中一名被解僱教練東尼

（Toni）在離職時說：「本菲卡最穩定的就是它的不穩定性。」[28] 關於這一點，俱樂部手上的現金只足夠支付球員一個月的薪水，並且為了支付轉會費，他們已欠下二千五百萬英鎊的債務。阿澤維多後來因侵佔一九九〇年代末俄羅斯門將奧夫欽尼科夫（Ovchinnikov）從阿爾韋卡（Alverca）轉會到本菲卡的轉會費而被判處三年監禁。他還因涉入「EuroArea」案——舊盧斯球場（Estádio da Luz）的土地交易案——而被判三項偽造文書罪。他的侵佔俱樂部公款罪和洗錢罪都不成立。不過這些做法明顯在葡萄牙的賽事中已經氾濫成災。里斯本競技主席庫尼亞（António Dias da Cunha）告訴 TSF 電臺：「在葡萄牙賽事的檯面下有很多錢、很多創意十足的帳目、很多骯髒的錢。」[29]

本菲卡沒有的，波圖全都有。在柯斯塔（Pinto da Costa）長期擔任主席的情況下，波圖有組織、有錢償債、有謹慎的態度。在將冠軍拱手讓給里斯本競技和博阿維斯塔之後，俱樂部重振旗鼓並招募了教練穆里尼奧（José Mourinho）。兩者一起向上提升。穆里尼奧曾在巴薩與鮑比·羅布森共事，也在地方俱樂部萊里亞（União Leiria）待過，他展現了傑出的能力：為球員重新安排最適合的位置和角色；充分利用現有人才，創造並增強比賽戰術；並堅持最高的工作效率。二〇〇三年，他們橫掃葡萄牙聯賽，拿下獎盃，並在歐霸盃四強賽中擊敗拉齊奧，隨後在決賽延長賽中以三比二擊敗凱爾特人，贏得冠軍。而在〇四年賽季（同時葡萄牙正在籌備歐洲盃），意志堅定、組織完善的波圖不懈地創下另一個高峰——贏得聯賽、葡萄牙超級盃和歐冠賽冠軍。當他們在蓋爾森基興贏得歐冠盃時，穆里尼奧沒有留下慶祝，他很快前往切爾西。他的隊員之中有很多人跟著他出走。

同樣地，歐洲盃也有過極為短暫的歡樂和榮景。賽會的舞臺實在蔚為奇觀。葡萄牙人建造了十個球場——樣式最多變、設計最大膽、色彩最斑斕的場地很輕易地獲選為國際錦標賽的主辦場地。托馬斯·塔維拉（Tomás Taveira）在里斯本阿瓦拉迪（Alvalade）的作品以及在萊里亞和阿威羅（Aveiro）的球場，其曲線蜿蜒、功能完善，在外型、顏色和細節上展現驚人的玩心，幾乎是歐洲前十年興建的球場所沒有的。這些球場在歐洲造成轟動，歐洲人就在這種氛圍下來葡萄牙打球。至少有十萬名英格蘭球迷參加征

途，他們不僅在英格蘭的比賽中坐滿超過四分之三，而且在很多英格蘭沒有
參加的比賽中都有相當的人數進場。德國人、瑞典人、丹麥人和荷蘭人湧向
這個國家。當克羅埃西亞人和俄羅斯人全混在一起出現在這後工業主題公園
時，他們的陣仗顯得格外的大；大部分時間裡，這些代表新富階級的遊客本
身就是引人注目的焦點。葡萄牙隊愈來愈有信心打進決賽，人們自發性地組
成前所未見的龐大車隊前往大城市中心，並在里斯本龐巴爾侯爵廣場的雕像
下整夜跳舞。

　　葡萄牙和其他人一樣，無法找到一條可以贏過希臘人的途徑，他們輸掉
了決賽。當運動網站將注意力從國家隊轉移到「Operation Golden Whistle」
（全國警察搜索行動的代號）時，宿醉的葡萄牙人更不舒服了。自本賽季結
束以來，警方根據貪腐和假球的指控，約談並逮捕的人數逾六十名，其中有
球員、裁判，最高層級還有俱樂部的主席。在隨後舉行的全國大選中，執政
的右翼聯盟很不智地打著「Força Portugal」（原為足球歌曲）的名號競選，
試圖一攫當年夏天的足球狂熱，卻嘗到二十年來最糟的選舉敗果。

　　在千禧年的最後幾年，你很難再高估一般希臘男人對於足球的癡迷程
度。報紙有足球副刊、增刊和特刊，每一種你可以想像的特殊類型都有，但
這些還不夠，希臘有九家體育小報，個個都跟大俱樂部老闆有直接的掛鉤。
他們不僅報導希臘足球的細微小事，而且還擔任足球賭盤的投注指南。希臘
國內生產總值有近百分之五用於賭博，幾乎全部用於足球：希臘、英格蘭、
西班牙、義大利、丹麥、冰島，任何國家都可以下注。有兩個頻道會花上整
個週六和週日下午的時間播報更新蘇格蘭乙組以及挪威盃第三輪的比分。

　　人們對外國足球博彩需求無度，或多或少與希臘國內足球賽果的單調性
和可預測性有關。自一九九四年以來，聯賽冠軍就只有那兩家最大的俱樂
部——在雅典的奧林匹亞科斯和帕納辛奈科斯，奧林匹亞科斯還連拿七次冠
軍。巧的是，奧林匹亞科斯的老闆是希臘最富有，政商關係最好的商人蘇格
拉底·科卡利斯（Socrates Kokkalis）。他是名希臘共產主義者的兒子，在希
臘內戰（1944-49）之後逃離該國並在東柏林定居。我們並不清楚他在馬克思
主義始源地的童年確切細節，但他在一九八〇年代重新出現在希臘，身分是

一家名為 Intercom 的公司的董事會成員；Intercom 是史塔西的掩護公司，他們似乎在購買各種電信技術上花了不少時間，特別是東德公司無法循正常管道取得的技術。隨著柏林圍牆倒塌，Intercom 的幕後老闆進入清算程序，員工和董事會中的東德成分逐漸消失。這使科卡利斯擁有了公司和完整權限的銀行帳戶。在接下來的十年中，他將 Intercom 變成希臘最大的電信和高科技公司。他買下了奧林匹亞科斯，也擁有希臘足球博彩的絕大多數股分。在希臘，這怎樣都不會被認定有潛在的利益衝突。然而，奧林匹亞科斯無法將國內的主導權轉化為歐洲的成功，而連續七年歐冠的慘淡表現在二〇〇三年以七比零大輸尤文時達到極致。相比之下，帕納辛奈科斯的好表現足以挺進〇二年歐冠八強。

有人懷疑奧林匹亞科斯之所以能壟斷冠軍，除了有錢和有球員，還另有隱情。這項質疑在二〇〇二年得到證實。當時記者馬濟斯・特安塔菲保羅（Makis Triantafyllopoulos）在他古怪的電視節目《叢林》（Zougla）——一個用雨林當作佈景、長度三十分鐘的時事節目——上播放錄音帶，揭露「小屋」（Hut）的存在。「小屋」某個尚未曝光的陰謀團體的俗稱，其成員有裁判、足球官員和俱樂部老闆，他們多年來在賽前指定比賽結果。錄音帶的重點包括幾段指定賽果的對話，談話人有雅典娜小俱樂部艾加里奧（Egaleo）的老闆湯瑪斯・米特羅波羅斯（Thomas Mitropoulos）、聯賽前主席維克多（Victor，湯瑪斯的兄弟），以及比雷埃夫斯裁判工會（Piraeus Referees' Union）會長亞尼斯・斯帕塔斯（Yannis Spathas）。錄音帶中可以聽到斯帕塔斯咒罵他的同事，「只有奧林匹亞科斯和艾加里奧該贏，其餘的你就搞死他們。」直到今天，都沒有人調查、逮捕或質疑。

在二〇〇二年電視轉播權危機襲擊的所有足球經濟體中，希臘受到的衝擊最為慘烈，不過隨後足球俱樂部與 Alpha Digital 達成的協議才是最荒唐的。為了誘使聯賽結束與 Super Sport 的長期合作關係，Alpha Digital 開出先前合約三倍的價碼。先不管該公司實際的損益兩平點是怎麼算的，他們來自付費用戶的收入少得可憐，根本無法支撐整個投機活動。然而，俱樂部已經把錢花光，並欠下難以置信的鉅額工資。走頭無路的聯賽宣布將罷工到其他

人付錢為止。官員們建議，這筆錢也許可以由足球博彩來出，不行的話就找政府，再不行的話找任何人來幫忙也可以，但除了他們以外。政府出奇的堅定，一個月後罷工結束。現在，希臘足球真正的危險狀態已一覽無遺。政府估計，甲級聯賽的債務達到一億八千五百萬歐元，這個產業的總門票收入只有六百七十萬歐元，並且正在萎縮。

債務中有大量未付稅款的 AEK 已無力面對一切。該俱樂部的所有權在荷蘭電視公司 Netmed、不列顛投資公司 ENIC 和一群希臘商人之間轉讓來轉讓去；那群希臘商人的聲譽從可疑變成令人厭惡。該俱樂部的財務狀況在馬濟斯．索米亞迪斯（Makis Psomiadis）的統治下完全崩潰，索米亞迪斯因偽造文書被判有罪，但這位大亨聲稱自己患有肺結核，藉此逃避十二年的監禁，不過他的病情似乎不妨礙他在 AEK 董事包廂中抽雪茄和喝威士忌。他對俱樂部的另一個重要貢獻是揚言要對前鋒德米斯．尼古拉迪斯（Demis Nikolaidis）不利，後者隨後罷工。尼古拉迪斯的球迷把怒氣發洩在教練杜桑．巴耶維奇（Dušan Bajević）身上，他接到好幾封死亡威脅信和電話。

醜聞和混亂也籠罩著國家隊。歐洲足總收到希臘在二〇〇四年歐洲盃資格賽（地點在亞美尼亞葉里溫）打假球的指控，隨後被迫展開正式調查。希臘照樣在德國教練奧托雷哈格爾的領導下取得歐洲盃參賽資格。他們以路人甲之姿抵達賽會，並在開幕戰迎戰主辦國。他們擊敗葡萄牙、踢和西班牙，然後晉級八強。每個人都感到驚訝，包括他們自己在內。希臘的比賽策略很明確。不管來者何人，希臘一率給予壓制、緊迫盯人、破壞對方的攻勢，然後重整旗鼓，伺機而動。這招奏效了。法國完全陷入困境、捷克的中場悶悶不樂、葡萄牙束手無策。這三場比賽希臘皆以一比零獲勝，他們每場都會得到一個角球或自由球的機會，最後希臘成為歐洲冠軍。

希臘足球的成功跟葡萄牙、土耳其一樣，都是短暫的；在幾個月內，勝利已無人聞問。打進二〇〇六年世界盃的機會渺茫。大部分的奧運設施被封存，封存費用每年要一億歐元。聯賽冠軍仍然是奧林匹亞科斯。希臘正在龐大的公共債務和高失業率之中掙扎，由於阿爾巴尼亞少數民族不斷擴張，種族歧視和憤怒也正在增加。〇四年，希臘在地拉那輸掉世界盃資格賽客場，

一名阿爾巴尼亞移民在國內的暴動中遇害。〇五年，在主場開打之前有一場青年隊的比賽，希臘球迷撕下雅典球場上的阿爾巴尼亞國旗，導致比賽中斷。當此事變成國際事件是，希臘當局的公告似乎傾向於劃清界線和保持沉默。公共秩序部的一位發言人簡短地告訴全世界：「我們一張票也沒有賣給阿爾巴尼亞人，票只賣給希臘人。」[30]

X. 貧富不均與種族歧視

自柏林圍牆的倒塌開啟歐洲冰封的邊界和政治局勢之後，資本主義和電視的商業化旋風橫掃歐陸，他們的足球文化從繁榮到蕭條，再從蕭條回歸繁榮。風暴過後，若留下的文化景象已看不出一九九〇年的樣子，那麼其中一定經過重大的改革。其特別重要的特徵，就是各國足球文化之間以及內部的經濟狀況非常極端。正如幾乎每個歐洲國家都轉進了貧富不均的這條路，足球也是如此。

以病理學來比喻的話，東歐染上了最致命的貧窮病。貧窮造成基礎設施崩潰、社會失序、貪腐和暴力。打假球和非法賭博成為歐洲足球的主要病徵，至少有四十年以上。在二十一世紀初，這些不法在他們的地中海老家確實混得不錯，不過全球網路賭博的爆炸性增長，以及新的欠缺發展地區的產生，成了這些不法擴散的先決條件。二〇〇四至〇六年期間，由於裁判羅伯特·霍伊澤（Robert Hoyzer）與克羅埃西亞的一個賭博集團密切掛勾，在義大利、葡萄牙、希臘、捷克、比利時、荷蘭、芬蘭、波蘭甚至德國都有相關的刑事調查和審判。

隨著頂級俱樂部領導權或經營權產生變化，過分富裕的現象穩穩地扎根在歐洲各大聯賽。在皇家馬德里，現任主席桑斯帶著兩項歐冠冠軍重返二〇〇〇年的主席選舉。他的對手佩雷斯原本是營建業的大老闆，現在是政商關係良好的中立派政治家。佩雷斯的選舉策略類似最近當選的人民黨，他號召各方組了一個聯盟，成員有左派也有右派的社會主義分子，有商人也有工會領袖。他自詡為財務清廉和創業精神兼具的候選人，聲稱他將償清皇馬有

史以來的巨額債務，並將菲戈從巴薩帶到皇馬。桑斯被踢到一旁，佩雷斯乘
著那不可一世的「銀河戰艦」，展開了長達六年的奧德賽之旅。他良好的政
商關係使得高達四億八千萬歐元的皇馬舊訓練場地出售案能毫不費力地跑完
整個地政作業程序。接著，佩雷斯以曼聯為範本，打算把皇馬改造成一個具
有同等影響力、同樣富有和耀眼的全球品牌。他打算調派另一艘「銀河戰艦」
到伯納烏球場。為實現此一目標，他有意識地將俱樂部的轉會政策設計成一
種邊緣策略（Brinkmanship*）。席丹在二〇〇一年來到皇馬、〇二年羅納度、
〇三年是貝克漢連同其形象權，接著是前鋒歐文（Michael Owen）和羅比尼
奧（Robinho）。至於球隊的其他成員，佩雷斯倚重青年隊和所剩無幾的後衛。

　　二〇〇二年，皇馬成立一百週年，佩雷斯大陣仗的在全球各地舉辦慶祝
活動。該俱樂部參觀了聯合國、教宗和西班牙國王等，並且又開始了另一次
的世界巡迴演出。雖然他們在西班牙聯賽和盃賽失利，但席丹在歐冠決賽中
的凌空抽射讓俱樂部贏得了冠軍。贏得這場比賽的教練維森特・德爾博斯克
（Vicente Del Bosque）結果被佩雷斯炒魷魚，此舉堪稱神來一筆。有傳言說，
德爾博斯克反對下一個「銀河戰艦」──貝克漢來皇馬。要德爾博斯克還是
貝克漢？在皇馬，他們得先打造一臺吸金機器，足球隊才是其次，什麼都沒
得選。接下來的四年，佩雷斯陸續聘請、解雇了五名經理，在轉會市場上撒
了超過兩億歐元，允許更衣室接管控制權，培養一種魅力靠挖角、名聲靠好
表現的文化，然後看著球隊的命運直線落下。二〇〇四年，隨著人民黨被薩
巴德洛（José Zapatero）的社會黨趕下臺，皇馬在聯盟中滑落到第四名，並
在歐冠和西班牙盃中鎩羽而歸。到了〇六年，皇馬終於實現了佩雷斯的雄心
壯志。他們成為世界上最富有（以營業額來算的話）的俱樂部。他們已有五
十年沒有沒有冠軍獎杯，這是他們最久的紀錄。財務董事宣布該俱樂部的債
務仍有八千萬歐元，接著佩雷斯辭職。

　　歐洲的足球經濟是二十一世紀資本主義的大轉型與不平等的縮影，而歐
洲足球的政治也跟上了這股主要潮流。如果繁瑣複雜、能力不足等因素依然

---

* 　譯註：指把危險局勢推到極限以最大限度獲利的政策。

處於足球政治的核心，那麼各國足協將繼續大權在握。不過，從國家足球理事機構、歐盟機構、俱樂部到媒體，他們的權力和影響力正穩定地流失。歐盟委員會、歐洲法院，以及由頂級俱樂部組成的泛歐組織 G-14 針對歐洲足總在整個歐洲中日益增長中的權力和財富提出了質疑。G-14 後來成員擴張到十八個，是一個在泛歐地區運作的同業公會。[31] 該組織的功能不只是同業公會，它還是幫大俱樂部的經濟和政治利益說話的核心要角，也對歐洲足總的歐冠獎金分配政策下指導棋，還為了因國際賽徵召而受傷的球員，把歐洲足總和國際足總告上法庭。G-14 認為，俱樂部所有的相關損失，應由各國足協補償。若此舉成功，俱樂部將可全權處理球員的國際賽安排。

　　足協和俱樂部老闆有時會受到來自底下的挑戰。格雷澤（Glazer）接掌曼聯一事，引起了俱樂部一小部分死忠球迷的強烈反應。格雷澤兄弟抵達老特拉福德球場時，現場上演了小規模的騷亂。幾千人決定離開，成立自己的俱樂部「聯曼」（FC United），他們在大曼徹斯特地區的業餘聯賽中踢球。溫布頓（Wimbledon）的球迷，因足球聯賽批准俱樂部老闆將球隊轉移到北方八十公里的新市鎮米爾頓凱恩斯（Milton Keynes）而憤慨到說不出話來，他們決定用行動表示不滿，於是另立門戶，成立類似的俱樂部「AFC 溫布頓」（AFC Wimbledon）。在英格蘭職業足球底層，許多俱樂部經濟狀況脆弱，這開啟了一扇機會之窗；有組織的球迷團體可趁機透過社會所有權、社區動員等新的形式掌控俱樂部。

　　雖然在一些俱樂部中，所有權的議題為支持者之間的集體行動提供了刺激，但在他們動員的過程中最迫切的議題是種族歧視。的確，歐洲人口結構的變化比過去幾個世紀的任何時間點都來的快速且徹底。當移民、種族、民族和宗教問題成為整個歐陸民族政治的核心問題時，足球世界中種族歧視和反種族歧視之間的鬥爭不僅反映出更大範圍的衝突，更是這場衝突中最公然也最重要的一部分。法國的情況令人沮喪。伴隨著一九九八年世界盃而來的非凡意象和集體慶祝活動似乎預示了一個成功、和諧、多元、多民族法國的誕生。政治、足球和街頭則證明那是另一回事。

　　法國國家隊繼續發揮宰制力並於二〇〇〇年歐洲盃決賽中擊敗義大利，

贏得冠軍頭銜；他們在正規時間的最後一刻扳平比分，並於加時賽由特雷澤蓋踢出黃金進球。雖然平平都是同一支多種族、多信仰的球隊拿下冠軍，但法國的情緒正在轉變。九一一後不久，法國隊在法蘭西球場特別安排一場與阿爾及利亞的友誼賽——這是自阿爾及利亞獨立以來雙方球隊的首次相遇。這場比賽開打不久，公開支持賓拉登的「法國阿拉伯青少年組織」（French Arab youths）就闖入賽場，比賽因此被迫取消。法國人對此的反應形成一股力量，讓首次參選的勒朋進入總統選舉最後一輪，迫使搖搖欲墜的法國左派支持席哈克（Jacques Chirac）連任。若此一戲劇性的變化顯示新法國的政治滅亡，那麼「法國獲勝」（La France qui gagne）的概念在二〇〇二年遭受的就是終極打擊。當時法國經濟在歐元區難以置信的艱難環境（而且是它自己造成的）下持續疲軟，而年齡偏大、容易受傷的法國隊則是在世界盃慘遭淘汰，他們的前殖民地塞內加爾在開幕戰擊敗了他們。二〇〇四歐洲盃稍微好轉，他們直到對上希臘時才用光想法和氣力。一年之後，年輕人和警察發生衝突，一開始是在巴黎郊區，接著延燒到法國所有的城市，最後全國都陷入了曠日持久的種族騷亂之中。

法國的經驗顯示了足球對種族歧視的影響可以短暫到什麼地步，而歐洲足球反種族歧視團體的努力則指出一條更安全、更持久的進步之路。由支持者主導反種族歧視組織在一九九〇年代初由不列顛的「踢走歧視」（Kick It Out）打頭陣，接著是「足球反種族歧視」（Football against Racism），現在於法國、荷蘭、義大利、德國和波蘭都有相同組織，他們已成為公認的變革代理人；他們迫使各國足協和歐洲足總將「在歐洲足球場內公然種族歧視」列為不受歡迎的行為之一。自二〇〇二年以來，歐洲足總針對此議題開始增加參與度，他們對俱樂部和協會進行的種族歧視調查和罰款比以往多上許多。

足球俱樂部長期以來一直在國內的菁英之間買來賣去，但在歐洲，外資擁有俱樂部很少見。當英格蘭俱樂部被出售時，只有幾家投資公司購買股票，像是米蘭・曼達里奇（Milan Mandarić）——特立獨行、對普茨茅斯情有獨鍾的塞爾維亞裔美籍電腦巨頭——以及穆罕默德・法耶德（Mohammed

Fayed），超級崇英、曾經買下哈羅德百貨的大亨，他將富勒姆納入自己的「英格蘭」古怪收藏中。資助尤文的格達費家族是唯一持有義大利足球股分的外資。人們對此主要有兩種意見，第一是因救世主和投資者降臨而歡欣，第二是意識到國際化球隊的出現為「在地─俱樂部」情感帶來考驗，且這種感覺正逼近臨界點。在英格蘭，當兩家最大的俱樂部，切爾西和曼聯，分別由俄羅斯富豪和美國創投家族接管時，這種情感受到的考驗最為嚴重。

　　英國天空衛視收購曼聯的案子被不列顛競爭事務主管機構否決後，關於該俱樂部所有權將鹿死誰手的傳聞滿天飛。外界觀察到最多有五位不同的投資者正增加持股為收購做準備，其中之一是美國東岸創投家馬爾科姆‧格雷澤（Malcolm Glazer），他因買下病懨懨的美式足球隊「坦帕灣海盜」（Tampa Bay Buccaneers），再讓它起死回生而名利雙收。二〇〇五年五月，他向俱樂部提出七億五千萬英鎊的報價。每個人拿了錢就跑、俱樂部下市、格雷澤的兒子們接手。為實現此一複雜交易，格雷澤家族需要替曼聯背負二億五千萬英鎊的額外債務；這筆債務是曼聯以手上資產為擔保，透過各種異乎尋常的金融工具和貸款，向華爾街求助時欠下來的。格雷澤家族的營運企劃書非常不透明。實際上他們就算擺脫英超的安排，獨自談轉播權，也無法期望獲得更多的電視收入；他們似乎也無法自外於足球勞動力市場上的軍備競賽──工資和轉會費；也不放過變幻莫測的賺錢方式和機會。做出更多打上俱樂部隊徽的小飾品、從亞洲榨出更多銀子，那似乎是他們創新的高峰。這些創新離開了美國資本主義的土壤，是否能夠解決不可預測的足球經濟難題，還有待觀察。

　　二〇〇三年夏天，切爾西及其巨額債務被阿布拉莫維奇──一位在當時還未出名的俄羅斯富豪買下。在蘇聯垂死的日子裡，阿布拉莫維奇初入商界，經營少見的私營石油貿易公司。在葉爾欽時代，大型國營事業被拋售，阿布拉莫維奇巧妙地獲得西伯利亞石油集團絕大部分的股權，在國有航空公司「Zil 電機」和鋁業也有為數不少的股權。俄羅斯富豪的成功之道混合了各種手段，有的接近葉爾欽的權力核心集團，有的在國企標售案中獲得優惠待遇，有的用貸款換取政府的股分，也有的設局將無知大眾逼得走投無路，再

購回他們手上的國企股票，就這樣他們將超過五百億英鎊的國有資產納為己有。切爾西是阿布拉莫維奇退出俄羅斯後的第一步。他在西倫敦置產後，放棄了自己在俄羅斯的控股權，套現超過七十億英鎊。

目前，阿布拉莫維奇將心力都放在切爾西上。二〇〇三年他收購切爾西後，讓拉涅利繼續執教，切爾西遂在〇三至〇四年賽季，取得英超亞軍並打入歐冠準決賽，但在賽季結束後，拉涅利遭到解雇。阿布拉莫維奇號稱將逐步清償俱樂部債務，彌補虧損，使其實際年收兩倍於曼聯，並在三年內釋出近三億英鎊的轉會預算；他如此揮霍，就連國米的莫雷蒂也無法與之抗衡。但儘管阿布拉莫維奇聲稱自己將在二〇一〇年實現財務自給自足，但它在〇五年的虧損卻高達一億四千萬英鎊，為英格蘭足球史上之最。拉涅利被解雇之後，由波圖的穆里尼奧入主切爾西，在狂人穆里尼奧的領導之下，切爾西的計畫變得清楚可見。在他的前兩個賽季中，切爾西以一種令人震驚和不可思議的態勢君臨英超。由於曼聯、阿森納和利物浦都被踢到一旁，切爾西此刻最想要的就是冠軍。穆里尼奧將他造價昂貴的球隊變成一支有紀律、有組織、打起球來無所畏懼、精準無比的隊伍。他們在二〇〇五年歐冠中敗給利物浦，接著在〇六年輸給巴薩，暗示了這種超高效稱霸國內的代價可能是缺乏贏得歐洲盃賽所需的火花。但發光發亮的事蹟不斷來到。二〇〇六年夏天，切爾西簽下舍甫琴科和巴拉克，他們堅決地宣示，世界上最好的球員將前往切爾西，他們將繼續前進，直到他們贏得歐冠為止。那麼當他們比誰都贏得多時，那時候會是什麼光景呢？

2006 年 4 月 17 日
切爾西 0—3 艾弗頓
倫敦，史丹佛橋球場

終於來了*。他們在大螢幕上播放本賽季早些時候切爾西球迷進入富勒姆賽場的數位影像。上半場結束時，你正在跑下樓梯，看看你能否在看臺後頭哈一根菸，這景象不曾出現在一九八〇年代——因為現在球場內禁止抽菸——只見六、七名綁著頭巾的男孩早你一步到達那裡，穿制服的安全人員正找他們碴。

你忍住尼古丁渴望，抓了抓後腦杓，飄向看臺下方的大廳——未砌完的煤渣磚牆醜得要死，滿地是骯髒的投注單，淡啤酒和肉塊油脂燒焦的氣味太強烈，以往菸草的煙霧總能掩蓋這些味道，但現在沒人抽菸了。你穿著舊牛仔褲和球鞋，這只是中年男子西裝筆挺之外另一種標準裝扮，反正你是來看比賽的，又不是來被人看。

在開始之前，一切就結束了。比賽前艾弗頓隊只剩十人，切爾西再拿下四分就可以取得冠軍頭銜，現在只剩一分。該回家了。他們中的一些人確實會回家，也許會在結束前十分鐘回家，而不是留下來品嘗勝利遊行，那種隊伍中有些人會試圖鼓譟氣氛的遊行。他們才不會因為你不在那裡就不慶祝。你不支持切爾西。幫你弄到票的朋友也不。你朋友的朋友，也就是那個送你朋友票的人，他的票是他表弟給他的，他的表弟在賽場，那才是他支持的對象。你朋友的朋友在你身後，告訴你他的表弟是天生的選手。

在另一端，他們唱著「來吧，羅曼（Roman），為我們幹一票大的吧」，而那個包廂中躲在阿布拉莫維奇身後看起來一臉稚氣的害羞人兒怯生生地做了一個手勢。然而，不知怎的，勝利的吶喊很貧弱，有人呼喊「冠軍，冠軍」，只是還不夠，它應該像一陣肆虐的大風才對。地下鐵排隊的人潮忒安靜有序，一些醉酒的吟誦泛起了一圈尷尬的漣漪。

你走過去，看著他們洋洋得意地咯咯笑，他們也覺得自己應該速速收起笑鬧。火車上的沉默讓人悶得發慌，只有在上下車的沙沙聲中才能打破。西布朗普頓站正滑行到我們身旁。你想像一下我們的墓誌銘。

---

* 譯註：此處作者用了囈語式筆法，十分晦澀難懂，可能是故意的安排，但用意仍需多加揣測。

享樂主義者沒有心臟。
沒有靈魂的靈魂主義者。
無用的人想像自己是
文明的頂峰。

――――――――――――

第十八章

美洲足球的電視生態與危機
（1990-2006）

美洲電視臺……做了一面耗資四萬美元、寬約一百五十米的巨旗，「捐贈」給某個「支持他們的阿根廷人」，且用於迎戰厄瓜多的主場比賽。旗子是阿根廷的顏色，下半部分印有電視頻道商標；旗上有一句傳奇名言「熱情阿根廷」，在一旁則是電視臺標語「熱情美洲」。這面巨旗在比賽開始與中場休息時被秀出來，蓋住了整個看臺看球場……與此同時，你看不到巨旗之下的觀眾；他們被數十名扒手命令交出財物。就這樣，在充滿愛國主義的商業贊助和犯罪之間，我們國家的故事仍在繼續。

——阿根廷作家，帕布羅・阿拉巴爾賽斯（Pablo Alabarces, 1961-）[1]

魔法和夢想在足球中完成。

——前巴西國家隊主教練，卡洛斯・阿貝多・佩雷拉
（Carlos Alberto Parreira, 1943-）[2]

I. 貧窮沒好事，足球是例外

　　電視為足球帶來改變，但不是在自己選擇的情況下。在冷戰後的歐洲，新媒體公司與歐洲足總、某些國家政府機關和警察、俱樂部賽事鼎盛時期的富豪們聯手，對足球產品進行合理化、商業化和消毒處理。在拉丁美洲，電視改變了足球賽事，本身卻沒有加入這種穩定而強大的結盟。該產品不會被消毒，因為理性、商業和健康在這全都短缺。事實上，電視在二十世紀後期為這些發展中的經濟體及脆弱民主國家帶來的影響有二，一是加劇該地區人民與官僚對足球的狂熱情緒，二是加深其財政困境。關於這些錯綜複雜的關係，帕布羅·阿拉巴爾賽斯在他的描述——一九九七年那場阿根廷對上厄瓜多的世界盃資格賽——中有捕捉到一些神髓。在過去，專制、民粹的政府試圖利用足球為他們作嫁，而現在，商業電視掌握了主導權。國家認同和國家體育神話的創造，已經與商業品牌營造和曝光交織在一起。雖然該地區表面上技術現代化、民族團結，但城市生活的經濟不平等以及個人不安全感依然未得到解決。

　　然而，電視在拉丁美洲是成功的。雖然相對於歐美新技術的領先優勢，拉美電視公司略微落後，但比起其他工業部門，他們絕大部分略勝一籌。即使拉美國內資本的優勢地位——從墨西哥的特萊維薩集團、巴西的環球電視網，到阿根廷的體育傳媒公司 TyC——既獨特且非比尋常，但福斯體育（Fox Sport）和時代華納集團旗下的美國有線電視新聞網西語臺（CNN Española）還是分別進軍，顯示出西方公司並未放棄拉美市場。所有電視臺都在做足球節目，而且是大量的足球：現場直播、重播、精彩回顧、加長版精彩回顧、綜合報導、球員介紹和新聞快報。內容涵蓋了國內聯賽和國際賽、資格賽和會內賽、所有級別的比賽、歐洲和拉丁美洲、聯賽、盃賽，友誼賽和一次性比賽。人們大量地看足球比賽。一項調查顯示，在一九九〇年代後期，有百分之七十一的拉丁美洲人經常在電視上觀看足球比賽。[3] 在世界盃期間，收視率接近百分之百。當電視上沒有足球時，還有聊天、經典賽事和分析。也

有關於球迷的節目、關於明星球員的節目、關於足球的音樂節目和關於音樂的足球節目。足球成為拉美都會生活的重心已有七十年的歷史，現在變得更加普遍。電視觀眾的社會階層愈來愈多元（球場上的觀眾或多或少也有），還有，儘管足球的女性電視觀眾仍然是少數，但有愈來愈多的傾向。頂尖球員和經理的工資大幅增加、經常性耀眼奪目卻不甚穩定的表現，這兩點與拉美電視集團的美學相結合，將足球運動員和他們的私人生活延伸為一齣肥皂劇：醜聞、你爭我奪、確認親子關係訴訟和炫富，這些都是擴大足球媒體景觀的一個基本要素。巴西媒體不會放過羅馬里奧和埃德蒙多（Edmundo）之間的爭執（特別是兩人同時為瓦斯科效力時爭執更加白熱化）。羅納度在巴黎北部香提伊一座城堡中舉辦的那場既怪誕又庸俗的情人節派對，則成了頭版新聞。

　　電視不僅為足球帶來視聽效果。它直接改變了足球賽事在電視上的呈現方式，像是導入多機拍攝系統、改良特寫鏡頭，還有增加更多賽後分析，都是很明顯的進步；這些也有助於減少一九八〇年代後期普遍存在而且都十分誇張、荒誕不經的比賽暴力和恐嚇行為。更為古怪的是，儘管拉丁美洲聯賽的電視轉播權的價值遠不如歐洲聯賽，但電視臺還是不斷湊足資金投入到各大頂級聯賽中（雖然資金分配很不平均也不公平），以確保節目順利進行。如果沒有電視資金，不穩定的拉美經濟形勢可能會荒蕪一片。

　　電視產業在安排賽程方面並沒有那麼好說話。在安全問題與廣告收益之間的衝突中，後者一直處於上風；例如，布宜諾斯艾利斯警方一直為賽程表爭論不休，他們希望可以錯開城裡博卡青年和河床球迷的移動人潮。電視臺管理人員卻一直不以為意。電視臺反對在南美自由盃中導入客場進球規則和延長賽制，因為點球大戰這種廉價戲劇對接下來要播出的其他所有廉價戲劇影響較小，節目表很重要，不能更動。一九九九年，環球電視網和巴西足協將哥林斯人和米內羅競技的巴甲決賽第三場關鍵戰安排在耶誕節前的週三下午，這比賽時段真是可笑。聖保羅市長為了更動時間而告上法庭，球迷到了比賽當天早上仍不知道比賽要在何時何地舉行。法院下了一道強制令，將開球時間移至下午九點。一小時後，巴西足協去了另一個法庭，試圖推翻裁決，

但是第一個法院的裁決維持原判。球迷要麼錯過重新排程的比賽，要麼去看比賽，然後在午夜後被困在聖保羅。那些留到最後的球迷看了一場悲慘的比賽——哥林斯人整場綁手綁腳沒進半分，最後以零比零平局作收——還因傾盆大雨而變成落湯雞。

　　電視以全新的方式將拉丁美洲足球重新連結到更大規模的全球賽事和全球經濟。在歐洲，電視收入讓主要俱樂部可以從拉丁美洲購買最優秀的人才。足球登上全球版面加快了拉美足球及其球員更容易接觸潛在買家的過程。當加林查帶領博塔弗戈隊闖進里約熱內盧州聯賽時，聖保羅幾乎沒有人關注此事，更不用說在馬德里和米蘭了。現在，球員集錦（showreel*）、國際球探、代理人和掮客在全球建立網絡，這意味著像羅納度這樣的球員在巴西幾乎只踢了三個賽季（先在里約小俱樂部聖克里斯托弗〔São Cristóvão〕，然後是克魯塞羅），就以十七歲之姿前往恩荷芬。不過你不一定要是羅納度才能到國外打球。拉美足球員過去十五年的外流規模相當可觀。

　　一九七八年，阿根廷派去踢世界盃的二十二名隊員中，在國外打球的只有肯佩斯一人。至於巴西或祕魯世界盃國家隊中，在本國以外打球的人數則是零。到了一九九〇年世界盃，隨著民族主義專制者的運動員遷徙限制政策得到解禁，以及歐洲和拉丁美洲之間經濟差距擴大，到國外打球的人變多了。早在一九八九年，普拉滕斯（Platense）將前鋒文森特（Vincente）賣給了蘇黎士的蚱蜢隊時，轉會費四十萬美元就比阿根廷俱樂部整個賽季的門票收入還要高。當時大多數的烏拉圭隊和阿根廷隊隊員都在歐洲打球，巴西方面則不到半數。十年之後，兩大洲之間的經濟差距使得球員難以抗拒到歐洲打球一事。在二〇〇二年世界盃的時候，阿根廷隊中只有兩名隊員為本土俱樂部效力，大多數巴西人都在歐洲或日本打球，世界盃一比完馬上有更多人跟進。新的遷徙階序（migratory hierarchy）產生了：最好的巴拉圭人和哥倫比亞人到歐洲踢球，阿根廷和巴西頂尖球隊出現空缺，許多人再遞補上來。頂級的拉美足球員會與歐洲少數幾家領尖俱樂部簽約，特別是義大利和西班牙的俱

---

* 　譯註：showreel 原指影片形式的作品集，這裡指的是球員的個人宣傳片。

樂部。但與早年的跨大西洋遷徙不同，過去的人不只有菁英。拉丁美洲人到歐洲每個角落，在每個級別踢足球。到了二○○二年，有超過六百名拉丁美洲人在歐洲頂級聯賽打球。光是在葡萄牙就有一百二十三人，幾乎全是巴西人。西班牙有九十四人，義大利有七十人。之後巴西人出現在芬蘭、法羅群島和阿爾巴尼亞，智利人在匈牙利，巴拉圭人在德國，阿根廷人在俄羅斯。日本也為巴西球員──在國內大班隊中掙扎的年輕球員與年紀較長、正在走下坡的明星球員──提供了一個主要的就業機會。

在烏拉圭，出售該國的足球人才打造出一九九○年代唯一以出口為導向的商業成功。Tenfield 是前足球員帕可・卡薩爾（Paco Casal）創辦的廣播公司，烏拉圭幾乎所有重要足球員的合約都在他們手上。需錢孔急的俱樂部與 Tenfield 簽下大量合約，用未來的轉會收入換取立即的財務救助。卡薩爾從 Tenfield 過去十年打理的數百名烏拉圭人中獲得鉅額利潤，同時整個烏拉圭足壇似乎正掉進一個更深的財務黑洞中。這會是劃時代的標誌嗎？Tenfield 還擁有烏拉圭足球和蒙特維多嘉年華會的電視轉播權──這是獨裁的軍政府一手無法掌握的兩個機構。在新時代的拉丁美洲，錢比槍更響亮。

為什麼拉丁美洲持續產出如此高水準的球員？這個問題的答案將我們帶入了拉美經濟和政治病理的核心。阿根廷中場球員巴爾達諾說得很清楚：「貧窮沒好事，足球是例外。」[4] 儘管拉丁美洲經濟發展和工業化發展了將近一個世紀，但城市裡的貧困水位卻沒有下降。事實上，長期的農村貧困和普遍的農村暴力事件（尤其是祕魯和哥倫比亞）不斷地維持這些水位。在二○○○年這個時間點，聖保羅和墨西哥市的居民超過二千五百萬，里約和布宜諾斯艾利斯超過一千二百萬；利馬已經增加到了八百萬。這些巨型城市在都市化的過程中，阿根廷梅南（Menem）、祕魯藤森（Alberto Kenya Fujimori）、巴西卡多索（Cardoso）和墨西哥薩利納斯（Salinas）等專制民粹主義者施行了一整個十年的新自由主義經濟政策。結果搞得一塌糊塗。國家支出大幅減少（特別是支用在窮人身上的錢），以及公部門的非技術職大舉縮減，使這座大陸的郊區變得貧瘠。當然，廣泛存在的營養不良和健康狀況不佳，以及貧困地區的公共空間和遊樂場不斷喪失，對足球人才的社會製

造造成了傷害。但是，比利面對的兩難——選擇踢足球還是透過關係在政府謀一份安穩的工作——跟那些安穩的公職一樣消失了。在最高級別的足球比賽中獲得令人難以置信的報酬，這是前所未有的出路。嚴峻的城市貧困使的拉丁美洲設置了一條製造全球知名足球運動員的生產線，而同樣的背景也造成社會和家庭失能，滋生吸毒人口、販毒集團、犯罪和暴力。他們全都往足球場去了。

拉丁美洲足球對暴力（不管是自發性的或是有組織的暴力）並不陌生，但在一九九〇年代，兩者的發生率都有所增長，曝光度也高於電視尚未問世的年代。這些錯綜複雜的幫派、藥物、足球以及暴力的核心是那些非官方但有組織的支持者團體——他們在這塊大陸上有各種不同的名稱，像是阿根廷極端球迷組織「巴拉巴拉斯」（barra bravas）。這些團體在彼此之間為了看臺控制權而大打出手，也會與其他俱樂部球迷爭奪吹牛特權（bragging rights）*，並與警察在街頭交鋒。他們還更進一步，在無數的恐嚇、抗議、投訴和報復事件中接管了自己支持的球員、經理和董事。這種轉變出現在拉丁美洲足球的權力核心，毫無疑問地不僅是經濟和社會問題的產物，而且也是足壇拜佔庭式宮廷陰謀——頂級政治鬥爭下的結果。

為了與當代的新自由主義邏輯保持一致，盛極一時的民粹主義退場，政府撤回對球會、國家隊和足協的直接支持；結果，一切愈來愈向電視公司和跨國贊助商靠近，也愈來愈倚賴他們。然而，拉美足球在運作上的組織不透明和法律灰色地帶意味著，原本假定這種商業環境將帶來的好處，如長期規劃、理性投資和穩定管理，都沒有出現。俱樂部和國家足協堅決為富者、政商關係良好者、有權者保留個人政治信條，也為會計和審計制度保住一塊傳統的禁區。那些沒有流進球員和經紀人口袋的錢，當然不會以新球場、改良設施或明星球隊的名義重新出現。實際上，商業專業知識和金錢湧入拉丁美洲足球的主要後果似乎助長了債臺高築的現象，因為整個地區球場觀眾人數的減少使情況更加惡化。對此貧困和瘋狂的賽程表也有部分的貢獻，但是為

---

* 譯註：bragging rights 在這裡指的是兩方競賽後，勝者被允許有自吹自擂的話語權。

何很多賽事的觀眾人數如此慘兮兮，原因有二。其一，暴力事件頻仍，甚至有深化的傾向，而且在阿根廷、巴西、哥倫比亞和智利最嚴重。其二，國內足球中有許多球隊出售中，他們的水準（不管是普遍的感受還是真實情況）正在下滑。雖然有很多的社會因素解釋了為何拉丁美洲足球暴力不斷上升，但很明顯地，事情演變到這個局面，足球當局責無旁貸。在獨裁者當政的時代以及民主轉型期，俱樂部主事者會付錢給球迷俱樂部，並加以組織利用，這完全出於自身政治和體育相關的考量。在解決這問題方面，他們老是拒絕與警方或政府合作（附帶一提，警方已經做好心理準備，除血腥鎮壓以外不做他想）。事實證明，面對球場內外的暴力和犯罪行為，忽視和鎮壓都沒有用。

國內足球水準的下降是轉會市場全球化後不可避免的後果。隨著最好的球員到歐洲參加比賽，拉丁美洲俱樂部的球隊通常是等待轉會的年輕人以及返回家鄉待退老人的綜合體。那些中階球員不是不夠好不能去，就是去了沒辦法生存下來。拉丁美洲的足球技藝促使他們最好的球員出口到國外，同樣的技藝也讓該地區在歐洲賽事的能見度更勝以往。到了二十一世紀初，歐冠鑲滿了寶石——阿根廷和巴西最佳球員，在電視上播放的收視率幾乎快追上南美自由盃。不可否認地，歐洲頂級俱樂部足球受歡迎的程度最明顯。

本章開頭所摘錄的佩雷拉——一九九四年巴西世界盃冠軍隊教練——那一句話直率地抓住了當代拉美倖存者和勝利者的專業精神。他並不孤單，他絕不是最謹慎或玩世不恭的人。經過整整一個世代，巴西和其他拉丁美洲教練已經發展出他們自己的一套，他們教球僅犯規、打斷比賽和隊友的節奏，還要害對手看起來好像在空中漫步一樣。很遺憾地，除了藝術足球、強力足球和唯結果論足球（futebol de resultados）之外，巴西人現在打的是殘暴足球（futebol brutal）。二〇〇三年一場科里蒂巴與桑托斯的比賽中，科里蒂巴前鋒賈巴（Jaba）在球上秀了一些近身技巧，他在邊線附近優雅地擺弄著它。桑托斯的球員們被激怒並朝他而去。但裁判萊昂納多・加巴（Leonardo Gaba）判定賈巴故意挑釁他的對手。如果魔法和夢想結束，那麼拉美足球的命運將會如何？當足球被電視集團殖民和佔有時，激情能夠維持多久？還

有，一個從小吃「神奇」與「奇觀」長大的文化，若施行實用主義的「節食計畫」，它能繁盛多久？

II. 足球不屬於美國？

國際足總決定，一九九四年世界盃在美國舉辦，而這個決定背後的指導原則肯定是實用主義。正如《紐約時報》專欄作家所說，「美國被選中，因為所有的錢都在這裡賺的，不是因為它有一絲一毫足球實力。未來三十一天，我們的國家已出租為一個巨型球場兼飯店兼電視演播室。[5] 持平而論，國際足總及其在美國的商業和官僚盟友比這種打了就跑的商業運作有更大的視野。他們認為，美國世界盃是一個完美的跳板，可以讓他們進軍帶有休閒性質的美國職業足球，也能讓足球賽事的全球化擴張得到實質上的完成。但要實現這一目標，他們得避免以前試圖在美國經營職業足球時所遇到的陷阱，也必須採用現有特定的社會學和體育相關的工具。

北美足球聯賽（NASL，美國第二次嘗試創立的國家職業足球）宣告失敗讓美國決定將一九八六年世界盃讓給墨西哥。時代華納是北美足球聯賽主要企業贊助商，它的收手讓北美足球聯賽無以為繼。

當北美足球聯賽在一九八四年垮臺時，餘存的美國職業足球進入室內發展。這些職業室內足球聯賽採行特製的五人制比賽，就這樣撐過了一九八〇年代末和九〇年代初。事實上，這種小巧的比賽在美國很受歡迎，以至於當它在一九九四年六月跟世界盃撞期時（那是世界盃在達拉斯舉辦的第一場比賽，由韓國出戰西班牙），有七千人選擇去看當地的室內足球賽，而不是世界盃。在拉丁美洲和歐洲，室內五人制足球及其他室內足球賽與傳統職業足球的發展和普及相輔相成；在美國，原本已經很有限的足球觀眾群則是分得更細。

美國足球最基本的特色就是有一群非常死忠的室內足球愛好者。此外還三個明顯特色。首先，美國的足球屬於中產階級的比賽而不是工人階級，這與其他地區幾乎相反。一九九〇年代後期，該國一半以上的普通足球運動員

來自年收入超過五萬美元的家庭。

其次，在美國，女子足球的重要性和實力比其他任何地方都來的大。最後，儘管美國國家隊──不管是男子隊或女子隊──在國際表現成功，但仍未能帶起相當程度的民族主義者支持和公眾的興趣。

自一九七〇年代中期以來，足球盛行於美國主要以白人和中上階級為主的郊區，從事該活動的多為兒童、青少年和女性。雖然北美足球聯賽的推廣及其足球教室與福音式的宣傳確實有助於解釋這樣的現象，但美國文化中有一股強大的潮流正影響著它。對於中產階級──斯波克醫生（Dr Spock）的育兒技巧和持續許久的反文化的心理漣漪塑造了他們的情緒與政治傾向──來說，美國的主流職業運動存在著很多問題。美式足球在內部結構上過於暴力、過於強調兩方對抗、過於專制。棒球投手和打擊手之間的高壓力單人表演很不可信。籃球正迅速成為非裔美國人的聚集地。足球為郊區提供了一種可塑性較高、且對抗性和暴力明顯較少的比賽，值得注意的是，美國中產階級非常偏執，以至於他們極力反對頭槌（因為頭槌可能會造成腦損傷），於是一種試圖將護具賣給熱愛頭槌者的小型產業出現了。與棒球不同的是，足球的團隊合作比個人表演更加珍貴，而且球員寶貴且脆弱的自我可以得到保護。

足球也女性化了。足球媽媽（soccer mums）率先在基層組織足球賽事，在有組織的聯賽中踢球的女孩和女孩人數跟著飆升。到了二〇〇〇年，美國有七百萬女足球員登記在冊，歐洲女子足球強國之一的德國則為三十萬左右。按比例，美國是德國參與率的六倍。成功隨後到來；美國在一九九一年贏得首屆女足世界盃，接著亞特蘭大和雅典奧運會金牌、雪梨奧運會銀牌，並在一九九一年主辦和贏得女足世界盃。米婭‧哈姆（Mia Hamm）是當時美國最成功的女足球員，而布蘭迪‧崔絲坦（Brandi Chastain）留給世人的那個經典鏡頭則將女子足球推向主流。崔絲坦在一九九九年世界盃中美決賽的點球大戰中點進致勝球後，脫掉她的上衣，露出她的運動內衣。這終於讓女足登上《運動畫刊》（Sports Illustrated）的封面。現在是推出第一支全職業女子足球聯盟 WUSA 的時刻了。它持續了三個賽季，耗費投資者和贊助

商的錢約一億美元。開幕季平均觀眾人數約為八千人，此後約為六千人。若是歐洲較低級別的賽事，這樣就足以維持生計，在某些情況下最高級別的賽事也有可能，但國家美式足球聯盟（NFL）就幾乎不行。但 WUSA 的賽事無法在電視上播出；它無法談成任何有意義的電視交易。同樣，他們也找不到大的贊助商，也無法將一九九九年的歡欣氣氛轉化為對國內聯賽的持續支持。球員薪水大幅減少，女子足球的商業活動很快就到達極限。在二〇〇三年女足世界盃在開打的前幾個星期，比賽場地匆匆地從 SARS 疫區從中國移到美國，同一時間 WUSA 終止營運，接著美國隊將冠軍頭銜拱手讓給德國隊。

儘管男子國家隊在一九九四年世界盃的表現還算不錯，也成功打入一九九八年、二〇〇二年和〇六年世界盃會內賽，整個國家卻對他們不聞不問，這原因何在？一九九八年的那場比賽挑起了美國與伊朗之間的衝突，成為美國與中東敏感關係的代名詞。至於二〇〇二年世界盃，美國一連串的好表現令人震驚，他們擊敗葡萄牙並在八強賽輸給德國。若在其他國家，這樣的表現十之八九會為人們帶來此生圓滿的感受（即使只有一瞬間），但在美國，集體意識的雷達上幾乎沒有任何閃爍的光點。足球的發展持續受阻，因主流認為它不屬於美國。

然而，美國的足球確實另有一群支持者：數量穩步增加的拉丁裔移民。當然，這些人主要來自古巴或波多黎各等棒球國家，但這國家也有墨西哥人和中美洲人大量聚集的社區，他們提供了大量球員和球迷。但郊區的拉美社群的足球文化具有社會排他性和地理隔絕性；休閒性質的足球仰賴父母的資金，且內部需要自發性的組織；位於市區的社群沒有門道可使用綠地——這些都是美國足球發展受限的主要因素。因此，美國的拉美社群壓倒性地選擇不參與美國足球的主流活動。拉美足球一直在都會區維持著小規模的業餘活動。當美國國家隊與中美洲或墨西哥的國家隊交手時，美國隊可能會有一種在客場比賽的感覺，因為宏都拉斯、哥斯達黎加、瓜地馬拉的旅外人士、綠卡移民及非法居留者都齊聚一堂，為自己的國家加油打氣，一起抵禦外侮——也就是他們現正居住的國家。一九九八年，美國隊在美洲金盃（中北

美洲及加勒比海足協的地區性錦標賽）遭遇墨西哥隊。

在球場外圍，一面降著半旗的美國國旗形單影隻地飄揚，它的周圍則是一大堆墨西哥三色旗。兩支球隊出場後，對主隊身分的所有疑慮都消除了。球迷們來到球場、看來看去、發出噓聲，然後扔東西──對象是美利堅合眾國。當美國國家隊入場以及唱國歌的時候，迎接他們的是口哨聲。每一次失去控球權都有歡呼聲。每一次美國隊擲邊線球或踢角球都有飛濺的碎屑落下。杯子和瓶子像雨一樣下在場上，裡面裝的是喝到一半的啤酒、汽水，還有人體進食後的最終產物。6

這場比賽在洛杉磯進行。

一九九四年六月十七日下午，世界盃開幕式在芝加哥舉行。當天炙人的金黃色陽光和高濕度對電視攝影機和歐洲觀眾來說很完美；對球員來說則是地獄。司儀是脫口秀女王歐普拉，她一一介紹表演者，有對嘴演出的另類搖滾樂團 the B-52's、代表參賽各國的民族舞蹈團，以及最令人難忘的戴安娜・蘿絲（Diana Ross）。這位靈魂和迪斯可歌姬先唱了首國歌，接著試圖將球踢進臨時搭建的球門。由於踢球──一種將球推向前的動作──在蘿絲所生長的文化中是很陌生的技巧，以至於她的動作既生疏又笨拙。蘿絲跟跟蹌蹌地助跑，大腳一抬，將球踢到球門外三公尺遠的地方。下一秒，球門自己倒了；歐普拉從臨時舞臺上掉下來；接下來的開幕戰，德國費盡氣力才擊敗玻利維亞。但是球場擠滿了人群，觀眾都喜歡它，一九九四年世界盃幾乎每場比賽都是如此。即使是季軍戰──通常被人忽視──也吸引了八萬五千人。讓人們進場並不是問題。美國人喜歡大型活動，且有能力支付入場費。將比賽從球場轉移到美國媒體就有問題了。「德國─玻利維亞之戰」就得與當時盤據各大體育和新聞頭條的辛普森謀殺案爭版面。NBA 季後賽如火如荼，還有很多曲棍球、棒球和高爾夫球賽。儘管主辦城市感興趣，電視上也可以收看，但世界盃仍被大多數美國人有意無意地忽視。

在美洲其他地區，情況就跟美國相反。一九九四年世界盃是美洲其他地區報導和轉播力度最大的一屆。彩色電視首次在整個地區上市，電視機擁有量也大幅增加，即使在農村和城市邊緣地區也一樣。衛星傳輸系統已經得到

改善，而且在家用方面有一小股熱潮，環球電視網、特萊維薩和其他較小的
電視公司都可以派出大量的記者和工作人員。玻利維亞自一九五〇年以來首
次打進世界盃，他們全面報導比賽：「人們要求知道誰受傷，球員在說什麼，
每一個細節，每一個字。而不僅僅是玻利維亞，他們還想知道其他球隊在做
什麼。」[7] 這樣也無妨，因為玻利維亞並沒有待太久。

　　玻利維亞輸給德國隊後，與韓國隊踢了一場極為痛苦的零比零和局，並
以一比三敗給西班牙隊。至少他們有在世界盃進一球了，前幾次都沒有得過
分，像是一九三〇年皆以零比四輸給巴西和南斯拉夫，還有在一九五〇年以
零比八輸給烏拉圭。他們在首都拉巴斯寫道：「玻利維亞用前所未有的速度
前進著。」[8]

　　阿根廷在前進美國世界盃的過程中遇到一些亂流。在布宜諾斯艾利斯的
資格賽中，他們史無前例地以零比五輸給哥倫比亞。後來阿根廷與澳洲比了
兩場附加賽，最後以總分二比一擊敗澳洲並擠進世界盃。儘管馬拉度納在精
神和身體方面都有問題，他還是被徵召回到隊上。雖然他缺乏巔峰時期的凶
猛速度和衝刺能力，但馬拉度納看起來體態良好，體重減輕許多。「足球金
童」馬拉度納帶動阿根廷士氣，以四比零大勝希臘。馬拉度納貢獻第三分，
他自二十公尺開外起飛，然後跑到場邊，全世界的觀眾都在電視螢幕上看到
他惡魔般的臉龐扭曲到不成人樣。對戰奈及利亞的時候，卡尼吉亞的兩記進
球就足以對付這支狀況從一檔掉到三檔的隊伍。接著馬拉度納被要求進行隨
機藥檢，隔天賽會公布他的血液中有五種藥物反應，其中一些與減肥和食欲
控制有關，但被賽會認定也能提高運動表現。馬拉度納立即被禁賽。阿根廷
氣瘋了，電視上全是稱頌馬拉度納的節目，他偉大的進球事蹟被改編為歌曲。
布宜諾斯艾利斯州長送上他個人的支持。馬拉度納在球評室找到了一條非常
有賺頭的退路，球隊宣布他們將為他贏得世界盃。他們出戰並輸給保加利亞，
但仍挺進第二輪，在那遭遇羅馬尼亞。起初阿根廷在阿列爾・奧特加（Ariel
Ortega）帶領下似乎重新點燃戰力（附帶一提，奧特加如果沒有步入馬拉度
納的後塵，可能會成為他的繼承人）。阿根廷隊趁氣勢正旺的時候出手攻擊，
但羅馬尼亞人的閃電反擊讓他們失掉一分。巴提斯圖塔一記罰球得分將比數

追平，但又被羅馬尼亞的杜米特雷斯庫（Dumitrescu）另一次閃電襲擊給超前。格奧爾基・哈吉踢進的第三分結束了所有希望。在跑了四十公尺後，哈吉已準備好接下杜米特雷斯庫的傳球，並且在第一時間乾淨俐落地射門入網。時間還剩下一刻鐘，但巴爾博（Balbo）的努力並不足以挽救阿根廷隊。事後一位評論員感嘆道：「我們是一個投機者得勝的國家，一個每次都只憑個人喜好就違反憲法的國家。昨天，阿根廷因馬拉度納不遵守法律的生活方式而付出了代價。」[9]

哥倫比亞為他們的失敗付出的是不同的代價。這支球隊到了美國後大受歡迎。他們在資格賽中擊敗阿根廷只是一連串勝利和精彩表現的其中之一。法蘭西斯柯・馬杜拉納複製了他最初在國民競技隊開發出來的打法。國家隊打出了致勝的組織性區域盯防，即由一對苦幹型中場搭配「金毛獅王」卡洛斯・瓦達拉馬（Carlos Valderrama）創意十足的傳球撕裂對方防線。在出線世界盃後，賽前準備似乎不是他們最想做的事。哥倫比亞啤酒巨頭巴伐利亞公司（Bavaria）要球隊去打沒完沒了的廣告性質友誼賽；當他們被要求再跟另一支義乙球隊比賽時，終於引發球員反抗；儘管當該公司要求球員在每進一顆球後要比出跟公司廣告商標——一根伸直的食指——一樣的手勢，並提供每次三百美元的獎金時，他們都非常樂意合作。正如克里斯・泰勒（Chris Taylor）所議論：「事實就是，身為該國最大的商業集團之一……他們不僅贊助球隊，還擁有全國許多重量級媒體。這導向了一種自賣自誇的惡性循環。」[10] 更糟糕的是，隨著不合理的壓力和期望洶湧攀升，死亡之吻來了：比利正在把他們捧為世界盃冠軍。波哥大的《時報》報說，佔星家為國家隊預見了偉大。他們沒有預見到格奧爾基・哈吉。在他們的首場比賽中，哥倫比亞出色的短傳持續了十五分鐘，直到哈吉找到一個長傳的機會給羅馬尼亞前鋒拉杜喬尤（Răducioiu）；比數一比零。然後哈吉本人放了一個長球，球越過站錯位置的哥倫比亞門將哥多華（Córdoba）；比數二比零。比賽結束，比數三比一，哥倫比亞從來沒有在狀況中。然而，他們還沒有失去一切。哥倫比亞現在能做的事只有迎戰美國和瑞士。兩場勝利應該不是不可能。在對上美國的那天，馬杜拉納、他的助手艾爾南・達利歐・戈麥斯（Hernán

Darío Gómez），以及戈麥斯的哥哥，哥倫比亞中場蓋比埃・傑梅・戈麥斯
（Gabriel Jaime Gómez）都收到傳真和電話威脅。內容是一樣的：如果戈麥
斯出賽，他們在美德因的寓所將被轟炸。戈麥斯的位置改由埃爾南・加維里
亞（Hermán Gaviria）負責。

對上美國的時候，哥倫比亞的表現有著過去的影子。約翰・哈克斯（John
Harkes）一記有希望但不怎麼危險的長傳飛過後衛安德列斯・埃斯科巴
（Andrés Escobar）的身邊，接著繞進了哥倫比亞的球門。下半場，美國很快
地得了第二分，哥倫比亞隊被打敗，打包回家。埃斯科巴為報紙撰寫專欄時
反省了他的錯誤：「不要讓失敗影響我們對這項運動和團隊的尊重。以後再
見，因為日子會往前走。」

他們返回哥倫比亞時，隊內的所有成員都受到某種形式的霸凌。馬杜拉
納和戈麥斯遭受的霸凌主要來自報刊雜誌。瓦達拉馬受到交叉質詢，並因為
他的懶惰而受到批評，阿斯普里拉（Asprilla）和林孔（Rincón）也因為他們
的態度而被針對，中場洛薩諾（Lozano）和阿爾瓦萊斯（Álvares）被毆打到
住院。但付出最大的代價是埃斯科巴，他在美德因一間夜總會的停車場被一
名小幫派的惡棍溫貝托・穆諾茲・卡斯楚（Humberto Muñoz Castro）連開六
槍打中胸部。細節現在仍不清楚。很可能埃斯科巴與在夜總會一直嘲弄他的
加隆兄弟（Gallón brothers，也是穆諾茲的老大），因而發生爭執，穆諾茲前
來調解，用了他的槍而不是他的腦子。約有十二萬人參加他的葬禮。

在一九九四年世界盃之前、期間和之後，巴西隊和他們的教練佩雷拉被
指控、起訴、審判、宣判有罪，案由是踢無聊的足球、歐洲足球、沒有靈魂
沒有歡樂的足球。一九九四年的隊伍並不具備一九八二年世界盃隊的豪華技
巧，甚至也比不上一九八六年。但，他們是贏家，他們有了不起的地方。佩
雷拉一直反駁，他認為他的球隊並不消極，他們很有組織。他們的組織性展
現在某些策略上。他們的防守很緊密。最重要的是，當敵方有球時，他們是
有組織的，而且很專注——專注於將球奪回。他們將俄羅斯人掃到一旁，接
著是喀麥隆人（當時喀麥隆人正在戰爭中，也為錢而戰）。接下來他們與瑞
典隊以一比一戰平，進入第二輪。在帕羅奧圖，他們遭遇美國。佩雷拉的巴

西隊秀出它的鋒利，後衛萊昂納多在第四十三分鐘被驅逐出場，因他的手肘撞上美國控球中場拉莫斯（Tab Ramos）的頭。美國人從未像現在這樣打過球，儘管敵手只有十個人，他們卻龜縮進殼裡。羅馬里奧一記巧妙的傳球製造了大好機會，接著貝貝托（Bebeto）冷靜地將球踢進球門。在八強賽中，巴西人又讓自己陷入麻煩局面，他們在進了兩顆球之後給了荷蘭人重燃希望的機會。最後布蘭科一記漂亮的自由球讓兩隊分出勝負。接下來的四強賽巴西對陣只有十人的瑞典，但這回他們的症頭更加嚴重，瑞典擋下巴西隊所有的進攻，直到羅馬里奧一記狡猾的頭錘將他們送入決賽與義大利碰頭。當然，這場決賽號稱將重現一九七〇年傳奇決賽和一九八二年第二輪經典賽，也是重新創造精彩賽事的機會。雙方打了一百二十分鐘，都沒有任何一方表現出打破另一方的能量與意志，最後巴西才靠點球大戰贏得勝利，這是世界盃決賽第一次也是唯一一次以這種方式決定勝負。

　　既然美國可以舉辦世界盃並從中賺錢，那麼它也同樣能在自己的職業聯賽中賺錢嗎？美國職業足球大聯盟（MLS）在一九九六年以十支球隊開始了首個賽季。為了不重蹈北美足球聯賽的錯誤，大聯盟的運行採取單一實體架構。聯盟透過選秀制度掌控球員的招募和分配。它也負責商業活動和贊助事務，並開放俱樂部的特許經營權，讓特許經營權擁有者持有聯盟的股分，而不限於他們自己的球隊。大聯盟也成功吸引了一些口袋很深、擁有二億五千萬美元資金的贊助商，其中包括國家美式足球聯盟特許經營者拉瑪・杭特，卡拉夫特家族（Kraft family）和菲利普・安舒茲（Philip Anschutz），後者最多擁有六項特許經營權。大聯盟也吸引了一些可觀的外國人才。一九九四年世界盃的退役球員最終在大聯盟定居，其中包括哥倫比亞的瓦達拉馬，玻利維亞的馬爾科・埃切維里（Marco Etcheverry）和傑梅・莫雷諾（Jaime Moreno），羅馬尼亞的哈吉和保加利亞的赫里斯托・斯托伊奇科夫（Hristo Stoitchkov）。儘管大聯盟像北美足球聯賽一樣為頂尖外國球員提供了一個有錢可賺的退役地，但他們對聯盟的重要性始終低於北美足球聯賽時期的比利、貝肯鮑爾等人。這有部分的原因部分是一些球員，如墨西哥球星豪爾赫・坎波斯（Jorge Campos）和德國後衛馬特烏斯，不喜歡大聯盟限制重重的薪

資結構和少數文化地位；他們只待了幾場比賽就走了。為了彌補不足，大聯盟設法培育美國國家隊的中流砥柱，並讓少數幾個球員——像是目前為勒沃庫森效力的蘭頓・唐納文（Landon Donovan）或艾弗頓的喬馬克斯・摩爾（Joe-Max Moore）——進入歐洲頂級足球俱樂部的二軍。

總體而言，在前十個賽季，美國職業足球大聯盟的主要成就是它存活下來了。但在財務和文化方面，只有存活下來還不夠。它能做得更好嗎？畢竟，一九九〇年代末和二十一世紀初期提供了一個寶貴的時刻，在這時刻不應只是一昧地頑強守成。球員、球隊老闆和整個環境的貪婪和冥頑不靈已經損害了美國體育領先世界的聲譽。由於罷工和不可調和的經濟衝突，整個冰球賽季和一些棒球賽季被擊潰。毒品、賭博和性醜聞繼續上升。然而，大聯盟也有它自己的問題。大聯盟只有十或十二支球隊，每支球隊要打三十二場例行賽，例行賽完只淘汰兩支（或四支）球隊，剩下的再打跟籃球 NBA 和棒球MLB 一樣又多又累的季後賽。更糟糕的是，沒有盃賽或保級大戰來點燃「敘事想像」（narrative imagination）。即使一個人的想像力已經被點燃，它也必須嘗試在專為美國主流體育運動建造的巨大洞穴式球場中燃燒，讓多達二萬五千至三萬足球觀眾在裡頭被汽化。聯盟確實開始收購規模較小、專用的特製球場館，但進展緩慢。因此，大聯盟不得不在有線電視上與歐洲和拉丁美洲足球進行競爭，後者已經獲得相當多美國全球足球迷的追隨。凱爾特人、曼聯和 AC 米蘭的行銷部門已經鎖定了他們，而這些俱樂部和其他歐洲大俱樂部在二十一世紀初期於美國舉辦的巡迴賽都是重大媒體活動，連球場門票也都售罄。然而，這群足球觀眾並沒有轉化為大聯盟的固定觀眾。

最重要的是，美國職業足球大聯盟和國家隊一樣，在吸引美國龐大拉美社群——接近四分之一的人口——方面幾乎沒有取得什麼初步成功。在二〇〇五年，他們試圖採取最後手段來矯正這種情況。在一筆超乎尋常的投資案中，墨西哥打破常規，反向買下美資體育用品跨境組裝工廠（Maquiladora*）。還有，瓜達拉哈拉隊（Guadalajara，當地暱稱為山羊，亦

---

* 譯註：這種工廠通常都由美國出資，在墨西哥邊境設廠，雇用墨西哥便宜勞力。

為墨西哥民族主義和獨立的象徵）的老闆豪爾赫·維爾加拉（Jorge Vergara）向大聯盟買下在洛杉磯經營球隊的特許經營權，並稱之為美國山羊（Chivas USA）。該俱樂部在足球界出道的過程是平平無奇的，但他們出道的時候碰巧遇到第一位拉丁裔洛杉磯市長當選。如果這種權力轉移能出現在市政廳，為什麼不出現在大聯盟市場？為什麼不出現在整體美國體育的奇特景觀中？

III. 官商勾結的巴西足壇

當一九九四年世界盃冠軍隊回到里約機場時，他們已經累積了大約十二噸的商品和禮物，這當然產生相當高額的進口關稅。該隊在巴西足協主席塔克薛拉的鼓吹下拒絕支付這筆錢。巴西足協、稅務機關和財政部吵了五個小時，過程全被電視轉播，隨後他們被允許通關，巴西足協承諾先支付賬單，之後再從球員的獎金中扣除。有七成的巴西人認為他們應該像其他人一樣付錢。當確定獲得世界盃冠軍時，這個國家不用說一定陷入瘋狂，但很少人料想到他們會重演七〇年代的勝利，在這場勝利中，足球的力量已經被轉化為對軍政府的支持浪潮。正如左派的反對黨總統候選人魯拉所說，「人們知道如何區分足球和政治。當慶祝活動結束時，人們知道如何將幻想與現實分開。」[11]

一九九四年十月的民意調查反映了巴西的新局面，當時卡多索在總統選舉中大敗魯拉。卡多索曾是軍政權下的流亡者，他從左派社會學家轉向新自由主義財政部長，與前幾任總統大不相同，他設法遏制了巴西失控的通膨現象。這種卓然的成就，在拉美經濟中幾乎是奇蹟，使他的地位無法撼動。卡多索在當選時宣布巴西已經走到「巴爾加斯時代的終點」。國家盡可能地退出經濟操作和社會工程。卡多索政府傾向於進行大規模私有化、鼓勵外國投資，並實施國際貨幣基金組織式的支出控制和貨幣政策。他們也修改憲法，以便他能夠執政第二任。

但是，巴西政府並非完全撤出足球。相反地，新自由主義的國家和社會模式中預設了法治存在、透明的會計制度，還有國家（及其機構）對社會參

與者的中立態度，這些都讓卡多索的新自由主義計畫綁手綁腳。巴西政府連續幾次想改革巴西足球的法律架構，並創造財務或行政透明度，結果都失敗了，這完全點出卡多索新自由主義計畫的侷限性。第一次嘗試改革在科洛爾總統的指示下進行，他在一九九〇年任命奇哥為體育部長。奇哥製定了一系列綁手綁腳的改革措施，試圖為巴西足球管理上的混亂帶來一定的秩序，並於一九九三年在巴西國會正式通過法律——法律是通過了，但這些更改對於整個制度根本徒勞無益。一九九五年，卡多索任命比利為特別體育部長（該職稱是出於足球還是政治原因尚未明確）。比利看起來是不錯的人選，原因不只是他的威望，更因為他與巴西足壇的主導力量——哈維蘭吉、巴西足協及其主席塔克薛拉鬧翻了。一九九三年，比利和他的體育公司很想拿下巴西國內足球的電視轉播權。在談判中有一個條件被明確地提了出來，沒有在相關銀行帳戶存入大量現金的人不會有機會拿到轉播權。比利拒絕並將此事公開以示抗議，他贏得巴西運動媒體內部改革者不懈的愛護和支持，然後被該協會冷落了。哈維蘭吉非常生氣，甚至拒絕邀請貝利參加一九九四年世界盃抽籤。

比利在他四年的任期中行使大部分部長的職務，其製定的法律被人稱作「比利法」。比利法以奇哥法為基礎，力圖強制俱樂部開放他們的帳冊，並從公益性或社會性俱樂部的身分轉變為私人有限公司。該法還試圖將球員的合約系統化和規範以合乎他們的利益，並迫使巴西足球的混亂組織更加理性和開放——特別是在聯賽和賽事的管理方面。經過多次辯論後，該法於一九九八年在國會通過，但足球俱樂部主席和管理人員的遊說從中作梗，他們強迫國會修改、重寫和刪除整段法條，有效地閹割該法。

法條中有一段沒有被刪，那是允許外國公司投資巴西足球俱樂部的規定。因此到了一九九〇年代後期，巴西足壇的權力圈串連了四個群體：「高帽者」（cartolas），即關係良好的商人和政客，他們填補了該國大俱樂部的行政職位和主席職位；來自相同社會階級的政府官僚，他們負責國家足球管理機構；環球電視網 電視集團；還有少數美國銀行和歐洲公司，他們有夠大膽（也有夠愚蠢），將白花花的銀子投入巴西一些奧援最多的球隊。果不其

然，外國資本被拿錢就跑的巴西人毫不費力地給鬥垮了。環球電視網對大型卻不甚成功的俱樂部給予不懈的關注，甚至損害了地方球隊和小俱樂部的表現，造成足球的實際表現不佳。即使巴西隊參加南美自由盃，環球電視網也不願意認真看待這項賽事，這明顯是蓄意孤立和忽視。加上節目表的安排以肥皂劇和垃圾秀為主，足球的時間只能配合。巴西電視臺就像是一個不在位上的領主，拿了他的俸祿就離開，留下的資產全到了貧農的手裡。

　　貧農就是高帽者。幾乎沒有俱樂部未遭其毒手。只有在東北部的巴伊亞和福塔萊薩（Fortaleza）的一些受到較多奧援的俱樂部中，才有一些非常溫和、開放、負責任的主事者。瓦斯科隊的主席尤里科・米蘭達（Eurico Miranda）正是巴西足球治理階層的象徵性人物。米蘭達來自一個勤勞的葡萄牙移民家庭，他從小就在自家的麵包店工作。他取得法律學位並涉足汽車經銷商，從巴西社會階級結構中爾虞我詐的底層往上爬。他在一九七〇年代籌措了一小筆競選資金並建立了地方的人脈後，出馬競選瓦斯科的董事會，到了一九八六年，他已是俱樂部的主席──從此之後他一直擔任這個職務。除了擔任主席職務之外，米蘭達還取得了高帽者的投資組合中另外兩個關鍵要素：財富和權力。前者基本上來源不明。理論上，米蘭達在瓦斯科的工作並沒有報酬，但他名下的房產令人津津樂道，他的生意到處做，他的遊艇很巨大，他的生活富裕，卻不像許多人那樣古怪而俗氣。哈維蘭吉「大師」本人曾經說過，「我花足夠的費用來過得心安理得。」[12] 米蘭達也過得非常心安理得。他有個著名的事蹟。他有一次將馬拉卡納球場的門票收入三萬美元收到自己的口袋。這筆錢在米蘭達被「搶劫」後去向不明。後來權力來到米蘭達跟前，他進了巴西眾議院。照理說那是右派小黨 PSBS 的席次，但米蘭達的做法令人耳目一新：「我為瓦斯科服務。」的確他也是如此。他積極迎合瓦斯科球迷對足球場、高等法院、國會和足球管理機構的狹隘興趣。他曾發動瓦斯科球迷入侵賽場、抗議裁判的決定，並甚至阻止客隊進入瓦斯科，不讓他們熱身。這一幫人用金錢和權力之煉金術調製一種藥水，其中混合了怪誕、玩世不恭，以及不尊重法律。巴西最直言不諱及睿智的足球記者祖卡・蓋夫里（Juca Kfouri）這樣寫道：「在巴西，仍然存在『rouba mas faz』的意

識形態──意即如果你完成任務就可以偷竊。在足球方面，這被無限上綱。只要勝利，一切都不計較。我一直說上帝是公平的，他帶來最好的球員，也帶來最差的老闆。」[13]

　　負責監督和管理高帽者及其俱樂部的組織是巴西足協。儘管該組織持續獲得政府適度的補助和一部分共同資金，但在塔克薛拉時運不濟的管理下，該組織實際上負債累累。當然，巴西足球的營運開銷相當大──全額支付五名里約高等法院法官去美國看巴西贏得世界盃可不便宜。但是，這樣做才不會輸掉官司。巴西足協及其足球盟友在當時捲入約四十個驚人訴訟案，這五名法官都至少擱置了其中一個案子。卡多索時代打算開創的新企業家精神最終被巴西足協兌現了──就在其重要資產巴西國家足球隊身上。一九九六年，塔克薛拉與 Nike 簽署了一項長期祕密商業贊助協議。其金額隨後被披露，總計十年一億六千萬美元，為有史以來規模最大的國家足球隊贊助合約。從一九九七年到二○○○年，巴西足協的收入增加了四倍，但實際分配給足球的預算總額卻下降了；旅行和酒店費用增加了四、五倍。債務方面仍未償清。與此同時，塔克薛拉將他牧場出產的牛奶賣給了巴西足協──多少並不清楚，這正是他們處理掉大量牛奶的做法──並讓他的夜總會籌辦各種所費不貲的招待會。

　　各州足協則既貪婪又古怪。為了改善病得不輕的本土賽事，各足協做出一連串實驗性的努力，他們改變賽則，自創千奇百怪的新制，而其中的核心要角正是聖保羅足協。聖保羅足協主席屈於電視的廣告收益，規定每半場有一次三分鐘的暫停時間，並花錢請來拉拉隊讓場面更好看。為了對付荒謬的犯規現象，聖保羅大膽嘗試讓兩名裁判同時在場上執法，並讓裁判使用泡沫噴劑標記人牆，以此來對付每次都會發生的偷跑行為。犯規沒有減少，草皮上都是泡沫。聖保羅參考籃球規則，加入了「第十五次犯規時加罰自由球」的規定──造成許多可笑的比賽，球員在最後十分鐘內停止身體接觸。最令人震驚的是，在二○○一年聖保羅宣布「零比零平局」走入歷史。在沒有進球的情況下，雙方都不會得到任何積分。在有進球的情況下，若踢成平局，將由點球決定勝方，勝方得到三分積分，敗方一分。賽制大轉彎也更常見。

這次出現在富明尼斯身上。曾經強大的他們在一九九六年全國冠軍賽中名列倒數第二。降級應該會隨之而來，但是巴西足協奇蹟似地決定，聯賽將在下個賽季從二十四隊擴大到二十六隊，於是富明尼斯逃過一劫。但再下一個賽季，他們還是被降級了。

一九九七年十二月，來自南大河州的尤文圖德（Juventude）在全國錦標賽八強賽中出戰聖保羅的波圖格薩隊；五十五人付錢入場，人少的可憐。在一九九〇年代的巴西，這情況並不少見。根據足球大報《Lance!》的一項民意調查，近四分之三的讀者表示暴力使他們遠離比賽。觀眾不斷地減少，他們零零落落的嘶喊在軍方建造的巨大混凝土碗中發出了回聲。造成這種現象的原因不只有足球暴力，還有環球電視網荒謬的節目表安排，以及球場本身設備的老化。一九九二年的里約錦標賽，在佛朗明哥與博塔弗戈比賽之前，馬拉卡納球場上層的一道柵欄脫落，五十人跌入下面的水泥看臺——三名佛朗明哥球迷死亡，另外五十人受傷。人們在里約其他的體育館中用歌唱紀念亡者。馬拉卡納關閉整修。官方在一九九〇年代一直下修它的可容納人數，證明了官方完全沒有能力讓這座一九五〇年代的建築符合一九九〇年代的群眾控制議題（crowd-control issues）與安全標準。

許多足球比賽的觀眾群不僅縮小了，而且只剩下「瘋狂球迷」組織的中堅分子。這些球迷俱樂部和組織最早出現於一九七〇年代末和八〇年代初期，他們深受學生運動和森巴舞學校的影響，而這兩者都是軍政府許可的組織活動。他們一直致力於在賽事中規劃各種展演活動以示支持，並且開發了大量的歌曲、頌歌、展演、旗幟、煙火和氣球舞。

其中一些人轉入或買下在大城市主要嘉年華中遊行的森巴學校。但到了一九九〇年代中期，原本支持者的調性又多了幾分侵略性和對抗性，地區性的瘋狂球迷分支組織逐漸進入貧民窟的地方幫派，在陰暗的角落中活動。然而，球迷之間的戰鬥並不是唯一的亂源。

一九九七年，桑托斯在一場劍拔弩張、充滿暴力的比賽中以一比零擊敗了哥林斯人，這場比賽有兩名哥林斯人球員被罰出場，另外三名球員被記警告。很多哥林斯人球迷已經離開了，這很不尋常，因為他們通常會在這樣的

場合留下來噓聲球隊。一個多小時後，哥林斯人的教練在軍警的護送下離開桑托斯。他們一開始走蜿蜒的山路，再走六十公里，回到北面的聖保羅。教練很快就發現自己被跟蹤和騷擾——首先是幾輛黑窗車，然後是一輛任性的卡車——然後被另一輛橫在馬路上的車給擋下。車上有另一位教練，旁邊擠滿了哥林斯人的瘋狂球迷——他們的團體名叫「忠誠之鷹」（Gaviões da Fiel）。忠誠之鷹開始丟擲石塊，然後猛烈攻擊教練，打他身體還有用言語辱罵。

暴力事件最後從球場內打到場外，從足球隊內部的小事件，進入巴西最大城市的心臟地帶。一九九九年在聖保羅舉辦的南美自由盃，帕梅拉斯在點球大戰中擊敗了哥倫比亞的卡利體育。在比賽開始前，被查禁但仍在運作的死忠球迷組織「綠點」（Mancha Verde）已經在球場外聚集了許多無票球迷，而且他們在比賽期間還試圖衝進十字轉門。警察和「綠點」之間無休止的混戰變成了全面的騷亂，因為瘋瘋癲癲的帕梅拉斯球迷加入戰局。防暴警察被召來，在警棍陣與盾牌陣的前方，大量催淚瓦斯向聖保羅人大道（該國的核心商業區）發射，另一方面帕梅拉斯的瘋狂球迷搗毀鋪路石並豎起臨時路障。

巴西足球的自相矛盾仍然存在：由於球隊人數減少、球員大量出口、基礎設施崩潰、財務狀況不穩定以及菁英階層貪贓枉法，巴西球員和一些巴西球隊如何保持人氣？一九九〇年代初，特萊‧桑塔納領軍的聖保羅是南美足球錦標賽和洲際盃的冠軍隊伍，他們踢的是老派森巴足球。路易斯‧斯科拉里（Luiz Felipe Scolari）的格雷米奧贏得了南美自由盃，並完成了在南大河州足球的刻板印象。該地區工業城市的氣質與族裔構成比巴西更接近烏拉圭，他們的球風剛強、毫不妥協，卻很成功。斯科拉里在一九九〇年代後期領軍的帕梅拉斯同樣成功，且幾乎沒有什麼不同。國家隊在未進入世界盃決賽二十四年後，連續三次打進世界盃決賽。成功當然會孕育成功；巴西人民的足球想像力在每一次勝利中得到滋養。但巴西足球不止是小玩意兒。它被連接到巴西文化中的主要迴路——音樂、舞蹈、嘉年華、海灘生活、宗教。巴西的葡萄牙語中有近四十個球的同義詞。

在巴西，足球賽事的種類和型態繁多。其中比較稀奇古怪的是汽車足球

（autoball）。在一個被遺忘的廣告活動中，可以看到一九七四年股市崩潰前的巴西股票經紀人和沙灘男孩利用他們的福斯金龜車和一顆巨大的皮球在玩汽車足球。在室內比賽中，球被用來進行類似牛仔秀（rodero*）的新奇競技。顛球（Keepyuppy）已經被提升到藝術的層次，並成為一種競爭性較低的運動。鈕釦足球（Button football）——巴西版本的桌上足球或指尖足球（flick football）贏得了一代足球幻想家的青睞。沒那麼奇怪的則有沙灘足球和足排球（Footvolley）。在過去的幾十年裡，沙灘足球已經從沙上遊戲搖身一變為足球家族的一個分支，不只獲得企業贊助，還被國際足總納入管理範圍。最值得一提的是，原本在全球各地就有多種比賽格式和規則的室內足球，在國際足總的支持下進行了系統化，並採用巴西式的五人制足球（futsal）為全球標準。它現在在擁有自己的全球性的國際足總旗下的比賽。

現代巴西足球與宗教的關係反映了該國另一種多樣性和多變性。巴西曾經是一個百分之百以天主教為官方宗教的社會，但現在看來已不再那麼均一。　方面，福音派新教教會在巴西工業城市外圍那些失落而飢渴的靈魂之間以不尋常的速度成長。另一方面，非洲的宗教和信仰已經完全從鄉村轉進城市，從奴隸偷偷進行的儀式轉化為崇拜多神的非裔天主教——坎東布雷（Candomblé）以及都會巫教——馬庫姆巴（macumba）。大俱樂部的官員會公開地（或不那公開）僱用可信任的祭司、巫醫（medicine men）、咒術師和各種巫師來為球場驅邪、詛咒對手、治癒傷病和影響比賽。

大部分巴西球迷和球員的核心信仰仍是羅馬天主教。每個大俱樂部都有一座小禮拜堂作為球場的一部分——瓦斯科的小禮拜堂面積就與教堂相當，還會將母國的土壤（來自本菲卡、波圖和里斯本競技的賽場）加持後當作裝飾點綴。在阿帕雷西達聖母全國朝聖所聖殿的奇蹟室裡充斥著體育相關的捐獻品和足球球衣，旁邊是祈求健康和康復的蠟制人體器官。

福音派新教主義的進展主要在球員身上。若觀察許多巴西球員的職業生

---

* 譯註：牛仔秀有很多種項目，這裡指的是騎無鞍野馬，努力在馬背上保持平衡而不掉下來，用來比喻下文的癲球。

涯，可以看到一道變化的軌跡——他們及其家人從無名窮人躍身成為超級富翁和名人。這種轉變帶來的心理、情感和實際上的挑戰造成了家庭破碎、吸毒成癮、情緒不穩定和財務災難。一九八〇年代初，上帝的守門員喬歐・萊特（João Leite）創辦「基督運動員」（Athletes for Christ）。該組織從國家錦標賽的隊員中招募大量成員。在一九九〇年代後期，它有七千名會員，其中包括一九九四年世界盃隊的六名球員。

同樣的道理，既然巴西足球有僧侶，也會有極度的享樂主義者、花花公子和錦衣玉食者。一九九四年世界盃明星球員羅馬里奧可能是最明顯的例子。在巴西足壇中，羅馬里奧除了是最狡詰的禁區之王，還是眾多派對男孩之一員。他經常出沒里約的夜總會，甚至還買下來自己經營。

享樂主義者和僧侶、天主教徒和新教徒、黑人、白人、印度人、混血兒——巴西不斷地交出令人驚嘆的球員名單。一九九八年，馬里奧・薩加洛帶領巴西國家隊以上屆冠軍及賽會熱門之姿打進法國世界盃。他的陣容包括一九九四年的鄧加、萊昂納多和貝貝托等老面孔，但他也有新的明星，包括里瓦爾多（Rivaldo）、羅納度和卡洛斯。他們晉級決賽並不出人意料，儘管首輪擊敗挪威、對上荷蘭時得靠點球大戰，都讓他們看起來不那麼霸氣。巴西繼續晉級，然後輸掉決賽。重點是他們是怎麼輸的。

巴西的防守非常可笑，上半場讓了兩顆進球，兩顆都是席丹用頭槌得分，而且完全沒有人盯住他。但防守不是巴西的拿手項目。攻擊火力全滅讓他們恥辱加倍。由於巴西陣營傳出羅納度病倒的消息，比賽當天謠言滿天飛。他的名字被剔除在出賽名單之外，只是在比賽開始前又出現在名單上。他完全像是個無名小卒，在比賽中神情恍惚，跟不上隊友的腳步。

IV. 阿根廷的繁榮與暴力

一九八九年，裴隆主義黨候選人梅南當選為阿根廷總統。梅南溫文考究的髮型以及氣派的連鬢鬍讓深具個人魅力。他一路強橫地奪取權力，並讓自己從裴隆主義的左派明星搖身一變成為國際貨幣基金組織的一名打手。他的

政府大量的集中權力於行政機關、削弱最高法院，並將國會變成懶散的裴隆主義黨的天下。為了清除歷史包袱，梅南特赦了幾乎所有參與「這個過程」*的人，實際也象徵性地將一切掃到地毯下，同時還清除了軍隊中最後的頑固分子。接著，他對工會採取典型的分而治之手段，打破他們在勞動力市場上的權力，並開始了一項阿根廷經濟自由化與對外開放投資貿易的計劃。他們廢除裴隆主義式的福利國家和勞工法，並將阿根廷主要國營企業私有化，再利用過程中大量貪汙的所得來抵銷國際債務。一九九一年，長期惡性通貨膨脹的問題似乎在比索兌美元固定匯率政策之下得到解決。梅南的自我以及對權力的渴望從操弄憲法中可見一斑，這使得他能夠在一九九五年競選並獲得連任。五年來，阿根廷蓬勃發展，梅南的人氣飆升。

　　阿根廷足球也在蓬勃發展。隨著貿易壁壘拆除、比索與美元掛鉤後價值飆升，你可以看到這樣的現象：擁有工作者或持有大量資產者的個人消費大幅增加──除了服裝和汽車之外，阿根廷人也在足球上消費。有線電視在阿根廷的市佔率大大超過了許多更富有、技術更先進的國家，這是由足球帶起的。一九九七年，阿根廷十大最受關注的電視節目都是足球比賽。阿根廷足球從電視轉播權及商業贊助的交易中獲得大筆白花花的銀子，而且由於整個國家在一九九〇年代中期的消費狂潮，合約金還翻漲了不少。此時，蓬勃發展的賽事又加入新的動力──全國聯賽被分為兩階段：秋季聯賽（Apertura）和春季聯賽（Clausura），兩個階段都是二十支球隊，十九輪比賽。保級大戰變兩倍，冠軍爭奪戰變兩倍，價格卻不變。聯賽如此短暫，以至於新媒體在聯賽開始的第一、二兩場比賽，就能帶起立即且高水平的猜測、異議和來自稀薄空氣的壓力。由於大約有四分之三的球隊以大布宜諾斯艾利斯地區為根據地，所以每個週末都不會只有一場德比戰（現在他們還會分經典對決〔clásico〕和超級經典對決〔superclásico〕），而是兩個、三個，甚至更多。阿根廷興致勃勃地向賽事和八卦以及成功洶湧邁進。國家隊在一九九三年贏得了在厄瓜多舉辦的美洲盃足球賽，一九九四至二〇〇一年間，阿根廷俱樂

---

*　譯註：見本書第十五章第二節。

部贏了四屆南美自由盃——一九九四年的沙士菲，一九九六年的河床，二
○○○年和○一年的博卡青年，以及其他拉拉雜雜的拉丁美洲盃賽。一九九
八年世界盃跟九四年的慘敗相比有了進步，他們先是在點球大戰中淘汰英格
蘭，接著在八強賽對上荷蘭時展現了精準、控制和優雅，雖然最後敗給荷蘭，
但淘汰英格蘭的喜悅與荷蘭之戰的精采表現讓失敗嘗起來不算太苦。

　　阿根廷的足球和經濟當然也曾繁榮過，但這次有別於以往。若將梅南時
代的足球熱潮與一九四○年代末和五○年代初期的裴隆時代做比較，將會發
現有意思的事情。在一九四○年代，阿根廷的足球和經濟一樣都在國家積極
的發展主義式主導下獲得成長。在九○年代，阿根廷的足球熱潮則是在兩方
面——私營電視公司、自由化後的全球與國內市場——的主導下獲得成長。
梅南也許喜歡他在河床隊的包廂和他穿著國家隊球衣與國家隊打球的照片，
但政府不會補貼新球場，也不會控管球員的遷移。事實上，隨著他連任總統，
愈來愈多人認為，梅南參加比賽或參訪球隊是一種壞預兆。裴隆的繁榮的發
生條件有：工業化、城市化和工會動員。這些改革鼓舞了新阿根廷工人階級，
他們撐起足球文化，成為其中焦點。足球賽事則提供了一個突如其來的國家
認同和民族主義計劃的核心環節，阿根廷的移民和工人階級沒有被邊緣化，
而是被頌揚。相反地，梅南的繁榮的發生條件則為：去工業化。事實上，貿
易開放和調高幣值雙管齊下的政策非常有效，以至於該國大部分本土中小工
業被解散清算。由於工會遭到破壞與大範圍的失業，工人階級變得支離破碎，
由工人階級形成足球觀眾的同質性現在也沒那麼高了，反而愈來愈跨階級，
也出現一小部分的女性觀眾。

　　上層階級也出現了轉變。支持裴隆主義的足球俱樂部由「教父」把持。
教父」是一群地位和影響力與政治實力和政府門路呈正相關的高級政客和國
家官僚。裴隆主義倒臺之後，足球俱樂部的大位往往被中層商人坐去。在一
九九○年代，隨著阿根廷國家遭到洗劫和搗毀，社會和足球的權力移轉到勢
力日益集中的大企業身上。因此，博卡青年的掌控者在一九四○年代為一群
政治家，在六○年代和七○年代則是備受讚譽的汽車銷售員阿曼多
（Armando），但在一九九五年，土木工程師毛里西奧・馬克里（Mauricio

Macri）當選擔任該俱樂部主席後就一直留在任上。馬克里正巧也是馬克里家的長子，該家族持有阿根廷最大的營建和公共建設公司。馬克里家是少數能夠從梅南的經濟政策中獲益的家族之一，因為該家族經營的公司在國企民營化過程中撿了大部分的便宜，並拿下最近民營化的高速公路收費系統。這種經濟實力成為馬克里的靠山，加上他利用在美國學到的商業知識，他比任何其他主席還快一步把自己的俱樂部轉變為本地和全球品牌——此一策略使得博卡青年專注於南美自由盃冠軍和南美自由盃冠軍，而非國內聯賽。

對於支持者來說，足球比賽的意義和它帶起的認同感也發生了變化。阿根廷球迷之間在政治上壁壘分明的偏好——例如一九四〇年代競賽隊和博卡青年之於裴隆主義——都消失了。這類立場分明的政治傾向只殘留在兩支球隊的球迷身上，一是在查卡里塔青年隊球迷之間徘迴不去的極右派反猶太主義，二是羅沙略中央隊球迷（切·格瓦拉曾是其中之一）的浪漫革命派馬克思主義。在裴隆時代，足球被用來整合人民，先是都會區，再擴大至全國，而在一九九〇年代，足球加深了地方、鄰里和部落對於俱樂部的歸屬感。這樣做的代價是加劇了阿根廷城市和社區之間的對立和敵意，大多數人對機構的信任和忠誠度也日益下降。因此，後工業時代的阿根廷獲得了後現代的足球。曾經為同質性社群的足球觀眾現在被階級、消費模式和信仰系統切分。對於年紀大一些的中產階級男性來說，他們處在一個顛倒的世界裡，足球成了懷舊和歡樂的避難所。對於一些新球迷來說，足球只是一種用來彰顯身分地位的消費品，類似的小玩意還有千千百百種，而且都曇花一現。

那麼，坐在低票價區的觀眾中，工人階級——一九八〇年代的「巴拉巴拉斯」極端球迷組織及其外圍團體——所佔的百分比還剩多少呢？它們在阿根廷經濟的繁榮和蕭條之中也遭受改變，但它們並非歷史之力的被動接受者。若用研究英格蘭工人階級的歷史學家湯普森（E. P. Thompson）的話來解釋，阿根廷巴拉巴拉斯「不像太陽會在特定時間出現，他們在自己的創造的時空中出現。」[14] 阿根廷後工業時代的貧困人口將對足球的支持提升到前所未有的強度和戲劇性。

後現代巴拉巴拉斯的特徵可用一個西班牙字「aguante」說明。aguante

有複雜的意義，可粗略譯為「力氣」。aguante 是球迷一種純然的身體抵抗，因為除身體之外，他已沒有什麼可以給，這點跟非常窮困的人很像。aguante 是一種耐力，藉由長期的失敗和災難來維持自己對足球的支持。aguante 是一種集體抵抗的能力，只有伙同其他人才能實現這種力量。這種支持和忠誠度在梅南時期的阿根廷非常珍稀。現今球員和經理人的收入和生活方式將自己與球迷置於不同的世界中，他們被認為是反覆無常的傭兵，他們與俱樂部的關係是契約式和過渡式的。主事者和官員是貪婪的、腐敗的，或兩者兼而有之，他們對俱樂部的認同感明顯不足。只有球迷忠於自己的顏色，他們陣線強大，即使可口可樂的品牌部門也不得不屈服於它。當可口可樂成為博卡的贊助商時，他們在球場的廣告特別突顯藍黃二色，而不是他們自己（和河床隊的）的紅白二色。這種自我認知繞著「拉丁男氣概就是應該英勇好戰」打轉，混合著酒精虛張聲勢，並被「過分樂觀地誤解自己是強壯的雜草」所困惑。因此，當阿根廷的巴拉巴拉斯以「第十二人」（La Doce）自居時，那並不單只是隱喻的用法。

「巴拉巴拉斯」半祕密性的組織結構承自軍事獨裁時代。正是這些團體佔據了看臺的核心空間，並提供音樂和歌聲支援：例如，「帝國衛隊」（La Guarda Imperial）之於競技隊，「第十二人」之於博卡，「看臺的醉漢」（Los Borrachos del Tablón）之於河床隊。這些團體幾乎都與犯罪組織重疊。毒品交易，勒索和走私是他們最常兼的小差，這幫忙補貼了無休止的客場之旅。當這些方法不足時，球迷的門票、金錢、交通，住宿和訴訟險皆由俱樂部董事會、個別的董事（甚至是球員）幫忙安排。

然而，這些球迷行為帶來的良性失序和狂歡混亂一直被失序的另一面——暴力所掩蓋。一九八六年，在足球比賽中發生的暴力事件中，記錄在案的有四十六起，造成八十一人受傷，四五一人被捕。到一九九〇年，這些數字增長了大約五倍，達到二五八起，四一三人受傷，二二五五人被捕。[15]由於推擠、刺殺和毆打造成死亡人數穩定上升，為了正視這一問題，政府中的一個委員會在一九九一年接受請託，然後提出解決方案。該委員會建議在足球場安裝並大量使用閉路電視，以揪出並起訴暴力犯罪分子。他們還堅持

定期對球場進行檢查並改善安全、保全和衛生。更新設施和監控的費用將來自 PRODE（足球運彩）和俱樂部本身。俱樂部還被命令進一步採取兩項措施：防止賽場入侵還有掌控票務運作；這暗示了俱樂部與其巴拉巴拉斯之間的關係。暴力事件在一九九二年達到高峰，發生五〇二起事故，六六〇起傷亡事件，六〇三六起拘捕事件和十二起死亡事件。第二年，事故和傷害急遽下降，但並不是因為俱樂部在保全、管理或攝影機方面有更多投入，而是因為愈來愈活躍的警方在一個賽季中逮捕了一〇七〇二人。

　　暴力形式倍增。敵對球迷在街頭和球場內自然而然就在預先安排好的場地互相打鬥。博卡和河床的情況是，他們的球迷在全國各地發生衝突，而不僅僅是在布宜諾斯艾利斯。他們在上述這些地點全都與警方發生過衝突，但他們也開始在記者會、培訓場地和球隊巴士往返比賽的路上圍堵經理人和球員。一九九〇年代早期，河床隊教練丹尼爾·巴薩里拉（Daniel Passarella）與一名一直纏著他要錢的球迷之間發生了惡鬥。在聖洛倫佐方面，你會看到年紀較大、較不好鬥的團體「La Gloriosa」和積極造反派「La Butellier」之間不愉快的內戰。俱樂部未能派出他們的球隊去協調處理處理這些暴力問題，這大抵上一直是金錢和無能所造成的問題，但是俱樂部董事會的掌權派依然仰賴巴拉巴拉斯政治上的支持，大大削減他們對改革的熱情。無論如何，他們自己也不是好榜樣。一九九三年十一月，當競技隊領先一分時，競技隊的一群董事嘲弄沙士菲主場球迷。在這群董事附近有一名沙士菲觀眾往貴賓包廂的前窗丟了一張椅子，接著競技隊以槍擊回敬。過去十五年來，足球場內外的槍聲並不鮮見。警察不只腐敗，還與幫派和俱樂部董事狼狽為奸，許多反暴力運動的腳步因此停滯不前。儘管阿根廷在一九九〇年代初期歷經經濟繁榮，但球場的狀況並沒有改善。在梅南治內，公共建築既無國家投資，也沒有私人投資。除了紀念碑球場和糖果盒球場之外，看臺搖搖欲墜。他們在一九五〇和六〇年代的開敞式看臺上，一塊一塊地蓋出一間粗糙而醜陋的控制室。

　　一九九四年，在博卡和河床賽後，一輛拖板車在街上疾駛而過，接著兩名河床球迷被車上的博卡球迷射殺。何賽·巴利塔（José Barritta），綽號「祖

父」，博卡的「第十二人」的領導人，最後於一九九七年被定罪並監禁，但他的罪名不是謀殺罪，而是勒索和敲詐。「第十二人」的銀行帳戶被發現超過三百萬美元。一九九八年的暴力事件頻傳讓布宜諾斯艾利斯法官維克・佩羅塔（Victor Perrotta）下令各級別的阿根廷足球禁賽超過一個月。法官堅稱，聯賽重開的關鍵條件是安裝閉路電視、禁止煙火和旗幟、列出俱樂部已知的暴力犯罪分子名單，並將他們排除在足球場外。俱樂部拒絕承擔第一項費用，接受第二項，但維護的工作留給警察，並交付了名單。這證實了每個人都知道的祕密：董事們與他們的巴拉巴拉斯弟兄狼狽為奸。足球再次開打。球迷進入球場，他們的律師聲稱排除球迷權益的做法違憲，人們繼續拿著他們的旗幟，閉路電視問題仍未解決。每週都有暴力事件發生，聯賽再次被暫停，這次在一九九九年春季停了三個月，所有相同的舊論點都被重新加溫。

好戲還有得演。阿根廷財務的礎石早在一九九六年就開始崩解。梅南在一九九六年解雇了他的財政部長多明戈・卡瓦羅（Domingo Cavallo）——他的比索固定匯率政策建築師；同年，隨著經濟開始衰退，工會運動復甦，他們發動了一場大罷工。當九七至九八年亞洲金融危機波及南美洲和巴西貨幣崩潰時，阿根廷的處境似乎愈來愈危險。支付該國債務所需的美元愈來愈難賺。梅南在他不負責任的經濟政策屆滿十年的前夕溜走了。九九年初，新任總統德拉魯阿（Fernando de la Rúa）承接令人難以置信的一一八〇億美元債務以及牛肉和大豆產業危機，這些債務和危機迄今為止一直是該國國際收支平衡問題的原因。競技隊於一九九九年三月終於宣布破產，球迷們在當天擠滿球場，並對著空蕩蕩的賽場展演他們所有的歌唱、煙或和旗幟。隨後俱樂部陷入司法和財務困境，直到他們與「Blanquiceleste」達成協議，由其償還俱樂部債務以換取十年的特許經營權；「Blanquiceleste」也成為第一家擁有阿根廷俱樂部的私人公司。競技隊球迷選擇相信鬼神之說，十萬人聚集至主場，試圖針對那第七隻一九六七年被獨立隊球迷埋在地下、至今尚未被找到的黑貓進行驅邪儀式。然而，球隊的狀況仍是一場災難，直到教練雷納爾多・梅洛（Reinaldo Merlo）下令挖掘一個已經澆築過混凝土的壕溝——那裡躺著第七隻黑貓，他們才在二〇〇二年贏得睽違了三十六年的冠軍。

　　到了二〇〇一年，由於政府試圖在國會通過令人難以置信地嚴峻又不受歡迎的緊縮措施，結果經濟形勢更加惡化，內閣在三週內三上三下。二〇〇一年七月，一場大罷工癱瘓了該國，緊接著一場足球球員的罷工癱瘓了聯賽。球員向其索賠三千五百萬英鎊未付薪資。雖然阿根廷足協的短期貸款重啟了聯賽，但十二月再次暫停，當時政府迫切希望阻止來自該國的資本外逃海嘯，凍結了該國所有的銀行賬戶。隨後發生了另一場大罷工，再來是全國暴動，其中二十五人死亡，足球聯賽停擺。德拉魯阿辭職，他的繼任者薩阿（Adolfo Rodríguez Saá）撐了一個星期後轉交給杜阿爾德（Eduardo Duhalde）。新年伊始，政府便宣布比索貶值；全國的存款價值一下子減少了三分之二。四月時銀行再次停業，引發了另一波的示威、暴動和抗議。

　　阿根廷隊參加了二〇〇二年世界盃。他們毫不掩飾對於運動成績的渴望，因為那是病入膏肓的他們的救贖。他們首場比賽贏了奈及利亞，政府便趁機宣布他們試圖將每個人的剩餘儲蓄轉換為價值未定的政府債券。當這足球大國慶祝勝利時，它被埋在財經新聞裡。下一場對上英格蘭。要是戰勝步履蹣跚的盎格魯撒克遜人，機會又來了──多麼完美啊。

　　比賽來到關鍵時刻。歐文在禁區邊緣接到球，再滑球越過波切蒂諾（Pochettino）。這名阿根廷後衛伸出腿後立即收回，歐文像所有偉大的阿根廷前鋒一樣應聲倒地。英格蘭隊獲得罰球，他們得分並贏得了比賽。布宜諾斯艾利斯的報紙驚恐地說：「他們已經學會了！」[*]

　　阿根廷回家後，暴動仍在繼續，最後在十一月，該國拖欠無法償還的外國貸款。二〇〇二年底，阿根廷足球的財務狀況依然可憐。競技隊是最糟糕的，負債超過六千萬美元。聖洛倫佐不落人後，他們已經拿到價值數千萬美元的電視和贊助預付金。俱樂部副主席薩維諾（Rafael Savino）說，「目前沒有錢進來。我們有近九十起針對我們的訴訟和三十起破產請求。」[16] 博卡隊、河床隊和獨立隊的債務各在四千萬美元左右。比索貶值意味著以美元計價的債務將更加龐大，贊助金和電視版權金的面額隨著國內市場令人難以置

---

[*]　譯註：這裡作者沒有講得很白，但應是在暗示歐文假摔。

信的購買力下降而下滑。獨立隊是眾多宣布取消獎勵金（bonuses）和簽字費（signing-on fees）的俱樂部的第一家。貝爾格拉諾出售整個球隊。甚至博卡的馬克里也淪陷了，為了籌措資金留住胡安·羅曼·里克爾梅（Juan Román Riquelme），他建議球迷撥打每通二美元的高額付價電話。但他還是去了巴薩。杜阿爾德總統降低門票稅，並要求俱樂部只支付費球場內的警察費用。俱樂部放棄客場比賽和預備組比賽，阿根廷足協停止支付和提供四分之一官方人員。還有，在過去的二十五年裡，阿根廷頂級俱樂部出售了近五千五百名球員，總計金額近五億七千萬美元，其中大部分是在過去五年間達成的。

二〇〇二年秋季聯賽的閉幕戰出現前所未有的混亂和暴力浪潮。班菲爾德（Banfield）是大布宜諾斯艾利斯地區南緣的一個小俱樂部，他們在十月時對上河床隊。班菲爾德已有二十八年沒有打敗河床隊，但下半場十分鐘後，班菲爾德以五比零領先。為中止羞辱，河床隊支持者入侵並佔領了賽場。更糟糕的是，河床隊隔週被博卡在主場以一比二擊敗。一般的做法是讓博卡的球迷先離開，然後在河床隊球迷堵住他們前驅散人群。但是，「第十二人」拒絕離開，河床隊球迷被迫在當時的暴雨中忍受他們的慶祝活動。河床隊「看臺的醉漢」大部分成員都然後開始試著離開球場，他們推擠警察駐在的大門和檢查站。警方用催淚瓦斯、橡皮子彈和警棍回擊。催淚瓦斯通常用於看臺等開放空間，但這次充滿了球場所有的走廊、辦公室和房間。數百名球迷衝到浴室清洗眼睛和嘔吐。一些球迷開始在街頭與警察打鬥，一個團體衝進正在召開的記者會，往河床隊教練佩萊格里尼（Manuel Pellegrini）身上招呼。同時間，河床隊的醫生正在更衣室裡從一名球迷的眼球上取下橡皮子彈。在千里之外的門多薩，該俱樂部的地方球迷在街頭暴動。

在秋季聯賽的最後一天，獨立隊到聖洛倫佐比賽，他們只需再一場勝利就能奪得冠軍頭銜。當獨立隊以三比零領先時，聖洛倫佐的球迷撕開圍欄的一角，試圖入侵賽場並阻止任何冠軍慶祝活動。在比賽期間，他們被警察部署的一連串的高壓水柱所阻止。

五月時基西納（Néstor Kirchner）當選總統，為該國帶來了一些金融和政治穩定的局面。新政府任命全新委員會和專員處理阿根廷足球暴力問題。

但也許這次的任命人選與眾不同？在一九九〇年代初，綽號「警長」的哈維‧卡斯特里（Javier Castrilli），是阿根廷最剛正不阿的裁判，也是少數公認不會被收買，以及少數會蔑視傳統（例如，在德比戰中驅離球員）的裁判之一。但卡斯特里在二〇〇四年和二〇〇年暴力充斥的賽季面臨嚴峻考驗。哥多華塔勒雷斯（Talleres de Córdoba）的守門員在匆忙撤回的聲明中透露，他和他的俱樂部仍在支付巴拉斯保護費。當〇四年殘奧代表隊鬥倒巴西的畫面在電視上播出時，很明顯地，阿根廷足球的暴力行為已經根深柢固。

　　那麼那些上了年紀的足球之神呢？一九九五年，馬拉度納回到阿根廷足壇，在低級別的曼迪宇體育（Deportivo Mandiyú）初任教練，十二場比賽中只繳出四分成績。接著他於一九九五年末加入競技隊，並指揮該隊拿下二十年來首次客場對戰博卡隊的勝利，贏得競技隊球迷的擁戴；但後來十二場比賽中只得十二分，還向一名巡邊員潑水，因而被驅逐離場，導致他的管理生涯突然中止。馬拉度納在國際足總禁賽結束後，由於訓練欲望下降，他在博卡踢了一、二個枯燥的賽季，然後在一九九七年再度藥檢失敗。這一次他真的退役了。巴爾達諾說：「可憐的老迪亞哥。多少年來，我們一再告訴他，『你是神』……我們忘記告訴他最重要的事情：『你是人』」[17] 現在他被提醒了。他因心臟病發作而屈服，並在朋友卡斯楚的建議下到古巴的一個診所戒除古柯鹼的癮頭。

　　整個二〇〇一年他都待在古巴，翌年年初返回布宜諾斯艾利斯。幾個星期後，他的鄰居聯合起來想趕走他，剛好他的房子失火，正好省了一個麻煩。而且消防車還進不來，因為馬拉度納的巨型貨車停在外面且電池沒電了。他到古巴療養、躲在墨西哥的海灘上、拍攝廣告、沒有上電視接受採訪。

　　由於毒品罪名確立，他去日本看世界盃時被拒絕入境，直到杜阿爾德總統介入才被放行。然後當阿根廷被淘汰時，他去了巴拿馬。有一個智利葡萄酒品牌和一間羅沙略的教堂都以他的名字命名。義大利法院追查他逃漏稅，阿根廷法院追討他未付的子女撫養費。他長期受苦的妻子開始離婚訴訟。而且無時無刻你都可以看到——尤其當他出現在博卡青年隊的包廂時——馬拉度納愈來愈胖，愈來愈不健康；可口可樂與古柯鹼都是問題所在。二〇〇四

年初，他因肺部和心臟問題而被送往醫院，另一次是因為服用過量的古柯鹼；成千上萬的人聚集、前來致意、立旗、唱歌，並且——套用他自己的話——「將我喚回了人間」。阿根廷不會讓舊時代的神死去，因為沒有人能夠取代他。

V. 脫韁的市場經濟

一九九〇年代，脫韁的市場經濟不僅在阿根廷和巴西狂飆，更擴及所有拉丁美洲社會。結果，整塊大陸在全球經濟分工中扮演的傳統受支配者角色被固定住了，國內不平等現象也更加嚴重。其足球經濟也是如此，輸出最優秀人才至海外造成了國內聯賽的損害。外銷球員的收益和國內市場規模讓巴西和阿根廷的足球還撐得下去。對於南美的小國來說，沒有這樣的緩衝。整個一九九〇年代，玻利維亞、智利、巴拉圭、祕魯和烏拉圭足球的財務狀況都很不穩定，他們在阿根廷二〇〇一年倒債後陷入危機。哥倫比亞足球，當時正從毒癮中走出來，也處於同樣危險的狀態，並在近乎內戰的情況下持續苟延殘喘。南美洲足壇長久以來的小蝦米，厄瓜多和委內瑞拉，一直沒有充裕的資金，不過他們保持足夠的健康狀況，以至於足球環境相較於經濟下滑的南方各國，改善了不少。厄瓜多在二〇〇二年首次打進世界盃會內賽，〇六年再次獲得參賽資格，而委內瑞拉足球雖無法取代棒球的主宰地位，但至少在世界盃資格賽和南美自由盃的前幾輪都能贏得一些比賽。

在智利，一股樂觀的浪潮開啟了一九九〇年代。艾爾溫當選總統，皮諾契特讓位下臺，恐怖已經結束，聖地亞哥的科洛科洛隊贏得了該國第一個也是唯一的一九九一年南美自由盃，他們一路上擊敗了蒙特維多隊和博卡青年隊。智利經濟是南美洲的成功故事，但就如該國七〇年代偉大的中後衛菲格羅亞（Elias Figueroa）所說：「我們的足球並沒有跟上我們社會的發展……通常，足球會反映出國家狀態，但智利並沒有。我們的俱樂部做得很爛。可能有一些貪腐存在，但無能的狀況更嚴重。沒有人有責任心。」[18] 責任和課責（accountability）確實短缺。智利經濟獲得成長，民主轉型不夠完善且只

做了半套；皮諾契特仍然是總司令，負責列管軍政府濫權案件的人權委員被消了音，全國人民仍不敢吭聲，而且也不會有更多的足球勝利。一九九八年，智利打進世界盃，這是一九八二年以來的第一次。他們的薩莫拉諾（Zamorano）和薩拉斯（Salas）的攻擊力媲美其他拉美球員。但最終，智利人的好成績只有三場平局，並在第二輪向巴西投降。這些素材並不能打造出強大的社會神話——國家重獲新生。

　　足球仍是智利最受歡迎的運動，但球隊高度在地化對社會造成重大影響，特別是在聖地亞哥經濟尚未起步的區域。智利大學足球隊的「Los de Bajo」和科洛科洛隊的「Garra Blanca」將激烈的足球運動和效忠在地的情感熔接在一起。花樣百出的球場暴力、粗暴保全以及不負責任的俱樂部管理，很明顯（有時候是有意地）與布宜諾斯艾利斯足球同步。這些情況在科洛科洛的球迷里卡多・皮孔（Ricardo Pitcon），在與智大的城市德比戰後遇害而達到最高峰。接下來的賽季，智大已在他們的倒數第二場比賽贏得聯賽冠軍。他們的最後一場比賽——本應是一場勝利遊行——對上另有盤算的科洛科洛。智大零比三輸球，成了觀眾大暴走的導火線，超過一千人被捕。當科洛科洛在二〇〇二年重獲全國冠軍時，科洛科洛隊的「Garra Blanca」在大量紅酒和烈性大麻的作用下，讓聖地亞哥市中心陷入全面暴動。二〇〇三年的情況與此相似。在智大與瓦奇巴托（Huachipato）的比賽中，球迷向場上投擲石塊以抗議球隊的表現。十一名警察送醫，大部分是賽後搶劫潮造成的。接下來的一週，智大到科洛科洛作客比賽。比賽遲了十五分鐘開打，因為幾十名球迷越過賽場周圍的圍欄。上半場比賽末段，智大後衛平托（Nelson Pinto）正要擲邊線球時，被一枚來自觀眾席的投擲物擊中臉部，並在左頰和上唇留下了一處傷口。裁判立即取消比賽。智大的球隊和教練組在一場萬物齊發之下離場，在隨後的鬥毆中，一百六十八名球迷被捕。

　　智利的觀眾人數銳減。各省聯賽的觀眾經常不到一千名。即使是聖地亞哥德比，看臺也只滿一半。二〇〇二年一月，科洛科洛被宣布破產，債務達二千一百萬英鎊，未付工資大量積壓，催討未果的債權人提起訴訟。他們的主席彼得・德拉吉切維奇（Peter Dragicevic）被指控詐騙稅務人員。本季的

開賽時間推遲了，因為球員們為薪水罷工，不能或不願付錢的俱樂部的對策則是叫人走路。南美足協替智利足協支付了幾週的工資，共十六萬英鎊，才讓聯賽得以開賽。科洛科洛試圖解僱自己球隊的行動被法庭禁止，但俱樂部在薪資單上只是做做樣子。為了勉強維持生計，球員和球員之間會舉辦友誼賽，從大量觀眾中得到報酬。

在巴拉圭、祕魯和玻利維亞也有相同的故事：暴力上升、人口減少、經濟內爆和勞資糾紛，這些都是他們足球的特色。在二○○二年和二○○三年，各俱樂部宣布債務危機，包括亞松森的波特諾山丘、利馬的祕魯體大、拉巴斯的玻利瓦爾（Bolivar）和東方石油（Oriente Petrolero）。財庫空蕩蕩，信貸額度沒了。在烏拉圭、玻利維亞和祕魯，球員為薪資罷工，裁判為人身安全罷工，賽季因此延誤中斷。

一九九四年安德列斯·埃斯科巴遭到謀殺，這件事震驚了足球界，但這只是哥倫比亞層出不窮的殺人案件中滄海之一粟。在一九九○年代，哥國謀殺率是美國的十倍。光在美德因，一個星期的死亡人數就經常超過八十人。哥倫比亞足協執委阿圖羅·布斯塔曼特（Arturo Bustamante）在卡爾達斯遭到槍擊。美德因獨立隊主席巴勃羅·科雷拉（Pablo Correra）和佩雷拉體育隊主席哈維·阿隆索（Javier Alonso）遭到槍殺。毒梟巴勃羅·艾斯科巴於一九九三年因拒捕而被槍殺。艾斯科巴的死似乎預告哥倫比亞政壇和足壇的販毒分子的力量被擊敗。卡利美洲隊兼哥倫比亞足協前主席胡安·何塞·貝利尼（Juan José Bellini）於一九九七年因多起毒品和洗錢罪名入獄。另一個改變是，一九九六年，卡利體育隊獲得國家冠軍，人們為這支來自卡利、不碰毒品的第二強隊喝采。既然卡利美洲隊是第一強隊，應該不難和毒品脫鉤。但足協主席埃內斯托·桑佩爾·皮薩諾（Ernesto Samper Pizano）一九九五年時的競選資金有一部分來自毒梟，由此看來哥倫比亞社會，包括足壇在內，顯然仍與毒品產業密切相關。一九九七年，哥倫比亞對上厄瓜多，安東尼·德阿維拉（Antony de Avila）踢進一記致勝球，他將此球獻給當時人在獄中的羅德里格斯兄弟（Rodríguez Orejuela brothers）；他們一直是卡利美洲隊和卡利集團（Cali cartel）的幕後黑手。後來哥倫比亞的球隊在南美自由盃決賽

多次輸球：一九九五年國民競技輸給了巴西的格雷米奧，一九九六年卡利美洲再次輸給河床隊，一九九九年，卡利體育隊敗給帕梅拉斯。國家隊仍由上了年紀的瓦達拉馬領軍，他們闖進一九九八年世界盃，只贏了突尼斯，之後就打包走人。正如一位觀察者所說，「瓦達拉馬可笑的不只是他的黃色驚悚假髮，還有他自己。沒有人職業生涯的總傳球次數比他還多，而且那些傳球大部分都很短，搞得好像別人只是要借你球一下而已。」[19]

一九九四年和九八年世界盃的那一代球員開始凋零。瓦達拉馬加入美國足球大聯盟財務不佳的坦帕灣反叛隊（Tampa Bay Mutiny）和邁阿密融合隊（Miami Fusion），度過他最後一段疲憊的時光。他家鄉的馬格達萊納聯盟俱樂部（Unión Magdalena）為慶祝他結束職業生涯，豎立了一座七噸重、十二公尺高的銅像雕塑。俱樂部和雕像隨後被交到政府反毒品機構手中，因為它們的主人愛德華多・達維拉（Eduardo Dávila）被判運毒罪定讞，其資產包括該俱樂部在內全被國家接管。愈來愈不穩定的伊基塔因未參加巴蘭基亞青年競技隊（Atlético Junior Barranquilla）的訓練而被解僱；二〇〇二年再度回到哥倫比亞足壇，他為地方小隊佩雷拉體育打了兩場比賽，之後沒有通過古柯鹼測試。阿斯普里拉的表現和職業生涯一直處於自由落體狀態，他回到國民競技隊，第一場比賽就被驅逐出場。安德烈斯・埃斯特拉達（Andrés Estrada）在二〇〇〇年經歷一次錯誤的綁架。只有弗萊迪・林孔（Freddy Rincon）能繼續發揮自己的潛力，他遠離哥倫比亞，在巴西的哥林斯人和桑托斯擔任中場。

在總統帕斯特拉納（Andrés Pastrana）的領導下，哥倫比亞的內戰變得更加複雜。目前有四方人馬正在混戰：販毒分子、「革命武裝力量」游擊隊、右翼敢死隊與地方自衛隊的聯軍，以及找來美國顧問和高科技武器助陣的哥倫比亞軍隊。然而，販毒分子卻倍增了；就像砸破一個水銀球會跑出無數小珠那樣，毒品交易在卡利和美德因等大販毒集團被攻破後，變化為數百個更小、更精簡的行動，同時進行自我重建；這種小行動危害程度沒那麼大，卻比以往更難擊破。在這樣背景之下，哥倫比亞即將在二〇〇一年七月主辦美洲盃足球賽。但是，卡利、美德因和波哥大——全部都是主辦城市——發生

大爆炸，造成十二人遇難，數百人受傷，也讓該國脆弱的和平面臨嚴重考驗。一些哥倫比亞足球員在卡利遭到汽車炸彈襲擊。南美足協一再證實哥倫比亞是東道主，帕斯特拉納總統則做出大規模的全國軍事部署。然後，在比賽即將開始兩週前的六月下旬，哥倫比亞足協副主席坎普薩諾（Hernán Campuzano）被「革命武裝力量」游擊隊綁架。南美足協驚慌失措，一下宣布賽事取消，一下又說時間另作安排，一下公告哥倫比亞仍然是主辦國，一下又說四天後將在布宜諾斯艾利斯開會決定替代的主辦國。坎普薩諾被迅速釋放，並直接從被拘地到布宜諾斯艾利斯為哥倫比亞爭辯。帕斯特拉納在電視上宣稱美洲盃足球賽是國家重要利益，電視公司準備上告法庭，南美足協再度翻案，確認哥倫比亞是二〇〇一年的主辦國。阿根廷和加拿大決定，他們並非一定要參加。兩國退出賽會，並由哥斯大黎加和宏都拉斯替補。

這場錦標賽獲得了空前的成功：停火狀態得以維持；觀眾很多，即使沒有主辦國的比賽也是如此；足球踢得大開大闔、進攻居多；宏都拉斯擊敗巴西，寫下大開殺戒的篇章；哥倫比亞贏得了首場美洲盃足球賽，他們在四萬七千名狂熱球迷面前擊敗墨西哥隊。但是，與智利一樣，這還不足以讓全國團結，更不能結束國內的敵對狀態。帕斯特拉納輸了大選，上臺的烏里韋（Álvaro Uribe）政府甚至更加軍事化和保守；哥倫比亞未能獲得參加二〇〇二年世界盃的資格；殺戮正在發生。二〇〇二年，國民競技隊與美德因獨立隊以一比一踢成和局，隨後警察和球迷發生槍戰。事後卡利體育隊的一名退役球員阿德馬爾·桑切斯（Aldemar Sánchez）遭到槍擊，國民競技隊的赫克托·烏爾塔多（Héctor Hurtado）和米倫拿列奧隊的委內瑞拉門將拉斐爾·杜達美（Rafael Dudamel）則收到非常公開的死亡威脅。聯賽中的貴族俱樂部米倫拿列奧隊陷入可怕的衰退，來自毒梟貢薩洛·羅德里格斯·加查（Gonzalo Rodríguez Gacha）的資金中斷了。他們破產並飽受降級的威脅。在小城鎮裡，情況更糟：烏拉競技隊（Atlético Huila）的球員公開抱怨沒有足夠的錢買食物，甚至不夠支付往來訓練場的交通費。

VI. 冠軍解救了巴西

　　巴西輸了，但卡多索還是贏了。在巴黎不光彩的失敗之後，總統再次當選。他在第二任期中面臨了經濟嚴峻和政治麻煩。由於貨幣貶值以及阿根廷倒債，政府為了穩住經濟，已耗盡現有的改革能量。因此開始針對一九九八年世界盃決賽進行長期的事後剖析。人們普遍認為，羅納度在比賽當天下午身體就有狀況。他被送到診所做檢查，並且被薩加洛移出出賽名單。他被醫務人員判定身體狀況合格，薩加洛把他放回出賽名單。比賽後不到幾個星期，一位有魄力的里約律師為追查此事，開始在州法院開展法律行動。該隊的醫生由里約醫務倫理委員會進行交叉質詢，他們都沒有受到責罰。人們開始懷疑堅持羅納度參賽的可能是 Nike；一九九九年初，巴西足協與 Nike 的合約被人洩漏給媒體。該合約顯示，Nike 確實擁有相當大的控制權，可以決定球隊要參加多少場友誼賽、在哪比賽以及誰要上場。在巴西利亞，共產黨眾議員阿爾多·雷貝羅（Aldo Rebelo）向國會提交了一份請願書，要求對巴西足協與 Nike 的合約進行正式調查。這份情願書在國會躺了超過一年，什麼都沒有發生。

　　請願書什麼也沒發生，但非常超現實的對比是，相較於毫無進展的政治和司法程序，巴西足壇則是瘋狂地轉阿轉的，更勝以往。該國最受歡迎的俱樂部佛朗明哥，轉得比其他人更瘋。瑞士運動行銷公司 ISL 投資了一千三百萬美元在該俱樂部，但其訓練設施、球場館、球員以及贏球率都沒有明顯改善，反而調高了瘋狂的轉速。事實上，佛朗明哥常在降級而非冠軍的候選名單中，還花光了 ISL 的每一分錢，直到二○○二年初 ISL 破產為止。儘管如此大量的現金注入，在巴西方面，佛朗明哥的加維亞球場被蟑螂入侵，賽場滿是狗屎，俱樂部債務不斷增加。

　　不只有佛朗明哥揮霍別人的錢。美國投資信託公司「希克斯—繆斯—泰特與福斯特公司」（HMTF）在哥林斯人和克魯塞羅投資了差不多的金額，然後賠光撤出。帕梅拉斯與義大利乳製品集團 Parmalat 的合作在後者破產時

破局了。瓦斯科從美國銀行（Bank of America）吸走鉅款，讓他們大吃苦頭。佛朗明哥內部事務在二〇〇四年盪到低點，當時俱樂部有兩派董事互相交戰。主席馬拉西奧・布拉加（Márcio Braga）成立了一個新的職業足球俱樂部，有別於佛朗明哥經營多種體育活動的運作方式。然而，非隸屬於足球事業的董事會對於足球事務並不打算放手，雙方繼續向職員發布指令並簽下球員。

　　佛朗明哥幹的好事不只有設立兩個董事會，他們二〇〇一年度的薪資單上曾出現七個一線球隊教練的名字，而且在去年就已經解雇了六名：卡洛斯・阿貝多・托雷斯（Carlos Alberto Torres）、卡林諾斯（Carlinhos）、喬爾・桑塔納（Joel Santana）、馬里奧・薩加洛、喬卡洛（João Carlos）和盧拉・佩雷拉（Lula Pereira）。替補佩雷拉的是埃瓦里斯托・德馬塞多（Evaristo de Macedo），他之前也待過該俱樂部，而且到現在才拿到一九九九年被解雇之前的薪水。這種「教練之舞」（Dance of the Coaches）的現像，是巴西足球行政混亂和波動最具代表性的特點；高層不問表現和紀錄，沒完沒了地雇用、解雇一小撮業內人士和內定人選，於是這些人在全國聯賽各菁英俱樂部轉進轉出，就跟繞旋轉門一樣。對於某些巴西特權階層來說，失敗沒什麼影響，優秀的人也不會晉升高層；例如，二〇〇一至〇四年之間，喬爾・桑塔納在佛朗明哥、維托利亞（Vitória）、富明尼斯、瓜拉尼（Guarani）和國際體育會執教的結果失敗了。當瓦斯科解僱傑尼尼奧（Geninho）時，他說：「這不是我第一次或最後一次在這裡工作。瓦斯科一直讓我進來。」[20] 二〇〇四年，二十四支甲組球隊中，教練變動了四十二次，非常驚人。瓜拉尼有五次，其中兩次不超過一個星期。米內羅競技、格雷米奧和佛朗明哥重覆雇用四個教練，還有同一位教練整個賽季就待了四支球隊。

　　巴西足球的規則跟人事一樣不穩定。你會在賽末看到「virada de mesa」——字面上的意思為「翻倒的桌子」，即規則大轉彎，通常幫助強者，剷除弱者。一九九九年，兩大俱樂部——博塔弗戈和國際體育會——從全國聯賽降級。巴西足協在賽季結束後突然宣布，由於聖保羅隊讓失格球員桑德羅・希羅希（Sandro Hiroshi）上場，為了補償跟他們比賽過的博塔弗戈和國際體育，兩隊將獲得額外的積分。然而，希羅希為聖保羅踢了十二場比賽，

卻只有博塔弗戈和國際體育會獲得補償，還有派失格球員上場通常會被扣掉五分積分，聖保羅也未因此受處罰。重新計算完積分的結果是，博塔弗戈和國際體育會獲得保級，而地方小球隊伽馬（Gama）被降級。伽馬球迷和他們的國會議員喬賽‧阿蘭達（José F. Aranda）將巴西足協告上法庭。法院裁定伽馬應該保級，博塔弗戈應該降級。巴西足協的對策是廢除自己的全國聯賽，並將聯賽組織交給「Clube dos 13」——由巴西二十強俱樂部組成的組織，因為其權力不受法院裁決的影響。這些俱樂部打造出巴西最糟糕和最複雜的正規賽事：哈維蘭吉盃有四個級別，一一六支球隊，沒有伽馬隊。巴西足協還發動了國際足總的支持，禁止伽馬參加所有與國際足總有關的比賽，直到他們撤銷對巴西足協的告訴為止；當然巴西足協沒有告知國際足總該俱樂部本身沒有提起任何訴訟。無論如何，伽馬回到巴西法庭，辯稱哈維蘭吉盃將他們排除在之外，此舉於法不容；法庭再次對他們有利，他們被迫參加擁擠的新賽事。即使以巴西的標準看來，這也是一種嘲弄。賽程非常混亂，有些球隊一個月沒有比賽，而其他球隊則在一週內比了四場。三分之一的賽程被重新安排，主客場比賽分配不公，當然還有，富明尼斯被允許偷偷溜出丙組並回到甲組。第二階段的決賽卡司相當完美，由「惡棍」瓦斯科對決從第一階段悄悄打上來的「無名小卒」聖卡埃塔諾（São Caetano）。決賽第一回合是一比一和局，第二回合移師瓦斯科主場。

2000 年 12 月 30 日
瓦斯科隊 0—0 聖卡埃塔諾
里約熱內盧，聖雅努里奧球場

「事故並不嚴重。但如果比賽不能繼續下去，可能就會出事。我希望這些他媽的救護車趕快開出去。」

那些他媽的救護車在這裡的原因是，瓦斯科拒絕賣票給聖卡埃塔諾球迷，而且他們賣完門票後又繼續超賣。事情發生的時候，比賽已開始二十多

分鐘，羅馬里奧被替補下場，比數零比零。看臺上層觀眾之間發生的口角導致骨牌效應，觀眾一連推擠至賽場，壓垮了場邊的刺絲圍網。

　　賽場上充滿數百名受傷的球迷、兩架直升機、十幾輛救護車、官方人員、醫務人員和警察。後來瓦斯科主席尤里科・米蘭達獲得他的來賓——里約州民防部長的同意，他站到場中央，宣布繼續比賽。

　　州長在電視上看到這一幕，立即打電話到球場，結束所有的胡說八道。這場比賽不打了。尤里科帶領他的球隊到哈維蘭吉盃獎盃所在的小桌子。他們接下獎盃並光榮地繞場一週 *。

————————

　　聖卡埃塔諾同意重賽，瓦斯科以三比一獲勝。尤里科拿到了他的獎盃，聖卡埃塔諾總算進入甲組，全國聯賽在下個賽季恢復原狀。但是，球場慘劇、金融危機、會計爛帳、公然濫權和耍特權、暴力和貪腐——這些都不能動到巴西足壇半分。或許還需要更嚴重的事態，例如國家隊可能無法打進二〇〇二年世界盃，那就真的是太難堪了。在一九九八年賽後，薩加洛被換下，改由萬德雷・盧森博格（Wanderley Luxemburgo）擔任國家隊教練。這位西裝筆挺、口若懸河的哥林斯人老大看起來就是一時之選。他的球隊進攻性強，他願意冒險，不甩那些俱樂部董事的廢話。他的變法在帕梅拉斯和哥林斯人隊上成功了。巴西在一九九九年美洲盃足球賽的勝利證明，任用他是對的，但隨後事態開始惡化。巴西在二〇〇二年世界盃的前幾輪資格賽中接連輸給巴拉圭和智利——這是未曾有過的現象。更糟糕的是，盧森博格帶去參加雪梨奧運會的隊伍在八強賽中輸給喀麥隆的九人戰隊。盧森博格其他的新聞可多了。他的前女友蘭娜塔・艾維斯（Renata Alves）因以盧森博格的名義採購大量的房產和汽車而引來稅務機關的關切。當稅務員開始調查時，艾維斯透

————————

* 譯註：決賽第二回合後來改到二〇〇一年一月十八日，瓦斯科和聖卡埃塔諾的比分如下文所述為三比一，加上第一回合的比分一比一，兩場總比分為四比一，因此由瓦斯科拿下冠軍。本段最後一句描寫的應是一月十八日瓦斯科賽後奪冠的場景。這種直接快轉到結局的蒙太奇式寫法應該是作者故意的安排。

露，盧森博格在俱樂部時為許多球員打理轉會事宜，並從中分到好處。國家
隊從雪梨回國一週後，盧森博格就消失了。最後，在如火如荼的新聞媒體指
責和控訴之下，巴西的政客們採取了行動。雷貝羅的「巴西足協—Nike案」
調查委員會正式上路，而參議院為全盤調查該國賽事中的各種問題，又成立
了一個更有力的調查委員會。

　　這兩個委員會運作了一年多，並於二〇〇一年末提出報告。雷貝羅的委
員會未能證明Nike與一九九八年世界盃決賽之間有任何干係。他們找來羅
納度、薩加洛、埃德蒙多還有無數個巴西足壇的其他成員進行交叉質詢，儘
管質詢範圍很廣，有時候內容卻很可笑，簡直鬧劇一場。但雷貝羅一路上發
現了貪腐、裙帶關係、無能和盜竊的詳細證據。倒楣的米納斯吉拉斯州足協
主席費雷拉（Elmer Guilherme Ferreira）被發現在該協會僱用了二十七名親
戚。球員持有假護照和假出生證明的相關事證大量出土；逃稅、不良貸款和
虛報不實被揭發。然而，每當要投票表決的時候，雷貝羅委員會委員會中的
足球黨——由十名國會議員的成的小團體——就大搞破壞。儘管報告已經發
布，其中也建議刑事起訴三十三名巴西足球管理高層，但尤里科·米蘭達為
首的足球俱樂部主席、前主席和董事一干人等都很確定這些建議不會被採
納。

　　參議院的調查更深入。里卡多·塔克薛拉非常害怕面對他們的質詢，他
將巴西足協主席職位暫交給他的副手，並以健康欠佳為由要求免上參議院接
受質詢。不可一世的佛朗明哥主席艾德蒙多·多斯·桑托斯·席爾瓦
（Edmundo dos Santos Silva）受到這般拷問，竟也被逼得眼淚直流。在參議
院調查報告的結論中，委員會主席，參議員阿爾瓦羅·迪亞斯（Álvaro
Dias）形容巴西足協是「一個窩藏犯罪之地，很明顯地毫無組織、無法無天、
無能和不誠實」。[21] 該報告建議起訴十七名「高帽者」。巴西足協拚命收買
參議員的影響力、提供競選經費，並在最後一分鐘刊登報紙全版廣告，令人
驚訝的是報告獲得背書。但到目前為止，沒有任何人被起訴，那些欺詐、腐
敗或貪汙的嚴重指控沒有一個進入司法程序。巴西的足球菁英因司法機構的
膽怯和國家隊的輝煌成績而得以拯救。

　　盧森博格被撤換後，第一個遞補上來的國家隊教練是埃莫森・萊奧（Émerson Leão），他在二〇〇一年洲際盃期間被法國和澳大利亞掌握節奏，遭受屈辱的失敗。他很快就被解職，他的下一任是路易斯・斯科拉里。暱稱「大菲爾」（Big Phil）的斯科拉里在格雷米奧和帕梅拉斯當教練當得很成功，兩隊在他帶領下都贏過南美自由盃。在帶隊比賽和媒體應對方面，他粗暴的作風獨樹一幟。他在場上的運籌帷幄帶有傳奇色彩——據說他曾唆使球僮在鏖戰方酣的時候破壞比賽，但也許他最大的資產是厚臉皮。斯科拉里和他的隊伍在二〇〇一年和〇二年初遭受了來自巴西媒體不容寬貸的猛烈批評，蔑視和鄙棄。令人絕望的事情有很多。二〇〇一年的美洲盃足球賽，上屆冠軍被宏都拉斯淘汰出局。世界盃資格賽中，巴西敗給厄瓜多後，與祕魯踢成和局，輸給烏拉圭——至此「巴西進不了世界盃」的可能性浮現了，後來他們對上阿根廷和玻利維亞時又輸球，到了最後一輪比賽，他們踢贏委內瑞拉，才確定出線世界盃。

　　自一九三八年世界盃以來，巴西第一次沒被列入奪冠熱門。不列顛的博彩公司給了巴西隊——隊中有傷後回歸的羅納度、容易被激怒的里瓦爾多，以及正在崛起且早慧的攻擊型前鋒小羅納度——高得可笑的賠率。巴西隊充分暗示了該國球風最好與最糟的一面。對上中國和哥斯大黎加時，他們飛揚跋扈地連拿好幾分。對上土耳其時，他們稱得上是一支兼具技術和心計的頑強隊伍：里瓦爾多被球擊中腿時用手遮臉倒地大概是最可恥、最公然的作弊行為。好運滿滿的巴西在第二輪幹掉比利時；下一場比賽，英格蘭取得短暫領先，巴西因小羅納度被不公正的裁判驅離球場，場上只剩十人，即便如此，英格蘭還是潰不成軍。四強賽遇到土耳其。土耳其穩紮穩打，表現跟第一輪比賽一樣出色。比賽局勢在最千鈞一髮中底定：羅納度帶球加速，距離只有數公尺，時間只花了幾秒鐘。他身邊有三名土耳其防守球員，但他在短時間內的爆發力就足以打開一個低射破門的狹窄空間。

　　相比之下，決賽很簡單。德國雖然踢得很糟糕，卻爬進了決賽，並在決賽中帶來有效的抵制和組織，不過羅納度狀況絕佳，現在絕對是他和巴西贖罪的時刻。巴西足協主席塔克薛拉和巴西足球菁英全都鬆了一口氣。國會調

查結束，第五座世界盃冠軍獎盃被帶回家。塔克薛拉還是一樣厚臉皮，他趕牛趕羊似地把國家隊帶到福塔萊薩參加歡迎歸國儀式，目的是支持他最喜歡的總統候選人西羅‧戈麥斯（Ciro Gomes）。一九九四年，他的左派對手魯拉聲言，巴西人知道體育幻想和政治現實之間的差異。也許他們現在分得出來。這次旅行沒有為戈梅斯帶來實際的好處。十月的時候，他的票數是三位候選人中最少的，最後魯拉當選總統。

VII. 沒有盡頭的悲喜劇

在二十一世紀初期，拉丁美洲脆弱而不完整的民主轉型來到一個決定性時刻；敗選的政府正將權力和平地轉讓給勝利的反對派。反對派多由中左派政黨或左派聯盟組成，他們最初崛起於一九七〇年代，但其上位之路被軍政府斬斷。這些社會主義者捲土重來，他們入主智利聖地亞哥的總統府、魯拉在巴西勝選、廣泛陣線接掌烏拉圭、雨果‧查維茲（Hugo Chávez）將激進的軍事民粹主義帶進委內瑞拉。事實上，南美洲到二〇〇五年才出現右派路線明確的國家元首——哥倫比亞總統烏里韋。由於拉丁美洲右派在意識形態和實際作為上的精疲力盡、他們明顯的經濟和社會失敗，以及左派令人生厭的溫和節制態度，這塊大陸的政治氣氛有了改變。鞏固民主成了多數新政府主要的關注焦點。在拉丁美洲，有兩件要務：首先，得在經濟和社會中創造一個更加平等的競爭環境，並降低個人和階層之間的經濟、教育和政治不平等。目前，不平等的現象依然嚴重，正格的自由民主制度一直受到破壞。其次，得減少各種暴力、腐敗和侍從主義，因為這些在制度上操縱與扭曲了各地的社會、體育生活。拉美足球解決這兩個問題的過程是一種很有趣的晴雨表——它（當然是部分地）即時反應了這些政治計畫的變化。

二〇〇二年，亞松森的奧林匹亞隊贏得了他們的第三座南美自由盃。巴拉圭國家隊打進一九九八年和二〇〇二年世界盃，而且他們戰力滿滿，這兩屆都能在小組賽中出線，表現令人激賞。巴拉圭在最好的狀態下能以頑強、單純的技術和堅定不移的團結精神進行比賽。巴拉圭傳奇門將奇拉維特（José

Luis Chilavert），其熊一般的存在讓球隊大門牢不可破，不過讓他更為人稱
道的是他擅於以自由球及在高壓下罰點球得分，以及對慈善事業的投入。*
巴拉圭仍然活在三國同盟戰爭的陰影之中。在戰爭中，有不列顛撐腰的巴西、
烏拉圭、阿根廷三國同盟摧毀了弗朗西斯科・索拉諾・羅培斯（Francisco
Solano López）的專制獨裁。在這個過程中，三國同盟讓大多數的巴拉圭男
性或死或傷，並摧毀了其政經獨立的渴望。這場戰敗迫使巴拉圭這個內陸國
家陷入一個世紀多的貧困。其經濟發展和基礎設施可憐到這樣的程度：儘管
他們在一九五三年籌辦美洲盃足球賽，但巴拉圭足協必須將比賽會場移去利
馬。一九九九年的美洲盃足球賽在巴拉圭舉辦，當時巴拉圭副總統被暗殺，
因而爆發激烈的政治暴力和動盪，但賽會幾乎不受影響。巴拉圭是一個被高
度邊緣化的國家，從這個角度來看，巴拉圭國家隊英勇抵抗超強對手可能會
繼續強化並翻新國家認同感，這點與哥倫比亞和阿根廷很不一樣。巴拉圭的
組織、集體耐力和抵抗戰爭的能力──國家認同感都是靠這些在支撐──被
強而有力地複製到足球場上。

　　然而，國內足球的社會意義不那麼美味可口。奧林匹亞隊在主席奧斯瓦
爾多・多明尼克茲・迪布（Osvaldo Domínguez Dibb）三十年的任內，以及
商人、政客和寡頭的統治下，贏得三個南美自由盃冠軍（七九年、九〇年和
〇二年）。迪布的權力和影響力取決於三大支柱：一、他巨大的財富，主要
來自位於巴拉圭假貨首都東方市（Ciudad del Este）的菸草違禁品工廠；二、
他擁有《國家報》和其他一些媒體機構；三、他早年（1954-89）與巴拉圭獨
裁者史托斯納爾將軍的家人結婚。迪布的影響力已經超過了將軍。他一直是
紅黨的核心人物；史托斯納爾之下的紅黨支配了一切，自從巴拉圭引入民主
以來，這個國家的支配者也幾乎都是紅黨。他個人對奧林匹亞隊三十年的掌
控，說明了足球在拉丁美洲任一有企圖心的民粹主義政客的政治投資組合中
的重要性。奧林匹亞的成功與哥倫比亞的國民競技隊一樣，都暗示了非法資

---

* 編註：奇拉維特名列巴拉圭富人榜，以其父親為名成立了基金會，致力於改善國內貧富不
　均、政壇腐敗等問題。多次發言針砭時事，曾因不滿政府對教育的漠視，而拒絕參加九九
　年巴拉圭舉辦的美洲盃，更曾表態欲參選巴拉圭總統。

金或黑金錢仍然是拉美小國與阿根廷和巴西競爭的一種方式。但，最值得一提的是，在迪布統治下的奧林匹亞隊點出了這種半封建個人化政治的脆弱性和不一致性。迪布不穩定的治理模式包括在報紙上刊登整版廣告，批評裁判決定。當他遇到來自巴拉圭足協的挑戰，就會反過來提出告訴和反擊，例如他告過足協，因為足協指責他們汙掉國家隊在世界盃期間的分配款。

　　奧林匹亞隊在二〇〇二年的南美自由盃決賽中對上巴西的聖卡埃塔諾隊。聖卡埃塔諾新成立於一九九〇年，所在地是聖保羅當時蓬勃發展的工業郊區，資助者為當地的冰箱和洗衣機公司，他們本身就是巴西足球「公平競爭環境」的最佳寫照。這支球隊在一九九五年晉級乙組，並利用二〇〇〇年哈維蘭吉盃的瘋狂漏洞，進入全國聯賽決賽。聖卡埃塔諾以一比零在主場拿下第一回合，這促使迪布大暴走。他公開指責他的球員廝混到深夜、酗酒、沉迷女色，並宣布辭職。想當然爾，他在第二回合就坐回主席的位置了。迪布終於在二〇〇三年離開奧林匹亞。隨著他的離開，俱樂部分崩離析；簡單來說，俱樂部沒錢了。南美自由盃金獎教練，阿根廷人奈利·蓬皮多（Nery Pumpido）離開時沒有拿到鉅額薪酬。球員因為太害怕拿不到錢而拒絕參加賽季前的訓練，俱樂部在拿下南美自由盃冠軍一年後差一點被降級。

　　奧林匹亞並不是唯一近期在拉丁美洲取得勝利的小俱樂部。在阿根廷，來自羅沙略的俱樂部紐維爾舊生於二〇〇四年打破了布宜諾斯艾利斯球隊盤據全國聯賽冠軍的魔咒，還有老資格俱樂部中最落魄的聖洛倫佐重獲新生，奪得二〇〇二年、首屆南美俱樂部盃（Copa Sudamericana）冠軍。在墨西哥，與執政但衰退中的革命體制黨及其盟友特萊維薩集團關係密切的美洲隊一直未能贏得全國冠軍，反而是帕丘卡（Pachuca）、莫雷利亞君主（Monarcas Morelia）和托盧卡（Toluca）等地方小隊奪得了大部分頭銜。在烏拉圭，國民隊和佩納羅爾隊向全國冠軍多瑙河隊稱臣；多瑙河隊的主場賽馬花園球場（Jardines del Hipodromo）幾乎沒有草地，也沒有泛光燈、旋轉門或屋頂。令人擔憂的是，小俱樂部、小城市和小國家有機會在拉丁美洲足壇出頭的原因，比較像是水準降低後的產物，而不是水準提升。

　　來自哥倫比亞中部馬尼薩萊斯的無名小卒卡爾達斯十一人隊在二〇〇四

年贏得南美自由盃冠軍，而來自祕魯安第斯山脈高地庫斯科的西恩夏諾（Cienciano）在二○○三年贏得南美俱樂部盃冠軍。十一人隊採取防守戰略。他們在客場以零比零踢和，接著回到海拔二一五○公尺的主場，趁對手疲憊的時候進了一顆球。這個策略讓他們連過桑托斯和聖保羅，然後在決賽遭遇博卡青年；決賽第一回合在主場，他們踢成一比一和局；第二回合進入點球大戰。哥倫比亞人保持沉著，博卡被擊敗了，他們直奔更衣室，沒有現身領獎。博卡的教練卡洛斯·比安奇（Carlos Bianchi）解釋他們的無禮：「我們不知道他們會頒獎給第二名……因為我們總是贏得勝利。」[22] 卡爾達斯十一人的勝利盛況肯定與西恩夏諾——在決賽中高分擊敗名門河床隊——不相上下。西恩夏諾的主席胡菲納爾·西爾瓦（Juvenal Silva）總結了他的獲勝公式：「俱樂部按時支付每人的薪水和獎金」。[23] 新聞報導說，這支隊伍受到祕魯巫師的祝福，還吃了很多瑪卡——一種印加人會在戰鬥前吃的土著植物根部，外表像小蘿蔔，目前被當作一種食品等級的威而剛販售。魔法的等級變低了，作用範圍從比賽場地降至訓練場地。夢想縮水了，只剩下冀求，希望少少的薪資能定期支付。

　　就西恩夏諾以及整個安第斯地區俱樂部的狀況來看，他們的薪資和獎金都很少。至於阿根廷和巴西，球員的薪資雖然跟在歐洲發展的同胞沒得比，但對其他人來說，根本就是天文數字。這種不斷加深和愈來愈明顯的不平等導致了一波足球綁架潮，二○○二至○五年間至少有二十起公開報導，整個拉美大陸的富裕人士被綁架的更多，這只是其中的一部分。[24] 博卡青年隊球星胡安·羅曼·里克爾梅的弟弟克里斯蒂安·里克爾梅（Cristián Riquelme）於○二年被綁架，兩天後被釋放，贖金大約十萬美元。隨後阿根廷獨立隊隊長蓋比埃·米利托（Gabriel Milito）的父親被綁，還有博卡青年隊主席毛里西奧·馬克里的姊妹佛羅倫希·馬克里也是。六名男子在光天化日下的布宜諾斯艾利斯市中心製造假車禍，抓走河床隊隊長里安納度·艾斯查達（Leonardo Astrada）的父親。巴西在二○○四年發生四起備受矚目的足球綁票案。最先是桑托斯球星羅比尼奧的母親。她與開著她的全新奔馳到城裡的治安紅燈區找一群老友吃燒烤。她被挾持了四十天。而聖保羅西北部一個富

裕小鎮坎皮納斯（Campinas）成為犯罪浪潮的中心，聖保羅隊前鋒格菲迪（Grafite）、波圖的路易斯・法比亞諾（Luís Fabiano）和里斯本競技的費德里斯・羅傑里斯（Rogério Fidelis），他們的母親都在這裡被綁票過。到目前為止，這些引人注目的綁票案都是付錢了事，解決過程沒有見血。然而在哥倫比亞和厄瓜多仍存在無法無天、動盪不安和槍支氾濫的問題。兩名男子試圖在卡爾達斯十一人隊教練路易斯・費南多・蒙托亞（Luís Fernando Montoya）家門口搶劫他的妻子，蒙托亞和他們發生打鬥，過程中被射了兩槍。他妻子犯了一個錯誤：光天化日下從提款機領太多現金。厄瓜多國家隊教練戈麥斯解雇隊內的達羅・布卡拉姆（Dalo Bucaram）。達羅・布卡拉姆碰巧是厄瓜多前逃亡總統阿夫達拉・布卡拉姆（Abdalá Bucaram）的兒子。戈麥斯隨後在瓜亞基爾酒店大廳被射傷腿部。這件事的主使人是乙組球隊聖塔利塔（Santa Rita）的主席何賽羅・羅德里格斯（Joselo Rodríguez）。羅德里格斯是布卡拉姆的生意伙伴，他的另一個兒子在聖塔利塔的球員名單上。戈麥斯辭職並回到哥倫比亞，直到成千上萬的厄瓜多人走上基多街頭乞求他回來，他才又回到厄瓜多。戈麥斯領導下的國家隊於二〇〇二年首度打進世界盃。他們的比賽精彩至極，卻被厄瓜多爾裁判拜倫・莫雷諾搶走鋒頭，後者做出了一些糟糕至極的判決，讓自己成為矚目的焦點。當代拉丁美洲足球與政治之間歷久不衰的悲喜劇遠在天邊，近在眼前。

　　二〇〇三年，莫雷諾負責基多大學體育聯盟（Liga Deportiva Universitaria de Quito）與瓜亞基爾的巴塞隆納競技隊（Barcelona Sporting）的比賽。莫雷諾在巴塞隆納競技隊以三比二結束後竟然還增加比賽時間。這場比賽他已經有好幾個罰球沒判給巴塞隆納競技隊、有一記射門判定得分後又收回判決、還無中生有地驅逐兩名球員離場，最後他毫不掩飾自己效忠的是哪個球隊──他給了六分鐘傷停時間，又再加到十三分鐘。基大在第九十九分鐘的時候扳平比分，並在第一〇一分鐘贏得比賽。當時，莫雷諾正在競選基多市議員。隨後他被禁賽，並從裁判引退，卻沒退出政壇。

　　在拉丁美洲的所有政治變革中，最重要的是路易斯・伊納西奧・魯拉・達席爾瓦（Luiz Inácio Lula da Silva）第四次問鼎總統成功；魯拉，來自聖保

羅的金屬工人、工會領導人,他協助成立了工黨,並代表該黨參選總統,最後在二○○四年底擔任巴西共和國總統,接著下令糾正嚴重至極的不平等現象和怪異到不行的各種腐敗。在卡多索總統任期快結束的日子裡,臨時足球法已經制定並通過。魯拉立即批准了這個名稱奇特的「體育道德化法」。該法又被民眾稱作「球迷法」,它列出了球迷最基本的權利,包括球場衛生、安全和設施的最低標準,以及標準和公開化的票務系統,還有提前公布賽程表等事宜。可以預見,即便是這種溫和的改革,也引發了巴西足壇重度既得利益者的憤怒反應。在使出渾身解數與國會大吵一架之後,瓦斯科隊的尤里科‧米蘭達帶著一些大俱樂部及董事發動反抗,他們宣布不參加全國聯賽。政府沉著以對,這場反抗在二十四小時內垮臺——這是巴西球迷罕見的勝利。

　　身為哥林斯人長期的球迷,魯拉組了一個致力於社會改革和足球的內閣。總統召開的社會改革會議很像一場參戰人數眾多、戰況激烈的足球賽,以下事件可以證明:在總統團隊和漁業部激戰之後,財政部長安東尼奧‧帕洛奇(Antonio Palocci)拄著枴杖進入國會。雖然魯拉的足球民粹主義在調性上與以往的軍政府截然不同。在當代巴西,人民普遍營養不良和飢餓。政府為確保每人每天都有三餐吃,發起了一項計畫,還找來羅納度和其他頂尖球員代言。在外交方面,巴西率先為海地建立了一支維和部隊;海地在阿里斯蒂德總統(Jean-Bertrand Aristide)下臺後陷入混亂的內戰。為了聲援海地,魯拉安排了巴西國家隊在太子港進行友誼賽。成千上萬的海地人在街道上列隊,為的是看白色坦克車隊護送下的里瓦爾多,小羅納度和卡洛斯。至少有一萬五千人擠進球場來看海地隊以零比六輸球。進球的歡呼聲一個比一個還響亮。

　　由於停辦不必要的錦標賽、賽程擠塞情況稍有改善、全國聯賽取消附加賽,似乎平息了足球時程表的管理亂象。現在,積分最高的球隊獲勝,而積分最低的球隊降級。這種將日常事務化繁為簡,就叫作現代化。最值得一提的是,大型俱樂部——帕梅拉斯和博塔弗戈——已經走下坡並跌到谷底。本著務實而謹慎的精神,卡洛斯‧阿貝多‧佩雷拉於二○○四年帶著巴西的二

軍到祕魯打美洲盃足球賽，雖然他們不是最好的隊伍，但靠著努力不懈贏得了勝利。就連厚顏無恥、踢球像小學生一樣的屁孩足球（futebol moleque）也有容身之地──例如迪亞哥（Diego）和羅比尼奧所在的桑托斯就捲土重來，贏得〇二年的首次全國冠軍。

　　然而，迄今為止，魯拉和工黨所做的這些對巴西來說只是隔靴搔癢。龐特普雷塔（Ponte Preta）的副主席馬科‧安東尼奧‧艾伯林（Marco Antonio Eberlin）以下的一番話透露出一個菁英──根基穩固且自得自滿的那種菁英，而非即將被取而代之或權力被嚴重削弱者──特有的直言不諱：「不幸的是，足球根本沒有道德規範。這真是一件爛事，包括我自己在內。」[25] 諷刺的是，貪腐最嚴重的竟是盧拉支持的俱樂部。哥林斯人在二〇〇四年宣布與一間名不見經傳的倫敦媒體體育投資公司 MSI 建立合作關係，這家公司的創辦人是伊朗年輕人奇亞‧喬拉布欽（Kia Joorabchian），同樣是個無名小卒。MSI 和哥林斯人接著瘋狂採購，其中包括挖角博卡青年隊的年度南美洲足球先生卡洛斯‧特維斯（Carlos Tévez），以將卡洛斯‧阿貝多從波圖隊召回巴西。很多人對於這種瘋狂轉會的足球策略感到困惑；有個重要線索是哥林斯人偏愛與海外巴西人或外國人進行交易，而這兩者都不需要巴西銀行的監督或參與。由於欠缺 MSI 的公司所有權、資金來源、營運目的等相關具體資訊，有傳言指稱，整個事件都是出自於高加索某地的洗錢行動。

　　哥林斯人在二〇〇五年贏得冠軍，該年度的賽季發生一次大規模的假球醜聞，比賽場內場外的死亡人數和嚴重暴力事件也增加不少。不過，巴西足球還是有比熱錢更厲害魔法，而且他們渴望的還不只有贏球而已。巴西隊在〇六年世界盃資格賽中擁有豐富的進攻和創意資源。回到管理席位的卡洛斯‧阿貝多‧佩雷拉完全不採用現有的陣型，而是選擇在前場配置四名球員，這種陣型和風格都讓人想起一九五八年和六二年世界盃冠軍隊──而且他仍然用不完他最好的前鋒。但最重要的是他有小羅納度。

2005 年 3 月 8 日
切爾西 4—2 巴塞隆納
倫敦，史丹佛橋球場

　　小羅納度站在禁區邊緣，切爾西後衛卡瓦略（Carvalho）直接搶到他面前。巴西人對著靜止不動的球彎起單腳，抬高，然後用腳軸轉、扭轉，他擺臀的樣子半分像森巴舞，半分像查爾斯頓舞。他每轉動一下，對手為了阻止必然會出現的射門，被迫跟著他一起扭轉身體。隨著小羅納度的膝蓋擺動，卡瓦略的姿勢變得更加可笑，他愈反抗小羅納度就愈慘，因為他的臀部、腹部和大小腿部的運動愈來愈跟不上。每次轉動都會讓他肢體混亂，身體重心很難看地往地下沉。當他這樣做的時候，小羅納度用腳尖輕輕地點球，將球踢入網。他本可以在第一時間趁機出手。他本可以試著用一記弧線球或鏟球繞過防守者，但他選擇了娛樂我們並且讓我們驚訝，並且讓它看起來像是正確的決定。拉美足球依然有能力發揮魔力。然而，除卻歐洲足球菁英中的貴族，是否還有誰能給予奇舞臺，那又是另一回事了。

第十九章

發展大躍進：
足球與亞洲新工業革命

明治維新以來，日本自強不息，賣力追趕西方列強。二戰之後，又從零開始全部重新來過。但這種種努力是為了什麼？……不會只是因為能望著貿易順差成長趨勢圖，露出滿意的微笑吧？對此，J聯賽給了清楚的答案：我們努力生活以享受運動的樂趣。

> —— 日本運動評論家，玉木正之（Tamaki Masayuki, 1952-）[1]

二十一世紀是屬於亞洲的，我們腳底下這座金礦正有待開採。

> —— 亞洲足聯祕書長，彼得・貝拉潘（Peter Velappan, 1935-）[2]

I. 亞洲崛起的神話

　　一九九〇年世界盃，只有兩支隊伍代表亞洲出賽，分別是阿拉伯聯合大公國和南韓，兩隊都一分未得。十二年後，亞洲大陸不僅主辦世界盃，有四隊打入大會，南韓也不負地主之名挺進四強賽。亞洲足球在一九七〇和八〇年代與世界其他地方相比，差距大得不忍卒睹，但如今已漸漸拉近。一九九〇年，亞洲還沒有任何運動職業聯賽，也沒有多少商業潛力可言。到了二〇〇二年，職業足球已在日本和南韓站穩腳步，逐漸威脅到原本主宰當地的棒球。中國、印度、越南、泰國、馬來西亞和印尼，六個國家佔有全球五分之二以上人口，值此也第一次擁有了全國職業聯賽。在亞洲大陸西半側，石油財持續流入波斯灣周邊國家的足球球會與足球賽事，足球因而得以從黎巴嫩、巴勒斯坦、伊拉克的戰爭灰燼當中、從阿富汗和伊朗的宗教非難之下，重新爬起來。甚至在亞洲最邊遠的角落，足球也組織出勢力，蒙古、不丹、關島都相繼加入國際足總。蘇聯解體後，中亞出現五個獨立共和國 *，全都移籍亞洲足聯。從加薩到廣東，獨獨除了南亞以外，足球已成為亞洲社會的國民運動。如今當全世界坐下來看世界盃會內賽，觀眾半數以上都是亞洲人。

　　亞洲足聯本身既反映了橫掃亞洲足球界的諸般變化，也是變化的建構者。原本貧窮又無能的官僚機構，所下的命令幾乎傳不出孤立於馬來西亞的總部，到了一九九〇年代，已成為亞洲經濟奇蹟之下，類似於發達官僚系統的存在。如同催化日本產業發展的經濟產業省 †，亞足聯也向世界各地求經，借鑑最佳發展模式。而歐洲足總舉辦的歐洲國家盃，商業模式十分成功，明顯是國家賽事首選。亞足聯於是革新亞洲盃，擴大規模之餘，也確保二〇〇四年能在中國舉辦。俱樂部間的國際賽事也轉向系統化商業發展。亞冠聯賽

---

* 　譯註：中亞五國分別為哈薩克、吉爾吉斯、塔吉克、土庫曼和烏茲別克。

† 　譯註：經濟產業省（Ministry of International Trade and Industry，MITI），舊稱通商產業省，是日本相當於經濟部的行政機關。在一九八〇年代日本經濟全盛時期，儼如優秀官僚的代名詞，國際間競相研究學習。

（Asian Champions Cup）重新開辦，排除小國家的隊伍，地區小組初賽前，也會先在各限定區域進行迷你淘汰賽，省去飛航移動的昂貴開銷，而這一切都有新贊助商和電視收視市場撐腰。除了為足球打造遍布亞洲大陸的基礎物流與技術設備，亞足聯也投資各國的訓練發展。統括這些做法的「亞洲展望」（Vision Asia）計畫，與南韓的五年計畫源出相同的觀念：把資源集中在最重要但尚未開發完全的市場（中國、印度、越南、印尼）、資助青年隊育成與青年錦標賽、為教練和行政官員提供講習訓練，以催化地方自主發展。

　　透過掌握電視轉播金和贊助經費，亞足聯取得了自主權，得以追求這種上行下效的發展進程，但也和所有自主團體一樣有其極限。在部分議題上，亞足聯的權力依然不如亞洲各國的足球總會，以及他們組成的地域集團。十年來，光是中東集團與東南亞國家爭奪賽事主辦權，就佔去了很大一部分時間。中、日、韓之間長年難解的恩怨，則使得東亞無法形成相似的集團，雖然這三國個別都有充分的實力加入爭取。亞足聯也必須顧慮到足球賽可能會點燃新仇舊恨之間的火花，如伊朗與伊拉克、伊拉克與科威特、巴勒斯坦與約旦，或北韓與南韓。與亞洲很多地區性組織一樣，面對衝突分裂，亞足聯練就一套粉飾太平的外交辭令。就是這種對商業運動的精明盤算，加上對政治故作天真的態度，讓亞足聯祕書長彼得・貝拉潘可以這麼輕易地把亞洲足球發展，與亞洲財富、權力、影響力的良性增長攀比在一起。不是只有他一人認為到了二十一世紀，足球場和全世界都將是亞洲人的天下。但經濟成長與體育成果的關係、社會變遷與運動偏好的關聯，可比這種信口說說的亞洲大陸崛起神話複雜得多。

　　以非洲足球為例，呈現出的關聯就十分不同。非洲足球是在最斷斷續續、顫顫巍巍的工業化過程之下發展起來，在非洲獨立去殖民的時期，首度在非洲文化生活取得核心地位。在其後續的歷史進程當中，可以清楚看見自由反抗的政治立場如何受到正式認可。亞洲的故事不一樣。東亞的經濟在足球發展留下深刻印痕，但不是所有經濟體都相同。在日本和南韓，足球是在社會從工業化轉向後工業化的時期興起。玉木正之在日本大力提倡創組 J 聯賽（J-League），一如他極具力道的說法所言，一九九〇年代，足球在日本和

南韓象徵著經濟與社會結構的典範轉移。這兩國家的工業化水準已追上、甚至可說是超越了西方競爭者，國內的發展菁英希望開創新的服務產業，開發相對應的新客群。職業足球聯賽與為之瘋狂的足球迷，正好能滿足這項需求。在中國和東南亞，足球伴隨著十年的高度工業化發展而得以茁長。這個地區經濟變遷的速度空前未有，中國某幾年甚至留下經濟成長率高過百分之十三的紀錄，這造就了一種型態特殊的資本主義，特點是大規模的社會易位。鄉村人口大量移往城市，構成東亞農民社會的農村家庭結構、傳統習俗、宗教信仰，在過程中隨之分崩瓦解。深植於體系結構中的貪汙腐敗，使居於權力中心的少數家庭盡享榮華，使一小層都市中產階級專業人士生活富足，但貧窮、不平等待遇和其他寒酸破陋的城市居民，如陰影般隨侍在後。傳統信仰與共產主義沒落之後，留下的空間裡燃起一股永不滿足、腐蝕人心的物質欲望。經西方人一波波廣告意象搧風點火，物質主義已成為現代亞洲都市的主導文化。這種種變化也必然映現在他們的足球上：比起國內足球，他們更愛響噹噹的國外球會和外國聯賽；國內非法足球賭博和比賽造假的事情層出不窮。除此之外，中國和東南亞還成了全世界足靴、球具、球衣的供應商，聚集在全球價值鏈的末端，困在燠熱擁擠的血汗工廠裡。

　　處於東亞與西亞兩極之間，南亞的足球亦有所發展，尤其是印度，但板球在這裡依然稱王。封閉的印度國族主義復甦崛起、南亞國家心思被當地的國界爭議佔據，加上印度對參與全球經濟小心翼翼，這些都使足球的吸引力受到限制。到現在最能說明印度次大陸緊張局勢與重點議題的，還是印度對巴基斯坦板球測試賽的氛圍，而不是世界盃資格賽。伊斯蘭馬巴德（islamabad）以西，足球雖然在此立足已久，但近年來的面貌深受國際戰爭、國家內戰、宗教動亂等情勢影響。在伊朗，隨著伊斯蘭革命推展，足球獲准重回社會生活之中，成了反對神權政治保守勢力的民眾集結的中心。足球在伊拉克則從暴虐政權之下悲哀的僕從，一變成為後海珊時代社會重生的象徵。在波斯灣地區，石油所推動的發展和區域衝突，給舊統治秩序帶來無窮的壓力，也讓足球作為合法秩序及消遣娛樂的來源更形重要。距離東京六千哩外的地中海岸，巴勒斯坦人把他們的國家隊視為爭取建國的手段。如果日

本人如今生活是為了享受運動，那麼在這塊民族文化最多元的大陸另一端，這裡的人運動反而是為了生存。

II. 日韓儒家球風的興衰

　　南韓足球，事實上包括所有團體組織性運動，實質發展都先後因太平洋戰爭和韓戰而中斷，之後又被戰後重建的物質和心理負擔給拖緩。駐紮在南韓的大量美國陸軍與海軍，鞏固了棒球的人氣地位。足球被託付到企業贊助的業餘球隊、大專院校，任其自生自滅。儘管如此，南韓的足球文化還是紮根夠深，讓足球得以存活下來。一九五四年世界盃，南韓贏得參賽資格，但他們在首場比賽開踢前十小時才好不容易抵達會場，對上當時備受看好的匈牙利隊。南韓隊以九比零慘敗，三天後對上土耳其隊，結局也沒好上多少。但在國內，球隊受到深情緬懷，感念他們在國家最低潮的時候還能站上國際舞臺。接著在一九五六年和一九六〇年，南韓國家隊又蟬聯早年的亞洲盃冠軍。也許這段時期，南韓的最大成就是出產了兩名優秀球員，有本事在一九八〇年代的歐洲職業足壇存活下來，一位是在德甲闖蕩過多個賽季（1979-88）的車範根，另一位是同時代效力於荷蘭 PSV 恩荷芬隊的許丁茂。但除此之外，再也沒有世界盃之旅，沒有任何賽事的獎盃。南韓人的生活裡，只有用功讀書、努力工作，力爭上游。

　　南韓足球近年能飛黃騰達，與南韓經濟起飛的過程一樣，憑藉的是總統朴正熙漫長的專政時期（1961-79）奠下的國族主義軍事極權基礎。在朴正熙統治下，南韓從一個貧困落魄的國家，搖身一變接近富裕。大韓民國的經濟部門及人稱「財閥」的多角化企業集團，向重要產業輸送資金，強於出口貿易，使工會疲弱不振，勞動成本低廉。南韓非常非常努力工作，沒有多少時間從事職業或菁英運動，資源支持也少。到了朴正熙的繼任總統全斗煥執政時期，南韓的菁英階層才漸漸把體育視為一種手段，用於展示國家新近累積的財富。一九八二年，南韓才首度成立體育部，且在當時只是中央情報局的附屬部門。體育部急起直追，彌補錯失的時光。爭取漢城奧運主辦權是第一

項任務，體育部成功達成。接下來，棒球聯賽受命轉型成職業，小型職業足球聯賽也在鼓勵之下創立。這個南韓足球超級聯賽（Super League）最初沒那麼超級。混合了業餘球隊，如位於首爾的哈雷路亞隊（Hallelujah），隊如其名，由福音派基督教會經營；還有國民銀行（Kookmin Bank）和韓一銀行（Hanil Bank）贊助的半職業隊，以及三支明顯由財閥資助的職業球會：釜山大宇（Pusan Daewoo）、浦項鋼鐵（Pohang Steel）和油公隊（Yukong）。賽制當時安排混亂，主場和客場的制度尚未確立，球隊全國走透透，活像巡迴足球馬戲團。但漸漸隨著實戰一多，爭論也少了，南韓再度開始拿下進軍世界盃的資格，事實上從一九八六年到二○○六年，他們每一屆世界盃都踢進到會內賽。

一九九六年定名為「K 聯賽」（K-League）的南韓足球聯賽緩緩成長，慢慢褪去殘留的業餘主義外衣與過去古怪的形制。觀眾最初很少，但到了一九九○年代末開始大幅激增。其他財閥也加入戰局，出資組建球隊，如水原三星藍翼隊（Suwon Samsung Bluewings）和蔚山現代隊（Ulsan Hyundai）。有如此雄厚的投資，韓國的一流球會漸漸在亞洲的俱樂部賽事大放異彩。地方政府也前仆後繼成立並贊助球會。哈雷路亞隊不敵財神之力，早已回歸業餘層級，不過戰績輝煌的城南一和天馬隊（Seongham Ilhwa Chunma）巧妙取代了它的位置。城南隊的所有人是牧師文鮮明（Sun Myung Moon）所創立的統一教（Unification Church）教會，在西方習稱「Moonies」。南韓的足球場不只是世界盃場館，還曾用於舉辦歷來所見規模最大的幾場集團婚禮。

南韓的進步是極權促進發展的絕佳範例。相同說法也適用於南韓爭取二○○二年世界盃主辦權的過程。一九八○年代中期，國際足總主席若昂·哈維蘭吉就已明言，世界盃也應當至亞洲舉辦，而假如要去亞洲，就該辦在日本。一九九六年，決定二○○二年世界盃主辦國的時候到來，日本接下暗示，早早就成立了申辦委員會，提前發起造勢宣傳。南韓晚了兩年才成立申辦委員會。日本的申辦宣傳由日本足總雇請的技術專家主導，完全主打日本卓越的工程建設與民間設施。相較之下，南韓則大力動員經濟界與政界菁英，這些人不怕操弄政治手腕。申辦委員會的成員包括現代集團會長鄭夢準、樂喜

金星集團（即ＬＧ集團）會長具本茂，以及南韓副總理李洪九。李洪九甚至把申辦之事擺在首位，不惜婉拒參死對頭北韓領導人金日正的葬禮，以便出席一九九四年世界盃會內賽的接待會，在宴會上為南韓宣傳。南韓也派遣通多國語言的申辦特使至許多大使館，所在地恰好都是有國際足總執行委員會席次、擁有投票表決權的國家。鄭夢準本人也是國際足總執行委員之一，不僅保證南韓至少有他這一票，也讓南韓能夠從內部打通關節，進行必要的交涉協商。南韓提出野心勃勃不下日本的計畫，同時宣稱由南韓主辦世界盃，可以保證把一兩場比賽安排在平壤舉行，把北韓拉回國際規範之下。南韓也暗示，日本對於二戰期間在朝鮮、中國與亞洲其他地區犯下的罪行，始終保持沉默，頂多虛情假意道歉，如今把主辦權交給日本，形同寬宥日本這樣的態度。國際足總委員會內，歐洲代表皆支持南韓，哈維蘭吉一派則支持日本。雙方的宣傳活動都很好，實力旗鼓相當，對兩國而言，失去主辦權就是丟了面子，代價都很高。因此當兩國合辦的提議一出，申辦雙方立刻把握機會。這種做法在二〇〇二年的歐洲國家盃，已經受到歐洲足總核可。

　　南韓足球發展的模式在日本無從得見。日本政體較為民主，中央政府較少直接牽連體育事務，也比較無法強制全國轉變。下領導棋沒有用，日本的產業與人民需要誘因。足球在日本的競爭對象也比較多。比起在韓國，棒球在日本大眾文化紮根較深。甚至可說在一九七〇年代看來，棒球為日本企業組織管理提供了理想模範：一個階級森嚴的團體，由教練或經理擁有最高權力，向高度忠誠、紀律嚴謹的球員或員工下達指令。

　　但日本也在改變。一九八〇年代末，日本經濟攀至巔峰，出現日後所稱的泡沫經濟，呆帳與房市股市惡性增值造成景氣過熱。商界金錢橫流，但企業憂心忡忡。日本這些年並未創造新產業與新市場，取代汽車、電子、造船這些過往強項。更有甚者，步入後工業時代服務導向的開放式經濟，日本的商社與勞動力似乎無法勝任新時代交付的任務。在新的時代，個人的主動精神、創意、變通能力、創新發明，將會比階級嚴明的組織與循規蹈矩的下屬更加重要。

　　就在這樣的時代背景下，一九八〇年代末，日本足總內部開始計畫讓足

球轉型。百年來，由封閉僵固、心不在焉的企業集團施恩建立並贊助的半職業足球，在令人驚嘆的文化翻轉工程之下，將被一掃而空。「J聯賽」將創造出具有歐洲式地方效忠精神的職業球會。新聯賽將堅決要求舊球隊捨棄企業冠名、興建正規現代足球場、增加贊助者類型、與員工制定職業合約、訓練青年隊、與地方建立連結。休閒娛樂化的足球，正是日本經濟轉型所需要的新市場。同樣是一項團隊運動，但比起棒球，足球有更大空間容許個人積極主動一展長才。教練是可以制定架構，但球員也需要自主思考。贊助企業與地方政府無不競相支持J聯賽。

　　商品有了，J聯賽現在需要消費者。日本效法美國運動產業，學會如何生產及銷售運動周邊商品、如何利用經銷權將收益最大化，最重要的是如何包裝宣傳哄抬價值。J聯賽打算以終極「新發售」之姿問市，意思是「改良商品，全新上市」。聯賽隊伍球衣由日本知名運動品牌美津濃（Mizuno）重新設計，再以時尚走秀的方式高調展示。美津濃拒絕使用傳統球衣常見的簡單色塊，改在胸口恣意揮灑繽紛色條，實驗用紮染（tie-dye）圖騰、倒轉的多邊形與其他幾何形狀取代條紋，還大膽用紫色搭配橘色。至於俱樂部品牌行銷的重要元素——吉祥物和隊徽，聯賽找上曾替《芝麻街》和《湯瑪士小火車》設計販售兒童品牌的索尼創意製作公司（Sony Creative Producers）：「橫濱水手隊獲得一隻穿制服的海鷗……橫濱飛翼隊……得到一架戴帽子的飛機……鹿島鹿角隊的是一頭鹿。」[3] 不少外國球星被簽下來為球隊增添聲望和風格。早年赴日球員包括英格蘭的加里‧萊因克爾（Gary Lineker）、阿根廷的拉蒙‧狄亞茲（Ramón Díaz）、巴西人奇哥與德國人皮耶‧列巴斯基（Pierre Littbarski）。首賽季開賽前的倒數時刻，J聯賽在日本全國策畫了大波廣告宣傳，聯賽贊助商又加上自己的行銷活動。這一輪大肆宣傳奇招百出，效果絕佳，J聯賽開幕戰的門票增加六倍都賣得出去。

　　歐洲、拉丁美洲、亞洲三地的足球文化，這次在日本和南韓的大會師深具啟發意義，尤其點明了不同文化之中個體與群體的關係。球員心態與行為的差異，外國教練的觀察最為敏銳。與南韓國家隊合作的俄羅斯人李奧納德‧佩托夫（Leonard Petrov），如此說道：

儒家傳統孝敬父兄的觀念，往往與足球的基本原則相悖。團隊這個概念，在韓國人的認知裡是一個階級嚴明的團體，以隊長為首，年紀最輕的成員居於末位。每一名球員都明白曉得他在隊內的角色和地位，寧可謹守本分，也不想擔負任何額外的責任。舉個例子，假如帶球來到對手禁區，一個知分寸的韓國球員絕對不會把握黃金機會自己射門，他們無不例外一定會想辦法把球做給「前輩」。[4]

相同描述也適用於早期日本乃至中國的足球。服從階級輩分，隨之而來的是在權威面前流失自信。廣島三箭隊的英格蘭教練史都華・巴克斯特（Stuart Baxter），描述箇中差異：「在其他國家，沒把某個球員列入大名單，他們會跑來捶你的門，大罵：『你他媽的怎麼不選我？』日本人卻會來跟你說：『巴克斯特先生，請問我可以怎麼改進？』」[5]如果在場上失誤，球員還會向彼此道歉。這種差異之深，阿根廷中場球星奧斯瓦多・阿迪列斯（Osvaldo Ardiles）在執教清水心跳隊時就體驗過。他要一名後衛在角球開出之前，用手摸著自己防守的門柱（只是要他確知球門位置）。沒想到那一整場比賽，即使角球已經踢到禁區之外，該名球員還是會維持摸著門柱的姿勢呆在原地。但也許為日本足壇上了最重要一課的，是像南斯拉夫名宿德拉根・史托科維奇（Dragan Stojković）和一九九四年世界盃奪冠的巴西隊隊長鄧加這樣的球員。他們兩人所帶來的熱情和奉獻，過去日本沒有人見過。鄧加會在場上激勵隊友，也會厲聲指責隊友的失誤，以此聲名大噪，但也深得人心。還要花上將近十年，日本的足球員才得以部分擺脫日本人對於表現個人才華及在公眾面前失敗的神經質恐懼。當時在鹿島鹿角隊執教的溫格，就這樣說過隊內的球員：「他們想從我這裡得到明確指令。但足球不是美式橄欖球，教練不會一個動作一個指令……控球者應該要主導賽局……我得要教他們獨立思考。」[6]

中田英壽（Nakata Hidetoshi）就是名有能力獨立思考的日本球員，可能也是日本新世代球員中最有天賦的一人。這些球員都生長在一個摒棄戰後傳統職場集團倫理的世代，比起令人窒息的一味服從，更偏好個人的獨特個性，

堅信才華實力比年齡輩分更重要。中田英壽公然表現的就是這種態度，他曾經被拍到在日本國家隊內大聲指責前輩三浦知良（Miura Kazuyoshi）失誤，而且直呼三浦名諱，沒用敬語稱對方「三浦桑」。不意外，中田英壽發現自己在日本很難待得下去，球會生涯後來轉向義大利和英格蘭發展。

　　相似的階級服從文化也塑造了日本球迷的行為反應。在社會規範牢牢約束人際互動的日本，足球場雖然一向被當成是規定暫時鬆綁的地方，但社會大眾明顯也認為在外不該做出越軌行為。隨日本國家隊四處出賽的核心球迷團體，在場邊雖然曉得熱烈打鼓、齊呼加油口號，但根據某一場比賽的觀察者所言，球迷進場的時候，只不過百來個祕魯人就能徹底壓過日本球迷的聲勢。在J聯賽的比賽，雙方球迷會為彼此鼓掌，他們厭惡羞辱對手的口號，沒有人知道要怎麼威嚇客場對手，也不會噓自己球隊表現不佳的球員。事實上，場邊傾向於想辦法支持鼓勵當天運氣不好的球員。聯賽早年，東京綠茵隊以擁有最響亮的加油聲和最廣大的球迷基礎自豪，球迷組成官方球迷俱樂部，取名「Camisa Doze」，意思是「第十二件球衣」。但他們與博卡青年隊同名的球迷俱樂部「第十二人」，差了不只十萬八千里。Camisa Doze 全盛時期有一萬六千名會員，其中一萬人是女性，大多數是女學生，把挑選球隊當成挑選珍奇的舶來時尚品牌。在她們眼裡，到現場看球如同參加她們最熟悉的一種大規模觀眾集會──流行樂演唱會。同樣在足球場邊，「第十二人」唱的是嗑藥的迷醉、奇異的性癖、惡毒的影射；日本人唱的是一首溫和無害到讓人受不了的詩，作者不是別人，就是球王比利。

　　Olé, Olé, Olé
　　嘿，綠茵隊，技術超群！
　　大家一起來吧，度過開心時光，
　　與綠茵隊同在──開踢比賽！

J聯賽每場賽末表現的禮儀，若是放到布宜諾斯艾利斯，肯定令人百思不解：

　　賽末，雙方隊員會在球場中央並肩列隊，向主看臺揮手。接著球員會轉身向場邊支持者致意，在球門線排成一列，整齊劃一向球迷鞠躬。[7]

足球比賽貌似流行樂演唱會或友誼宣誓儀式的現象，愈近一九九〇年代末愈漸消失。J聯賽最初的異國感和新鮮感慢慢消退，一個比較小但忠誠的球迷基礎漸漸形成。少數球會發展出一種新的球迷文化和加油方式。浦和紅鑽隊可能是最佳範例，球隊位於東京平凡的衛星市鎮埼玉市，過去是三菱重工企業足球隊。一九九三年，名為「Crazy Calls」的球迷組織成立，負責創新及指揮在浦和隊主場的加油方式。他們借用義大利球迷那種集體表現、軍團式呼口號的形式，但也吸收了英格蘭球迷尖酸的機智與對流行文化的了解。當一九九三至九四年賽季，浦和隊排名跌到聯賽末尾，球迷在場邊哼起貓王名曲〈情不自禁愛上你〉（I can't help falling in love with you）作為回應。噓球員、裁判和敵隊球迷，也由他們率先引進。鹿島鹿角隊的球迷團體「In Fight」有自己的森巴樂隊和隊呼。柏太陽王隊的球迷向他們自己專斷的口號帶動者發動革命，首創用賽前討論的方式，民主地計畫如何替球隊加油。日本全國各地對歐洲足球的大幅報導，把義大利、西班牙和英格蘭的加油歌曲也給帶入了J聯賽。總之在這方面，日本各個小型球迷集團走上了一條歷史老路——引進先進的外國技術加以仿效。但在其他許多方面，他們在自己和外人眼裡非常的「不日本」。浦和紅鑽隊發給新球迷名為《紅皮書》（The Red Book）的簡介手冊，裡頭就寫道：

　　也許我們需要稍微放棄當一個日本人。討厭與堅持自我立場的人起衝突，這種心態一時不容易改過來。可惜我們的祖先身上並不流著屬於足球迷的那種鮮紅熱血。[8]

世人認為，後工業時代新日本社會在心理、智識、情緒方面需要的能力，會經由足球培育並展現出來，包括變通能力、積極主動、適應能力，以及用實力取代輩分當作評斷標準。這一點在球場上多少看得見，不過還是以狂熱球

迷組成的小團體，最常公然逾越日本工業社會的準則。他們相對的天然自發、粗率不羈，偶爾酩酊大醉，這都源自於足球潛在的嘉年華氣氛。

「韓國與日本交流的歷史悠久，但少有齊力合作的經驗。」[9] 思及即將到來的二〇〇二年世界盃，前韓國駐日大使崔成勇說道。這將是第一次由兩國合作主辦、第一次辦在亞洲，也是二十一世紀的第一場世界盃。話雖如此，日韓兩國有多大程度是「合力」舉辦而不是分庭抗禮，這點仍有待商榷。在首爾盛大舉行的開幕典禮經過精心編排，盛大的場景與表演當中一次也沒有提到日本。賽事籌備期間，兩個主辦國之間衝突和爭執不斷，吵得最激烈的一件事，是日本打算在門票印上「二〇〇二年日韓世界盃」，不照原本雙方的協議，使用國際足總官方頒定的「二〇〇二年韓日世界盃」。這場將臨的賽事重要性何在，兩國對此的期待也有所分歧。

南韓普遍把世界盃當成一次向全世界展現國家實力的機會。一九八八年的漢城奧運，畢竟是工作至上的資本主義在國家威權體制之下締造的果實。這些年來，韓國漸漸去軍事化、邁向民主，雖然尚未徹底，但已經創造出一個比較多元開放、不同於以往的社會，韓國人熱切希望向全世界宣傳，同時趁機自我檢驗。公民進步運動鼓勵韓國人多多微笑（因為韓國人臉上欠缺表情，西方人看了常感到困惑）、少吐痰、禁吃狗肉。以替健康安全著想為藉口，傳統街頭小吃攤販在開賽幾週前從街上掃蕩一空，使更多人只能投向微波漢堡的懷抱。最小家子氣的是，韓國城市裡常見的「布帳馬車」——巷弄裡熱鬧的下酒小吃路邊攤，全部暫時停業。另外某部分心力則放到了韓國陳舊過時的公廁上頭，「潔淨馬桶，潔淨韓國」（Clean Toilet Clean Korea）運動，承諾徹底整頓全國廁所設施，拉高廁所環境整潔的標準，提高人民如廁的觀念水準。韓國人民被要求捨棄傳統多排多隔間的公廁系統，改用西式單間排列的戶外洗手間。

反之，日本早在一九六四年的東京奧運，已向全世界證明了自己的能耐。因此這一屆世界盃，大抵上僅被視為一場運動嘉年華盛會，不是拿來吹捧國家實力用的。非但如此，還有一股反省的心情進一步籠罩著日本，這股心情已因經濟連年停滯不前而深植在日本人心中。比起全世界會怎麼看，日本更

感興趣的是這屆世界盃能道出自己的什麼問題。外國人來訪沒被當作商機，反而引起憂慮，對英格蘭足球流氓的隱隱懼怕，成了日本人為賽事做心理準備的主軸。至於球場上的表現，不論媒體或民眾都沒有太高期待。畢竟一九九八年世界盃日本隊三戰全敗，對牙買加的那一場比賽尤其表現極差。南韓人的想法也大同小異。

二〇〇二年春，全世界的人陸續來到東亞，他們最先看見的就是過往賽事前所未見最高科技、重金打造的足球設施。世界盃規模逐年擴大，舉辦上有時愈來愈複雜，但有幾個因素尤其讓〇二年世界盃立下極高標準。兩國合辦這樣的安排，對於替日韓之間的憎惡和猜忌降溫沒有太大幫助，反而激起兩國之間的球場興建競賽，彼此力拚建築本領。這兩個國家的建設業位高權大、勢力雄厚，兩國政府都相信建設業是經濟成長的關鍵動力。同樣說法也能套用在電子消費產品和電信通訊產業，業者把握機會把世界盃當成是一次特大規模的行銷活動。〇二年世界盃一共在二十座球場舉行，比一九九〇年義大利世界盃的球場數多出兩倍有餘，一九七〇年在墨西哥與五〇年在巴西舉辦的賽事更不用說，都只有少少幾座球場。

除了這些相似處之外，韓國與日本有兩個有趣的差別，有助於解釋這兩個國家在世界盃期間一些不同的經驗。在韓國，政府和影視產業積極鼓勵民眾到戶外看大螢幕轉播，全國設置了兩千多部大螢幕，但這在日本則被大力勸阻。同樣道理，韓國新蓋的球場皆專為足球設計。但在日本，政府資金補貼有很大一部分要用於舉辦年度全國運動大會，興建的球場多附有田徑跑道與其他體育設施，地點絕大多數位在偏僻孤立的市郊。也因為這樣，撇開兩地球迷文化的差異不談，韓國球場內的氣氛遠較日本熱烈，賽事在集體經驗中留下的記憶也更為深刻——但話說回來，這也是因為南韓隊差一點就能闖進決賽。日本隊的表現雖然比懷疑者預期的好上很多，但第二輪就已淘汰出局。

如果經由舉辦世界盃與足球隊的表現，日本人對自己有了新的認知，他們認知到了什麼？法國教練菲利普·杜斯亞（Philippe Troussier）當時擔任日本隊總教頭，最大貢獻是提拔青年球員，鼓勵球員展現出個人特色——這後

來充分表現在隊內球員各種顏色、各種造型、抹上髮膠、剃得像漫畫人物的髮型上。他們也有相當的實力在小組賽與比利時踢成平手，首度在世界盃拿到積分，接下來對突尼西亞和俄羅斯的兩場勝利，讓日本隊挺進第二輪。十六強賽遇到土耳其，對日本來說太強了，但敗給最後拿下季軍的隊伍也並不丟臉。日本球迷高舉著看板，想必是賽前才趕工做的，上頭告訴球員：「謝謝各位帶給我們夢想。」無聲的期待帶來無聲的慶祝。場內的球迷雖然夠吵，但場外只有三兩個大膽的人敢在日本隊獲勝時跳入河裡或都內的水道慶祝，他們被當成新世代不聽話日本人的代表受到推崇。稻本潤一對比利時進球後實際露出笑容，這件事竟也引起公眾大幅關注。日本也許打從心底知道，足球培育出個人主義和自發精神之際，也用名人取代了武士，並發掘出一種比較平和的國族主義。思考日本舉辦世界盃的意義，報紙《朝日新聞》認為：

> 這可能會成為日之丸（日本國旗）和〈君之代〉（日本國歌）大鳴大放的季節。尤其是日之丸，這可能將是自二戰以來全國第一次四處飄揚著國旗，儘管意義大不相同。年輕人對待國旗和國歌十分隨興，不再畢恭畢敬。那種輕率隨意的態度令人吃驚。相隔一天，他們已經拿起國旗在替其他國家加油了。[10]

南韓的世界盃意義有所轉變，首要是受到國家隊非凡表現的影響。當局暫停 K 聯賽將近一年，好讓國家隊的荷蘭籍教練希丁克方便隨時與陣中球員接觸。民間在賽前已經做好心理準備，接受自己的國家隊有可能會是第一個闖不過小組賽的地主球隊，但賽事籌辦期間，大家漸漸開始相信事情說不定會朝另一邊發展，因為南韓隊先是以四比一大勝蘇格蘭，又與英格蘭拚成平手，之後輸給法國差距也非常小。希丁克和杜斯亞一樣，用功績唯上的制度向南韓足球界宣告他的來到。按照他的用人標準，年紀和輩分沒有半點優勢。球員的體能和技術本來已經不錯，為了精益求精，希丁克鼓勵多功能訓練，讓球員能更有效地互相接應，也藉此具體養成球隊的向心力和自信心。從首爾市區光化門路口擺設的巨大螢幕，到小鎮停車場臨時用一輛市政府垃圾車搭

起的布幕，統計聚集在大螢幕前的觀眾人數，就能繪出國家隊進步的走勢。開幕賽對波蘭一戰，只聚集了五十萬人看南韓二比零獲勝。對美國的比賽，觀眾有七十五萬人，雖然結果平手，但現在晉級真正有望。將近三百萬人走出戶外觀看對葡萄牙的關鍵一戰，這場比賽靠著朴智星的一顆進球鎖定勝局。第二輪十六強賽對上義大利，吸引了四百二十二萬人，南韓隊撐到傷停補時獲勝。八強賽對西班牙，觀眾有五百萬人；四強賽對德國則有七百萬人，單在首爾市中心就有超過一百萬人，臉上塗了油彩、身上穿著紅衣、包好午餐飯盒，出發往廣場、街頭、螢幕與人群前進。

　　四強賽結局掃興，但與土耳其爭奪季軍一戰，還是有三百萬人觀賽，而且儘管六十多分鐘後已經三比一落後，南韓人仍然一刻不歇地不停奔跑、嘗試射門。宋鍾國在傷停時間的進球，就見證了這一股不屈不撓的體能與意志力，這也是國家隊與全國努力的印記，在物資匱乏又經內戰摧殘的情況下，南韓靠著社會組織、中央集權以及艱苦打拚的力量，從全世界最貧窮困苦的國家，搖身一變成為富裕國家。聚集觀賽的球迷起初絕大部分是頂多二十來歲的年輕人，但隨著人數壯大，人口構成也愈來愈廣：孩童、青少年、年長者，全都在這些臨時搭就的公民民族主義舞臺上各自就位。最難接受這種發展的是所謂的「三八六世代」──出生於一九六〇年代，現在三十幾歲，八〇年代讀大學，因此八〇年代中期興起民主抗議風潮時，他們就站在最前線。相同的廣場和公共空間在當時是激烈鬥爭的陣地，遍布催淚瓦斯和鎮暴警察。一位當年支持民主化的抗議者，描述觀賽當下的微妙感受：

　　我衷心想替球隊歡呼。但我忍不住覺得尷尬，怎樣也喊不出來。周圍的人用輕蔑的目光看我們，似乎在說：「你們幹嘛不歡呼？」他們的態度就是一副「你們怎麼不一起歡呼？」[11]

也有不少人看來確實學會歡呼。另一位當年民主抗議的參與者金在揚（音譯），置身首爾市政廳前的人群：

一九八七年,讓所有人團結在這裡的是一股鬥爭的衝動。這次不一樣了。我們開心玩樂之餘,也有餘裕替他人著想。即使成千上百人聚集在一起,一切還是井然有序。想到我們能有現在的進步,我也在過程中扮演了一角,我既感驕傲也覺得責任重大。12

III. 振興中華?

中國足球與中國經濟一樣,從一九七〇年代末到八〇年代,這段時間都花在修補文化大革命造成的傷害,孵育新的希望與欲望。一九七六年毛澤東去世後,鄧小平在中國共產黨內逐步掌有至高權力,發起新的經濟改革計劃。外國投資人受邀使用全世界最大量的廉價勞動力,中國農民也獲准把農產拿上開放市場銷售賺錢。文革期間銷聲匿跡的協會足球,首先重新創立,繼而更加貼近國際標準。中國國家隊和隸屬於解放軍的八一足球俱樂部,早年也列名全國聯賽,兩隊都會出賽只是不計積分,如今都從聯賽除名。一九七三年甲級聯賽曾試驗過替頭球進球額外加分,現在也捨棄了這條規則。在國際體壇主流外漂泊了三十年後,中國終於重新加入國際奧委會和國際足總。

如今足球的群眾基礎龐大,期待也日漸升高,媒體、球迷、政治人物個個都深切盼望國家隊取得資格進軍奧運或世界盃。一九八〇年首度嘗試挑戰奧運資格,結果很可惜,中國男子足球隊在亞洲區資格賽敗下陣來,過程中還輸給小國新加坡。八二年世界盃資格賽,中國隊的表現有進步,雖然終究沒去成西班牙,但倒是成功擊敗了後來在亞洲區勝出的科威特。國內對這場勝利的反應,說明了中國對足球的著迷程度與經濟發展的關係是何等緊密。大城市裡數以萬計的中國人走上街頭,高喊著「振興中華」。

改革有成,膽子也大了,鄧小平在一九八四年把改革方針拓展至產業界、服務業界和國營公司。足球俱樂部響應政策,也著手尋找商業贊助,廣州一支隊伍成了首見掛上企業標章的球隊。接下來在新經濟政策的灰色地帶,俱樂部開始轉型為以商業基礎營運的職業球會。但中國始終未能踢進世界盃,八五年在一場關鍵的資格賽以二比一輸給香港,更讓全國陷入憂鬱的反省當

中。北京有六萬名觀眾看著中國隊先以一比零領先，之後得分就凍住不動了。這起後來所謂的「五一九事件」，是中國第一次發生足球暴動，上千名不甘心輸球的憤怒球迷，砸毀商店櫥窗、推倒燒焦的公車、找外國人麻煩、癱瘓市區的地鐵站。數百人遭到逮捕，少數被關進監獄。中國足球迷太早抱持過高的期待了，八九年天安門廣場上的抗議學生也是。廣場上呼喊的不是晉級世界盃，是他們心目中理當與新中國經濟匹配成對的必要之物——民主。中國共產黨無法擔保足球場上的勝利，更無意讓位予民主。軍隊鎮壓清洗天安門廣場，死亡人數逾千人。

不論共產黨內外，現在已不會再有任何異議。於是在一九九二年，鄧小平宣布了一項不可逆的歷史決定，中國共產黨將放眼於在中國創建資本主義工業經濟。一段高度工業化的年代就此展開。中國經濟突飛猛進。歷史上從未有一個經濟體成長如此之速，維持如此之久，同時還經歷一連串緊密相關的大規模結構變遷。鄉村農耕的社會主義中國，轉向工業化、都市化、資本化，至少對生活在太平洋岸的五億人口是這樣。足球也乘上了變革的浪潮。

與鄧小平發表談話幾乎同時，中國足球各管理當局也首度召開全國足球大會，針對如何整頓國內足球、如何送國家隊進世界盃，提出計畫綱領。頂尖球會斷絕與軍隊、鐵路局等舊國營機構殘餘的紐帶關係，改與地方政府和地方企業打造新商業同盟。球會合法改組為企業，掌控門票收入、廣告、贊助和電視轉播權利金。中國足總的收入在十年內增長五倍，球會預算快速倍增，頂級聯賽的球員薪資一度與中產階級公務員相差無幾，但至一九九八年已經比公務員高出二十倍。包括國家隊在內，各層級的賽事都廣募外國教練。來自拉丁美洲和西非的外國球員也開始出現在頂級聯賽——中國足球甲級 A 組聯賽。其中最令人難以置信的是英格蘭中場球星保羅·加斯科因，職業生涯晚年他也跑到中國追求發展，替自己多存一筆退休金。甲 A 聯賽沒有球隊收留他，但他成功在二〇〇三年加入甲級 B 組的甘肅天馬隊，直到天馬隊也以他如今貢獻無多為由將他釋出。

如同大批中國留學生接受企業獎學金資助，前進世界各地的商業學校、教學醫院與菁英工程系所，運動界也有相似趨勢。健力寶運動飲料集團就把

追求足壇榮耀看得十分重要，送了二十二名中國青年球員到巴西，接受五年的實戰訓練。中國新一代足球好手，許多也在海外聯賽找到安身之地，最突出的就屬在英格蘭超級聯賽踢球的中國人。一九九八年，水晶宮隊簽下孫繼海，他後來又轉會至曼城。艾弗頓隊的後防線有李鐵可以誇口，還有中國的電信公司科健集團當他們的贊助商。兩隊在二○○三年一場較量，在中國估計得到一億五千萬名電視觀眾注目。

　　一九九七年，因為吸收了東亞金融危機的震盪，中國經濟一時停擺。東南亞股市和房地產價格暴跌，餘波會把印尼總統蘇哈托（Suharto）一起拖下臺。中國依然未能取得世界盃資格，但足球與經濟的走勢無人能擋。當二十一世紀揭開序幕，任誰都明顯看得出來，中國成為世界最大經濟體只是遲早的問題。二○○一年十月七日，中國擊敗阿曼，終於拿到世界盃參賽資格。國內有兩億五千萬名電視觀眾收看了該場比賽。慶祝活動在各地自動發起，天安門廣場上群眾高喊「米魯」，褒揚國家隊的塞爾維亞教練博拉・米魯蒂諾維奇（Bora Milutinović），是他帶領國家隊一路闖進資格賽最終輪。

　　不可能有人事先寫好劇本，但巧合如此驚人，隔天中國就爆發全國最大的貪汙收賄及假球醜聞，即所謂的黑哨事件。甲 B 聯賽前一個週末的比賽已經挑起懷疑。聯賽倒數第二輪，上海中原匯麗隊以三比二擊敗廣州吉利汽車隊，提前晉級甲 A。上海隊的南非前鋒馬克・威廉斯（Mark Williams），在傷停補時最後一分鐘踢進致勝球，但所有人都看見他的位置明顯越位。競爭第二個名額的成都五牛隊則以十一比二大敗四川綿陽太極隊，晉級機會大增。隔週最後一輪比賽，剩下成都、長春、江蘇三支球隊爭奪晉級資格。成都隊四比二擊敗江蘇隊，爬升至聯賽亞軍。同時在杭州，長春隊正以二比零領先浙江隊，他們需要再進四球，才能靠淨勝球奪回亞軍位置。從正規時間最後五分鐘到意外充裕的傷停補時之內，長春隊就這麼剛好進了四球，順利晉級。

　　哪怕是在中國，這麼赤裸的貪汙行賄也已經站不住腳了。中國足總對所有涉案球會處以罰款，取消長春隊的晉級資格，廢止國內涉案教練次年的執教資格，並把以十一比二這麼可笑比分輸球的四川綿陽隊降入乙級聯賽。廣

州隊和浙江隊的球會主席接著上電視向全國說明他們如何買通裁判、左右比賽結果。緊跟而來愈來愈多內幕曝光，更多球會承認踢假球，更多裁判遭到點名。儘管如此，法庭裁決長春隊晉級有效。官商貪腐勾結、法治無能無效的老問題，在新中國依然存在。結果就是民眾對公眾權威的信心瓦解，不論是對政府或是對各級足協。下個賽季，一場陝西國力漢斯啤酒隊對上青島啤酒隊的比賽就闡明了這一點。青島隊原本二比一落後陝西隊，傷停補時獲判點球，青島隊罰球進門，把比分追平成三比三，西安球場旋即群情激昂。觀眾席首先響起「黑哨！黑哨！」的叫喊，手機和硬幣接著如冰雹般落下。青島隊先後有球員被塑膠喇叭和不鏽鋼打火機打中。下一個只見塑膠座椅也被扔進草皮，中國第一起球場全面暴動就此上演。看臺間有人放火，賽後記者會演變成爭吵大會，球場內外不得不動用水砲才能稍加恢復秩序。

　　二〇〇二年世界盃證實是一次切身的教訓，中國隊在小組賽不只一分積分也沒拿到，而且一球未進，連續敗給巴西、土耳其和哥斯大黎加。隔年，SARS 病毒襲擊東亞，原定在中國舉辦的世界盃女子足球賽也臨時取消，改移至美國舉辦。中國女足隊賽前原本備受看好，但離鄉出征的結果未如預期。不過想當然爾，這些挫折是過度擴張、是社會經濟猛烈變遷必然導致的結果，期待飆升太快，高過產能所及，人人都想追求成功的捷徑。〇四年，中國主辦亞洲盃，參賽隊伍現在已擴大到十六隊，中國隊在歇斯底里的加油支持之下，闖入在北京舉行的決賽。對手日本隊到目前為止每場比賽都得忍受一群中國球迷的口哨和噓聲。這種情形到了決賽加倍嚴重，日本隊優越的實力加上第二記進球明顯有手球嫌疑，更使局面火上加油。比賽最後三比一由日本獲勝，球場內與球場四週一連串騷亂繼之而來：日本外交官的座車窗玻璃被人砸碎、日本國旗當街被人燒毀、一小群日本球迷也被迫留在球場裡好幾個小時以策安全。反日情緒在中國本就不是新鮮事，日軍佔領遺留的爭議依然未解，當代又有石油資源和島嶼主權引起的衝突在檯面下悶燒。比較令人意外的反而是中國當局現在似乎懼怕起自己的國民。這種事件在拉丁美洲或歐洲部分地區，頂多被當作是一場小騷動，反社會行為不超過容忍範圍，但造就天安門事件的一群人卻稱之為全面暴動。不只如此，不論場內或場外的爭

端，他們都沒打算要插手調停。

　　二〇〇八年，中國將在北京主辦奧運足球錦標賽，此外當世界盃重回亞洲，勢必也會來到中國。中國足球廉正與否、表現好壞，將不再和向來一樣只是中國急遽發展的象徵，還將會是一把量尺，直接量度出高度工業化發展的希望與病兆。

IV. 東南亞瘋迷的是誰的足球？

　　東南亞諸國在中國南方排成巨大的月彎，從西邊起依序是緬甸，經過馬來半島（泰國、馬來西亞、新加坡、汶萊）和中南半島（寮國、柬埔寨、越南），到印尼群島和東邊的菲律賓。北邊有臺灣，早年因政治因素遭中國強迫從亞洲區足球排除，只能參與大洋洲區的國際賽事。*海峽對岸，與中國大陸本土相連的有殖民回歸的香港和澳門，兩地雖然主權回歸中國，但在國際足總仍保有國際足球地位。這十三個國家地區至今不曾取得世界盃會內賽資格（一九三八年的荷屬東印度代表隊除外），也沒有哪一隊看起來真有其實力。一九五〇至六〇年代，偶有幾支東南亞的球隊在亞洲盃露臉（不過頂多打到四強），但在國際層級的賽事，紀錄很少是事實。

　　國內足球的景況也沒有多強盛。泰華農民銀行隊在一九九〇年代中期贏過兩次亞冠聯賽冠軍。但在國際賽場上，東南亞地區的俱樂部球隊多半被東北亞與中東球隊橫掃在側，有時甚至大比分落敗蒙羞。比賽現場偶爾會出現大量觀眾，但平均都少得令人洩氣，收入根本不足以支撐聯賽營運。職業化很晚才合法並實際執行。香港在七〇年代的確養育了一批職業球員，但如同當作範本參考的美國足球聯賽，香港的職業聯賽也不敵消費者的冷淡反應與七〇年代末的經濟衰退，欲振乏力，至今未能恢復榮景。新加坡的S聯賽成立於一九九五年，因為經濟和政治衝突，讓這個城市國家不再能繼續參加馬

---

* 譯註：中國在一九七〇年代末加入亞洲足總後，代表臺灣的中華臺北隊便被安排轉往大洋洲比賽，一九八九年才重回亞洲區。

來西亞的 M 聯賽。越南和印尼到九〇年代才成立職業足球全國聯賽，至於菲律賓、柬埔寨、寮國和緬甸，至多只能算半職業。

　　東南亞足球積弱不振、發展遲緩的原因何在？菲律賓和臺灣都在二十世紀下半葉充任美國的直接從屬國，棒球是當地長年最流行的運動。中南半島則有不少歲月被漫長的解殖獨立戰爭和後殖民時代國界紛爭引發的戰事所佔據。柬埔寨、越南、寮國都經歷了程度不一的實質傷害和社會失序，任何組織能成立都是一次微小的奇蹟，全國性的職業足球就更不用幻想了。嚴厲的軍事統治和頻繁的內戰，對緬甸的影響也大抵相同，哪怕緬甸政權對足球十分感興趣。更悲哀的可能是，國家隊只是在海外輸了一場比賽，緬甸政府就想方設法封鎖消息，有這麼嚴重的被害妄想和防衛心理，更不可能促進緬甸足球發展。新加坡致富太快，幾乎沒人甘於冒著低報酬的風險在 S 聯賽追求職業足球員生涯。即便是一向以嚴刑峻法改造社會聞名的新加坡政府，也無法扭轉這樣的觀念。印尼國土廣闊，交通建設貧乏，因此無法輕易照傳統主客場比賽的模式組成足球聯賽。

　　但就算這些地理和歷史因素都考慮在內，大眾對足球的興趣（龐大且接近狂熱）與俱樂部及國家足球的水準（都很低），兩者之間的差距依然難以解釋。因此不能不問，東南亞瘋迷的是什麼足球？他們又偏好怎麼樣消費這種足球？答案非常明顯。比起自己國內的足球，東南亞人比較喜歡歐洲足球。他們喜歡看電視轉播多過到球場看球，他們最喜歡的是押注比分賽果。東南亞足球文化最鮮明的特點，就是他們不愛地方球隊和地方賽事，反而偏愛外國球會和外國聯賽——與其一併帶來的大規模非法足球賭博和貪汙賄賂。

　　二十一世紀之初，一幅幅五十公尺高的足球員肖像，高掛在雅加達摩天大樓的外牆，上頭是尤文的明星前鋒迪皮耶羅。從新加坡到首爾，都能看到貝克漢代言引擎機油、太陽眼鏡和行動電話。曼聯在馬來西亞、中國、印尼開起紅魔主題餐酒館，附設曼聯旗艦商店，同時宣布將在整個東南亞地區授權一百家分店。雖然自一九七〇年代起，歐洲足球在東南亞就有不少熱心球迷，也有球會低調到訪（例如西布朗維奇隊在一九七九年到訪中國），但是要到一九九〇年代中期至晚期，歐洲的足球俱樂部才真正意識到，雖然原因

不明，相較於國內自家球迷只是額外增加的群體，但在亞洲支持者眾並非罕見之事。估計球會在東南亞的核心球迷基礎超過一千萬人，曼聯率先展開推廣巡迴，替網頁和商品廣告增設亞洲語言。有曼聯領軍，其他球會亦迫不及待跟進。利物浦巡迴泰國，切爾西、艾弗頓和紐卡索也紛紛東進。國際米蘭和 AC 米蘭在東京展店。皇馬前往中國和日本，巴薩也緊隨在後。但真正推動這種現象的不是巡迴賽，而是電視。在東亞和東南亞透過衛星電視，歐冠、西甲、義甲、德甲、英超聯賽都看得到，直播、重播、全場比賽、精華剪輯應有盡有。國內足球怎麼比得過？

　　不同於拉丁美洲，東南亞邁入工業化已經是全球通訊網絡普及的年代。不像戰間期里約或布宜諾斯艾利斯的新富族群，東南亞的新興都市中產階級有現成高水準的外國足球或未臻成熟的國內足球可供選擇。他們毫不遲疑選擇了前者。這有一部分是品質和方便的問題，但也與品牌有關。市場證明，東南亞的新興消費者極度渴望具有地位象徵意義的全球商標。曼聯、尤文、皇馬，是標榜品味、魅力、成就的品牌；雪蘭莪（Selangor）、泰華農民銀行、武裝部隊（Armed Forces），只代表老土和貧窮。這種購買歐洲足球的欲望上達顛峰，就是如二〇〇三年，泰國的百萬富翁總理塔克辛（Thaskin Shinawatra）重資收購利物浦足球俱樂部大半股分。

　　如果支持歐洲球會，反映出橫掃東南亞新富族群的憧憬式消費，那麼足球賭博本質上則顯現出，在東南亞地區發展的表面下，存在著大規模的非法地下經濟。賭博在東南亞各國幾乎都屬違法，然而就和性交易、毒品買賣、盜版音樂、非法走私硬木和寶石一樣，都是藏身暗處但確實存在的賺錢行業。合法賭博只見於香港，香港准許賽馬，另外就是澳門的賭場。賭船經年從兩地的港口出航，載賭客到無法可管的公海賭博。然而，亞洲的博弈產業每年交易額超過一千億美元，是越南國內生產毛額的三倍。這些當中絕大部分是非法的。歐洲足球賽季期間，平均每個週末有一億五千萬美元投進東南亞各大地下投注網，主要集中在馬來西亞、泰國、新加坡和印尼。遇上重大國際賽事，下注者更是勢不可擋。從一九九八年世界盃出現電視直播以來，投注金額就大幅成長。例如二〇〇四年歐洲國家盃期間，泰國三週內就賭了近八

億美元，是泰國國內生產毛額的百分之五。新加坡全國投注了兩億九千四百萬美元，等同於每個男女老少都押了七十美元。賽前政府已再三警告賭博將遭到逮捕起訴、接受刑罰，但現實是只有少數地方有零星的逮捕。賭博產業的核心與絕大多數的賭客都毫髮無損。一個馬來西亞人就說了：「有人做莊，就有人賭，很正常。」[13]

　　雖然截至目前還沒有人指出世界盃或歐冠的比賽，曾應亞洲賭博集團之需故意輸球或造假，但傳言從來沒有少過。如馬來西亞和印尼的賭博集團，就與英格蘭的泛光燈破壞事件密切相關，溫布頓、西漢姆聯和查爾頓的比賽好幾次因為電力突然中斷而提前結束。在印尼和馬來西亞，就算比賽提前中止，比分對押注依然算數。當這些比賽來到想要的比分，燈光就會中斷，以免有人再做出不利於賭局的事，比方說再進一球。一九八〇年代末至九〇年代初，英格蘭足壇長年遭人指控比賽造假，也與同一個賭博集團有關，甚至牽扯到多名明星球員，例如利物浦守門員布魯斯・格羅貝拉（Bruce Grobbelaar）和溫布頓隊的約翰・法沙努（John Fashanu）。一九九六年，馬來西亞當局逮捕並偵訊了國內一百多名涉嫌集體收賄踢假球的球員。警方發現，馬來西亞職業足球聯賽開幕賽季有近九成的比賽，結果早已某種形式決定好了。雖然案情牽涉廣大，但實際受到處置的球員、賭客或莊家卻非常少。香港球員陳子江是少數之一，他在一場對泰國的比賽涉嫌故意輸球，九七年被判入獄一年，終身禁賽。一九九八年，印尼被逮捕停職的裁判人數快速攀升，導致聯賽也因為缺少合格裁判而陷入嚴重混亂，儘管如此，弊案不知為何仍未消失。一九九七年，越南的全國冠軍胡志明市海關隊，有七名球員遭到調查起訴。觸發調查的是全國聯賽的一場比賽，觀眾目睹守門員跑向中場線，後衛全落到他身後二十公尺處，其中一人就在這時踢進了烏龍球。調查後才知道有人以巨額賄賂球員。可儘管河內和胡志明市一再爆發逮捕及清掃風潮，越南的賭客和球員還是不斷重施故技。二〇〇四年三星盃的比賽，乂安藍江隊（Song Lam Nghe An）二比一輸給河內聯軍隊（Thể Công），落敗的藍江隊賽後有七名球員遭到逮捕起訴，那是越南至今公認最明目張膽的一場假球。

　　不同於拉丁美洲或歐洲的經驗，東南亞足球在轉為職業化之際是屬於中產階級的運動。東南亞新出現的城市無產階級也是足球世界的一部分。但有鑑於足球界的空間已漸漸被工業化歐洲的工人階級所佔滿，東南亞工人只剩下全球運動用品製造產業的工廠可以容身。一九八〇年代末到九〇年代初，美國 Nike 和 Reebok 公司把生產從美國和墨西哥移至東亞，這裡勞力成本比起美國只是零頭小數，安全和環境限制也極少。當然，兩家公司都沒有直接聘雇任何人，只是把他們的髒活兒分包給當地工廠。歐洲兩大公司 Adidas 和 Puma 很快也跟進。每家公司都因此獲得豐厚利潤，但誰賺的都沒有 Nike 多。

　　從一九九〇年代中期起，不斷有報導流出，描述這些工廠的工作狀態。[14] 舉一個例子就夠了。一九九七年，在越南南部胡志明市北方約三十二公里的邊和市，位於當地的泰光維納（Tae Kwang Vina）工廠雇用了九千兩百名工人，一年製造四十萬雙球鞋。根據安永（Ernst and Young）會計師事務所調查，廠內工人絕大多數是二十五歲以下的女性，每天工作十二小時，一週六天，工作須忍受駭人的噪音、高溫、惡臭，週薪卻只有大約十美元。灰塵和化學物質引起皮膚和呼吸道疾病，但工人並沒有防護衣可以穿。相同故事可以一而再地重複，在中國和印尼尤其嚴重，不只是替 Nike 製造的廠商，其他所有工廠也一樣。雖然每次消息在公眾面前曝光，公司就承諾會督促包商加以改善，但危險的工作環境、苛刻的勞動條件、悲慘的低薪，相關報導仍不斷浮現。其中最慘的可能是手縫足球的製造廠。全世界的足球有近四分之三在巴基斯坦製造，由薪資低微的工人一顆顆手工縫製，他們很多還是孩童，好的時候一天能縫三到四顆球。一顆球二十美分來算，一天還賺不到一美元。沒有他們，全世界足球這個錢多到荒謬的馬戲團也將為之停擺。

V. 誰才是印度的國球？

　　街道一片空蕩，馬路萬般寂靜。每個人都守在螢光幕前，從村子中央小心翼翼安放在舊啤酒板條箱上的古董黑白電視組，到新穎賣場裡懸掛的巨大彩色平板電視，全國的注意力都牢牢鎖定在這上面，乃至於連多產的電影業

也被迫歇業。從賽事揭幕以來，沒有任何新片上映。比賽本身就好看得令人著迷，雙方難分高下，情節無從預測，充滿曲折離奇。這要是發生在中國或韓國，一定是遇上世界盃足球賽。但這裡是印度，上演的比賽是板球，全國人民關注的是印度十四年來首度重赴巴基斯坦出賽。從印度在巴基斯坦缺陣，到這次在板球場上極具戲劇張力的重聚，原因都根源於真實世界的衝突。位於印度與巴基斯坦之間的喀什米爾地區，長年爭端不斷，南亞的一九九〇年代就在當地發生的穆斯林分離主義者起義當中展開。從此，兩國的關係就受衝突主導，為了國界問題激烈交火，幾乎演變成全面開戰，兩國也都各自發展出核武。兩年後，一向按兵不動的印度教民族主義武鬥派核心，如今組織起來，怒氣沖沖地向印度北部的阿姚德耶（Ayodhya）進軍，他們相信這裡是印度教神祇羅摩神（Lord Rama）誕生之地。他們一到當地，就夷平了市中心建於十六世紀的巴布爾清真寺（Babri mosque），引發自印巴分治以來印度最嚴重的宗派衝突。此後他們不斷要求就地興建印度教寺廟。印度教徒對上穆斯林，印度對上巴基斯坦——對兩國而言，板球既有代替戰爭的作用，也是尋求和解的工具。足球不論文化面或經濟面都活在板球巨大的陰影之下。

　　當代印度歷史表面上似乎為宗教、種族、地域衝突主宰，但還有其他事物在暗處擾動，那就是經濟與行政的變革。雖然有能力達至擁有核武的境地，但究其整體，印度國還是一個極其繁瑣複雜、極度缺乏效率的機構，由無數司法管轄區與層層交疊的地理區塊構成。為國效力的印度公家機關，作風無比僵化頑固是其特徵。這一切背後都由貪腐、恩寵、賄賂的網絡連接在一起。相較於亞洲東方各國的生機活力，印度經濟顯得遲緩、過時、封閉且過度保護。印度足球也是同一個模子造的。雖然國家足球賽事起源悠久，但印度始終沒有全國聯賽，沒有像樣的商業贊助或商業頭腦，也沒有電視轉播合約。一九八〇年代每年舉行上百場名義上的全國性賽事，不僅沒能推廣足球，反而只是引起困惑，減損足球的聲譽。唯一參與足球的公司，只有印度龐大笨重的公營事業，例如印度電信和印度航空。即使是果亞或加爾各答邦最大的球會，球員也幾乎稱不上半職業，其他足球更弱的邦自然更不待言。足球行

事曆上比賽多得令人費解，真的有數以百計的全國、次級全國、地區內、地區間、城市內、城市間的比賽等待進行。只有全印度足球協會（AIFF）能統率全國，但足聯的業餘保守、效率遲緩廣受嘲笑。國家隊始終表現差勁，沒有任何進步。印度球員沒有實力前往海外，也沒有誰想來印度踢球或執教。印度始終像一潭龐大死水，水只在內部打轉，與世界足球結構幾乎毫無牽連。

直到一九九一年，總理納拉辛哈・拉奧（Narasimha Rao）與財政部長辛格（P. M. Singh）所組的政府緩緩推動起自由經濟計畫。引進外資、放寬貿易限制、精簡稅制，大刀裁撤經濟部門的冗員。九五年，印度已做足準備，願意加入關稅暨貿易總協定（GATT），與全球經濟結合。改革結果雖然效果不均但仍令人欽佩。大部分印度鄉村雖然還是瀕臨貧困，但城市蓬勃發展，成長速度創歷史新高。印度企業家在電腦軟體、影視電影、紡織服飾業界一手打造了極為成功的出口導向公司。印度足球也在這樣的背景下逐步復甦。

一九九六年，印度第一個全國足球聯賽，印度全國足球聯賽（NFL）開辦。荷蘭電子產品業巨頭飛利浦家電是聯賽首位贊助商，可口可樂公司次之。印度公司也陸續投入足球。聯合釀酒集團（UB Group）買下加爾各答邦三大強隊（莫亨巴根隊、東孟加拉隊、伊斯蘭教徒體育隊），並把旗下一款酒飲品牌名稱加入隊名當中。柯欽足球俱樂部（FC Kochin）是印度第一支全職業化球會，由喀拉拉邦商業地帶的大企業所創。在孟買，吉普車與農機製造商馬璽達公司（Mahindra and Mahindra），過去曾贊助板球與曲棍球隊，現在也轉向足球，成立了馬璽達聯隊（Mahindra United）。移居當地的孟加拉人則成立了孟加拉孟買隊（Bengal Mumbai FC）。最重要的是，Zee TV 電視公司——印度最有活力的本土電視集團，買下果亞邦的邱吉爾兄弟隊，更名為 Zee 邱吉爾兄弟隊（Zee Churchill Brothers）。

到目前為止，這些投資的報酬並不是太豐厚。確實，球員薪資大幅提高，讓頂尖球會有籌碼引進海外球員加入陣容。一九八〇年代首先有幾名奈及利亞和伊朗球員來印度踢球。九〇年代，有來自迦納、肯亞、辛巴威、約旦、烏茲別克、尼泊爾、泰國、孟加拉、巴西的球員，替印度全國足球聯賽增光。外國教練也大舉來到，包括至印度國家隊任教（二〇〇二年，史蒂芬・康斯

坦丁〔Stephen Constantine〕受任該職）。但這些似乎都未能提升球賽的水準。只有一名印度球員曾在英格蘭足壇踢球，拜瓊・布迪亞（Baichung Bhutia）效力於英足聯最低層級的伯里隊。印度國家隊持續在國際足總排名車尾徘徊，無力爭取任何重要賽事的資格。飛利浦家電或可口可樂都未繼續留在足球界，足球在印度依舊是小眾運動，沒能滿足這兩家公司所期待的大眾曝光效果。可口可樂退出還有一個額外原因。可口可樂公司在果亞邦開設了新的填充廠之後，果亞邦的工業部長邱吉爾・阿勒毛（Churchill Alemao）找上他們，他也是邱吉爾兄弟隊的老闆。傳言指出，阿勒毛「詢問」可口可樂是否能夠贊助球會，金額高得離譜。可口可樂禮貌婉拒後，就發現果亞邦政府切斷了新工廠的供水。印度私人資本的勢力和特權愈來愈大，更進一步在一九九八年彰顯出來，馬璽達聯隊和邱吉爾兄弟隊雖然在聯賽墊底，卻能免遭降級。隔年，印度航空和印度銀行這兩支公營企業的球隊置身降級區，就沒能受到相同的待遇。

最有力的例子是，印度幾支代表的職業球隊不滿印度足協貪腐無能，二〇〇〇年罷工抗議，很快便迫使印度足協把掌管聯賽的象徵權力讓予他們，但新人接手尚未替印度足球帶來實質長進。足球最後會隨著印度城市經濟成長崛起，或者印度的發展就是這麼特別，將成為唯一現代化過程中以板球當成國民運動的大國，都還有待日後分曉。

VI. 中東足球夢碎

一九八九年初那幾個月，當前列腺癌啃噬著革命領袖何梅尼（Ayatollah Khomeini），也暴露出伊朗伊斯蘭革命的社會限制。從沙阿政權倒臺、伊朗協會足球瓦解以來過了將近十年，半職業的全國聯賽終於重新建立。當然，現在還是伊斯蘭共和國，聯賽被收歸在戰爭傷兵與罹難者基金會的資助之下。聯賽又名「阿札德幹」（Azadegan），指的是艱辛漫長的戰爭結束後，從伊拉克戰俘營歸來的一波伊朗老兵。足球聯賽的創立能與神學政權落敗放在一起談，也顯見先前這十年，政權是多麼努力想壓抑足球。但不論是神權

政治的威脅訓誡，或是兩伊戰爭煎熬的情勢，都未能徹底澆熄伊朗足球。即便很多球會解散，比賽遭遇阻礙，足球仍在街頭找到活路，鄰里間的比賽和地方自發組成的球隊，令衛道人士擔憂起品性純潔和社會秩序。在幾乎各種大眾娛樂都被禁止的年代，足球依然把群眾吸引過來。聯賽創立後三個月，何梅尼去世。他在位的最後一個行動，就是用這最後一口氣發出干擾，使伊朗爭取一九九〇年世界盃參賽權落空。包括國家隊在內，全國都為何梅尼之死展開漫長的哀悼。亞洲足聯雖適度更改了伊朗隊的資格賽程，但伊朗隊回來以後終究沒能取得資格。

現在，在總統拉夫桑雅妮（Rafsanjani）溫和改革下，伊朗慢慢小心謹慎地恢復與世界的互動。國內，過去對大眾和個人生活嚴格控制、壓抑世俗娛樂，政府現在希望軟化過於尖刻的規定。哈米尼（Ayatollah Khamenei）繼何梅尼之後成為伊朗全國精神指導領袖，把許可範圍擴大至足球和更廣泛的體育運動。少量的伊朗運動員，特別是摔角選手和殘障奧運選手（他們的本事反映出兩伊戰爭對伊朗人身體的慘烈影響）開始參與國際賽事。伊朗也挾著高度期待參加一九九四年世界盃資格賽。政府也表明世界盃賽事屆時將在伊朗電視上播出，這會是一九七八年以來首度轉播。可惜長年孤立，加上海外賽事經驗不足，國內聯賽也弱，伊朗隊在於卡達舉行的小組資格賽就遭到淘汰。國家隊教練阿里・帕文（Ali Parvin）當時人氣極旺。他最早在革命前就以球員身分成名，也是進軍一九七八年世界盃的國家隊成員之一。卡達一役落敗之後，他被伊朗足協主席穆哈瑪德・薩菲札德（Mohammed Safizadeh）開除。薩菲札德接著又被政府開除，帕文則形同被迫在國內足球界流亡，在任何層級都不得執教。當局想做的不只是放逐帕文，他們想清除巴列維王朝留下的足球歷史遺產，其中最重要的遺產就是建立世俗足球國度的構想。帕文光是以革命前足球菁英的代表人物之姿存在，都間接指向這個危險的構想。但在伊朗最大的阿薩迪球場，波斯波利斯地方的球迷讓這個構想生生不息，在帕文流亡期間，不論遇到什麼比賽，觀眾都會高喊帕文之名。

足球的改革派代表資格延續至一九九七年總統大選，由保守派的納泰克諾里（Ali Akbar Nateq Nouri）與偏溫和派的哈塔米（Mohammad Khatami）

同臺競選。諾里找來當時代伊朗的摔角好手賈登（Ghadem）和賈迪迪（Jadidi）替他站臺，哈塔米則請來足球員聲援。哈塔米贏得了大選。為了爭取一九九八年世界盃參賽資格，伊朗隊走過漫漫征程，哈塔米就任總統的頭幾個月正逢資格賽最後高潮。宗教統治集團內部的保守分子不斷表達對足球的整體反對，特別抨擊國家隊的進展分散了宗教力量與社會活力。但他們當中仍有些人忍不住拿國家隊命運當作政治鬥爭的手段。伊朗隊敗給卡達，輸掉自動出列的資格，被迫與日本踢附加賽時，伊朗國會內的保守勢力不只把國家隊教練馬耶利·可汗（Mayeli Kohn）召來審問，也趁機攻擊溫和派的領銜人物，體育部長漢西·塔比（Hahsei Tabe）。但哈塔米與支持者如今已掌握了伊朗足球。伊朗附加賽敗給日本，可汗遭到解聘，但國家隊接著請來巴西教練瓦戴爾·維耶拉（Valdeir Viera），這還是自沙阿政權解體以來，國家隊首度聘任外國人執教。伊斯蘭教孤立主義趨緩，沒有比這更昭彰的聲明了。輸掉決定亞洲區第三支參賽隊伍的附加賽，伊朗還剩最後一個機會——與大洋洲冠軍澳大利亞進行附加賽。澳洲人寧願在阿拉伯聯合大公國的無菌空調裡多待一刻，最後一分鐘才抵達德黑蘭。他們在現場十萬多名伊朗人面前踢出一比一平手，帶著珍貴的客場進球回國進行第二輪比賽。

1997 年 11 月 29 日
澳洲 2—2 伊朗
墨爾本板球場

　　澳洲隊正值二比零領先，一名男子突然闖進球場，抓住網子拉倒了球門橫樑。男子隨即遭到驅離，球門網也修復完畢，但澳洲隊的注意力已然潰散。

　　那個人心智不太正常。他聲稱自己干擾的公共活動，大部分都應驗了諾斯特拉達姆士的預言。他還說自己會當上澳洲總統。雖然他也多次打斷過國會和委員會議事、流行明星喪禮、電視直播節目，但他特別鍾愛運動賽事，幾度害賽馬和網球比賽中斷、妄想偷過奧運火炬，還曾把載著一籠猴子的三

輪車騎進澳式足球的賽場中央。

　　落後了將近一整場比賽，伊朗到終場前才總算追平比分，這下子進軍法國世界盃的將是他們，而不是澳洲了。往後六年足球在澳洲近乎報廢，聯賽崩塌，國家隊也瓦解。闖進球場的那名男子請了一位經紀人，經營起收費服務。

───────

　　終場哨音一響，德黑蘭和各省城街頭便漸漸湧現喧鬧的人群。確切人數有多少，各家估計不一，德黑蘭大概有三百萬人，全國可能有五、六百萬人，但這場勝利的社會意義則一清二楚。民眾公然無視乃至嘲弄神學士和巴斯基民兵＊。女人與男人一同現身公共場所。音樂轟然作響。婦女有的拋下面紗，有的爬上道德糾察軍駕駛的豐田卡車頂上手舞足蹈。龐大群眾聚集在法國大使館門口，嚇得使館人員呆若木雞，深恐最壞情況發生，但群眾帶來鮮花，他們把花拋進大使館的庭院，一面大喊：「巴黎見。」這是世俗足球國度的一場勝利。

　　有些地方，球迷獲邀從一面巨大的伊朗國旗下通過。這麼做是取代從可蘭經下通過的象徵意義，往常旅人（和走出更衣室的足球員）得以經由通過儀式受到聖書的保護。[15]

神聖與世俗兼容的政權似乎嚇得不知所措，既不能圍捕慶祝的人群，又不能把事件化為己用，政府把國家隊歸國時間延緩了兩天，一面想辦法掌握眼前局面的意義。阿薩迪球場安排了一場慶祝活動，電視、收音機、報紙紛紛呼籲婦女應避免參與，群眾也請保持冷靜。但兩方都沒在聽。阿薩迪球場聚集了將近十萬人，其中約有五千名女性堅持有權參與，這是世俗國族主義十八

───────

＊　譯註：巴斯基民兵（Basiji）全名為「抵抗力量動員」，是伊斯蘭革命後，已故宗教領袖何梅尼因應兩伊戰爭爆發，動員民眾組建之準軍事部隊。戰後承平時期，巴斯基的主要任務轉為監視公務員、政治人物和抗議者，外界對其評價褒貶不一。

年來最盛大的一場展演。

一九九八年世界盃抽籤結果揭曉，伊朗與美國分在同一個小組，這樣的賽程可以想見充滿了政治張力。雙方都極力想緩和其中的政治寓意。再三聲明會光明正大競爭反而使得氣氛凝重。伊朗人刮掉鬍子、遞上花束，而後以二比一獲勝，雖然最終還是沒能從小組賽晉級。國家隊回國之時，總統哈塔米前往機場迎接，現場發表了一席演說，呼籲全國人民效法國家足球隊的團結和紀律。

進軍世界盃，然後在世界盃會內賽擊敗美國，這兩件伊朗足球界的大事，要說何者比較令伊朗人念念不忘，其實比都不用比。擊敗美國是很不錯，但能進軍世界盃本身就是不同境界的事，因為單是在獲得資格的那一刻，不識沙阿政權也不熟悉何梅尼的伊朗都市青年，長久以來醞釀的不滿終於能依附足球成形。那些不滿並未消失，往後也驅之不散。世界盃隔年，伊朗深陷自政權執政以來所爆發的最大公眾示威抗議。導火線雖然是因為溫和派報紙遭勒令停刊，但起因實則源於伊朗保守派與改革派之間的理念漸行漸遠。五天內，戰鬥持續升溫，從小規模鬥毆演變成都市青年與學生向國家全面開戰，與一九九七年在街頭對抗的勢力相同。即使已抗議到這種程度，伊朗自由化的速度仍慢到令人氣惱，伊朗足球的改革也同樣遲緩。合法職業聯賽到二〇〇一年才終獲核准，總算斷開了足球與罹難者基金會的關聯。

同一年，伊朗國家隊在克羅埃西亞教練領軍下，看起來已蓄勢待發，準備再度進軍世界盃。資格賽最後幾場比賽來臨是在二〇〇一年十月底到十一月初。伊朗二比一擊敗伊拉克，兩萬多人湧上北德黑蘭的街頭廣場慶祝。迎接他們的卻是警察。警方投擲催淚瓦斯，數百人遭到逮捕。哈塔米總統要求民眾，即使十天後伊朗踢贏巴林也不應走上街頭。這場比賽如果勝利就能保證取得資格，如果失敗則國家隊將被迫與阿拉伯聯合大公國踢附加賽。伊朗三比一輸給了巴林。街頭巷尾謠傳國家隊是受到神權政府指示故意輸球，以免再度爆發公開慶祝和示威抗議。起初有小群年輕人襲擊政府建築和銀行，警察和備受憎惡的虔誠巴斯基民兵隨即還以顏色。一方丟擲石頭和爆竹，另一方持警棍進攻。雙方隔天晚間又重返戰場，在德黑蘭和伊斯法罕（Esfahan）

的廣場、公園、主要幹道進一步開戰。

運動與社會議題的分界線在街頭逐漸消融的同時，伊朗國家隊恢復態勢，在附加賽踢贏阿拉伯聯合大公國，獲得最後與愛爾蘭再對賽兩場的權力，比賽結果將決定誰能參加世界盃。愛爾蘭贏了，但這場比賽留下的不光是比分；女性能否在伊朗足球場現身的爭議，因這場比賽而死灰復燃。自從伊斯蘭革命以來，從未有任何伊朗女性獲准進場觀賽。神學士依舊認定女性公開出席形同裸露肌膚。儘管受此非難，足球在伊朗女性之間似乎仍大受喜愛。她們自組室內足球和五人制足球聯賽，在沒有男性觀眾的情況下比賽，也有少部分人獲准看電視轉播，傳言還有許多少女裝扮成男人溜進現場看球。在阿薩迪球場舉行的這場世界盃會外賽，二十名愛爾蘭女性獲准進場，不過須強制遵守嚴格的服裝規定，坐在場內隔離的區塊。但她們在場的這個事實已把問題逼上檯面。包括女性週刊在內，改革派報刊藉機聲稱伊朗女性這是在自己國家遭受歧視。六個月後，伊朗內閣做出難得的改革行動，同意讓女性重返球場，不過要在「適當前提之下」。終於在二〇〇三年，眾多女性現身德黑蘭的伊朗柯多洛球場（Iran Khodoro stadium），現場觀看培坎隊（Peykan FC）的比賽。之所以選中這支德黑蘭郊區球隊，據說是因為全國就屬這一隊的球迷最少粗口謾罵。這場比賽就這樣靜靜過去，很顯然並未使國家陷入任何道德敗壞之境，但菁英神學士與她們的手下仍對此深表懷疑。二〇〇三年，當貝克漢代言機油，在德黑蘭的廣告看板上露臉，所有廣告都給蓋上了黑布。

海珊（Saddam Hussein）看似是足球迷，其實不是，但他和他的跟班明白足球的價值。他的同母異父兄弟巴爾贊（Barzan Ibrahim）和瓦特班·易卜拉辛（Watban Ibrahim），控制了家鄉提克里特（Tikrit）的球會。小鎮小隊一夕之間面露冠軍相，一九八二年爬到聯賽第四名，隔年贏下冠軍。海珊的女婿胡笙·卡米爾將軍（Hussein Kemil）支持軍人足球隊艾賈希隊（Al Jaish）。他以愛國為由，命令伊拉克足總把全國最優秀的球員交到他的球隊，希望提振在伊朗邊境苦守黃沙的軍隊士氣。一九八四年，戰事正進入高峰時，海珊先後把掌管伊拉克奧委會和伊拉克足總的大權交給兒子烏代（Uday Hussein）。在這個以恐懼和暴力當作最大統治手段的政治系統裡，烏代可能

是政權圈內最殘暴、最喪心病狂的一個人。伊拉克奧委會所在建築成了他個人的政治總部，所有體育協會一概被趕出去。他的個人辦公室和公關部門圍起防彈玻璃，地下室挪作擺放他收藏的跑車，一樓還增設三十間牢房的監獄。他基於怎樣的心態用什麼手段來管理體育活動，交給夏拉・賀代（Sharar Hayday）說明最容易懂，他在一九八〇到九〇年代是伊拉克國家隊的固定成員：

> 我四次在賽後被刑求。有一次在安曼對約旦的友誼賽，我們二比零輸了，烏代把我和另外三名隊友關進牢裡。我們一進去衣服就被剝光，雙腿併攏綁住，膝蓋拉到一根橫桿上，背朝下躺著。他們就這樣把我們在磚頭和水泥路上拖行，磨掉背上的皮膚。再把我們拖過沙坑，讓背上沾滿沙子。最後命令我們爬上梯子，跳進裝滿髒水的大水桶……隔天，還有我們在那裡的每一天，他們都會打我們的腳板。我因為是明星球員，處罰是一天二十下。我問守衛他怎麼對得起良心。他笑了笑跟我說，他要是不照做，烏代就會這樣子對付他。[16]

烏代喜歡運用各種恐怖手段。國家隊和青年隊經常被告知要是出賽海外落敗，回程他會炸掉他們的飛機。他的辦公室電話可以直接連通國家隊更衣室。遇上重要國際賽事，擴音器會播出他的中場指示——混雜詛咒、威脅、辱罵的一陣吼叫。賽後他有時候不會關人，只會扣留全隊好幾個鐘頭，讓他們冷汗直流，等待迎接未知的命運。國內足球與其他體育項目也受到同等殘酷的對待。個子高大的國家排球隊，會一連幾天被迫在天花板蓋得特別低的房間裡半站半坐。落敗的拳擊手要單獨進辦公室與烏代會面。入侵佔領科威特之後，烏代從全國的運動協會裡挑選人員組成特別委員會，任務是按部就班掠奪科威特奧委會和其他體育機構的設備器材，拒絕參與就會入獄遭到刑求。在職的頭幾年，烏代把熱忱投注在他自組的拉希德俱樂部（Al-Rasheed）。烏代親自從全國挑選最優秀的球員，同時給予裁判忠告，告訴他遇到拉希德的比賽最好應該有什麼結果。從一九八五年算起，第一次波灣戰爭開打前那

三年，拉希德隊理所當然都拿下全國冠軍，也連續三年蟬聯阿拉伯球會冠軍盃（Arab Champions Cup）。

　　恐怖執教的限制、波灣戰爭落敗引起的絕望，以及戰後那一段受到國際制裁、物資短缺、地位孤立的年代，在在都對伊拉克體育界造成傷害，足球尤其慘痛。一九七〇到八〇年代初，伊拉克還能派出大批隊伍參加奧運，二〇〇〇年雪梨奧運，伊拉克只有四名運動員到場。伊拉克國家足球隊實力一度強到能踢進一九八六年世界盃會內賽，哪怕後來一場未勝，但現在就算以死刑脅迫，國家隊也無法再重演相同事蹟。爭取一九九四年世界盃參賽資格未果，害國家隊球員必須踢水泥球，踢到腳底板和腳趾骨悉數骨折。九六年亞洲盃在阿拉伯聯合大公國舉辦，伊拉克國家隊能成功取得參賽資格已令人稱奇。在這之後，伊拉克和國家代表隊受到更嚴格的政策約束限制。他們發現自己被排除在亞運之外，也無法舉行世界盃資格賽的主場比賽。拉希德隊再也沒能拿下全國聯賽冠軍，甚至是新創立的「眾戰之母盃」（Mother of all Battle Cup）。烏代在他父親一眾跟班之間地位下跌，一九九六年一場暗殺行動讓他成了殘廢。以前國內的足球好手被迫要陪這個男人踢球，且想當然爾得任由他盡情表現，現在至少終於得以免受這種屈辱。

　　這些在伊拉克國內人盡皆知的事，國際人權團體也日漸發聲，傳入全球運動機構圈內卻花了相當長的時間。事實上，國際奧委會從未真正動手調查伊拉克奧委會主席的所作所為。伊拉克在二〇〇〇年十月的亞洲盃比賽以四比一敗給日本以後，選手被求刑的傳言甚囂塵上，國際足總至少還在隔年派出代表團前往調查。事件後幾個月，國際足總代表團一度飛至伊拉克拜訪國家隊十二名球員和教練。馬來西亞和卡達足總主席偕同一名醫生與球員面談，伊拉克國安單位的人員每次也都在場，因此沒有人申述遭到刑求，也沒有具體的處罰紀錄。國際足總竟然相信能從這些面談中得到與事實相關的蛛絲馬跡，不僅顯見國際足總的天真，也暴露出他們怯懦的犬儒心態。

　　兩年後烏代去世。伊拉克奧委會大樓被炸成彈坑。國家隊的球鞋、球衣和訓練器材被掠奪一空。伊拉克遭美軍和英軍佔領，國家足球場被美軍用來停放大型卡車和特種部隊車輛。粗陋的看臺和水泥牆坑坑疤疤，到處是彈孔

和砲轟的凹洞。所有國際賽事都在國外舉行，訓練設施等同於零。然而伊拉克國家隊在德國教練貝恩德‧舒斯特（Bernd Schuster）領軍下，竟然成功以三比一戰勝沙烏地阿拉伯隊，挺進二〇〇四年雅典奧運。舒斯特後來因為一再收到死亡威脅而辭職。之後國家隊在希臘一路過關，直到四強賽才被巴拉圭淘汰。對葡萄牙、哥斯大黎加、澳洲獲勝之際，出現大量曳光彈和槍聲在伊拉克各城市爆炸作響；就連經戰火摧殘的城市納傑夫（Najaf），在部分觀察者眼裡也覺得球賽期間格外平靜。那年美國總統大選，小布希追求連任，競選廣告竟然厚著臉皮擺出阿富汗與伊拉克國旗圖案，配上一行文字，寫著：「這屆奧運將會多兩個自由國家，少兩個恐怖分子政權。」伊拉克國家隊教練阿德南‧哈馬德（Adnan Hamad）對此表示：「美軍在伊拉克殺了這麼多人。我前往球場路上還有人在開槍，這算什麼自由？」奧運美夢至此也宣告結束，義大利隊擊敗伊拉克隊拿下銅牌。[17]

VII. 阿拉伯的足球夢

一九九四年初那幾個月，奧薩瑪‧賓拉登（Osama Bin Laden）都待在倫敦，與他的資助者和銀行家會面。這位沙烏地阿拉伯統治菁英後裔，趁這段時間造訪了幾次海布里球場。他似乎特別喜歡看阿森納隊的歐洲賽事，畢竟那是阿森納隊贏下歐洲盃賽冠軍盃的賽季。他也去了芬斯伯里公園的阿森納旗艦商店採買，替兒子選購紀念品。後來有一陣子，海布里球場聽得到這樣的口號：「他藏身喀布爾，他鍾情阿森納，奧薩瑪，奧薩瑪。」沒人曉得賓拉登有沒有繼續追蹤槍手動態，但可以肯定的是他和蓋達組織始終與足球保持關係。阿爾及利亞的「薩拉菲宣教與戰鬥組織」（GSPC），一九九八年與蓋達組織建立聯繫，打算對一九九八年法國世界盃賽事發動攻擊，幸而賽前一連串逮捕行動使他們計畫受挫。時間若再拉近一點，賓拉登曾出現在一段錄影中，重述他的一名追隨者所做的夢。夢中蓋達組織與美國人踢足球，蓋達組織派出十一名飛行員上場贏得了比賽。另一名賓拉登的同僚回憶自己看到一個埃及家庭在觀看九一一事件的畫面，「他們滿溢喜悅。支持的球隊

贏下足球比賽，那種感覺你知道吧？他們就表現出同樣的歡喜。」[18]

用足球當譬喻，構成了蓋達組織用語的核心要素，這是因為在沙烏地阿拉伯（賓拉登的家鄉兼行動基地），足球大為盛行。這點多少令人吃驚，因為整體而言，沙烏地阿拉伯對其他所有形式的西方文化，態度往往充滿敵意，好一點也是抱持懷疑眼光，像蓋達組織這種伊斯蘭基本教義派團體更是有過之而無不及。至今在沙烏地阿拉伯王國，凡有模特兒代言西方消費產品，廣告上的臉孔還是會被塗黑。近幾年來也不只一次有人在空調舒適的商場外發現麥當勞叔叔身首異處。但沙烏地阿拉伯並未如伊朗一樣走上高壓管制，對足球的態度也未受這種憤恨影響。

沙烏地阿拉伯足球的故事，述說的是石油財如何化為足球，足球的成功又如何化為政治合法性。沙烏地阿拉伯龐大的石油產業並未落入鑽油井的外國集團手裡，賺得的財富多半由沙烏地王室的廣大成員掌握。王室成員也在政府、公營企業、軍隊裡坐任高位，並把沙烏地阿拉伯足總與所有一流的足球俱樂部當成個人封地加以控制。與國內社會和經濟生活的諸多領域一樣，這些機構的發展一直是靠短期雇用海外專業勞工，在沙烏地貴族長期不定的干預下做事。有充分證據可以懷疑，足球隊和金主在王室內的地位高低，常常會影響比賽的結果。教練和球員會發現自己得任憑王侯擺佈：希拉爾隊（Al-Hilal）的葡萄牙教練亞瑟·喬治（Arthur Jorge），因為拒絕選用資助球會的王侯偏愛的球員而被開除，其他教練的戰術和訓練方法也常常遭受質疑。

如何維繫權力威望，難度與日俱增。石油財不只供王室這一小撮特權階級過了三十年荒淫奢侈、揮霍無度的生活，也被拿來解決這個問題。大手筆投資興建極高規格的基礎建設，就是其中一個手段。沙烏地阿拉伯的高速公路足以令美國任何都市圈黯然失色，又或者如世界級水準的國家球場，法赫德國王球場（King Fahd stadium），很少有球場能和它一樣，以精細的工程或浮誇的貝都因帳篷式天頂自豪。

但政治和宗教菁英即使用盡心思，也不可能永遠用封建神權統治約束沙烏地阿拉伯社會，石油已經改變了這個國家。沙烏地阿拉伯多了不乖的都市

人，城市人口持續增長。濱海城市有些從無到有興建起來，如今住著少數受過新式教育、失落挫折的中產階級，也有土生土長的窮苦人家、剛適應都市生活的貝都因人，還有大量從埃及、巴勒斯坦、南亞引進的無產勞工。外國人簽的多是短期合約，由警方嚴厲監管，暫時排除了惹麻煩的可能。但本國人不可能驅逐出境。政府設法用免費健保、住宅、教育，以及各種閒職津貼來安撫民心。然後還有足球。女人禁止進入球場，外國人只會當工作人員，窮人則沒錢進場。沙烏地阿拉伯未經過工業化就邁入了現代化經濟，在這樣的社會裡，真正對「舊制度」＊構成威脅的是新興中產階級。他們教育程度極高卻大量失業，沒有掌握權力的管道，也缺少向上層社會流動的途徑，在沙烏地阿拉伯會去看足球比賽的是這個階級，反對世俗觀念和基本教義的也多半是這個階級。

　　一九九〇年代的沙烏地阿拉伯國家足球隊，特別像一個展演愛國精神的馬戲團，吸引中產階級轉移注意力。國家隊連續四屆取得世界盃資格（1994-2006），兩度贏得亞洲盃冠軍，一九九四年更成為第一支從世界盃小組賽突圍的阿拉伯隊伍。但場上勝利不見得代表發展均衡。一流球隊雖然擁有奢侈的訓練設施，但出了這一小群金主恩寵的圈子，足球寒酸之至。地方各層級的球員大多沒有人工草皮或天然草皮可用，只能將就適應沙地或柏油。人才向上流動因此備受限制。就算成功爬上最高層級聯賽，球員的生涯發展也在兩方面受阻。一方面，外國球員大量流入聯賽，把部分本國球員擠在門外，直到最近才有條文規範。但更慘的是，沙烏地阿拉伯王國雖然祭出高額薪酬，但從中亞引進的足球員球技相對粗淺，國內球員沒有機會與高手切磋。不管俱樂部或國家隊，表現都每況愈下，最低點就是二〇〇二年世界盃遭德國隊以八比零痛宰。偏執、封閉、不平等，在沙烏地政治界和足球界同樣都在蔓延，足球已經付出代價，沙烏地王室很可能就是下一個。

＊　譯註：法文稱 Ancien Régime 的「舊制度」一詞，在歷史研究通常指的是法國大革命以前，影響法國政治與社會型態的貴族體系，政治上行君主制中央集權，經濟上由封建農業社會轉向資本主義社會，社會上資產階級逐漸壯大，開始與特權階級爭權。正好與作者此處分析的沙烏地阿拉伯社會發展狀態雷同。

　　沙烏地阿拉伯用以維護王室世襲權力、追求足球成就的方法，並非波斯灣國家採行的唯一策略。阿拉伯聯合大公國就選擇了一條更開放的道路。該國是七個酋長國（sheikhdom）合組的聯邦國，由阿布達比的納哈揚（Al-Nahyan）家族與杜拜的馬克圖姆（Al-Maktoums）家族共同掌權。足球員、西方遊客、外國企業在阿拉伯聯合大公國都受到積極招攬，出版廣電方面的禁令在這裡也比沙烏地阿拉伯少。以足球界的觀點來說，這點帶來了可觀的利潤。阿哈伯聯合大公國有三百萬人口，三分之一是外國人，無法代表國家隊踢球。不論那些窮苦的巴勒斯坦人和巴基斯坦人球技多好，阿拉伯聯合大公國再自由寬容，也沒到賜予他們公民權的地步。即便如此，阿拉伯聯合大公國還是成功取得一九九〇年世界盃資格，是歷來打入會內賽的隊伍當中人口最少的國家。

　　納哈揚家族雖然以阿布達比為據點，但與位於國土內陸沙漠的家族發跡地仍保有聯繫，自一九六八年以來持續資助當地的足球俱樂部，艾茵隊（Al-Ain FC）。瞥一眼艾茵隊的董事會名單，就能看出都是軍隊、政府、王室內部地位極高的官員，扎耶德酋長（Sheikh Zayed）本人就是球會榮譽主席。二〇〇三年，艾茵隊贏得亞足聯冠軍盃。這就和馬爾他的斯利馬流浪者隊（Sliema Wanderers FC）居然拿下歐冠是同樣概念。阿拉伯聯合大公國開放的國際觀也延伸至國家航空公司。阿聯酋航空向來是許多歐洲球會的主要贊助商，最有名的例子就是阿森納隊。

　　卡達的發展路線和阿拉伯聯合大公國很像，也同樣崛起成為波斯灣地區的足球強國。卡達堪稱波斯灣地區最自由開放的國家，是阿拉伯語電視臺「半島電視臺」（Al-Jazeera）的所在地，長年與西方維持緊密合作。領導人哈馬德‧阿勒薩尼酋長（Sheikh Hamad Al Thani），一九九〇年代末把管理足球與卡達奧委會的權力移交給王儲塔米姆（Tamim Al Thani）。卡達雖是人口不及五十萬的小國，登記球員不到三千人，但塔米姆對足球有遠大的抱負。二〇〇三年，卡達在這方面逐步展開行動，奧委會分配給上游球會每隊一百萬美元經費，用以招募外國球員。於是該年賽季伊始，艾薩德隊（Al-Sadd）、荷爾隊（Khor）、艾阿拉比隊（Al-Arabi）、艾雷恩隊（Al-Rayyan）這些半

職業的年輕球會都加入了一批球星，如阿根廷前鋒加巴提斯圖塔、法國後衛法蘭克·勒博夫（Frank Leboeuf），以及德國傳奇中場史提芬·埃芬伯格（Stefan Effenberg）。卡達人的想法沒錯，一定要引進這種程度的人才經驗，才有希望把本土球員提升到世界級水準。但塔米姆急於看到成效，因此與奧委會想出一個捷徑妙招——不要只買球員的勞力，把國籍一起買過來。卡達用這個方法吸引了兩名肯亞的田徑好手歸化卡達國籍，代表卡達參賽。接著找上艾爾頓（Aílton）、迪德（Dedé）、李安度（Leandro）這三位在德國踢球的巴西人，拿出數百萬美元攏絡他們更改國籍。但艾爾頓和他幾位朋友還沒決定，國際足總先替他們決定了。國際足總宣布，球員必須有祖父母是該國人，或者曾在該國居住超過兩年，才可以更改國籍。

　　來到波斯灣西邊，石油逐漸枯竭，與地中海東岸的社會各方面一樣，足球在這裡深受戰爭衝突影響，從一九四八年以色列建國以來，不論國際戰爭或國家內戰都在這個地區持續肆虐。種種衝突仇恨所致，以色列在一九七四年遭到亞洲足總除名，九二年加入歐洲足總。因此以色列的當代足球歷史歸屬於歐洲。話雖如此，該地區的足球發展依然能深切感受到以色列的存在。巴勒斯坦人在不列顛託管時期踢起足球，但經過四八年的戰爭與以色列建國，大批巴勒斯坦難民逃往約旦和黎巴嫩，使得足球和巴勒斯坦民族一樣流離失所。巴勒斯坦人被打散到周遭多國邊境，往往只能住在難民營勉強保命，失去國際代表。六七年六日戰爭之後，巴勒斯坦領土遭以色列併吞，協會足球在加薩走廊和約旦河西岸幾近消失。即便有任何微小的發展，八〇年代末的巴勒斯坦大起義也將其橫掃在側，那段時期就連在街頭踢足球都不可能。巴勒斯坦人唯一的足球代表只有阿爾維達特隊（Al-Wihdat），這支球隊是從約旦河東岸的難民營發展出來的，參加約旦聯賽。球隊巡迴至約旦河西岸和加薩走廊期間，阿拉法特（Yasser Arafat）形容他們在流散的巴勒斯坦人心目中的重要性：「倘若有一天我們失去聲音，阿爾維達特就是我們的聲音。」[19]

　　一九九三年，以色列與巴勒斯坦雙方領導人簽下奧斯陸和平協議，加上以色列佔領區戰事趨緩，替巴勒斯坦足球打開了復興之路。不到一年，巴勒斯坦足總成立，接下來短暫幾年也得以舉行固定賽事。以色列雖仍拒絕承認

巴勒斯坦民族或巴勒斯坦國實質存在──巴勒斯坦國（Palestinian State）一詞，只指巴勒斯坦自治政府統管的領土。但國際足總立場明確，巴勒斯坦在一九九八年被納入成為國際足總會員，得以取得重要的發展資金。國家隊網羅流亡海外的巴勒斯坦人才，陣容中不乏從小在約旦、敘利亞、黎巴嫩、智利長大的球員，這些地方自二十世紀初就有巴勒斯坦人建立起不小的社群。本土足球在巴勒斯坦則未能發展興旺。二〇〇一年起義復燃，和平議程中斷，使得足球再度落入過往情境，在加薩走廊和約旦河西岸沒有任何發展可能。不過巴勒斯坦國家隊倒是持續運作，雖然主場比賽被迫得在卡達舉行，但還是廣受愛戴，形同巴勒斯坦民族希望的公眾代表。

　　一九六〇年代末至七〇年代初，黎巴嫩足球走得跌跌撞撞，在這段最激昂的年代，巴勒斯坦游擊軍把黎巴嫩當成進攻以色列的基地。動盪的局勢在一九七三年引發內戰，巴勒斯坦解放組織（PLO）被驅逐出境，貝魯特內部族群對立，城市慘遭戰火蹂躪，敘利亞和以色列出兵干預。全國足球聯賽也未能倖免於難。八〇年代戰爭步入尾聲，全國賽事才重新復甦，但八八年賽季從未真正比完，大多數比賽都淪為集體鬥毆。一直要到九一年，全國統一政府成立，武裝部隊解散，完整的足球賽程才有辦法進行。

　　黎巴嫩內戰期間，國家足球隊也從足壇銷聲匿跡，一九九〇年代初重組以後，在國內扮演的角色如同巴勒斯坦國家隊的鏡像。黎巴嫩在內戰結束之際還只是一個政權國（state）。事實上，內戰結束形同承認這個地域國家（country）無法分裂成小國（mini-state），國界也無法重劃。黎巴嫩國面臨的問題在於缺少單一民族國家（nation）的概念。本土足球便呈現出這個問題，每一支大球隊都與黎巴嫩不同的種族或宗教族群緊密結盟。名列前茅的安沙爾隊（Al-Ansar）是當權的遜尼派穆斯林的代表球隊。一九九〇到二〇〇〇年代初，安沙爾隊連續十一年拿下聯賽冠軍，富商拉菲克‧哈里里（Rafiq Hariri）既是當時的球會主席，也是該時期的黎巴嫩總理。內澤默隊（Al-Nejmeh）是什葉派球隊，哈姆基隊（Hemki）則是馬龍派基督教徒（Christian Maronites）球隊。源自亞美尼亞的基督教長槍黨（Christian Phalangists），如果是右派有賀米尼門隊（Homenetmen）為代表，左派則有

賀門恩隊（Homenmen）。就連伊斯蘭真主黨（islamicist Hezbollah）武裝部隊也保有萊亞隊（Raia FC）這支球隊，雖然隊伍至今仍未爬出最低級別。從黎巴嫩各階層或大或小的衝突就可以見得，戰爭或許已經結束，但距離國族團結還有一段漫漫長路。

　　但黎巴嫩成功以單一實體形態，熬過了這種種考驗，國家足球隊也在其中扮演了小小的角色。前威爾斯國腳泰瑞・約拉斯（Terry Yorath）在一九九四年受聘出任黎巴嫩國家隊教練，對於該國的族群矛盾，他表現出的態度出乎意料使人耳目一新，選擇球員根據的是實力而非種族。二〇〇〇年亞洲盃在黎巴嫩舉辦，這件事本身就是在驗收過去十年來黎巴嫩龐大的物質重建工程，而黎巴嫩國家隊也廣獲各界支持。就目前來看，比起足球對於巴勒斯坦人奮鬥建國的貢獻，黎巴嫩透過足球隊尋找國族認同似乎是更有希望的計畫。

第二十章

微小的慈悲：
冷戰後的非洲足球（1990-2006）

現在孩子戳我們，我們比較有感覺了，他們的臉龐重新進入視線焦點。肚子咕嚕叫的聲音變得明顯。我們又能聽見老婆扯著嗓子大吼：「你從不聽我說話。」也沒有藉口再把買菜錢拿去買啤酒。關上電視，我們現在必須關心起孩子在學校的表現。

——索內卡‧卡姆胡薩（Soneka kamuhuza），尚比亞國家隊空難事件之後 [1]

I. 放下槍，踢球吧

　　尚比亞總統肯尼斯・卡翁達（Kenneth Kaunda）是個特例。這位非洲國家總統不只支持足球，而且真的喜歡足球。脫離了權力鬥爭的生活，前迦納總統恩克魯瑪在日記和流亡回憶錄裡從未提及足球。蒙博托一九七四年卸任剛果總統之後，沒人在足球場內見過他的身影。前烏干達總統阿敏喜歡踢球、喜歡參加，也喜歡出各種主意，但他對足球的關注為時短暫。卡翁達喜歡到現場看球，常出席路沙卡當地小型聯賽的比賽。除此之外，他還是非洲極少數經由選舉和平取得權力的領導者。尚比亞自一九七二年以來一直是一黨獨大的國家，掌權的就是卡翁達所屬的聯合國家獨立黨（UNIP）。雖然卡翁達的統治相對溫和，但尚比亞依然極度貧窮。銅礦產區的城市命運也得聽憑起伏不定的國際商品市場擺佈。鄉村則仍深陷貧困當中。雖然尚比亞努力對抗非洲南部的種族隔離與殖民主義，立場令人欽佩，但這對於減輕國內體制盛行的貪汙腐敗及裙帶關係並無太大幫助。九〇年的糧食暴動，宣告了卡翁達執政即將終結，對立的多黨民主運動黨（MMD）與新任總統弗德列克・齊魯巴（Frederick Chiluba）將起而代之。對尚比亞來說，這是滿懷陶然希望的一刻，國家足球隊「子彈」（Chipolopolo）實力逐漸增強也反映了這種情緒。

　　這個世代的足球員在一九九八年漢城奧運宣告他們的到來，出乎全國人民意料之外，尚比亞以四比零擊敗義大利。接下來又在九〇年的非洲盃拿下季軍。銅礦產區的足球俱樂部動力發電機隊（Power Dynamos），九一年贏下非洲盃賽冠軍盃，是國內僅有的一座非洲俱樂部賽事獎盃。九三年四月，國家隊以三比零擊潰模里西斯，霸氣取得了翌年非洲盃的參賽資格。接下來，他們將在兩天後北上前往達卡參加對塞內加爾的世界盃資格賽。這是尚比亞第一次真正有希望打入會內賽，全國欣喜若狂。四月二十八日上午，傳言在首都路沙卡的大街上散佈開來。聽說飛機失事了。沒錯，失事了，墜毀在加彭海岸邊的大西洋海面上。尚比亞廣播集團董事長本人親自上電臺宣讀消息：

一架載著國家隊球員的軍機，從加彭的自由市起飛，預計前往塞內加爾。起飛未久，飛機便在海上墜毀，機上含機組人員、行政官員、球員共有三十人，無人生還。蒼白腫脹的遺體由尚比亞航空的飛機載回路沙卡，一星期前，尚比亞足總還覺得尚比亞航空太貴而不願包機。通往獨立球場的一路上排成了二十五公里長的人龍，死者遺體陳列在球場裡供民眾弔唁。齊魯巴總統主持喪禮，他承諾尚比亞新政府一定會全面調查失事原因，也會成立信託基金會撫卹生計陷入困境的球員遺族。那希望呢？希望將寄託在國家隊剩餘的成員。國家隊接受了丹麥足總的援助。旅歐的尚比亞職業球員，如布瓦利亞和肯尼斯‧馬里托利（Kenneth Malitoli），因為各自另行前往塞內加爾而倖免於難，如今構成國家隊的核心主力。缺乏實戰經驗的新手球員受到徵召，但世界盃資格賽對他們來說果然強度太高，資格賽最後一輪的客場比賽，他們以一顆遲來的進球敗給摩洛哥。主場賽只要平手就行。尚比亞隊一記苦悶的橫傳飛越摩洛哥門線上方，只求有人頂進球門。然而那個人終未出現。

　　一九九六年初，尚比亞勉力踢進了非洲盃四強賽。同一年稍晚，齊魯巴連任總統。足球、國族主義、希望混合在一起，效用依然令人沉醉，龐大群眾在六月時聚集在國家足球場，看尚比亞對蘇丹的世界盃資格賽。這座球場在一九六四年倉促建成，目的是為舉辦尚比亞獨立紀念日的慶祝活動。政府曾經計畫補完工程，換掉臨時結構。但三十年過去並無任何動作。資格賽當天，觀眾席發生混亂踐踏，卻因出口柵門上鎖害得傷亡更加嚴重，一共有九人死亡，七十八人受傷。尚比亞的足球和政局自此不斷急遽衰退。

　　政府拒絕公布或透露空難調查結果。不斷有謠言指稱他們不願意花錢買尚比亞航空昂貴的機票，寧可選擇便宜的軍機。報導浮上水面，指出該架軍機在路沙卡的機場跑道停放多年，突然被召回服役，其中一具引擎早有毛病。齊魯巴這時候剛擺脫一場政變威脅，但貪汙、盜用公款的指控不絕於耳。希望和信賴日益耗損。國家隊未能再取得任何賽事資格，本土足球縮水，罹難球員家屬也始終沒拿到任何撫卹金。家屬把政府告上法庭，尚比亞高等法院命令政府償付，齊魯巴政府沒付錢，倒是找到時間把多戶人家從政府贊助住宅趕出去。遺孀相繼凋零，齊魯巴與他一眾親信之貪贓枉法和墮落腐敗如今

已歷歷在目，二○○二年大選將他們驅趕下臺。繼任總統姆瓦納瓦薩（Mwanawasa）確保齊魯巴以執政期間侵吞三千萬美元公款罪名遭到起訴，但那些遺孀和孤兒還是沒拿到一毛錢，也沒有尚比亞球隊能帶來希望。

　　尚比亞足球的命運，與冷戰結束後那十年之間非洲政治的發展弧線一致。首先出現一段難得充滿樂觀希望的時光，過去強權之間的衝突鬥爭和陰謀詭計，對非洲的頤指氣使和種種限制，看似都煙消雲散。南非的種族隔離政權，還有南非北方所有搖搖欲墜的黨國政府，現在都不得不認清人民真正的需求。但現實隨即浮現。尚比亞的狀況跟很多國家一樣，新一代菁英掌權了，卻一樣貪婪無能。有些國家如薩伊、賴比瑞亞、象牙海岸，陷入戰爭、內戰、分裂。大部分國家面臨經濟困境，所有國家都受到全球資本及商品市場的鐵律宰制。相同限制也塑造了非洲足球的發展軌跡。一九九○年世界盃喀麥隆表現優異，受此鼓舞，非洲足球走勢上揚，但提升有限。雖然非洲出賽世界盃的代表增加至五隊，但一直要到二○○二年才有塞內加爾重現喀麥隆的表現，闖進八強。世界足球的經濟邏輯所及，非洲大量人才移往歐洲與其他地區，本土足球本已因安全堪慮且投資不足而跛腳，現在更進一步被削弱。此外在非洲民主化以後的政治邏輯下，激烈的地方對立和明目張膽的貪汙，也對足球俱樂部和國家隊造成破壞和掏空。這十年間發生的戰爭使許多國家徹底從足球地圖上消失，在這段暴力與動亂一觸即發的年代，戰爭也被引入非洲的城市和足球場。這種種因素相互加總，終至在二○○一年於非洲大陸各地引發一連串死傷慘重的球場事故，兩百多人因此喪命。非洲大陸內部分裂和政治失能的問題，在世界足球的權力機構內嚴重暴露出來，非洲第一次認真爭取世界盃主辦權，希望○六年能在南非舉辦，為此所做的努力也連帶受到損害。但誠如言及西非童兵時，賴比瑞亞籍教練約書亞・強森（Josiah Johnson）感傷發出的呼籲，足球依然為這片選擇無多的土地，帶來珍貴微小的慈悲、希望與理想：「放下手中的槍，去足球場好好看一場比賽吧。開槍打人不會讓你成為百萬富翁，把足球踢好反而還有希望。」[2]

II. 女子足球的曙光

　　過去二十年來，非洲經歷龐大的人口結構轉移，連帶大幅擴大了參與足球的人口組成。非洲人口不只愈來愈多、愈來愈年輕，都市人比例也愈來愈高。一九六〇年，非洲約有兩億人口，到了二〇〇〇年，已增加三倍來到六億人。歐洲、美國和日本人口老化，非洲卻愈來愈年輕。以阿爾及利亞為例，有三分之一人口不滿十八歲，一半人口不滿三十歲。一九八〇到九〇年代，傳染嚴重的人類免疫缺乏病毒（HIV）席捲非洲大陸，主要侵襲成年人，使得非洲大部分地區的人口結構更加歪斜，由新世代年輕人佔了最大多數。西方歷史上人口如此急速成長多發生於快速都市化及工業化時期，但在非洲只有都市化，沒有工業化。不論正規或非正規經濟都無法吸收這麼海量的人力，非洲鄉下的經濟與環境又大多十分落後，因此大量人口開始遷移至開羅、阿克拉、拉哥斯、金夏沙、奈洛比和約翰尼斯堡，棲身在這些城市裡人滿為患的棚屋和簡陋聚落。他們在這些貧窮的大都會裡做什麼？這裡土地少也沒有公共設施，但從以前到現在一直都有足球，足球在街道上、在樹叢邊、在泥地裡，也在電視上。

　　電視來到非洲比美國和不列顛晚了四十年，而且因為國家對廣播電視投資不足，社會剝奪（social deprivation）的情況普遍，電視普及率始終有限，直到一九九〇年代才總算廣為流行。二〇〇〇年，坦尚尼亞成為非洲大陸本土最晚擁有全國有線電視系統的國家。各種年代樣式的電視機廣泛出現在各地，城市有人非法偷接頻道線，鄉間則有人費力把電視接上汽車電瓶。更重要的是，新衛星技術出現把國際足球放送到了非洲。訊號連接不是一直很好，也不見得都有付電視權利金，但非洲終於可以看見自己出現在世界舞臺，而他們看的都是自己在踢足球。

　　至於世界盃和非洲盃期間之外，那些為生活奔波之餘的漫長時光呢？從在新興城市留下的畸零空地上輪流踢球，到鄰里之間、城區之間、村莊和地區之間舉行的組織聯賽，非洲的年輕人不只看球，他們也踢球。在塞內加爾，

達卡貧民窟內的「納瓦塔尼聯賽」（Nawetane leagues），到場人數比國家聯賽還多。納瓦塔尼聯賽經常辦在農民曆重要日子的前後，在甘比亞因為大為流行，前總統葉海亞・賈梅（Yahya Jammeh）甚至威脅要在收獲季節禁止足球，參加或籌辦的人一律關進大牢：「浪費時間辦足球比賽，不如把時間花在田裡。」[3] 同一時間，勉強才稱得上半職業的正規聯賽，根據地多半在城市而非鄉村，因為乏人問津而近乎瓦解。觀眾人數一再下滑，人少到讓甘比亞足總在二○○三年宣布，二○○四年所有聯賽足球門票一律免費。

奈洛比近郊的馬薩瑞（Mathare）是一個巨大腐敗的貧民窟城鎮，深陷貧窮泥沼，這裡的馬薩瑞青年運動協會（MYSA）吸收對足球的廣大熱情，創設了一個獨特的足球講習與社會個人發展計畫。馬薩瑞青年運動協會成立於一九八七年，隨即成為非洲最大的青年協會，經營大約一百個聯賽，旗下有一千支球隊，包括兩百支女子球隊。參與及講習都是自願性的公共服務。成員年紀較長的馬薩瑞聯隊（Mathare United），以這個龐大的協會為基礎，接受挪威發展援助單位資助，在全國聯賽掙得一席之地，接下來四年三次踢進肯亞盃決賽，兩次收穫冠軍。其他地方的援助機關並未忽略這個消息，他們一直希望足球當成促進戰後和解的手段，運用在賴比瑞亞和獅子山共和國，那些致力於讓心靈受創的童兵重新融入主流社會的地方，也把足球當成心理治療和增進社會化的工具。

從馬薩瑞青年運動協會和聯合國兒童基金會（UNICEF）的努力成果亦可見得，女子足球近二十五年來也逐漸嶄露頭角。歷來的事實證明，非洲和世界其他地方並無差別，足球不論哪個層級或什麼角色，大半都由男性主導。非洲足球繼承了歐洲足球的男性文化，拿到教育、國營事業、軍隊等家父長制機構裡複製繁衍，這些機構又餵養了足球的發展。非洲大城市中心的女性接觸教育和運動的機會雖有所增加，但仍面臨傳統觀念根深柢固的反對，認為女性身體條件有別，不宜投身公共領域。這種現象在伊斯蘭社會最為極端。近至二○○三年，奈及利亞北方的國家尼日依舊全面禁止女子足球。類似觀念也限制了西非和北非其他地方的女子足球發展。

即便如此，女子足球在奈及利亞、迦納、南非都有所成長。奈及利亞企

業家克里斯多佛・阿比蘇加（Christopher Abisuga）於一九八〇年代初成立了一支女子表演隊，「甜心寶貝」女子足球俱樂部（'Sugar Babe' Ladies FC）；公主寶拉・杰加德（Princess Bola Jegede）則於九〇年在拉哥斯贊助成立國內首個全國女子足球錦標賽。贊助商、球員、資金全都陸續跟進。到了二〇〇〇年，女子足球肯定已算是到來，那一年非洲女子國家盃（African Women's Championship）南非對奈及利亞的比賽，因為約翰尼斯堡發生鬥毆騷亂而臨時中止。二〇〇四年，賴比瑞亞足總指派伊薩姐・桑波・衛斯理（Izetta Sombo Wesley）出任非洲國家第一位女性足總主席，奧菲莉亞・杜威（Ophelu）則是國內首位女性裁判。〇五年末，艾倫・強森・瑟利夫（Ellen Johnson Sirleaf）經過一場激烈的競選，擊敗賴比瑞亞足球明星喬治・威亞（George Weah）勝出，讓賴比瑞亞有了非洲第一位民選女總統。

　　足球對非洲大眾文化的支配之深，一項有力的指標是看有多少政治領導人不僅打算透過一般私下管道出錢出力、發揮影響力支持足球，還想實際上場。奈及利亞奈及利亞總統奧巴桑喬有一次就相當難得地小露身手，在一場奈及利亞聯邦行政院對立法院的比賽中擔任中間中場。這兩個奈及利亞政府院會為了聯邦預算的形式和多寡已針鋒相對多月。比賽於二〇〇〇年在阿布札（Abuja）舉行，行政院靠著總統本人進的一球獲勝，雖然比賽才到下半場就因為下雨而半途中止。這場比賽的電視轉播收視率十分不錯，乃至往後國家行政單位和立法單位遇上這類問題都仿照相同方法解決。烏干達總統穆塞維尼（Yoweri Museveni）希望替自己的全面性無黨派政治背書，聯合內閣與國會組成一支隊伍，親自領軍與烏干達足總比賽，穆塞維尼這一隊以二比一獲勝。肯亞國會自行組成跨黨足球隊——邦吉隊（Bunge FC），且實際上陣與烏干達和坦尚尼亞的對手比賽，一方面宣導公共衛生，一方面也替自己打廣告。誠如一名現場觀眾所言，這種手段對非洲的立法議員來說風險頗大：「你看到他們……挺著孕婦般的大肚子，細小的雙腿賣力追著球跑，但其實接近用走的，而且踢球的方式就像小朋友一樣。」

III. 職業足球絕地求生

　　一九九〇年代，是非洲經濟與非洲足球另一段低迷的十年，經濟全球化急遽提升，資本、科技、貿易、勞力的全球流動率也全都提高。但除了石油相關經濟以外，非洲與全球經濟的交集卻反而縮減。歐洲移民政策日益嚴苛，希望遏止海外移工攜家帶眷從前殖民地流入國內，不過非法移民的比例仍持續增加。非洲在世界貿易佔比下降，儘管迫切需要各種外資投入，可非洲卻一直是資本出口大國。清還外債之餘，被盜竊存放在外國銀行帳戶內的國家財富還不斷累積，使非洲經濟餓得發慌。與非洲經濟相關唯一真正有所發展的地方，只有國際貨幣基金組織的結構調整計畫，對非洲國內經濟形成的長久有害的影響；還有就是非洲技術最精深的工人大量外移，包括非洲的頂尖足球人才。這兩者的過程不無相關，非洲一方面持續產出品質優異的球員，一方面國內的足球經濟則愈來愈無法留住人才；隨著明星球員離去，外界對足球的興趣及俱樂部足球的水準自然也愈加衰減，使得非洲足球發育不良，困在常有的惡性循環當中。有鑑於此，一九九〇年代許多非洲大國，包括阿爾及利亞、摩洛哥、奈及利亞、南非皆努力正式轉型為職業聯賽，雖立下如此正式之承諾，但沒有一個國家籌得充足資金，得以逆轉人才外流的趨勢。

　　金錢和資源在非洲大多數地區向來拮据，但大部分球會的收入和觀眾入場人數到了一九九〇年代又進一步下跌。歐洲足球因為獲得的贊助和電視權利金大增而愈來愈有錢，非洲足球吃到的只是殘渣。以非冠聯賽為例，取得的電視權利金收入只有歐洲百分之一不到，也不及阿拉伯冠軍聯賽的四分之一。很多俱樂部唯一固定可靠的收入來源甚至是培養球員轉會。莫怪乎很多球會或個人相繼創立足球學校和培訓計畫，吸收非洲城市豐沛的人才加以培育，再賣到北方。由於非洲國家在世界盃漸漸踢出成績，一九八〇年代末至九〇年代初，如威亞、比利、博坎德等多位非洲足球移民代表人物又帶來新氣象，歐洲球會和球探因此受到鼓勵，有興趣評選非洲球員，非洲球員和球會反過來也希望拿到歐洲的轉會費、合約和薪資。特別以威亞來說，他在

AC米蘭表現亮眼，展露長驅直入的帶球能力，連帶提高了所有非洲足球員的地位。一九九五年，他更成為首位獲選年度世界足球先生的非洲人。歐洲和非洲的球員薪資差異之大，非洲人才蘊藏之深，使外移的非洲足球員構成了運動史上最大規模的遷徙，主要前往歐洲，但不只限於歐洲——規模相當於南非人遷移至歐洲或歐洲境內各族群遷移。一九九○年在歐洲職業足壇非洲球員不到一百人，到了二○○○年已有將近千人。[4]他們的目的地主要是法國、比利時、葡萄牙和荷蘭，在德國、西班牙、義大利、英格蘭的大聯賽也有相當人數。但不同於過去外國球員移動趨勢是往歐洲足壇最頂峰前進，非洲球員的移動更廣且深。非洲人不只找到門路前進希臘和土耳其，進入斯堪地那維亞半島每個國家，最令人意外的是還去到了東歐——俄羅斯和烏克蘭最多。但波蘭、捷克、羅馬尼亞和保加利亞當地較小的聯賽也有。這一大批勞動力多半來自西非國家，特別是奈及利亞、迦納、象牙海岸、喀麥隆和塞內加爾。阿爾及利亞和摩洛哥也是兩大供應國（不像埃及和突尼西亞，當地足球人才主要都留在國內）。安哥拉也出口許多球員，但幾乎全都前往葡萄牙。薩伊解體之後，重生為不穩定的剛果民主共和國，為求逃離國內的貧窮和動盪，球員在海外散佈得既遠且廣。

　　非洲球員招聘及轉會的系統，向來受到球探、足球學校、訓練學院組成的幽暗世界控制。前法國國腳尚馬克・吉魯（Jean-Marc Guillou）協助創立阿比尚足球學院（ASCE）、奈及利亞的百事學院（Pepsi Academy）和阿賈克斯開普敦（Ajax Cape Town）的培訓計畫，都是非洲代表的足球學校。吉魯後來離開阿比尚足球學院，自行打造了一支未登記的球隊，二○○三年提供了一整隊象牙海岸的年輕一軍球員給比利時球會貝法仁隊。雖然頂尖球員能享有豐厚報酬，合約優渥且有保障，但也有很多球員淪為犧牲品。有的年輕球員與未登記的黑心經紀人簽約，好不容易來到歐洲卻沒能通過事先沒說的試用期，發現自己一夕之間身無分文，在陌生的土地上淪為無家可歸的非法移民。也有的人簽下欠缺法律效力和財務價值的合約，直到年老體衰才發現自己踢了半生球什麼也拿不到。更不幸的是，很多在役或退役球員都在球場內外遭遇過歐洲源遠流長的種族歧視。

很多聯賽的最大支柱是政府或準政府機關，當聯賽收入衰減，足球隊往往是裁減預算的受害者。尚比亞銅業衰退，恩克魯瑪紅魔隊（Nkrumah Red Devils）隨之重挫。肯亞西部城鎮班哥馬（Bungoma）的恩佐亞糖廠隊（Nzoia Sugar），贏得聯賽冠軍之後不久隨即破產。相較之下，石油公司或軍警資助的球隊發展較好。安哥拉的石油競技隊（Petro Atlético）、由加彭和盧安達的軍隊各自組成的「FC 105」和「APR」隊，在二十一世紀初都十分興旺。要想引出政府資金，那足球俱樂部必須在食物鏈中爬到高位，不能只是區區一個公共事業。在馬拉威，穆魯齊總統（Muluzi）是巴塔子彈隊（Bata Bullets）大名鼎鼎的靠山；在奈及利亞，二〇〇〇年甲級聯賽將近一半的球隊都直接歸國家政府所有，受政府贊助。另一半則受大企業（例如德國的博格建設公司〔Julius Berger〕）或財大勢大的富商支配。但就算給這些頂尖球隊再多物質和象徵上的投資，沒有充裕的公共資金替門票和電視轉播買單，職業足球在現代非洲作為經濟和社會事業，處境依然岌岌可危。

IV. 非洲足球的希望：南非

非洲大陸大半地區跟蹌前進之際，非洲經濟與足球發展的最大希望，落在剛剛自由解放的南非。足球與解放運動四十多年來相連密切。在其他國際組織還未決定對種族隔離政府施加壓力以前，非洲足總已將南非除名，因為南非在第一屆非洲盃拒絕組派一支多民族隊伍。雖然一九六〇至七〇年代，黑人白人混雜的球隊漸漸增加，但南非直到一九九一年才真正成立了多民族的國家足球總會。曼德拉（Nelson Mandela）出獄後第一場重大演說，就在約翰尼斯堡足球城球場（FNB Stadium）舉行的大會上發表。隨著南非憲法逐步進入討論，國際組織也開始重新網羅南非，打頭陣的又是非洲足總和國際足總，後者在一九九二年七月允許南非重回世界足壇。在足球界與在政治經濟方面一樣，南非將是希望與改革的指標。相較於白人主宰的運動如板球和橄欖球，足球將合理成為新南非的國民運動。這個國家政治民主、科技經濟也進步，南非足球將不會受到發展不全的限制所累，也不會如非洲大陸其

他地區被家父長專制獨裁所扭曲。

　　有那麼幾年，一切看似都有可能發生。儘管小鎮仍有暴力延續，非洲民族議會黨和因卡塔自由黨（IFP）在夸祖魯納塔爾省（Kwazulu-Natal）依然鬥爭激烈，但菁英達成共識通過了新憲法，經公投獲得民眾認可後，透過自由公平的選舉制度實施，曼德拉當選總統，非洲民族議會黨執政。在俱樂部足球界，南非球隊過去也被排除在外，一九九五年索威多強隊奧蘭多海盜隊首度拿下非洲聯賽冠軍盃。同一年由於肯亞政府破產，肯亞足總被迫放棄九六年非洲盃主辦權，南非挺身接手，不只主辦賽事，還一路打進決賽，擊敗突尼西亞奪冠。現場多元種族的觀眾看著一支多元種族的球隊，從黑人總統曼德拉、前白人總統戴克拉克（F. W. de Klerk）和祖魯族國王茲維里提尼（Goodwill Zwelithini）手中接下獎盃。兩年後，南非重回非洲盃決賽，不幸敗給埃及，但安慰隨即到來，南非首度取得了世界盃會內賽資格，得以進軍九八年法國世界盃。

　　於今回顧，那就是南非足球的巔峰了。在接下來幾屆非洲盃，南非的表現就每況愈下。二〇〇〇年以季軍作收，〇二年只闖進八強，〇六年在小組賽階段就被淘汰。當南非爭取〇六年世界盃資格失利，事態嚴重到連總統姆貝基（Thabo Mbeki）也在聯邦國家演說上提及這件事，還特別成立總統委員會，重整國家隊為二〇一〇年世界盃所作的準備。自由解放帶來的生機活力只能走到這裡了。種族隔離留下的長久影響是一段令人遺憾的紀錄，對設施、人才、組織長年投資不足。俱樂部至今仍未擁有自己的球場，因此少有權力能管理比賽，也少有動機能刺激外界投資改善設施。是有贊助商出現，但因為黑人足球迷很多生活貧困，足球比賽無法像規模較小但「比較白」的板球一樣吸引到相同比例的觀眾入場。即便有贊助資金，向來也只集中於少數大球隊。也有部分海外投資進入南非，如荷蘭球會阿賈克斯就買下開普敦馬刺隊（Cape Town Spurs），改名為阿賈克斯開普敦隊，現在位於頂級聯賽前段班之列。但對大多數球會和球員來說，現實經濟條件只有更加嚴苛而已。

　　政府現代化的承諾也逐漸褪色。正如同非洲民族議會黨在自由解放之後，發現自己深陷經濟不景氣、內部仇恨和小貪汙弊案之間，南非足球也同

樣陷於困境。當時的體育部長史蒂夫·許威特（Steve Tshwete）於一九九六年成立皮卡德調查委員會（Pickard Commission of Inquiry）調查貪腐，導致南非足總行政主席所羅門·莫瑞瓦（Solomon Morewa）辭職。委員會也建議所有在他手下任職的行政官員一起辭職。但弊根仍未除盡。二〇〇一年，多名賽事官員及約翰尼斯堡球會古典隊（Classic FC）經理被解職禁賽，消息揭露他們共謀讓球隊贏得聯賽關鍵賽事以免於降級。奧蘭多海盜隊的老闆兼主席，也是南非足總和聯賽副主席，「鐵公爵」艾文·柯札（Irvin Khoza），在〇二年被捕，罪名除了逃稅，還有將交易兩名海盜隊球員——馬克·費雪（Mark Fish）和海曼·馬卡拉勒（Helman Mkhalele）所得的轉會費，從球會轉入他個人的信託基金。二〇〇四年非洲盃前夕，南非國家隊教練馬沙瓦（Shakes Mashawa）先是被停職，接著在賽事開打的前一晚遭到開除。他不是第一人，前國家隊教練凱羅斯（Carlos Queiroz）和巴克（Clive Barker）都遭逢了類似命運。事實上，因為南非與暱稱為「小伙子、小伙子」（Bafana Bafana）的國家隊之間，關係歇斯底里而不穩定，十年內就送走了十二名教練。南非國家隊隨即在一場熱身賽中以二比零輸給模里西斯這個超小島國。很顯然，順道去這個印度洋小島度假的官員比球員還多。馬沙瓦把南非足總告上法院，贏得違法解雇的官司，案子被悄悄壓下來，南非隊接著前往突尼西亞參加國家盃賽事，輸得一塌糊塗、顏面盡失。〇四年春天，南非贏得二〇一〇年世界盃主辦權之後，掃蕩南非足球界的艱鉅任務更進一步實施。宣布主辦的消息一出，另一波清掃國內足球界的行動立刻跟進，大批球會官員因涉嫌比賽貪汙而遭到逮捕審判。但一年之後，審判結束得不明不白，沒能成功起訴任何一個人。

V. 民主的進程

冷戰結束要向非洲預告的原本不是衝突，而是邁向民主的進程。不會再有超級強國扶植獨裁政權。國際援助團體和國際銀行漸漸把發展資金與良好的治理過程綁在一起。更重要的是事實證明，專制政府在非洲各地都是一場

令人悲哀的失敗。專制政府沒能抑止的一些小規模經濟與社會發展，如今創造出桀驁不馴的都市工人和中產階級，透過媒體、工會與其他組織爭奪政治權力。首見於一九九〇年的貝南和九一年的尚比亞，至九九年奈及利亞總統大選到達顛峰，幾乎每個非洲國家都或多或少見證了民主化的發展。舊領導者被迫讓權，一黨獨大的國家讓位給多黨制；哪怕廉正程度不一，選舉也正式實施。非洲惡名昭彰貪腐無能的足球行政機構，連同其他政府或準政府機關一起暴露到了公眾面前，在國際和國內都受到更徹底的審視。針對各國自治權受政府干預的足協，國際足總不惜停止其職權，而且做得特別起勁。如果這種邏輯推展至極，這麼嚴格地審查他們的自主獨立，非洲足總沒有任何一個成員得以倖免，不過國際足總只針對最嚴重的案例，例如選舉徇私、政府違法解散足總，或是非法銷售國際足總分配給非洲各國足總的世界盃公關票。自一九九〇年代末起，喀麥隆、幾內亞、甘比亞、肯亞、獅子山共和國、坦尚尼亞全都曾因為上述行為而遭到停職，但這些才只搔及表面而已。

　　非洲足球的行政缺失偶爾會淪為鬧劇。一九九六年，因為資金短缺，喀麥隆隊在非洲盃首場比賽的兩天前才抵達約翰尼斯堡。球隊有兩天時間可以適應高山草原稀薄的空氣。他們適應不了，賽前備受看好的一支球隊就這樣從小組賽出局。二〇〇四年非洲盃前的一場熱身賽，由辛巴威對上薩爾瓦多隊，隔天報紙發現，中美洲這支球隊裡沒有任何一名成員效力過國家隊或青年隊，似乎是球衣製造商答應出賽辛巴威才臨時找人湊成隊伍。他們勉強踢出了零比零平手。

　　非洲大陸的交通建設至今依然是一大阻礙，妨礙國際賽事定期舉辦。舉個例子，想像一下球迷來到迦納首都阿卡拉，打算看迦納對加彭的比賽，卻發現對手換成了賴索托，這時他們該有多驚訝。加彭人因為長途巴士拋錨而被困在多哥。搭飛機前往南非雖然距離三千公里，卻比西非的地方道路還可靠。賽事主辦單位和大多數球員收入極低，又使比賽易受賄賂造假左右。像蒙博托執政末期的薩伊，就沒有人拿到任何形式的收入，只有明目張膽的掠奪。一九九六年非洲盃，國家隊分派到的錢消失無蹤，再度出現時已經變形成球隊資深官員的新別墅。改名後的剛果民主共和國在埃及足總協助下趕上

參加二〇〇四年的非洲盃。隊員發現他們在開羅身無分文，只能忍耐住在通舖宿舍，因為金夏沙發的錢始終沒來。又是埃及足總挺身而出，出錢安排旅館和航班。這樣的善意並未延續至場上。大賽前，兩國進行了一場熱身賽，剛果球員追平比分後，聚在邊線外與一小群球迷慶祝進球。埃及人決定在這時候繼續比賽，並趁機進球得分，剛果守門員只能倒在場上無助地亂擋。不用說，賽事官方當然不覺得這有什麼問題。

2002 年 10 月 31 日
奧林匹克埃米內隊 0—149 AS 阿德瑪隊
馬達加斯加，圖亞馬西納球場（Toamasina）

放手交出王冠，說來簡單做來難。迪迪埃・拉齊拉卡（Didier Ratsiraka）將軍當了二十年馬達加斯加總統，二〇〇一年終於敗選。他所屬的馬達加斯加復興行動黨（AREMA）說詞反覆，敵不過百萬富翁馬克・拉瓦盧馬納納（Marc Ravalomanana）和他穿的那件「我愛馬達加斯加」上衣。即使經過暗箱操作，選舉結果仍對他不利。拉齊拉卡想忽視選舉結果，但他無法忽視拉瓦盧馬納納指揮的集體罷工和群眾抗議。法院下令重數選票。重數結果還是一樣。拉齊拉卡表示就算重數了，他照樣會忽視。不久，美國在二〇〇二年夏天承認拉瓦盧納納為總統，拉齊拉卡隨即消失，帶著他盜用的公款逃亡海外。

奧林匹克埃米內隊（Stade Olympique de l'Emryne）是馬達加斯加聯賽冠軍常客。那一年賽季面對 AS 阿德瑪隊的競爭，他們仍有希望在最後一輪比賽衛冕寶座，但首先他們必須擊敗 DS 阿茨蒙多拉諾隊（DS Atsimondrano）。比賽將近尾聲時，比分還是二比一埃米內隊領先，但對手接著獲判點球。埃米內隊的球員與教練拉茲拉札卡（Ratismandresy Ratsarazaka）對判決發出憤怒抗議，但抗議無效。阿茨蒙多拉諾隊靠這一球踢平比分，也踢掉了埃米內隊的王冠。同一天下午，已然無望衛冕的埃米

內隊，還是得踢完聯賽最後一場比賽。

　　拉茲拉札卡沒在候補區坐鎮，反而在看臺上瘋狂打手勢。裁判吹響哨音，比賽開始。埃米內隊把球踢回自家半場，踢進自己的球門。阿德瑪隊的球員和管理階層呆立在原地，面面相覷看傻了眼。裁判示意比賽重新開始。當哨音一響，埃米內隊又把球踢回自家半場，踢進自己的球門。拉茲拉札卡在場邊大吼要他的球員加快速度。裁判示意比賽重新開始。哨音一響，埃米內隊又把球踢回自家半場，踢進自己的球門。

　　報導並未提到是否有傷停補時時間，我猜大可以假設沒有。這就表示比賽九十分鐘內進了一百四十顆球。每四十秒進一顆球，持續了煎熬的九十分鐘。這需要紀律、效率，還要對眼前任務保持專注。這些經拉茲拉札卡訓練得如此優秀的球員，大半都和拉茲拉札卡一起被逐出了足壇，禁賽六年。

_____

　　迦納足球受到營私舞弊的妨礙特別嚴重，儘管國內足球實力不俗，在海外打拚的職業球員也有相當水準，但迦納卻得等上將近四十年，才在二〇〇六年德國世界盃首度闖入會內賽，而且也二十多年沒贏過非洲盃冠軍。民主化對這裡影響紛雜。一方面，迦納能以非洲足壇罕見的廉正自豪，行政官員被抓到行賄不只會丟了工作，還會遭受法庭判決。二〇〇一年，體育部長尤瑟夫・以撒（Mallam Yussif Issah）拿了政府撥給球員的四萬六千美元公款前往喀土穆，迦納隊會在當地與蘇丹隊比賽。以撒人是到了，錢卻沒到。他在二〇〇二年受審被判有罪，判處入獄一年並歸還款項。但這麼值得稱揚的公開透明，卻因為迦納足總自己的作為而受到致命傷害。〇一年七月，迦納在哈科特港（Port Harourt）出賽奈及利亞，這是世界盃資格賽的一場關鍵比賽。同為西非英語國家，迦納對這個長年來的死對頭保有十七年不敗的紀錄。賴比瑞亞當時排在資格賽小組之首，奈及利亞必須獲勝，才能進軍〇二年日韓世界盃。比賽結果，奈及利亞拿下三分積分，但後來消息遭人披露，原來奈及利亞河流州（River State）總督賽前塞了兩萬五千美元給迦納足總主席班・庫菲（Ben Koufie）。足總官員和迦納媒體集團在球隊下榻的飯店瓜分了這

筆錢。當庫菲被問到收錢一事，即使放在迦納足總不知廉恥的標準下來看，他的裝瘋賣傻仍令人啞口無言：「我一開始是拒絕收下這筆錢的，我知道會有謠言揣測……但後來我改變心意，因為奈及利亞總督說這是他們的傳統，他們會用一點贈禮展現待客之道。」[5]

在利比亞，足球並未捲入國內民主化進程。自從一九六九年靠軍事政變掌權以來，格達費（Muammar Qaddafi）靠著石油財、軍事勢力和毋庸置疑的個人魅力，於內政上追求實施專制阿拉伯社會主義，這方面至今改變無多。九六年，阿赫利隊和伊蒂哈德隊（Al-Ittihad）在首都黎波里的德比戰，球場四周爆發暴力衝突，群眾反格達費的口號引來警方強力鎮壓，造成八死三十八傷。

不過，利比亞的外交政策倒是有重大轉向。格達費近三十年來積極與世界折衝訂約。一九七〇年代初，他指望與埃及合併。失敗之後，他又尋求與突尼西亞結盟。這也失敗之後，他在八〇年代又再度提議與敘利亞聯合。苦求不到任何盟友，格達費踏上專屬於己的道路，出兵烏干達支持阿敏，干預查德內戰。更有甚者，他公開表明尖銳的反西方立場，金援各種大小不一的伊斯蘭武裝組織，最有名的就是涉及洛可比空難 * 炸彈攻擊的恐怖組織。整個九〇年代，利比亞孤立於國際，受聯合國制裁。直到一九九年，利比亞政府終於將洛克比空難案的嫌疑犯交到荷蘭接受審判，利比亞才與國際逐步恢復關係。

格達費本人專注於政治的同時，並未忘記公開讓外界知道他也是羅納度的大球迷。他的兒子薩阿迪·格達費（Al-Saadi Qaddafi）拿到這位巴西球星的簽名，自己亦投身足球。子如其父，薩阿迪也不排斥同時承接多重職責和角色。他先是效力於的黎波里的代表球隊伊蒂哈德隊，接著當上球會主席，後來更接掌利比亞足協主席。有了這樣的靠山，金錢與權力源源流入利比亞足壇。足壇請來一批傑出顧問，替利比亞足球擬定未來發展，這些人包括光

---

* 譯註：一九八八年十二月，泛美航空一〇三號班機由德國法蘭克福飛往美國底特律，飛行至大西洋航段時，機上發生炸彈攻擊，飛機在蘇格蘭邊境小鎮洛克比上空爆炸墜毀，機上兩百七十人無一生還。美國經過三年調查，向兩名利比亞僑民發出通緝。

彩已失的田徑運動員班‧強生（Ben Johnson）、永遠有空的英格蘭教練維那布斯，當然也少不了馬拉度納。義大利教練法蘭柯‧史可里奧（Franco Scoglio）受任執教利比亞國家隊，雖然很快就被解聘，原因據其聲稱是因為他沒把薩阿迪選進隊內。與義大利的關係日後又有進一步發展，先是利比亞國家投資公司（LIA）買下尤文百分之七點五的股分，取得董事會一席，之後格達費父子又在二〇〇二年世界盃對義大利隊大表支持。整個秋天謠言甚囂塵上，說薩阿迪會投資希臘一支強隊或是第二支義大利球隊。當下立即的回報，就是〇二年開季的義大利超級盃由帕爾馬對尤文的比賽，移師的黎波里舉行。除了膽子很大以外，很難譴責格達費父子有什麼錯。當格達費上校忙著談判重回國際舞臺，放棄了核武發展計畫之際，薩阿迪收到義甲球隊佩魯加隊（Perguis FC）的合約、宣布競選非洲足總主席，同時還展開爭取一〇年世界盃主辦權。到頭來結果證明，足球比政治更無常，薩阿迪在佩魯加隊的球員生涯還未燃燒發光，就因為驗出使用禁藥而宣告破滅。

VI. 斷翅的雄鷹：奈及利亞

如果說在西非部分國家，足球的發展軌跡與國家平行，一樣都隨著民主化進程陷入暴力與內戰，那麼在奈及利亞，足球則打斷了這樣的過程，為其加上註解。透過「非洲雄鷹」奈及利亞國家足球隊的命運，可以觀測國家狀態的變化。一九九〇年代初，奈及利亞國家和足球看上去來都有希望實現一些遠大的承諾。經過近十年的軍事統治，將軍巴班吉達籌劃了一次總統民選，把權力交還民間。選舉在一九九三年舉行，約魯巴族的穆斯林商人阿比奧拉（M. K. O. Abiola）當選總統。眾將軍驚愕之餘，宣布選舉結果無效，並任命傀儡內閣，照慣例祭出不客氣的手段平息抗議。薩尼‧阿巴查（Sani Abacha）將軍趁著權力真空伺機奪權，在他發動政變之後，奈及利亞最嚴苛的一段獨裁統治時期也隨之展開。警政機構本已不近人情，現在權力更為擴大，各種形式的異議者都被無情追捕，媒體受到控制，工會也遭到廢止。

足球列入《第101號法令》（Directive 101）管制，這條光看名稱就不

太吉利的法令，賦予軍政府絕對權力隨意干涉奈及利亞足球的所有層面。在這樣的背景下，奈及利亞國家隊一九九四年贏得非洲盃冠軍，九四年世界盃只差一步就能挺進八強，九六年亞特蘭大奧運還贏得金牌大獎，種種光輝勝利全都因此黯然失色。奈及利亞沒多少人願意把這樣的殊榮、這樣的聲望交給暴君阿巴查和他的一班佞臣。一九九五年十一月奧格尼族（Ogoni）首領沙羅維瓦（Ken Saro-Wiwa）與社運伙伴遭到處決一事，尤其彰顯了政權暴虐不知悔改的行徑。這件事激起南非總統曼德拉嚴正而強烈的譴責，阿巴查因此召回奈及利亞國家隊，拒絕參加該年在南非舉辦的非洲盃。拒賽行動不只發生在單方面，國際足總也撤銷了奈及利亞的主辦權，改將九五年 U20 世界盃移至卡達舉行。

　　命運之神在一九九八年世界盃前夕伸手攪局。阿巴查心臟病發猝逝，奈及利亞總算能稍微自在呼吸。猛不及然從惡魔手裡獲得釋放，全國對比賽充滿期待，國家隊在小組賽階段表現出色，擊敗西班牙和保加利亞。但來到第二輪他們突然自爆，以四比一輸給丹麥，在全民龐大的期許之下崩潰。臨時接任的奈及利亞軍事領導人阿布巴卡將軍（Abdulsalami Abubakar）還政於民，展開民主化進程。結果由前將軍奧巴桑喬當選總統，很典型的奈及利亞作風，繼之先是在九九年主辦 U20 世界盃，幾乎沒有奈及利亞人參加，接著則是具體制定憲法，界定奧巴桑喬統治的範疇。九九年主辦 U20 世界盃，奈及利亞民眾噤聲不表支持是受到軍政府的暗示，隔年在文官政府統治下，奈及利亞協辦二〇〇〇年非洲盃，那股沉默也隨之消散。該年的非洲盃原本預定在辛巴威舉行，但辛巴威因為政局和經濟動盪無法主辦，賽事因此在最後一刻改由迦納和奈及利亞合辦。奈及利亞總統奧巴桑喬並未出席開幕典禮，唯恐國家隊出色但難以預料的表現會賠上他的政治前途，這幾乎可算是非洲盃近代史上獨有的特例，主辦國的國家領袖居然未參加開幕典禮。不過大多數奈及利亞民眾可沒那麼擔心，對奈及利亞浴火重生的期望很高。蘇勒永・恩吉勒姆（Suleyol Mngerem）就寫道：

　　你在我們臉上看到的團結、在空氣中感受到的希望，厚到可以拿刀切開

的那種萬人一心的精神，說實在的真是太美好了。我並沒那麼熱愛足球，但每當足球賽季到來，我的心情就會格外愉快。[6]

據拉哥斯當地的報紙報導，市內到處有人心臟病發作。民眾為國家隊大聲加油，看他們橫掃突尼西亞和摩洛哥。值至此時，就連奧巴桑喬也會為了看比賽而中斷與法國總統席哈克的會談。不過在這些勝仗之間，只是與剛果隊一場可惜的零比零平手，竟然就讓奈及利亞足總辦公室遭到攻擊，奈及利亞國家隊的巴士也被丟擲石頭。八強賽對上塞內加爾，傷停補時踢進的一記致勝球，激起大批觀眾衝入球場，後來好說歹說，才把嚇得半死的塞內加爾球員哄回來把比賽踢完。整個國家當時真的集體失了分寸。

2000 年 2 月 23 日
奈及利亞 2—2 喀麥隆（喀麥隆於點球大戰 4—3 獲勝）
拉哥斯，蘇爾雷爾球場

　　奈及利亞人特別愛說話。所以當他們不說話，那就要當心了。他們的沉默有必要嚴肅看待。蘇爾雷爾球場此刻一片靜默，五千名奈及利亞人沉默不語。不，你聽不到針尖落地的聲音，因為現場還是有聲響。一股低沉而不祥的金屬音在空氣中嗡嗡作響。鞭炮爆炸發出空洞且不規律的劈啪聲響，此起彼落有如酒醉鬱悶的槍響。但先前被鼓聲和號角、掌聲和歌聲，被觀眾澎湃的能量給填滿的空間，現在空空蕩蕩。

　　比賽到目前發展精彩，配得上這樣的大場面。雙方緊繃僵持了三十分鐘，喀麥隆隊靠著兩顆進球打破僵局，現場出現當天第一次苦澀的沉默。但號角聲依然高亢，球迷重整氣勢，奈及利亞隊保持團結恢復鎮定，就在即將邁入中場之際，祖克伍越過喀麥隆守門員布卡（Boukar）把球擦入門框。蘇爾雷爾球場找回了聲音。下半場一開賽，傑傑‧奧科查（Jay-Jay Okocha）就以一腳美妙的凌空弧線把球送進喀麥隆隊球門。但他和奈及利亞球員依然面色

嚴肅，聚成一團默默慶祝、祈禱、解散回到定位，繼續比賽。九十分鐘過去，球迷大聲吶喊。傷停補時結束，球迷大聲吶喊。點球大戰，球迷屏氣凝神，只聽得見微弱的喇叭聲。

比分來到二比二，卡努看似隨意的一腳射門被撲救出來。球迷倒抽一口氣。相較之下，恩吉塔普（Njitap）帶著堅定的決心踢出靈巧的一球。伊比巴（Ikpeba）向前一躍，球打中橫樑，向下飛到門線再彈出來。現場球迷不知道該作何反應。球進了嗎？計分板說進了，主裁判沒說話，邊審說沒進，但這一球確實越過了門線，這是不會錯的。下一球佛伊（Foe）踢飛，奈及利亞殘存一線希望，奧科查的射門進了，比分三比三。亞歷山大‧宋（Alexandre Song）站上定位，號角旋律瓦解，只剩下喇叭即席吹出的粗嘎顫音，現場球迷似乎提不起勁把他吼下場。球進了。一片靜默。牆壁似的一片死寂。

喀麥隆國家隊巴士和最後一些還沒逃走的記者，在軍警護送下逃跑。球迷吞沒了道路，騎警和士兵幾乎阻擋不住，可能也無意把最後一些球迷擋在封鎖線外。奧巴桑喬稱這場比賽的結果是「上帝的裁決」。那麼天意註定，奈及利亞將要在天不助我、運動也幫不了忙的情況下面對國家問題。這既是祝福，也是詛咒。

VII. 國家離球迷愈來愈遠

喀麥隆人在總統倉促派出一支護衛部隊陪同之下，平安回到了首都雅溫德，但不是每個非洲人都能安然離開球場。一九九〇年代，非洲足球場內外的死傷人數前所未見，即使把過往未報導的災難算進去也比不上。這些老朽笨重的球場是非洲都市危機的縮影。斑駁的水泥看臺證明，許多非洲城市對於自己罕有的珍貴建設是如何疏於管理和維護。非洲大陸各城市控制棚屋區和貧民窟的手法反覆無常，時常訴諸暴力，憲警和軍隊用以維護球場治安的

方法與此幾無二致，警察樂見鬧事，軍隊粗暴冷血。然而每逢大比賽和大場合，球場總是爆滿。還不僅是爆滿而已。摩洛哥一名觀察者就記下了那種在大比賽四周醞釀的不安與暴力：

> 比賽日是大量人潮流出的日子。西南部地區像是在操控下發生爆炸。前往球場和回程路上，總是沒來由地有一種騷亂擴散的感覺，難以說明。再小的事端都有可能觸發爆炸。年輕人成群結隊往球場前進。看門人遇到比賽日特別緊張，凡是擁有一些財物的人都得格外小心。[7]

面對大批沒買票的群眾，球場保安常在入口大門瓦解，民眾總會找到替代方法入場。一九九〇年代就這麼在七〇年代以來最嚴重的足球場災難中展開。一九九一年一月，索威多一場盛大的德比戰，由凱薩酋長隊（Kaiser Chiefs）對奧蘭多海盜隊，因為一個點球判罰爭議引起暴動，導致四十人喪命、五十人受傷。一個判決就能決定性命。一九九九年，辛巴威裁判史蒂芬・隆格（Stephen Lungu）為一場聯賽賽事賠上性命，比賽由卡布韋勇士隊（Kabwe Warriors）對上綠色水牛隊（Green Buffaloes），水牛隊球迷不滿裁判的裁決，將他毆打到失去意識。但因為水牛隊是尚比亞軍方的球隊，球會受到的處罰僅僅只是把剩下所有主場比賽改至客場舉行而已。

　　很多傷亡肇因於人群推擠和看臺倒塌，龐大又缺乏紀律的群眾形成沉重的重量，再三衝擊脆弱的球場設施，足球管理當局對此又漠不關心。非洲盃資格賽肯亞對上莫三比克的比賽就在奈洛比引發推擠事件，人群互相踐踏造成一死二十四傷。三年後，賴比瑞亞在首都蒙羅維亞出賽多哥（Togo），在這個飽受戰火摧殘的絕望之地，國家隊的比賽引來廣大球迷，以前獨裁總統山謬・多伊（Samuel K. Doe）命名的老舊球場絕不可能負荷。一道圍欄因此倒塌，兩人死亡，二十四人受傷。多伊會垮臺，但他的球場並未因此改善，二〇〇〇年對查德的世界盃資格賽，又有三名賴比瑞亞人因推擠意外送命。不論勝敗都可能有相同結果，奈及利亞隊在蘇爾雷爾球場擊敗迦納，現場狂喜的奈及利亞球迷釀成推擠意外，五人因此喪命。有警察、軍隊或兩者同時

介入時，死傷人數甚至攀得更高。一九九六年，DC 摩特馬彭巴隊（DC Motema Pembe）對 AS 維塔隊的金夏沙德比，球迷之間爆發鬥毆，警方投以催淚瓦斯，引起混亂的逃跑與扭打，七人死亡，一百多名球迷受傷。二〇〇〇年，相同的德比戰又發生四人死亡事故，這次軍隊向球迷施放的不是催淚瓦斯，而是火焰噴槍。另一場在辛巴威城市哈拉雷舉行的世界盃資格賽，辛巴威兩分落後給南非，警方發射催淚瓦斯引發恐慌，最終導致魯法洛球場（Rufaro stadoum）十三人死亡。

　　最嚴重的事件在二〇〇一年春天到來。這十年間的悲劇，始於凱薩酋長隊對奧蘭多海盜隊的那場推擠意外，現在終章也將同樣由此展開。比賽在約翰尼斯堡的艾利斯公園球場（Ellis Park）舉行。因為門票超賣，球場裡擠進的人本已超過可容納量，但仍有大量沒票的球迷聚集在球場外圍。他們在上半場中途破壞了周邊圍欄衝進看臺。開賽僅過了半小時，已經有四十三人死亡，比賽在一比一的情況下宣告終止。一星期後，剛果兩大球隊馬澤比和聖埃羅伊盧波波隊（St-Eloi Lupopo）在呂本巴希的較量演變成暴動，七人遭踐踏致死，將近五十人受傷。混亂彷彿會傳染。來到肯亞，格瑪西亞隊與亞布盧希亞豹隊的五月節德比戰發生大規模鬥毆，引起警方動用催淚瓦斯，但還有另一場緊繃的德比戰正待開打。迦納首都阿克拉的橡樹之心隊與第二大城庫馬西的阿散蒂科圖科隊，整個賽季以來對立情緒不斷升高。賽季前的一場友誼賽已經淪落至兩隊官員相互扭打。橡樹之心隊從非冠聯賽出局之際，科圖科球迷又大肆慶祝。非洲史上最慘烈的球場悲劇眼看就要降臨。

2001 年 5 月 9 日
橡樹之心隊 2—1 阿散蒂科圖科隊
迦納，阿克拉運動球場

　　從阿克拉全城的人，到迦納全國的人，所有人陸續聽到了消息。他和她和他們都死了。不是去世、仙逝，也不是在睡夢中辭世，而是被打倒、被抓

住、被殺死的。然後呢？痛楚、震驚、悲傷、歇斯底里，但除此之外還有比這些都更難過的事情。除此之外還有一個疑問。一個會對你糾結的腦組織加以拷打的疑問。為什麼？為什麼會發生這種事？為什麼這種事要發生在我們身上？

消失在迦納政府深宮內院的調查報告承認，球場出口太小、出口閘門不應上鎖、警方反應過度，諸如此類等等。所以就是這樣了。迦納足總承認缺失，希望迦納人民忘記這件事，重新回到足球場來。所以就是這樣了。當天執法的高階員警受審結果因證據不足無罪開釋。所以就是這樣了。但其實不是。不是這樣，因為那些有必要問為什麼的人沒半個相信他們。這起事件是信任導致的問題。國家不信任人民，因為人民的忠誠並不可靠。人民也不信任國家，因為

國家半點承諾都不曾兌現。因此，雙方互相忌憚，也都把對方往最壞去想。

比賽第八十三分鐘。阿多替橡樹之心隊進球得分，電視轉播員大喊：「致勝球進了。這是一記致勝球。」阿德寇克看臺（Ade Coker stand）上的科圖科隊球迷本來就已經火冒三丈。他們不信任裁判，因為橡樹隊先前追平比分的一球很有爭議。也因為他們知道裁判賺很多，也都知道他會怎麼花用收到的賄賂，何況眼看橡樹隊又將再度偷走冠軍寶座，再加上他們年輕，不怕蠻幹，他們開始動手拆毀塑膠座椅。後來經人揭露才知道，事件後並沒有任何人做必要的文書工作，申請整修球場所需的數百萬磅經費。

第九十分鐘。助理裁判舉牌表示補時四分鐘，但主裁判看來只想盡快吹響哨音。他不信任橡樹隊能保持領先。座椅和瓶罐不斷往田徑跑道上飛，但球迷之間並未發生鬥毆，看上去也不像是會發生。球場草皮四周圍著巨大的鐵絲刺網，顯然也不太可能有人闖進球場。要把塑膠座椅扔那麼遠落入警力線內，更只有最老練的運動選手才辦得到。但警察不信任球迷，他們沒有足夠信心按兵不動，任球迷這股情緒自然平息。他們害怕球迷，於是直接朝看臺發射了多枚催淚瓦斯。

第九十一分鐘。現在輪到球迷覺得害怕了，很快便有許多人奔向窄小的

水泥出口。大門鎖著。警察和當局不夠信任球迷，不敢不把門鎖上。一時之間誰也擋不住推擠踐踏。一百二十六個人當場死亡。這就是為什麼。這就是為什麼我現在會看著照片裡遺落在地上的童鞋、歪曲的扶手欄杆、血跡斑斑的階梯，心裡頭一面想著，當你必須背負著這樣的景象，你還能怎麼過日子？

　　阿克拉貧窮的郊區尼馬（Nima），是北部來的穆斯林移民在阿克拉的聚居地，科圖科隊球迷和很多受害者及遺族都住在這裡。三天後，他們走上街頭，朝地方警察總部遊行，沿街焚燒輪胎。他們不相信警方道歉，也不相信調查過程，他們想知道為什麼。警察用裝甲車、直升機，還有一枚又一枚的催淚瓦斯回答他們。

──────────────

　　阿克拉的事件之後，各界都出聲呼籲非洲足球進行改革，投資興修球場、約束軍警權限並重新予以訓練，球會也應該為門票銷售策略負起更多責任。但死傷仍持續上演。辛巴威兩名球迷在布拉瓦約高地隊對上迪納摩隊一場劍拔弩張的比賽中遭到射殺，警方聲稱高地隊球迷當中，有人做出反對黨民主變革運動黨（MDC）雙手外張的招牌手勢。二〇〇三年非洲盃資格賽，塞內加爾在首都達卡出賽甘比亞。看到甘比亞以三比一落敗之後，作客的甘比亞球迷與塞內加爾士兵爆發衝突。激烈衝突更蔓延至場外。塞內加爾人在尚比亞受到攻擊，甘比亞人在塞內加爾也受到攻擊，兩國更因此封鎖邊界。〇三年非洲聯賽冠軍盃決賽，埃及的伊斯梅利隊（Ismaily SC）對上奈及利亞的安耶巴隊（Enyimba FC），奈及利亞一方獲勝，但賽末一齣闖入球場的荒唐鬧劇，差點害奈及利亞人領不到獎盃。非洲足壇持續視球迷的人命如草芥，球迷也基於相同原因藐視政府當局。同樣說法亦能用於非洲大陸的菁英分子與平民百姓之間。

VIII. 足球是非洲唯一的運動

　　二〇〇四年，非洲足總在開羅開設了新的總部。與非洲足總大部分事務

營運一樣，是由國際足總和埃及政府買單。大部分會員國依然貧窮，紀錄中付給非洲足總的款項極少，相形之下連美國對聯合國都顯得關係良好。非洲足總在經濟上對國際組織的依賴，與非洲大陸的經濟困境並無不同。非洲的政治命運也與此相若。純粹出於數量優勢，非洲國家必須定期出席聯合國與其他國際組織，但實質權力有限，雖然可以合而為一團結行動發揮影響力，但非洲本身的內部分裂又損害了這樣的能力。每當世界足壇遇到重大鬥爭和決議，非洲足總多抱持投機心態。哈維蘭吉從國際足總主席退任時，非洲足總與其上任的喀麥隆籍主席伊薩・哈亞圖（Issa Haytoou）支持歐洲足總主席萊納・約翰森接掌最高職位。但非洲足總未能說服會員國把票投向約翰森，會員國足協一面倒向塞普・布拉特的陣營，因為他永久保證會挹注更多發展資金，此外謠傳還有其他誘因。二〇〇二年，長久以來被看好能拿下〇六年世界盃主辦權的南非，最後關頭卻敗給了政治手腕精明的德國。當國際足總的市場行銷之手 ISL 因財務虧損倒閉之後，哈亞圖本人在歐洲足總支持下出馬角逐國際足總主席一職，希望把布拉特給拉下臺。這一次哈亞圖又沒能夠聚集所有非洲足總會員國的選票，歐洲足總或其他地方的選票就更不用說了。但非洲足球要求站上全球舞臺的呼聲，不論在道德或實質層面依然十分強烈，足以迫使國際足總把一〇年世界盃主辦權交予南非（當成更大協約的條件之一，此後世界盃會以三十年為一循環，自動由六大洲輪流舉辦），但非洲政治權力之有限，由此已經表露無遺。

　　如同非洲的國家政體，非洲足總也依照親法派（francophone）和親英派（anglophone）劃分為兩大陣營——從兩件事最能顯見而且也加強了這種劃分，一是很多親英派國家爭取世界盃主辦權失敗（尚比亞、肯亞、辛巴威都被收回主辦權），二是親法派國家即便貧窮卻能成功保有爭取主辦的權力（一九九八年的布吉納法索和二〇〇二年的馬利）。國家行政機關資金不足，官員薪資低廉，處在一個擁有組織才能反而會妨害職涯發展的世界裡，連帶容易受到貪汙賄賂的誘惑和指控。更令人憂心的是，非洲足總主掌的這一種足球傳統，正快速為中東、東亞所沿襲，甚至遍及加勒比海和中美洲部分地區。當塞內加爾在二〇〇二年世界盃表現精采，讓非洲多了第二個打進八強賽的

國家，南韓踢進四強卻搶了他們的風采。當非洲賣力集資籌組國際與俱樂部聯賽，錢卻正汩汩流進亞洲盃和阿拉伯冠軍聯賽。此外長年以來，非洲各國人才輩出，國家建設和國內經濟卻令人沮喪，兩者之間的鴻溝使得非洲球員廣播至世界各地，本土聯賽則廢棄荒蕪。就此而言，非洲足球所面臨的挑戰比其他各大洲來得更加艱難，兼之行政和經濟資源又比競爭對手要少。南非獲得了一〇年世界盃主辦權，雖然代價是暴露出非洲大陸尖銳的南北對立，但非洲在全球足壇排行第三的地位，眼下暫時是保住了。但也就是暫時而已。非洲每一個國家元首都會告訴你，足球仍舊是非洲唯一的運動，但當參與其中也是一項反覆無常、難以捉摸的運動。

世紀末的足球：
寫於二○○六年世界盃之前

舊日的神祇……正在凋零，其餘尚未誕生……這些並非逝矣之往事，而是生命本身，生命能催生新的崇拜。社會的集體表現與神聖事物有關，要使其更新，唯有回到宗教生活的最源頭去重新點燃火花，換言之要從聚集的群眾著手……人在團體裡比較有自信，因為感覺自己力量變大了；他們的力量確實變大了，因為原本漸漸衰弱下去的力量，現在甦醒進入意識當中。

——法國社會學家，涂爾幹（Emile Durkheim, 1858-1917）*1

　　時間是二〇〇六年六月上旬，我一面在寫這本書的最後幾頁，全世界也正引頸期盼第十八屆世界盃的到來。估計冠軍戰當天，會有將近三十億觀眾收看電視直播。經由地球電視的全球衛星系統串聯，人類一半人口將同步參與同一個時刻。人類這個物種，從不曾以這麼大的數量做過類似之事。千禧年的慶祝活動範圍或許更廣，但因為地表入夜時刻隨地球運行有別，舉行時間也有先後之分。事後回顧起來，當時的慶祝不過是為了紀念所做的一件傻事，發揚的是全世界依然恪守西方為時間和空間加設的網格，還有在一個看似科學理性的年代，數字命理學依然魅力不減。耶誕節、齋戒月（Ramadan）、排燈節（Diwali）、光明節（Hanukah）呢？這些節慶再廣也只觸及世界幾大宗教的信奉者，而且沒有哪一個敢說自己召集的人群比得上世界盃決賽的觀眾。奧運的上千名選手、上百個參賽國和數十種運動項目，把比賽切割得支離破碎，不僅引不起那麼多人的興趣，也難以在短短九十分鐘內提供像足球一樣簡單明瞭的敘事，何況還要讓全世界人都看得懂。世界各地的天災、高峰會、侵略、危機，雖然要求全世界人的重視，但並不是自然獲得矚目。全球經濟、生態、文化如今相互依存的程度已是前所未有之深，我們生活於其中的共同體命運，莫不就是人類整體的命運，在這樣的年代裡，人類得以一次同時檢視彼我的最大機會，就是一場足球錦標賽。

　　改編黑格爾的話來說：米涅娃的貓頭鷹在哨聲響起之後才展開雙翼。† 智慧見於事後的認知。二〇〇六年世界盃的故事與意義尚待演出、發明、想像、辯駁，現在妄加猜測只會招來訕笑。話雖如此，仍有幾個主題看來無可避免。〇六年世界盃肯定能讓我們看到當代政治某些極端與弔詭之處。足球會不帶感情地為無數關於民族性格和國家命運的故事生成材料，使人得以勾

---

*　譯註：涂爾幹是十九世紀末法國重要的社會學家，與馬克思和韋伯並列為現代社會學三大奠基者。這段文字摘自他晚年的著作《宗教生活的基本形式》（*Les formes élémentaires de la vie religieuse*），書中從圖騰崇拜出發，分析宗教信仰的原理，進而探討構成「社會」的基本要素。

†　譯註：黑格爾原話為：「米涅娃的貓頭鷹在黃昏降臨之後才展開雙翼。」米涅娃（Minerva）為古羅馬神話的智慧女神，由古希臘女神雅典娜演變而來，女神身旁的貓頭鷹是思考和理性的象徵。黑格爾以此比喻哲學是一種反思活動，先有認識才有認知，先有思想才有思考。

勒國族興衰的軌跡，足球也將提供充分的趣聞軼事，再度鞏固民族刻板印象或重新建構民族特色。拉丁美洲強勢的表現，也許會彰顯該地區左派近來的重新崛起，反之則可能點出拉美經濟與社會發展的脆弱不全。克羅埃西亞、捷克、波蘭和烏克蘭，可能會從歐洲整合的觀點檢視自己的表現，他們不斷嘗試想追上歐洲核心國家。塞爾維亞終於只差科索沃就削除了所有領土附屬區塊，從南斯拉夫解體以來首度站上世界舞臺。象牙海岸參賽或許能在正值內戰的時期，為國家帶來難能可貴的團結和勝利，或者也可能只證實了非洲的邊緣與侷限。英格蘭與千里達、波蘭與德國、多哥與法國、安哥拉與葡萄牙，這些國家之間的對賽全都可以預期會為逐漸開展的後殖民關係添上新的篇章。對歐洲強權來說，勝利也許能證明置身全球經濟之中，舊歐洲競爭力不減。哪怕本土足球歷經商業化和全球化，又或者正因為得力於商業化和全球化，歐洲國家培養出的球員和球隊依然能生存興旺。

主辦世界盃勢必能充分展現德國經濟與行政管理的輝煌效率，不過慕尼黑興建安聯球場一事，周邊圍繞的賄賂醜聞也顯示德國的社會市場暗中依然充斥各種形式的同流合汙。改建紐倫堡設施群和柏林奧林匹克球場，顯見這個國家至少在建築上已做好準備，願意公開承認過去加以反省，不至於一味隱藏。德國人對此自不自在、如何看待湧入國內的外國人潮，就又是另一回事了。無論如何，總教練克林斯曼現在正把德國少數族裔球員選入國家隊，但廣大的土耳其族群始終缺少代表（他們選擇效力土耳其隊），這一點依然令人費解。政府的全國推廣活動鼓勵德國人打起精神，顯見這場盛會對他們將是一件苦差事。

過分關注國家隊的命運，會使我們對世界的看法落入國家中心觀，許多對全球政治的表淺敘述經常被這種觀點佔據，沒發現全球公民社會與全球治理機關構成的緊密網絡，影響力愈來愈大。二〇〇六年世界盃可以充當跑龍套的角色演繹這兩個現象。由於本屆賽事舉辦在歐洲中心，在這個廉價航空發達、西方國家昌盛的年代，前往觀賽的球迷會比過往更多。門票搶購激烈，有些熱門比賽的門票需求是實際座位數的十倍，民間首度出現反對分配過多公關票給贊助商和全球足球機構的呼聲。全球觀光產業蒸蒸日上，來到德國

的群眾不只是其中的一部分，也漸漸反映出全球公民社會的黑暗面與光明面。可以想見波蘭足球流氓會蜂擁而至，又有德國極右派光頭黨提議與否認猶太人大屠殺的伊朗總統結盟，他們將會與反種族歧視遊行活動、街頭足球賽、教育與文化慶典、球迷自組的親善大使，以及形形色色酒醉狂歡的歡樂足球迷爭奪公共空間。這些群體的出現能確保除了好鬥乃至醜惡的民族主義之外，世界盃也會帶來鮮活的國際觀和世界觀，促成文化交流互惠。

　　比較令人擔心的是，中東長年不斷的衝突恐會為本屆賽事投下陰影，如同同樣都在西德舉辦一九七二年慕尼黑奧運和七四年世界盃。當年巴勒斯坦組織在慕尼黑綁架殺害以色列選手的陰影，加上當代伊斯蘭激進分子自殺攻擊構成的威脅，將使本屆世界盃保全維安的程度創下新高。德國政府為賽事動員超過十萬名員警和支援人力。誰要是膽敢發動攻擊，由各方面都可以想見他們勢必會像在其他地方一樣無功而返。

　　當全球媒體瘋狂聚焦於開賽前最後幾天的醞釀，國際足總將如一九七四年世界盃前夕一般，悄悄在德國召開大會。這個時候回到史丹利・勞斯爵士遭到革職、哈維蘭吉發起改革的地點，對國際足總而言再合適不過。布拉特當了哈維蘭吉三十二年的門生，現在牢牢握有往後四年任職國際足總主席的權力。哈維蘭吉專制、恩庇、不透明的管理模式，仍如同以往根深柢固。會改變的只有經費支出之多寡、官方設施之奢華、商業應酬之盛大而已。國際足總雖不免會因為新球的飛行能力或對肘擊規則的解讀，招致某些砲火抨擊，但不太會持續遭受嚴格審視。市場法則已在世界足壇和全球經濟牢牢確立，無孔不入到了幾無察覺的地步。球場草皮上已然充滿資本企業的行號商標，球場四周和市中心也貼滿廣告。我們會默默毫不費力地消費那些產品。

　　這些並不表示足球是一面完美的鏡子，足球也有許多盲點，扭曲失真的地方複雜多變。例如足球所反映的性別政治，反而要從什麼族群被阻擋在外來看。足球至今仍是一個男性主宰的世界，那些英勇粗獷、膽大無畏的冒險家，理想中的獵人和戰士，確實是足球部分魅力所在。然而，就算在全世界最自由開放的地區，足球呈現的也只是光譜上少數可被接受的陽剛氣質，即使匯聚了各種恐同觀念，也依然被公開接納。世界各地對於性別及性別氣質

正逐步邁向接受新的觀念，但這在足球界只有最邊緣處見得到。足球也依然是一項城市的運動，當今全球都市化程度猛爆上揚，但全世界仍有近半數人口居住在鄉村。

足球是全球最受歡迎的運動，擁有這樣的地位並非天生註定，而是超乎其外的歷史驅力，與足球本身的結構、節奏、外觀等固有特質共同造就的結果。在足球出現並向外散播的年代，也有很多其他運動的規則固定下來：不列顛有橄欖球、曲棍球、網球和高爾夫球；美國有美式足球和棒球；日本有武道；德國有德式體操。這些強國的政治及軍事命運大抵決定了這些運動初期的傳播。在美軍佔領或介入的地區，包括古巴、委內瑞拉、菲律賓、瓜地馬拉，及戰後的日本和南韓，棒球成為代表運動。日本武道與德國體操的傳播與地位，則隨兩國戰爭失利、帝國繼之毀滅而終結。相反地，不列顛除了有形的帝國，還有全球經濟及文化流通構築的無形帝國，不列顛幾項運動便經此向外傳播。

然而，不列顛雖在廣大的地理疆域留下文化印記，仍不能保證不列顛運動在各地都受到接納，更別說流行起來的一定會是足球。在十九至二十世紀這段工業化突飛猛進的年代，大眾社會不太可能欣然接受個人性運動——不只因為此類運動揭示的世界與多數大眾的生活差別甚大，而且從事這些運動的空間也沒有潛力真正形成盛大的場面。網球與其他球拍類運動，球場四周自然情況下能容納的觀眾人數有限。籃球也是一樣，不可能蓋一座有十萬人圍繞小籃球場地的球場。高爾夫球更必然會使觀眾和選手區隔遙遠。

團隊運動當中，足球作為一項可踢、可看、可支持的運動，魅力也是經過反覆琢磨的。足球規則簡單、成本低廉，需求的人數和空間都具有彈性。足球也好學易上手，各種體格都有適合的位置，且須統合多項能力，不會獨厚某一種技術、特質或長處。足球堅持不能用手，只能用腳和頭，反成了別具吸引力與感染力的特色。再說到可觀之處，個人才華和集體意志在足球裡都有發揮空間。足球運行在三度空間中，變化不斷，情節發展卻當下立刻能懂，行雲流水的流暢動態，有進球爆發的高潮轉折加以平衡。

這幾條推論有助於解釋足球何以能傳播得如此之廣，又為何能夠打敗其

他現代運動爭得霸權。但這些原因未能說明確立霸權以後，足球為什麼能在社會上激起如此驚人的熱情。現代生活中心是什麼在維持並推動如此盛況？敢於對這麼大的概念提出理論的人不多。有些人把足球當作馬戲團，一座分散注意力的劇場，是菁英分子為了製造共識、排除歧見所施的陰謀。有些人則把足球視為除魅年代的普遍信仰。還有的人把足球地位的提升看成虛無享樂的勝利，因為物質稍縱即逝，人轉而追求超驗的狀態，猶如歷史終結前最後一個笑話，意識形態在那裡被虛無所取代。

　　足球是工業城市的「麵包和馬戲團」，這種見解並不全然是幻想。歐洲有法西斯主義與共產主義、拉丁美洲有民粹主義，全世界的開發中國家到處有軍事寡頭和極端民族主義獨裁者，留下的紀錄在在顯示出這些政權有多麼努力想直接控制足球，把足球當成取得政權合法性、分散公眾注意力或頌揚國族榮光的手段。不過這些政治體制即使尚未滅絕，也都已走向衰頹，被各種多少好一點的自由代議民主和官僚權威主義所取代，這兩者是二十一世紀的政治主流。除了零星幾處實行社會主義但其實正在瓦解的地方以外，世界各地的經濟秩序都由各種型態的資本主義和市場構成。大多數情況下，不論是自由民主制還是進步資本主義，都不會像專制窮困的政權一樣，要求子民要踴躍表達忠誠、集體為國家喝采。它們沒有徵召軍隊、民兵或煽動暴民的必要。不用超人傳說加持，也能維持自身的正統合法。而且就算民眾選擇不參與、消費者持續被動消費，那也夠了。維持共識靠的是財富安眠鎮定之效。只有前義大利總理貝魯斯柯尼利用電視與義大利足球密不可分的關係，嘗試用電視蠱惑人心以利專權，才與舊日的模式略同。在其他地方，現代商業足球已經不再像馬戲團，最壞頂多能被看成百貨商場，不知不覺中一切都溫和無害、去除咖啡因、包裝不沾手，老套公式不斷重複，與其說是操控意識的手段，更近於使人失去思考能力瀕於腦殘。

　　拿足球當作粗陋的民粹政治宣傳手段，如果說這樣的時代背景已經過去，馬戲團的比喻至少仍能為我們指出足球場面深具的戲劇性質。劇場的確也曾被用作譬喻。把足球看成與戲劇相似，但更流行千百萬倍的一種藝術型態，很有說服力。足球一樣提供現場即興表演、敘事轉折、人物與情節。但

是這只說中足球文化實踐與樂趣的一小部分，忽略了一場足球賽中非敘事的成分。比起戲劇，足球賽的形貌和編排更接近舞蹈。雖然實驗劇團盡全力想打破框架，但就舞臺分工而言，演員和觀眾依然區分嚴明。放在足球來看，球迷無疑是古典戲劇中的唱詩班，不只提供氣氛、評論和收入，也能積極影響比賽調性和走向。當嘉年華模式全開，球迷甚至能離開舞臺兩翼，搶進舞臺中央。不論自發的也好、安排的也好，能像足球一樣讓集體身分認同與社會關係也有戲劇化的機會，在全世界流行文化界找不到第二個。

正是這種範圍限定的情感狂熱，這種看似悖離日常的行徑，使得很多人把足球解讀成一種心靈寄託或異教崇拜。兩者之間同源且相似的關係，如今想來如此明顯、如此尋常，就連衛星電視頻道業者為轉播做的廣告也單純不含諷刺地宣稱：「足球是我們的信仰。」「足球聖堂」（cathedrals of football）在基督教國家已經是老掉牙的用語。足球迷是會眾，足球場是聖所，球門線劃出聖與俗的界線。比賽本身是祭儀，對手和結果終歸會被投以善與惡的詞彙評量，比賽過程則有如神典，能夠帶來心靈洞見。

足球文化使用的語言也隨處可見這種自我見解：球迷飽受煎熬，但仍懷抱信心。賽季每週的比賽如同禮拜儀式，球員被喻為天使或魔鬼。當今之世似乎日益朝兩極發展，一邊是個人主義啟蒙除魅下的世俗空洞，一邊是基本教義不屈不撓再度復甦，全世界所有宗教莫非如此。但足球似乎介於兩者之間，誠如西班牙作家蒙太萬（Manuel Vasquez Montalban）所稱，足球就像「一個追尋神的宗教」。[2] 但宗教到頭來往往轉為相信宇宙間真的有超自然、超乎表象的力在作用，演變成一個有目的有組織的智識方向，要為創世之混沌帶來道德秩序。足球不會也不能提供這些。足球員不是神，雖然他們比世界上所有凡人更近於神，才讓這種比喻得以成立。專家名嘴也不是祭司，雖然吾人都為他們那些歪曲的道理付了幾文錢。足球界所謂的神，不過是一個語言修辭，用來指稱隨機分布的風險、機會和不確定性。除去抽象意義，足球迷的吶喊不是讚美神明的頌歌，而是如涂爾幹所言，是在宣布新崇拜的誕生，是在歌頌我們本身團結所造就的奇蹟，數不盡由階級、種族、國族、宗教、鄰里、社區構成的想像的共同體，此際仍努力想要誕生。

　　祕魯小說家巴爾加斯・尤薩（Mario Vargas Llosa）報導一九八二年世界盃時，更直白地解釋了足球何以流行：

　　足球給眾人帶來一些平日罕有的東西，那是一個樂在其中的機會，可以自得其樂，為之興奮、為之激動，感受某種熱烈的情緒，日復一日的例行公事很少帶給他們這些……一場精采的足球極度激烈且引人入勝……它頃刻即逝，不超乎經驗，亦沒有危害。一段效果與起因消失於同時的體驗。運動……是對形式的愛，是一個好看的場面，卻不會提昇肉體感官、昇華當下情緒，舉例來說吧，不像一本書或一齣戲，它幾乎不在記憶中留下蛛絲馬跡，也不會豐富知識，或使之枯竭。興奮之後徒留空蕩，然而這就是它的魅力。3

某方面說來，尤薩顯然形容過頭了。扮演唱詩班狂歡慶祝的球迷會要求在記錄場面時納入他們的貢獻、參與和創意。足球將社會衝突戲劇化，為想像的共同體與團結提供支點，程度既然如此之深，也表示每一場比賽都會留下經久不滅的真實痕跡，這些連結出了球場會在全世界流傳。把足球化約成單一場比賽，是低估了一整個賽季、悠久的歷史傳統、德比戰、恩仇戰能在他們自己堆積成山的寶庫裡貯放多少記憶和知識。這些紀錄的論述能力、對話水準及歷史真實性或許可以質疑，但紀錄存在是千真萬確的事。
　　不過尤薩有件事倒沒說錯，而且一語中的。在層層覆蓋的儀式與意義之下，在勝負的高潮和低谷之外，足球只是一群人在玩一場遊戲——遊戲就只是遊戲，有的時候玩遊戲不為其他理由，純粹只是想玩。儘管足球菁英積極勾結金錢與權力機構，加萊亞諾仍感覺到足球與生俱來擁有抵抗金權邏輯的特質：

　　職業足球竭盡全力想鏟除快樂的活力，但不顧種種惡意刁難，快樂還是存活下來……實施再多專家技術計畫，連最小的細節也不放過，花費再多的力氣去操縱，足球依然會是一門無法預知的藝術。在你最意想不到的時刻，不可能的事偏偏發生，侏儒給了巨人一頓教訓，一個伸不直腿的瘦弱黑人能

讓用希臘模子鑄成的運動員看來滑稽可笑。[4]

足球文化之所以地位提高、流行普及，其實紮根於人類內心最深層對遊戲的需求及渴望。把世界置於遊戲的象徵之下是什麼意思？當一個文化長久下來選擇用我們賦予足球的地位來彰顯「遊戲」，又隱含什麼意義？社會學、政治理論、經濟學或心理學的經典作品裡，很少能夠幫助我們回答這個問題。這些學科大部分甚至不承認遊戲的價值，雖然在這個看似無盡分歧的世界上，遊戲是人類最明顯共有的特性。當社會科學的想像力窮盡之時，我們還有文學。德國作家赫曼‧赫塞（Hermann Hesse）的小說《玻璃珠遊戲》（*Das Glasperlenspiel*）裡，能看到少見有條理的思想實驗，設想假如一個文明把志向、希望、價值、認同都構築在遊戲上，這個文明會是什麼樣子？在他虛構的現代當中，赫塞描繪出這樣一個社會，一群有如佛教僧侶的學院菁英，以貧窮、奉獻、自給自足為條件，從日常俗務中獲得解放。每日除了生產論文專著以外，他們在公眾生活扮演的主要角色，就是管理教育系統，還有玩玻璃珠遊戲。玻璃珠遊戲是一種哲學切磋和個人思考的訓練，參加者須用一套複雜的數學和音樂語言以及符號系統，調和化解倫理、美學、精神生活的極端與矛盾。

　　赫塞對遊戲以外的世界少有描述，但可以想見那和我們本身的世界看上去不可能相似。我們這個現代社會所玩的遊戲，從來沒那麼富於冥想、講究智力、易於控制，也沒那麼限定身分。書中的世界充滿佛教的內在祥和，我們的世界則被強調救贖的福音宗教和愛挑剔的世俗觀念給向外推動。玻璃珠遊戲是在安定、有秩序、經濟與科技靜止的狀態下進行，我們則被迫置身在全球資本主義的旋風下、在科技的急速變化之中。如同我們塑造的世界，我們的遊戲勢必會是一項發展迅猛、永不停歇、激烈瘋狂、大眾流行的活動。我們的遊戲永遠更可能偏好實驗創新多過維持鞏固、天然自發多過深思熟慮、視覺多過聽覺、笑聲多過敬畏。遊戲可能會創造出自己領域內的菁英，但無法想像把大眾排除在外的話，他們還能昌盛興隆。足球恰恰擁有這些特質。玻璃珠遊戲的目標是天人合一，為混沌帶來秩序與和諧。我們早已放棄

這個目標。什麼終極解決方案、消除不確定性、排除風險、完整的知識、絕對的安全，這些全已經宣告報廢。我們找不出辦法消除混亂，我們必須學習與之共存。足球打從心底明白這個道理。沒有其他藝術型態或運動能吸引這麼廣泛而多樣的迷信崇拜，賦予個人魅力，為例行日常加諸魔力。

如果說足球容納了遊戲始終具有的不確定性，那可以說足球也堅守著遊戲慷慨、普同、平等的精神。當我們玩起權力遊戲，其實一點也不是在玩，因為在那當下我們已經跨入功利、自私、操弄、不平等的領域。這些都不能包含在「玩」裡面。不淪為恃強凌弱的玩，甚至想必可稱為民主了。「玩」能夠成立，憑的是共識、協商和輪流。要了解合作與競爭的優點與局限。太多配合就成了一人獨大，太多競爭則變成人人敵對。「玩」就像民主，可以修正、接受變化，而且結果必然開放。未來從不會是定局。怎麼會這樣子呢？在球場上、在攬住當代社會的變化漩渦之中，更迭與挫折的可能、逆轉和機會的出現，都令人焦急地飄浮不定。比賽走勢在任何一刻都有可能驟然中斷、顛倒過來，因一連串始料未及的發展而改觀。沒有遊戲像足球一樣，既容受了混亂與未知，也接納自發的反應。歷史上也不曾有一刻如同現在人類所面臨的世界，如此受到混亂與未知威脅，同時如此需要自發的反應。

全球工業化的地理路線和社會組織開鑿出主要航道，足球文化也順水逐流遍及整個地球，過了將近一百五十年，世界垂垂危矣。今日六十億人口已使全球生態系統大難臨頭。到了二○五○年，第二十屆世界盃會內賽舉行之際，全球將有一百億人。中國和印度在○六年德國世界盃尚且缺席，但到了二○五○年肯定會在，屆時他們的消費力和競爭力都將逼近西方。全球氣候系統、生物多樣性和水循環有多強健、負荷量多大，一場並非故意但已停不下來的大規模實驗已然展開。放出這等災禍的不是災厄之神，而是我們人類。與深切的危機和不安共存，是如今人類注定的命運。這樣說來我們還算幸運，我們選擇當作集體象徵的遊戲，我們社會困境的具體化身，恰好如此密切呼應人類的處境。或許把世界置於足球的象徵之下，一如把我們自己攤在球的變化無常之前，我們必須有足夠的膽量，想像我們有那個腦袋、心胸和智慧，把球穩穩控在腳下。

原文註釋

第十三章　天翻地覆：哈維蘭吉、國際足總和全球足球的轉變

1　引自 J. Sugden and A. Tomlinson (2003), *Badfellas*, p. 74。
2　J. Sugden and A. Tomlinson (2003), *Badfellas*, p. 72。
3　引自前引書，p. 68。
4　參見本書第十二章。
5　引自 J. Sugden and A. Tomlinson (2003), p. 136。
6　同前引書。
7　見第十五章，pp. 608-10。
8　有關哈維蘭吉早期的足球生涯，見第十章。
9　見第十章，pp. 386-9。
10　見 D. Yallop (1999), *How They Stole the Game*, pp. 95–105。
11　引自 J. Sugden and A. Tomlinson (2003), p. 37。
12　同前引書，p. 59。
13　S. Rous (1978), *Football Worlds*, p. 203。
14　J. Sugden and A. Tomlinson (2003), p. 54。
15　D. Yallop (1999), p. 164。
16　引自 J. Sugden and A. Tomlinson (2003), p. 68。
17　見第十五章，pp. 615-19。
18　D. Yallop (1999), p. 155。
19　D. Held et al. (1999), *Global Transformations*, p. 358。
20　見 A. Markowitz and S. Hellerman (2001), *Offside*, p. 164。
21　見第四章，p. 100。
22　見 M. Manley (2002), *A History of West Indies Cricket*。
23　C. Arthur (1999), 'Up for the Cup'。
24　R. Kapuscinski (1990), *The Soccer War*, pp. 158–9。
25　見第四章。
26　*The Sporting Globe*, 12 April 1950, p. 13。
27　有關澳洲的族裔與足球可參考 Roy Hay 的相關著作，例如：R. Hay (2001)。
28　韓國的足球歷史將在第十九章討論。
29　見第四章。

第十四章　如果這就是足球，不如讓它就此消亡：歐洲危機（1974–1990）

1　*L'Équipe*, 30 May 1985。
2　Peter Hooten, 引自 R. Taylor and A. Ward (1993), *Kicking and Screaming*, pp. 243–4。
3　引自 J. Foot (2006) Calcio: *A History of Italian Football*, p. 336。
4　引自 J. Williams (1991), 'Having an away day', p.166。
5　C. Podaliri and C. Balestri (1998), 'The Ultras, racism and football culture in Italy'。
6　引自 R. Spaaij and C. Vinas (2005), 'Passion, politics and violence', p. 82。

7　同前引書，p. 83。

8　D. Russell (1997), *Football and the English*, p. 172。

9　引自 D. Hill (1989), *Out of His Skin*, pp. 129–30。

10　P. Barclay (2000), 'The Fab Four'。

11　J.-P. Leclaire (2000), 'First samba in Guadalajara'。

12　訪談出自 France Football, 27 October 1984, 引自 G. Hare (2003), *Football in France*, p. 161。

13　引自 A. Flynn and L. Guest (1988), *The Secret Life of Football*, p. 90。

14　R. Gildea (1997), *France Since 1945*, p. 200。

15　P. Ginsborg (2004), p. 32。

16　賽況報導引自 P. Ginsborg (2004), *Silvio Berlusconi*, p. 56。

17　引自 P. Scrato n (1999), *Hillsborough: The Truth*, p. 30。

18　引自 P. Lanfranchi (1994), 'Italy and the World Cup', p. 154。

第十五章　軍人操弄：在眾將軍股掌之間的拉丁美洲足壇（1974–1990）

1　摘自 J. Sugden and A. Tomlinson (1998), *FIFA and the Contest for World Football*, p. 191。電報正本則存放在斯坦利‧勞斯爵士檔案室裡。

2　引自 J. Sugden and A. Tomlinson (1998), p. 189。

3　同前引書，p. 192。

4　引自 Observer Sports Magazine, 2 November 2003。

5　引自 C. Taylor (1998), *The Beautiful Game*, p. 71。

6　引自 E. Archetti (1996), 'In search of national identity', p. 214。

7　同前引書，p. 215。

8　引自 E. Archetti (1999), *Masculinities*, p. 182。

9　J. Burns (1998), *The Hand of God*, p. 9.

10　同前引書。

11　同前引書，p. 94。

12　R. Giulianotti (2000), 'Built by the two Varelas', p. 93.

13　Jornal do Brasil, 19 June 1973, 引自 J. Lever (1983), *Soccer Madness*, p. 64。

14　J. Leite Lopes (1999), 'The Brazilian style of football and its dilemmas'.

15　Folha de São Paulo, 13 February 1983, 引自 M. Shirts (1988), 'Socrates, Corinthians and questions of democracy and citizenship'.

16　引自 T. Mason (1995), *Passion of the People?*, p. 135。

17　引自 J. Sugden and A. Tomlinson (1998), p. 106。

18　引自 C. Taylor (1998), p. 152。

19　*When Saturday Comes* 104, October 1995.

20　引自 J. King (1996), 'When drugs rule football', p. 292。

21　引自 C. Taylor (1998), p. 151。

22　J. King (1996), p. 293.

23　同前引書。

第十六章　足球與自肥政策：非洲（1974–1990）

1　摘自 W. Soyinka (1996), *The Open Sore of a Continent*。

2　山謬‧阿克帕波特（Samuel Akpabot）的感嘆摘自 S. Akpabot (1985), *Football in*

Nigeria。

3　引自 C. Freddi (2002), *Complete Book of the World Cup*, p. 209。

4　S. Kuper (1994), *Football Against the Enemy*, p. 114.

5　摘自 'Magic and mayhem', *African Soccer*, August/September 2001。

6　*New Nigerian*, 8 March 1980, 摘自 W. Boer (2004), 'A story of heroes, of epics'。

第十七章　足球的鏡中奇遇：歐洲（1990–2006）

1　引自 J. Burns (2004), *When Beckham Went to Spain*, p. 375。

2　*Gazzetta dello Sport*, 1 March 1996.

3　引自 P. Agnew (2006), *Forza Italia*, p. 11。

4　D. Jones and G. Boon (eds) (2004), *Annual Review of Football Finance*.

5　同前引書，pp. 13–19。

6　J. Sugden and A. Tomlinson (1998), *FIFA and the Contest for World Football* (1998), p. 95.

7　引自 J. Bal (2001), 'Ferencváros, Hungary and the European Champions League', p. 254。

8　同前引書，pp. 254–5。

9　引自 D. Brennan, 'Trip down memory lane reveals the ugly rivalry between Hungarian old firm', *Scotland on Sunday*, 10 April 2003。

10　D. Winner (2000), *Brilliant Orange*, p. 139.

11　引自 P. Ginsborg (2004), *Silvio Berlusconi*, p. 63。

12　G. Debord (1967), *The Society of the Spectacle*, p. 1.

13　引自 P. Agnew (2006), p. 123。

14　引自 J. Foot (2006), *Calcio*, p. 267。

15　引自 J. Burns (2004), p. 303。

16　*El País*, 來源同前引書，p. 316。

17　同前引書，p. 306。

18　Football Association (1991), *Blueprint for Football*.

19　引自 Sugden and Tomlinson (2003), *Badfellas*, p. 17。

20　引自 A. Jennings (2006), *Foul!*, p. 225。

21　里卡多‧塔克薛拉的公開紀錄，參見本書第十八章。

22　'German government to bail out Bundesliga', *Guardian*, 5 April 2002.

23　同前引用來源。

24　同前引用來源。

25　'Football clubs a bad investment', *Financial Times*, 29 August 2005.

26　G. Marcotti, 'You are the boss. You own Serie A', *The Times*, 15 May 2006.

27　引自 C. Kozanoglu (1999), 'Beyond Edirne', p. 120.

28　P. Town, 'Letter from Portugal', *When Saturday Comes*, February 2001.

29　引自 Review of the Year 2002, 參見 www.footballportugal.com.pt

30　'Albania fans cry foul at Greek ban', 參見 http://news.bbc.co.uk/1/hi/world/europe/4397921.stm

31　擴充後的 G-14 成員有：阿賈克斯、阿森納、巴塞隆納、勒沃庫森、拜仁慕尼黑、多特蒙德、國米、尤文圖斯、利物浦、AC 米蘭、曼聯、里昂、馬賽、波圖、巴黎聖日耳曼、PSV 恩荷芬、皇馬、瓦倫西亞。

第十八章　美洲足球的電視生態與危機（1990–2006）

1　摘自 P. Alabarces and M. Rodriguez (2000), 'Football and Fatherland'。

2　卡洛斯‧阿爾貝托‧佩雷拉的訪談見於 New York Times, 1 July 1994。

3　Los Medios y Mercados de Latinamérica, 1998.

4　摘自 J. Valdano (2002), 'Poverty is good for nothing except football', www.fifaworldcup.com, 9

5　G. Vecsey, New York Times, 12 June 1994.

6　來源不明。

7　Washington Post, 29 June 1994, 摘自 T. Mason (1995), Passion of the People?, p. 142。

8　Time, 18 July 1994, 摘錄來源同前引書。

9　Guardian, 2 July 1994, 摘錄來源同前引書，p. 146。

10　C. Taylor (1998), The Beautiful Game, pp. 176–7.

11　引自 T. Mason (1995), p. 145。

12　引自 J. Sugden and A. Tomlinson (1998), FIFA and the Contest for World Football, p. 210。

13　祖卡‧蓋夫里的訪談引自 History of Football: The Beautiful Game, vol. 3: 'Brazil', Freemantle Video, 2004。

14　E. P. Thompson (1980), The Making of the English Working Class, p. 8.

15　數據來源為 V. Duke and L. Crolley (1994), 'Fu'tbol, politicians and the people'。

16　摘自 World Soccer, October 2002。

17　巴爾達諾（Valdano）的話引自 M. Amis, 'In search of Dieguito', Guardian, 1 October 2004。

18　T. Vickery (2004), 'Identity crisis', p. 27.

19　C. Freddi (2002), Complete Book of the World Cup, p. 374.

20　World Soccer, November 2004, p. 25.

21　引自 'Crime, anarchy, incompetence: how the blazers betrayed Brazil', www.guardian.co.uk, 6 December 2001。

22　引自 'Boca apologise for Libertadores snub', www.reuters.co.uk, 8 July 2004。

23　引自 'Cienciano of Cuzco is Peru's Cinderella story', www.si.com, 20 December 2003。

24　此報導可參見：http://news.bbc.co.uk/1/hi/world/americas/3824331/stm, 20 June 2004。

25　World Soccer, October 2004, p. 21.

第十九章　發展大躍進：足球與亞洲新工業革命

1　引自 M. Tamaki (1993), J League Kara no Kaze, Shueisha, p. 6。

2　引自 'Asian football in twenty-first century', 參見 http://english.people.com.cn/english/20010/2353353.html

3　S. Moffett (2002), Japanese Rules, p. 26.

4　L. Petrov (2002), 'Korean football at the crossroads'.

5　S. Moffett (2002), p. 110.

6　同前引書，p. 107。

7　同前引書，pp. 57–8。

8　同前引書，p. 88。

9　引自 H. Morita (2002), 'Nippon's blue heaven', p. 154。

10　同前引書，p. 155。

11 引自 Whang Soon-Hee (2004), 'Football, fashion and fandom', p. 155。

12 同前引書，p. 163。

13 引自 'Illegal bookmaking syndicates cashing in on soccer craze in Malaysia', 參見 www. channelnewsasia.com, 15 June 2004。

14 'Nike in Vietnam: The Tae Kwang Vina Factory', 參見 http://poverty2.forumone.com/ files/14826Nike-web.pdf

15 C. Bromberger (1998), 'A third half for Iranian football'.

16 Cited in D. Yaeger (2003), 'Son of Saddam', Sports Illustrated.

17 摘自 'Iraqi footballers' fury at Bush', 參見 http://news.bbc.co.uk/1/hi/world/ middleeast/3584242/stm

18 見 S. Kuper (2002), 'The world's game is not just a game'。

19 D. Tuastad (1997), 'The political role of football for Palestinians in Jordan'.

第二十章　微小的慈悲：冷戰後的非洲足球（1990－2006）

1 參見 http://www.rsssf.com/rssbest/zambia.html

2 摘自 G. Armstrong (2004), 'Life, death and the biscuit'。

3 摘自 BBC Sport (2003), 'Play football and go to jail', 參見 http://news.bbc.co.uk/sport1/hi/ football/africa/2725467.stm

4 數據引用自 F. Ricci (2001), *African Football Yearbook*。

5 BBC Sport (2001), 'Bribery scandal or hidden agenda?', 參見 http://news.bbc.co.uk/sport1/ hi/football/africa/1646692.stm

6 *Nigerian Guardian*, 5 February 2000, 摘自 W. Boer (2004), 'A story of heroes, of epics'。

7 A. Saff (1999), *Carnets de Bus*, p. 28.

結語

1 引自 E. Durkheim (1912), *The Elementary Forms of the Religious Life*, (1954 edn) trans. J. W. Swain, New York: *The Free Press*, pp. 475–6.

2 M. Va'squez Montalba'n (2005), *Fútbol*.

3 M. Vargas Llosa (1996), *Making Waves*, pp. 167–8.

4 E. Galeano (2004), *Football in Sun and Shadow*, p. 204.

參考文獻

Adam, P. (1907), *La morale des sports*, Paris: Librairie Mondiale.

Agnew, P. (2006), *Forza Italia: A Journey in Search of Italy and its Football*, London: Ebury Press.

Ahlstrom, F. (ed.) (2005), *Fifty Years of European Club Football*, Nyon: UEFA.

Akpabot, S. (1985), *Football in Nigeria*, London: Macmillan.

Alabarces, P., R. Coelho and J. Sanguinetti (2001), 'Treacheries and traditions in Argentinean football styles: the story of Estudiantes La Plata', in G. Armstrong and R. Giulianotti (eds) (2001), *Fear and Loathing in World Football*.

Alabarces, P. and M. Rodriguez (2000), 'Football and Fatherland: the crisis of national representation in Argentinean soccer', in G. Finn and R. Giulianotti (eds), *Football Cultures and Identities*.

Alcock, C. (ed.) (1880), *Football Annual 1880*.

—— (1906), *Association Football*.

Alegi, P. (2004), 'Football and Apartheid society: the South African soccer league, 1960–66', in G. Armstrong and R. Giulianotti (eds), *Football in Africa*.

Andersson, T. (2001), 'Swedish football hooliganism, 1900–39', *Soccer and Society*, vol. 2, no. 1.

Arbena, J. (ed.) (1988), *Sport and Society in Latin America*, New York: Greenwood Press.

Archetti, E. (1992), 'Argentinean football: a ritual of violence?', *The International Journal of the History of Sports*, vol. 9, no. 2.

—— (1996), 'In search of national identity: Argentinian football and Europe', in J. Mangan (ed.), *Tribal Identities*.

—— (1997), *Masculinities: Football, Polo and Tango in Argentina*, Oxford: Berg.

Arlt, R. (1995), 'Soccer and popular joy', in G. Nouzellis and G. Montaldo (eds), *The Argentina Reader*.

Armstrong, G. (2004), 'Life, death and the biscuit: football and the embodiment of society in Liberia, West Africa', in G. Armstrong and R. Giulianotti (eds), *Football in Africa*.

Armstrong, G. and R. Giulianotti (eds) (1997), *Entering the Field: New Perspectives on World Football*, Oxford: Berg.

—— (1999), *Football Cultures and Identities*, London: Macmillan.

—— (2001), *Fear and Loathing in World Football*, Oxford: Berg.

—— (2004), *Football in Africa: Conflict, Conciliation and Community*, London: Palgrave.

Arthur, C. (1999), 'Up for the Cup: the man who beat Dino Zoff', in M. Dash and C. Arthur (eds), *A Haiti Anthology*.

Azikiwe, N. (1970), *My Odyssey*, London: C. Hurst and Company.

Bal, J. (2001), 'Ferencvaros, Hungary and the European Champions League', in G. Armstrong and R. Giulianotti (eds) (2001), *Fear and Loathing in World Football*.

Bale, J. and J. Maguire (eds) (1994), *The Global Sports Arena*, London: Frank Cass.

Ball, P. (2001), *Morbo: The Story of Spanish Football*, London: WSC Books.
—— (2002), *White Storm: 100 Years of Real Madrid*, Edinburgh: Mainstream.
Bandyopadhyay, K. (2001), 'Race, nation and sport: footballing nationalism in colonial Calcutta', *Soccer and Society*, vol. 2, no. 1.
Barclay, P. (2000), 'The Fab Four: France win the European Championship', in C. Ruhn (ed.), *Le Foot*.
Beck, P. (1999), *Scoring for Britain: International Football and International Politics, 1900– 1939*, London: Frank Cass.
Bellos, A. (2002), *Futebol: The Brazilian Way of Life*, London: Bloomsbury.
Blei, D. (2003), *Identity Crises: Jews, Sport and Vienna, 1900–1914*, unpublished.
Blows, K. and T. Hogg (2002), *The Essential History of West Ham United*, London: Headline.
Boer, W. (2004), 'A story of heroes, of epics: the rise of football in Nigeria', in G. Armstrong and R. Giulianotti (eds) (2004), *Football in Africa*.
Bose, M. (1990), *A History of Indian Cricket*, London: Andre Deutsch.
Bottenburg, M. Van (2001), *Global Games*, Urbana: University of Illinois Press.
Bredekamp, H. (1993), *Florentiner Fussball: Die Renaissance der Spiele*, Frankfurt-am-Main: Wagenbach.
Brera, G. (1978), *Storia critica del calcio italiana*, Milan, translation in E. Archetti (1996), 'In search of national identity'.
Bromberger, C. (1998), 'A third half for Iranian football', *Le Monde diplomatique*, April.
Brown, A. (ed.) (1998), *Fanatics: Power, Identity and Fandom in Football*, London: Routledge.
Burns, J. (1998), *The Hand of God: The Life of Diego Maradona*, London: Bloomsbury.
—— (2005), *When Beckham Went to Spain: Power, Stardom and Real Madrid*, London: Michael Joseph.

Cantor, A. (1996), *Goooal! A Celebration of Soccer*, New York: Simon and Schuster.
Cappros, M. (2005), *Boquita*, Buenos Aires: Planeta.
Castro, R. (2004), *Garrincha: The Triumph and Tragedy of Brazil's Forgotten Footballing Hero*, London: Yellow Jersey Press.
Chandos, J. (1984), *Boys Together: English Public Schools 1800–1864*, New Haven: Yale University Press.
Cheska, A. T. (1970), 'Games of the native North Americans', in G. Luschen (ed.), *Cross-Cultural Analysis of Sports and Games*.
Ciria, A. (1984), 'From soccer to war in Argentina: preliminary notes on sports-as-politics under a military regime, 1976–1982', in R. Arch and M. Ritter (eds), *Latin America and the Caribbean*.
Corry, E. (1989), *Catch and Kick*, Dublin: Poolbeg.
Cox, J. (1962), *Don Davies – An Old International*, London: Stanley Paul, extracted in I. Hamilton (ed.), *The Faber Book of Soccer*.
Cox, R., D. Russell and W. Vamplew (eds) (2002), *Encyclopedia of British Football*, London: Frank Cass.
Coyle, P. (1999), *Paradise Lost and Found: The Story of Belfast Celtic*, Edinburgh: Mainstream.
Cunningham, H. (1980), *Leisure in the Industrial Revolution*, London: Croom Helm.
Curry, G. (2004), 'Playing for money: James J. Lang and emergent soccer professionalism in Sheffield', *Soccer and Society*, vol. 5, no. 3.

DaMatta, R. (1986), *Explorações: Ensaios de Sociologia Interpretativa*, Rio de Janeiro: Rocca, cited in T. Mason (1995), *Passion of the People?*
—— (1992), 'Notes sur le football brasilien', *Le Debat* 19, pp. 68–76, cited in T. Mason (1995), *Passion of the People?*.
Dash, M. and C. Arthur (eds) (1999), *A Haiti Anthology: Libète*, Princeton: Markus Wiener.

Davies, Hunter (1972), *The Glory Game: A Year in the Life of Tottenham Hotspur*, London: Weidenfeld and Nicolson.

Debord, G. (1967), *The Society of the Spectacle* (1992 edn), London: Rebel Press.

Delves, A. (1981), 'Popular recreation and social conflict in Derby 1800–1850', in S. and Y. Yeo (eds), *Popular Culture and Class Conflict*.

Dimeo, P. (2001), 'Football and politics in Bengal: colonialism, nationalism, communalism', in P. Dimeo and J. Mills (eds), *Soccer in South Asia*.

Dimeo, P. and J. Mills (eds) (2001), *Soccer in South Asia: Empire, Nation, Diaspora*, London: Frank Cass.

Duke, V. and L. Crolley (1994), 'Fútbol, politicians and the people: populism and politics in Argentina', in J. Mangan and L. P. Da Costa (eds), *Sport in Latin American Society*.

Dunning, E. et al. (1984), 'Football hooliganism in Britain before the First World War', *International Journal of the Sociology of Sport* 19.

Dunning, J. (ed.) (1971), *The Society of Sport: A Selection of Readings*, London: Frank Cass.

Dunphy, Eamon (1976), *Only a Game?: Diary of a Professional Footballer*, Harmondsworth: Penguin.

Edelman, R. (1993), *Serious Fun: A History of Spectator Sports in the USSR*, Cambridge: Cambridge University Press.

—— (2002), 'A small way of saying "No": Moscow working men, Spartak soccer and the Communist Party, 1900–1945', *American Historical Review*, vol. 107, no. 5.

Edwardes, C. (1892), 'The new football mania', *Nineteenth Century*, October.

Elias, N. and J. Dunning (1971), 'Folk football in Medieval and Early Modern Britain', in J. Dunning (ed.), *The Society of Sport*.

Eusébio (2004), 'The agony of '66', interview with Gabriel Marcotti, *The Times*, 16 November.

Farnsworth, K. (1995), *Sheffield Football: A History*, Sheffield: Hallamshire Press, vol. 1.

Ferran, J. (1958), 'Ne pas confondré: l'équipe de France et le football français', *France Football* 648, 8 July.

Filho, M. (1964, 2004), *O negro no futebol brasileiro*, 4th edn, Rio de Janeiro: MAUAD.

Finn, G. and R. Giulianotti (eds) (2000), *Football Culture: Local Contests, Global Visions*, London: Frank Cass.

Fishwick, N. (1989), *English Football and Society, 1910–1950*, Manchester: Manchester University Press.

Flynn, A. and L. Guest (1988), *The Secret Life of Football*, London: Queen Anne Press.

Foer, F. (2004), *How Soccer Explains the World*, London: HarperCollins.

Foot, J. (2006), *Calcio: A History of Italian Football*, London: 4th Estate.

Football Association (1991), *Blueprint for Football*, London: The FA, cited in J. Williams (2006), ' "Protect me from what I want" '.

Frankl, W. (1983), 'Erinnerungen an Hakoah Wien, 1909–1939', *The Bulletin of the Leo Baeck Institute of Jews from Germany* 64, pp. 55–84, quoted in D. Blei (2003), *Identity Crises*.

Freddi, C. (2002, 2006), *Complete Book of the World Cup*, London: Collins Willow.

Frykholm, P. (1997), 'Soccer and social identity in pre-revolutionary Moscow', *Journal of Sport History*, 24, 143–54.

Galeano, E. (1997, 2004), *Football in Sun and Shadow*, London: 4th Estate.

Gardner, P. (1994), *The Simplest Game: The Intelligent Fan's Guide to the World of Soccer*, New York: Collier Books.

Gehrmann, S. (ed.) (1997), *Football and Regional Identity in Europe*, Münster: Lit Verlag.

—— (1997), 'Football in an industrial region: the example of Schalke 04 Football Club', *The International Journal of the History of Sport*, vol. X, no. 10.

Gildea, R. (1997), *France Since 1945*, Oxford: Oxford University Press.

Ginsborg, P. (2004), *Silvio Berlusconi: Television, Power and Patrimony*, London: Verso.

Giulianotti, R. (2000), 'Built by the two Varelas: the rise and fall of football culture and national identity in Uruguay', in G. Finn and R. Giulianotti (eds), *Football Culture*.

Giulianotti, R., N. Boney and M. Hepworth (eds) (1994), *Football, Violence and Social Identity*, London: Routledge.

Glanville, B. (1963), 'Britain against the rest', in M. Sissons and P. French (eds), *Age of Austerity*.

—— (1984), 'FIFA knows how to blow its own trumpet!', *World Soccer*, October.

—— (1999), *Football Memories*, London: Virgin.

—— (2002, 2006), *The Story of the World Cup*, London: Faber.

Green, G. (1953), *Soccer: The World Game*, London: Pan.

Guttmann, A. (1994), *Games and Empires: Modern Sports and Cultural Imperialism*, New York: Columbia University Press.

Guttmann, A. and L. Thompson (2001), *Japanese Sports: A History*, Honolulu: University of Hawaii Press.

Hamilton, A. (1998), *An Entirely Different Game: The British Influence on Brazilian Football*, Edinburgh: Mainstream.

Hamilton, I. (ed.) (1992), *The Faber Book of Soccer*, London: Faber.

Hare, G. (2003), *Football in France: A Cultural History*, Oxford: Berg.

Hay, R. (2001), 'Those Bloody Croatians': Croatian Soccer Teams, Ethnicity and Violence in Australia, 1950–99, *Fear and Loathing in World Football*, pp. 77–90, Oxford and New York: Berg [B1].

Held, D., A. McGrew, D. Goldblatt and J. Perration (1999), *Global Transformations*, Cambridge: Polity.

Hess, R. and B. Stewart (eds) (1998), *More than a Game: An Unauthorised History of Australian Rules Football*, Melbourne: Melbourne University Press.

Hesse-Lichtenberger, U. (2002), *Tor! The Story of German Football*, London: WSC Books.

Hesselmann, M. and R. Ide (2006), 'Football and national identity in GDR', in A. Tomlinson and C. Young (eds), *German Football*.

Hill, D. (1989), *Out of His Skin: The John Barnes Phenomenon*, London: Faber.

Hill, J. (2004), ' "The Day was an Ugly One": Wembley, 28th April 1923', *Soccer and Society*, vol. 5, no. 2.

Hill, J. and J. Williams (eds) (1996), *Sport and Identity in the North of England*, Keele: Keele University Press.

Holt, R. (1981), *Sport and Society in Modern France*, London: Macmillan.

—— (1989), *Sport and the British: A Modern History*, Oxford: Oxford University Press.

Holt, R., P. Lanfranchi and J. A. Mangan (eds) (1996), *European Heroes: Myth, Identity, Sport*, London: Frank Cass.

Hooten, P. (1990), 'The Good, the Bad and the Ugly', *The Face*, November, cited in S. Redhead, 'Football and youth culture in Britain'.

Hopcraft, A. (1968), *The Football Man*, London: Collins.

Horak, R. (1992), 'Viennese football culture: some remarks on its history and sociology', *Innovation in Social Sciences Research*, vol. 5, no. 3.

—— (1994), 'Austrification as modernization: changes in Viennese football culture', in J. Williams and R. Giulianotti (eds), *Games Without Frontiers*.

Horak, R. and W. Maderthaner (1996), 'A culture of urban cosmopolitanism: Uridil and Sindelar as Viennese coffee-house heroes', in R. Holt et al. (eds), *European Heroes*.

Hornby, N. (1992), *Fever Pitch*, London: Gollancz.

Horne, J. and W. Manzenreiter (eds) (2002), *Japan, Korea and the 2002 World Cup*, London: Routledge.

—— (eds) (2004), *Football Goes East: Business, Culture and the People's Game in China, Japan and South Korea*, London: Routledge.

Inglis, S. (1983), *The Football Grounds of England and Wales*, London: Collins Willow.
—— (1989), *League Football and the Men who Made It*, London: Willow Books.
—— (1990), *The Football Grounds of Europe*, London: Willow Books.
—— (2005), *Engineering Archie*, London: English Heritage.

Jager, O. (1898), *Fusslummelei: Über Stauchsballspiel und englische Krankheit*, Stuttgart.
Jennings, A. (2006), *Foul! The Secret World of FIFA; Bribes, Vote Rigging and Ticket Scandals*, London: Harpersport.
Johnes, M. (2004), ' "Heads in the sand": football, politics and crowd disasters in twentieth-century Britain', *Soccer and Society*, vol. 5, no. 2.
Jones, D. and G. Boon (eds) (2004), *Annual Review of Football Finance*, Manchester: Deloitte.

Kapuscinski, R. (1990), *The Soccer War*, London: Granta.
Keane, R. (2002), *Keane: The Autobiography*, London: Michael Joseph.
Kelly, S. (ed.) (1996), *The Pick of the Season*, Edinburgh: Mainstream.
King, J. (1996), 'When drugs rule football', in S. Kelly (ed.), *The Pick of the Season*.
Kozanoglu, C. (1999), 'Beyond Erdine: football and the national identity crisis in Turkey', in G. Armstrong and R. Giulianotti (eds), *Football Cultures and Identities*.
Kuper, S. (1994), *Football Against the Enemy*, London: Orion.
—— (2002), 'The world's game is not just a game', *New York Times Magazine*, 26 May.
—— (2003), *Ajax, the Dutch, the War: Football in Europe during the Second World War*, London: Orion.

Dal Lago, A. and R. De Biasi (1994), 'Italian football fans: culture and organization', in R. Giulianotti., N. Boney and M. Hepworth (eds), *Football, Violence and Social Identity*.
Lanfranchi, P. (1994), 'Italy and the World Cup', in J. Sugden and A. Tomlinson (eds), *Hosts and Champions*.
Lanfranchi, P. and M. Taylor (2001), *Moving with the Ball: The Migration of Professional Footballers*, Oxford: Berg.
Lanfranchi, P. and A. Wahl (1996), 'The immigrant as hero: Kopa, Mekloufi and French football', in R. Holt et al. (eds), *European Heroes*.
Leclaire, J.-P. (2000), 'First samba in Guadalajara', in C. Ruhn (ed.) *Le Foot*.
Legg, P. (2003), *The 1954 World Cup*, unpublished.
Leigh, J. and D. Woodhouse (2005), *Football Lexicon*, London: Faber.
Leite Lopes, J. (1999), 'The Brazilian style of football and its dilemmas', in G. Armstrong and R. Giulianotti (1999), *Football Cultures and Identities*.
Lever, J. (1983), *Soccer Madness*, Chicago: University of Chicago Press.
Lockhart, R. B. (1958), *Giants Cast Long Shadows*, London: Putnam.
Luschen, G. (ed.) (1970), *Cross-Cultural Analysis of Sports and Games*, Champaign, IL: Steips Publishing.

Majumdar, B. and K. Bandyopadhyay (2005), 'Regionalism and club domination: growth of rival centres of football excellence', *Soccer and Society*, vol. 6, no. 2.
Mangan, J. (1986), *The Games Ethic and Imperialism: Aspects of the Diffusion of an Ideal*, London: Frank Cass.
Mangan, J. (ed.) (1996), *Tribal Identities. Nationalism, Europe and Sport*, London: Frank Cass.
Mangan, J. and L. P. Da Costa (eds), *Sport in Latin American Society: Past and Present*, London: Frank Cass.
Manley, M. (2002), *A History of West Indies Cricket*, London: Andre Deutsch.
Markowitz, A. and S. Hellerman (2001), *Offside: Soccer and American Exceptionalism*, Princeton: Princeton University Press.

Marples, M. (1954), *A History of Football*, London: Secker and Warburg.

Martin, P. (1991), 'Colonialism, youth and football in French Equatorial Africa', *International Journal of the History of Sport*, vol. 8, no. 1.

Martin, S. (2004), *Football and Fascism: The National Game under Mussolini*, Oxford: Berg.

Mártir de Anglería, P. (1964), *Décadas del Nuevo Mundo*, Buenos Aires: Editoria Bajel.

Mason, T. (1980), *Association Football and English Society*, Brighton: Harvester Press.

—— (1994), 'The Bogotá Affair', in J. Bale and J. Maguire (eds), *The Global Sports Arena*.

—— (1995), *Passion of the People? Football in South America*, London: Verso.

—— (1996), 'Football, sport of the north', in J. Hill and J. Williams (eds), *Sport and Identity in the North of England*.

Mazzoni, T. (1950), *Historia do futebol no Brasil, 1894–1950*, São Paulo: Ed. Leia.

McIlvanney, H. (ed.) (1966), *World Cup '66*, London: Eyre & Spottiswoode.

—— (1994), *McIlvanney on Football*, Edinburgh: Mainstream.

Merkel, U. (2000), 'The history of the German Football Association (DFB), 1900–1950', *Soccer and Society*, vol. 1, no. 2.

Miermans, C. (1955), *Voetbal in Nederland*, Assen: Van Gorcum.

Miller, S. (1991), *Arete: Greek Sports from Ancient Sources*, Berkeley: University of California Press.

—— (2004), *Ancient Greek Athletics*, New Haven: Yale University Press.

Moffett, S. (2002), *Japanese Rules: Why the Japanese Needed Football and How They Got It*, London: Yellow Jersey Press.

Morgagni, T. and V. Brusca (1907) *Annuario Sportivo 1907–1908*, Milan.

Morita, H. (2002), 'Nippon's blue heaven', in M. Perryman (ed.), *Going Oriental*.

Moura, G. (1998), *O Rio corre para o Maracanã*, Rio de Janeiro: Fundação Getúlio Vargas.

Murphy P., J. Williams and E. Dunning (1990), *Football on Trial: Spectator Violence and Development in the Football World*, London: Routledge.

Murray, B. (1994), *The World's Game: A History of Soccer*, University of Illinois Press.

—— (2001), *The Old Firm: Sectarianism, Sport and Society in Scotland*, London: Collins.

Nouzellis, G. and G. Montaldo (eds) (2005), *The Argentina Reader: History, Culture, Politics*, Durham, NC: Duke University Press.

Olesha, Y. (1979), *No Day Without a Line*, Ann Arbor: Ardis.

Pearson, H. (1994), *The Far Corner: A Mazy Dribble Through North-East Football*, London: Little, Brown.

Peiser, B. J. (1996), 'Western theories about the origins of sport in China', *The Sports Historian*, vol. 16, pp. 117–39.

The Pelé Albums (1990), vols 1 and 2, Sydney: Weldon Publishing.

Perryman, M. (ed.) (2002), *Going Oriental: Football after World Cup 2002*, Edinburgh: Mainstream.

Petrov, L. (2002), 'Korean football at the crossroads: a view from inside', in J. Horne and W. Manzenreiter (eds), *Japan, Korea and the 2002 World Cup*.

Podaliri, C. and C. Balestri (1998), 'The Ultras, racism and football culture in Italy', in A. Brown (ed.), *Fanatics*.

Podalsky, L. (2004), *Specular City: Transforming Culture, Consumption, and Space, in Buenos Aires, 1955–1973*, Philadelphia: Temple University Press.

Pozzo, P. (1960), *Campioni del Mondo: Quarant' anni di storia del Calcio Italiano*, Rome: Centro Editoriale Nazionale, cited in S. Martin, *Football and Fascism*.

Raleigh, Sir Thomas (1906), *Lord Curzon in India: Being a Selection from His Speeches as Viceroy and Governor General, 1898–1905*, London: Macmillan.

Redhead, S. (1991), 'Football and youth culture in Britain', in J. Williams and S. Wagg (eds), *British Football and Social Change*.

Ricci, F. (2001), *African Football Yearbook*, Rome: Prosports.

Riordan, J. (1977), *Sport in Soviet Society*, Cambridge: Cambridge University Press.

Riordan, J. and P. Arnaud (eds) (1998), *Sport and International Politics: The Impact of Fascism and Communism on Sport*, London: Routledge.

Ritter, A. (ed) (1984), *Latin America and the Caribbean: Geopolitic Development and Culture*, Ottawa: Canadian Association of Latin American and Caribbean Studies.

Robb, P. (2004), *A Death in Brazil*, London: Bloomsbury.

Rous, S. (1978), *Football Worlds – A Lifetime in Sport*, London: Faber and Faber.

Ruhn, C. (ed.) (2000), *Le Foot: The Legends of French Football*, London: Abacus.

Russell, D. (1997), *Football and the English*, Preston: Carnegie Publishing.

Saff, A. (1999), *Carnets de Bus: essais sur le quotidien des quartiers Sud-Ouest de Rabat*, Casablanca: Eddif, quoted in G. Stanton (2004), 'Chasing the ghosts'.

Scarborough, V. and D. Wilcox (eds) (1991), *The Mesoamerican Ballgame*, Tucson: University of Arizona Press.

Scraton, P. (1999), *Hillsborough: The Truth*, London: Mainstream.

Shirts, M. (1988), 'Socrates, Corinthians and questions of democracy and citizenship', in J. Arbena (ed.), *Sport and Society in Latin America*.

Sissons, M. and P. French (eds) (1963), *Age of Austerity, 1945–51*, London: Hodder and Stoughton.

Smith, J. (1979), *Illusions of Conflict: Anglo-American Diplomacy toward Latin America 1865–1896*, Pittsburgh: University of Pennsylvania Press.

Soyinka, W. (1996), *The Open Sore of a Continent: A Personal Narrative of the Nigerian Crisis*, Oxford: Oxford University Press.

Spaaij, R. and C. Vinas (2005), 'Passion, politics and violence: a socio-historical analysis of Spanish Ultras', *Soccer and Society*, vol. 6, no.1.

Stanton, G. (2004), 'Chasing the ghosts: narratives of football and nation in Morocco', in G. Armstrong and R. Giulianotti (eds) (2004), *Football in Africa*.

Sugden, J. and A. Bairner (1993), *Sport, Sectarianism and Society in a Divided Ireland*, Leicester: Leicester University Press.

Sugden, J. and A. Tomlinson (1998), *FIFA and the Contest for World Football: Who Rules the People's Game?*, Cambridge: Polity.

—— (2003), *Badfellas: FIFA Family at War*, Edinburgh: Mainstream.

Sugden, J. and A. Tomlinson (eds) (1994), *Hosts and Champions: Soccer Cultures, National Identities and the USA World Cup*, Aldershot: Arena.

Tamaki, M. (1993), *J League Kara no Kaze, Shueisha*, cited in S. Moffett (2002), *Japanese Rules*.

Taylor, C. (1998), *The Beautiful Game: A Journey through Latin American Football*, London: Victor Gollancz.

Taylor, M. (1997), 'Little Englanders: tradition, identity and professional football in Lancashire', in S. Gehrmann (ed.) (1997), *Football and Regional Identity in Europe*.

Taylor, R. and K. Jamrich (1997), *Puskás on Puskás: The Life and Times of a Footballing Legend*, London: Robson Books.

Taylor, R. and A. Ward (eds) (1993), *Kicking and Screaming: An Oral History of Football in England*, London: Robson Books.

Teja, A. (1998), 'Italian sport and international relations under Fascism', in J. Riordan and P. Arnaud (eds), *Sport and International Politics*.

Thompson, E. P. (1967), 'Time, work, discipline, and industrial capitalism', *Past and Present* 38.

—— (1980), *The Making of the English Working Class*, 3rd edn, London: Penguin.

Tischler, S. (1981), *Footballers and Businessmen: The Origins of Professional Soccer in England*, New York: Holmes and Meier.

Tomlinson, A. (2006), 'Germany 1974: on the eve of the goldrush', in A. Tomlinson and C. Young (eds), *German Football*.

Tomlinson, A. and C. Young (eds) (2006), *German Football: History, Culture, Society*, London: Routledge.

Tuastad, D. (1997), 'The political role of football for Palestinians in Jordan', in G. Armstrong and R. Giulianotti (eds) (1997), *Entering the Field*.

Valdano, J. (2002), 'Poverty is good for nothing except football', *www.fifaworldcup.com*, 9 May.

Vamplew, W. (2004), *Pay Up and Play the Game: Professional Sport in Britain, 1875–1914*, Cambridge: Cambridge University Press.

Vargas Llosa, M. (1996), *Making Waves*, London: Faber.

Vasili, P. (1995), 'Colonialism and football: the first Nigerian tour to Britain', *Race and Class*, vol. 36, no. 4.

Vásquez Montalbán, M. (2005), *Fútbol: Una religión en busca de un dios*, Madrid: Debolsillo.

Versi, A. (1988), 'Striking power: Arab football kicks off', *The Middle East*, March.

Vickery, T. (2004), 'Identity crisis', *World Soccer*, March.

Wahl, A. (1989), *Les archives du football*, Paris: Gallimard.

Wall, F. (1935), *Fifty years in Football*, London, repr. Cleethorpes: Soccer Books, 2006.

Walton, J. (1999), 'Football and Basque identity: Real Sociedad of San Sebastian, 1909–1932', *Memoria y Civilizazión 2*.

Walvin, J. (1994), *The People's Game: The History of Football Revisited*, Edinburgh: Mainstream.

Weil, E. (1983), 'History of the Libertadores Cup', *World Soccer*, October.

Weintraub, S. (2002), *Silent Night: The Remarkable Christmas Truce of 1914*, London: Pocket Books.

Whang Soon-Hee (2004), 'Football, fashion and fandom: sociological reflections on the 2002 World Cup and collective memories in Korea', in J. Horne and W. Manzenreiter (eds), *Football Goes East*.

Williams, J. (1991), 'Having an away day', in J. Williams and S. Wagg (eds.), *British Football and Social Change*.

—— (2006), ' "Protect me from what I want": football fandom, celebrity cultures and "new" football in England', *Soccer and Society*, vol. 7, no. 1.

Williams, J. and R. Giulianotti (eds) (1994), *Games Without Frontiers*, Aldershot: Arena.

Williams, J. and S. Wagg (eds) (1991), *British Football and Social Change: Getting into Europe*, Leicester: Leicester University Press.

Williams, R. (1643), *A Key into the Language of America*, London: Gregory Dexter.

Wilson, J. (2006) *Behind the Curtain: Football in Eastern Europe*, London: Orion.

Winner, D. (2000), *Brilliant Orange: The Neurotic Genius of Dutch Football*, London: Bloomsbury.

Wittington, E. Michael (ed.) (2001), *The Sport of Life and Death: The Mesoamerican Ballgame*, London: Thames and Hudson.

Woodward, P. (2004), 'Extra time', in G. Armstrong and R. Giulianotti (eds) (2004), *Football in Africa*.

Yaeger, D. (2003), 'Son of Saddam', *Sports Illustrated*, 24 March.

Yallop, D. (1999), *How They Stole the Game*, London: Poetic Publishing.

Yeo, S. and Y. (eds) (1981), *Popular Culture and Class Conflict, 1590–1914*, Brighton: Harvester Press.

國家圖書館出版品預行編目資料

足球是圓的：一部關於足球狂熱與帝國強權的全球文化史 / 大衛・哥德
布拉特（David Goldblatt）著；韓絜光、陳复嘉、劉冠宏譯. -- 初版. --
台北市：商周出版，城邦文化出版：家庭傳媒城邦分公司發行；
2018.06　　面；　公分
譯自：The Ball is Round: A Global History of Football
ISBN 978-986-477-459-3（平裝）

1. 足球　2.運動社會學　3.文化研究　4.歷史

528.951　　　　　　　　　　　　　　　107006655

足球是圓的：

一部關於足球狂熱與帝國強權的全球文化史

原　著　書　名 / The Ball is Round: A Global History of Football
作　　者　者 / 大衛・哥德布拉特（David Goldblatt）
譯　　　　者 / 韓絜光、陳复嘉、劉冠宏
企　劃　選　書 / 賴芊曄
責　任　編　輯 / 賴芊曄

版　　權　務 / 林心紅
行　銷　業　務 / 李衍逸、黃崇華
總　編　輯 / 楊如玉
總　經　理 / 彭之琬
發　　行　人 / 何飛鵬
法　律　顧　問 / 台英國際商務法律事務所　羅明通律師
出　　　　版 / 商周出版
　　　　　　　城邦文化事業股份有限公司
　　　　　　　台北市中山區民生東路二段141號9樓
　　　　　　　電話：(02) 2500-7008 傳真：(02) 2500-7759
　　　　　　　E-mail：bwp.service@cite.com.tw
　　　　　　　Blog：http://bwp25007008.pixnet.net/blog
發　　　　行 / 英屬蓋曼群島商家庭傳媒股份有限公司城邦分公司
　　　　　　　台北市中山區民生東路二段141號2樓
　　　　　　　書虫客服服務專線：02-25007718・02-25007719
　　　　　　　24小時傳真服務：02-25001990・02-25001991
　　　　　　　服務時間：週一至週五09:30-12:00・13:30-17:00
　　　　　　　郵撥帳號：19863813　戶名：書虫股份有限公司
　　　　　　　讀者服務信箱E-mail：service@readingclub.com.tw
　　　　　　　歡迎光臨城邦讀書花園　網址：www.cite.com.tw
香港發行所 / 城邦（香港）出版集團有限公司
　　　　　　　香港灣仔駱克道193號東超商業中心1樓
　　　　　　　電話：(852) 25086231　傳真：(852) 25789337
　　　　　　　E-mail：hkcite@biznetvigator.com
馬新發行所 / 城邦(馬新)出版集團【Cité (M) Sdn. Bhd. (458372U)】
　　　　　　　41, Jalan Radin Anum, Bandar Baru Sri Petaling,
　　　　　　　57000 Kuala Lumpur, Malaysia
　　　　　　　電話：(603)90578822　傳真：(603) 90576622

封　面　設　計 / 日央設計
排　　　　版 / 新鑫電腦排版工作室
印　　　　刷 / 韋懋實業有限公司
總　經　銷 / 聯合發行股份有限公司
　　　　　　　電話：(02)2917-8022　傳真：(02)2911-0053
　　　　　　　地址：新北市231新店區寶橋路235巷6弄6號2樓

■2018年（民107）6月初版

定價 990元

Printed in Taiwan

城邦讀書花園
www.cite.com.tw